U0481772

3M THEORY
AND PRACTICE RESEARCH

3M理论
与实践研究

第2版

张东向 著

企业管理出版社

图书在版编目（CIP）数据

3M理论与实践研究 / 张东向著．—2版．—北京：企业管理出版社，2019.2

ISBN 978-7-5164-1884-0

Ⅰ．①3… Ⅱ．①张… Ⅲ．①企业管理 Ⅳ．① F272

中国版本图书馆CIP数据核字（2019）第009866号

书　　名：	3M理论与实践研究
作　　者：	张东向
责任编辑：	尚元经
书　　号：	ISBN 978-7-5164-1884-0
出版发行：	企业管理出版社
地　　址：	北京市海淀区紫竹院南路17号　　邮编：100048
网　　址：	http://www.emph.cn
电　　话：	总编室（010）68701719　发行部（010）68701816
	编辑部（010）68414643
电子信箱：	qiguan1961@163.com
印　　刷：	北京市密东印刷有限公司
经　　销：	新华书店
规　　格：	170毫米×240毫米　16开本　30印张　380千字
版　　次：	2019年2月第2版　2019年2月第1次印刷
定　　价：	96.00元

版权所有　翻印必究·印装错误　负责调换

再版序言

从大数据分析结果来看，全球平均每天有2万多家企业倒闭，中国平均每天也有近2800家企业倒闭。中国4000多万中小企业，存活5年以上的不到7%，10年以上的不到2%。许多企业一夜之间宣布破产，还有许多企业"忙忙碌碌""辛辛苦苦"地走向破产。与此同时，企业倒闭潮从民营中小企业向大型国企蔓延，从出口制造部门向基础性、资源型产业部门传导，从生活性服务业向生产性服务业扩散。探索企业保持基业长青的秘诀，成为社会各界经久不衰的话题。

从成功企业大数据分析结果来看，企业成功的秘诀主要体现在三个方面：管理、营销、人力。以三个典型代表为例：

华为成功的秘诀在管理。任正非曾说："企业间的竞争，说穿了是管理的竞争。"华为曾每年斥资上亿美元请IBM顾问团队帮助建立全流程研发管理，形成企业自身的制度标准和规范，使得华为的生产过程走向科学化、流程化。华为相信，只有构建无生命的管理体系，才能打破"企业生命就是企业家生命"的怪圈，实现企业家的更替不影响企业的发展。

阿里成功的秘诀在营销。马云在多个场合谈到，从淘宝、支付宝，到天猫、阿里小贷、阿里云等旗下多家公司，阿里巴巴通过打造营销体系生态链，推动线上线下融合的新零售，满足和引领消费者的多种需求；同时通过"双十一"节点营销、场景支付营销、个人传播营销等多种营销方式，持续提升企业品牌地位，吸引消费者的青睐和信任。

微软成功的秘诀在人力。比尔·盖茨曾说："如果抽走微软的20名核心员工，微软将一钱不值。"通过宁缺毋滥、精挑细选的选人理念"网罗顶尖人才"，通过员工持股、人文关怀的激励机制"留住顶尖人才"，通过择人任事、人尽其才的用人方式"使用顶尖人才"，独特的用人之道使得微软人才济济，为微软持续保持行业霸主地位注入了原动力。

从全球1万家倒闭企业的大数据分析来看：33%的企业将"管理不善"列为倒闭的首要原因，包括机制不健全、责权不清晰、管理不规范等；35%的企业将"营销不力"列为首要原因，包括市场定位不准、市场反应迟缓、营销战略失效等；29%的企业将"人力不济"列为首要原因，包括高层分裂、用人不当、人才流失等；还有3%的企业将不可抗力、政策因素、科技进步、颠覆性创新等列为首要原因。

综合大量案例研究及全球企业大数据分析，企业要实现基业长青，取决于三个核心要素，即由"管理（Management）、营销（Marketing）、人力（Man）"组成的3M核心要素。

管理决定效率，包括决策效率、生产效率、执行效率等综合效率。管理制度化、标准化、规范化，管理模式契合实际，企业的运行才能有章可循，工作进展才能高效顺畅。

营销决定效益，包括经济效益、社会效益、个人效益等综合效益。营销工作做得好，善于根据市场变化不断满足客户需求，企业才能实现盈利，树立良好形象，保障员工福利。

人力决定效果，包括管理效果、营销效果、执行效果等综合效果。企业之间的竞争实质上是人才之间的竞争，管理和营销也只有通过人的作用、提高人均效益才能得以实现。

管理、营销、人力，这三个要素构成了企业组织从小到大、兴衰成败的关键，也是解决企业发展问题的关键。

在本书研究过程中，作者汲取了中西方主要管理、营销、人力资源管理学派的管理智慧和思想精华，结合本人三十多年的国内外经营管理实践，通过理论与实践的紧密结合、国外与国内的兼容并蓄、分析与研究的方法应用、传承与创新的延续融合、成功与失败的案例论证，深度探讨企业基业长青的核心秘诀，创立了新的理论——3M理论。该理论总结归纳了从早期管理、家长式管理、经验式管理、科学化管理、现代化管理、虚拟化管理到创新管理的管理七个阶梯，从生产营销、产品营销、服务营销、文化营销、网络营销、场景营销、创新营销的营销七个阶段，从人力劳动管理、人力关系管理、人力潜能管理、人力资产管理、人力资本管理、人力战略管理、人力价值管理的人力七个阶层。

在再版过程中，作者保留和延续了第一版的精华，同时更加注重管理、营销、人力的实践性和时效性，给管理者带来更多富有成效的启发和思考。本书适合的读者范围极广，相信所有管理、营销和人力管理实践者都可以在本书中找到对管理、营销和人力管理的真知灼见，并以此作为改变管理、营销和人力管理现状，提高管理、营销和人力管理能力的有效指南，从而实现企业的战略目标。

2018年9月

Contents 目录

第一篇　管理篇

第一章　管理的内涵及其发展阶段 ········ 2

　　第一节　管理综述 ············ 2

　　第二节　中外管理学派的分类 ········ 8

　　第三节　管理阶梯的形成 ········ 20

第二章　早期管理 ············ 25

　　第一节　早期管理实践案例 ········ 25

　　第二节　早期管理思想产生的背景 ······ 28

　　第三节　早期管理的基本内涵 ······· 30

　　第四节　管理阶段的递进 ········ 34

第三章　家长式管理 ··········· 36

　　第一节　家长式管理实践案例 ······· 36

　　第二节　家长式管理产生的背景 ······ 42

　　第三节　家长式管理的基本内涵 ······ 45

　　第四节　管理阶段的递进 ········ 50

第四章　经验式管理 …… 52

第一节　经验式管理实践案例 …… 52
第二节　经验式管理产生的背景 …… 57
第三节　经验式管理的基本内涵 …… 58
第四节　管理阶段的递进 …… 62

第五章　科学化管理 …… 63

第一节　科学化管理实践案例 …… 63
第二节　科学管理理论产生的背景 …… 74
第三节　管理科学性与科学化管理 …… 77
第四节　科学化管理理论体系 …… 80
第五节　科学化管理理论创新的实践意义 …… 98
第六节　科学化管理理论的基本内涵 …… 102
第七节　管理阶段的递进 …… 106

第六章　现代化管理 …… 108

第一节　现代化管理实践案例 …… 108
第二节　现代化管理产生的背景 …… 120
第三节　现代化管理理论的基本内涵 …… 123
第四节　管理阶段的递进 …… 128

第七章　虚拟化管理 …… 130

第一节　虚拟化管理实践案例 …… 130
第二节　虚拟化管理产生的背景 …… 136
第三节　虚拟化管理的基本内涵 …… 138
第四节　管理阶段的递进 …… 143

第八章　创新管理 … 145

第一节　创新管理实践案例 … 145

第二节　创新管理产生的背景 … 152

第三节　创新管理的主要内容 … 156

第四节　创新管理的基本内涵 … 178

第二篇　营销篇

第九章　营销理论概述 … 184

第一节　营销综述 … 184

第二节　营销学派的分类 … 201

第三节　营销的阶段划分 … 220

第十章　生产营销 … 223

第一节　生产营销实践案例 … 223

第二节　生产营销产生的背景 … 224

第三节　生产营销的基本内涵 … 225

第四节　营销阶段的递进 … 227

第十一章　产品营销 … 228

第一节　产品营销实践案例 … 228

第二节　产品营销产生的背景 … 231

第三节　产品营销的基本内涵 … 232

第四节　营销阶段的递进 … 234

第十二章　服务营销 … 235

第一节　服务营销实践案例 … 235

第二节　服务营销产生的背景 …………………………………… 242

　　第三节　服务营销的基本内涵 …………………………………… 243

　　第四节　营销阶段的递进 ………………………………………… 250

第十三章　文化营销 ……………………………………………… 252

　　第一节　文化营销实践案例 ……………………………………… 252

　　第二节　文化营销产生的背景 …………………………………… 257

　　第三节　文化营销的基本内涵 …………………………………… 258

　　第四节　营销阶段的递进 ………………………………………… 267

第十四章　网络营销 ……………………………………………… 269

　　第一节　网络营销实践案例 ……………………………………… 269

　　第二节　网络营销产生的背景 …………………………………… 276

　　第三节　网络营销的基本内涵 …………………………………… 277

　　第四节　营销阶段的递进 ………………………………………… 283

第十五章　场景营销 ……………………………………………… 285

　　第一节　场景营销实践案例 ……………………………………… 285

　　第二节　场景营销产生的背景 …………………………………… 293

　　第三节　场景营销的基本内涵 …………………………………… 294

　　第四节　营销阶段的递进 ………………………………………… 299

第十六章　创新营销 ……………………………………………… 300

　　第一节　创新营销实践案例 ……………………………………… 300

　　第二节　创新营销产生的背景 …………………………………… 311

　　第三节　创新营销的基本内涵 …………………………………… 316

第三篇 人力篇

第十七章 人力资源管理概述 ……………………………………… 322
第一节 人力资源管理综述 ………………………………… 322
第二节 人力资源管理学派的分类 ………………………… 336
第三节 人力资源管理的阶层划分 ………………………… 343

第十八章 人力劳动管理 …………………………………………… 346
第一节 人力劳动管理实践案例 …………………………… 346
第二节 人力劳动管理产生的背景 ………………………… 349
第三节 人力劳动管理的基本内涵 ………………………… 350
第四节 人力管理阶层的递进 ……………………………… 351

第十九章 人力关系管理 …………………………………………… 353
第一节 人力关系管理实践案例 …………………………… 353
第二节 人力关系管理产生的背景 ………………………… 361
第三节 人力关系管理的基本内涵 ………………………… 362
第四节 人力管理阶层的递进 ……………………………… 365

第二十章 人力潜能管理 …………………………………………… 366
第一节 人力潜能管理实践案例 …………………………… 366
第二节 人力潜能管理产生的背景 ………………………… 378
第三节 人力潜能管理的基本内涵 ………………………… 379
第四节 人力管理阶层的递进 ……………………………… 381

第二十一章 人力资产管理 ………………………………………… 383
第一节 人力资产管理实践案例 …………………………… 383
第二节 人力资产管理产生的背景 ………………………… 387

第三节　人力资产管理的基本内涵 …………………………… 387
　　　第四节　人力管理阶层的递进 ……………………………………… 391

第二十二章　人力资本管理 ………………………………………… 393
　　　第一节　人力资本管理实践案例 ………………………………… 393
　　　第二节　人力资本管理产生的背景 ……………………………… 396
　　　第三节　人力资本管理的基本内涵 …………………………… 397
　　　第四节　人力管理阶层的递进 ……………………………………… 410

第二十三章　人力战略管理 ………………………………………… 411
　　　第一节　人力战略管理实践案例 ………………………………… 411
　　　第二节　人力战略管理产生的背景 ……………………………… 422
　　　第三节　人力战略管理的基本内涵 …………………………… 424
　　　第四节　人力管理阶层的递进 ……………………………………… 428

第二十四章　人力价值管理 ………………………………………… 430
　　　第一节　人力价值管理实践案例 ………………………………… 430
　　　第二节　人力价值管理产生的背景 ……………………………… 442
　　　第三节　人力价值管理的基本内涵 …………………………… 448

参考文献 ……………………………………………………………… 458

后记 …………………………………………………………………… 463

第一篇

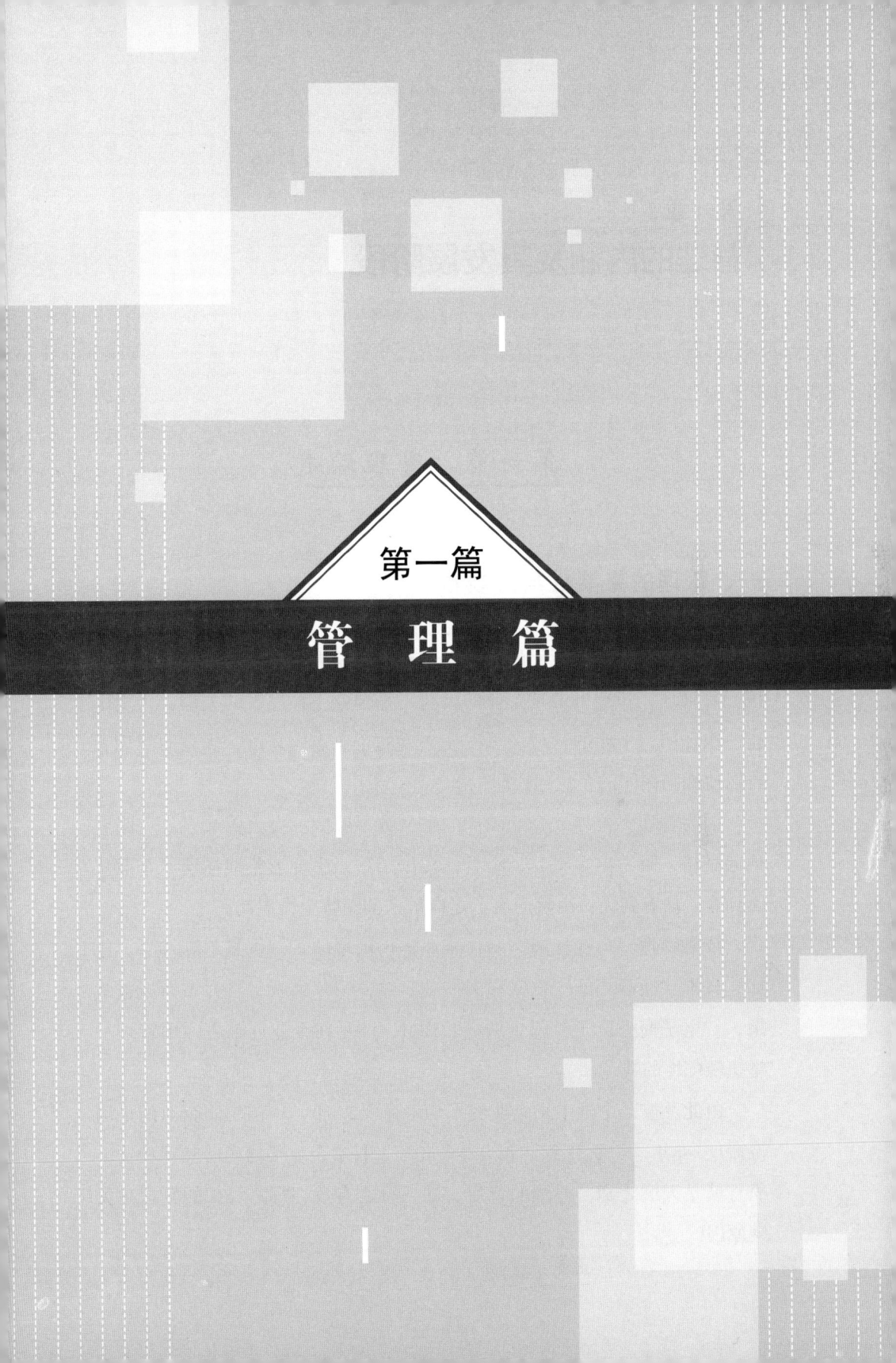

管 理 篇

第一章
管理的内涵及其发展阶段

第一节 管理综述

一、管理的重要性与必要性

众所周知，企业之间的竞争，归根到底是人才的竞争。人才竞争的核心是管理，管理可谓是企业的灵魂，是企业生存发展的关键。历史不止一次证明，平庸的管理者可以使兴盛的企业走向衰落，优秀的管理者可以使濒临倒闭的企业起死回生。

因为管理不善导致企业破产的案例数不胜数。有人曾戏言，"眼看他起高楼，眼看他宴宾客，眼看他楼塌了"，生动形象地描绘了企业从无到有、从有到无、由盛而衰、走向破产的短暂生命周期。

依靠管理"力挽狂澜"、使企业走出困境的案例也是不胜枚举。比如，日本"经营之圣"稻盛和夫拯救日航，"苹果教父"乔布斯拯救苹果，"电子商务巨子"郭士纳拯救IBM，都是在企业危难之际用管理一举扭转乾坤的典范。

由此及彼，中国中小企业的平均寿命仅2.5年，中国集团企业的平均寿命仅7~8年，与欧美企业平均寿命40年、日本企业平均寿命58年相比，简直就是天壤之别。差距的背后，缺乏行之有效、行之长久的管理是关键原因。

事实上，管理不仅存在于企业，管理对于家庭和社会也有着至关重要的作用。试想，如果没有管理或者管理不善，将会产生什么结果？对这个问题，我们可以从三个案例窥知一二。

案例1-1　　　　男孩的长裤

有一个男孩子第一次得到一条长裤，穿上一试，裤子长了一些。他请奶奶帮忙把裤子剪短一点，可奶奶说，眼下的家务事太多，让他去找妈妈。而妈妈回答他，今天她已经同别人约好去玩桥牌。男孩子又去找姐姐，但是姐姐有约会，时间就要到了。这个男孩子非常失望，担心明天穿不上这条裤子，他就带着这种心情入睡了。

奶奶忙完家务事，想起了孙子的裤子，就去把裤子剪短了一点；姐姐回来后心疼弟弟，又把裤子剪短了一点；妈妈回来后同样也把裤子剪短了一点。可以想象，第二天早上大家会发现这种没有管理的活动所造成的恶果。

案例1-2　　　　三个和尚挑水后传

"一个和尚挑水吃，两个和尚抬水吃，三个和尚没水吃"的寺庙怪象传到总寺后，总寺的方丈高度重视，立即空降了一名主持和一名书记，共同负责解决这一问题。主持上任后，发现问题的关键是管理不到位，于是内外并举推出了系列举措，对内成立寺庙管理部负责制定分工流程，对外通过"走出去"和"请进来"相结合方式学习新的管理理念和方式。书记通过观察，认为问题的关键在于人才没有充分利用、寺庙文化没有建设好，于是成立了人力资源部和寺庙工会等部门，实行竞聘上岗和定岗定编。

几天后初见成效，三个和尚开始拼命挑水，可问题是怎么挑也不够喝，而且由于小和尚都忙于挑水，无暇顾及念经，香客和香火钱也越来越少。为了解决收入问题，寺庙决定成立专门的挑水部和烧香部，并提拔了十几名中基层干部充实管理力量。老问题终于缓解，但沟通协调等一系列新问题又跟着来了。因此寺庙又先后成立了喝水响应部、香火钱管理部、打井建设部、综合部等部门，并把寺庙整个变成办公区，香客烧香只许在山门外烧。随着部门、管理者的增加，文山会海问题又出现了。于是寺庙又成立了精简机构办公室、机构改革研究部、经营分析部等部门。

寺庙空前热闹起来，有的拼命挑水、有的拼命念经、有的拼命协调、有的拼命分析，但忙来忙去，香火钱和喝水的问题还是没有解决。大家众说纷纭，忙着找问题根源，给出了流程问题、职责问题、界面问题、考核问题等多种答案。但只有最早挑水的那三个和尚最清楚问题的关键所在，那就是机构臃肿问题。总部越来越庞大，基层越来越忙碌，成本越来越高，客户越来越不满。究其原因，还是由于管理的无效性造成的。

案例1-3　　　　　三分靠技术，七分靠管理

第二次世界大战后，一些英国专家小组去美国学习工业方面的经验。他们很快就发现，英国在工艺和技术方面并不比美国落后很多。然而，英国的生产率水平同美国相比为什么相差得如此悬殊呢？进一步的调查发现，英国工业在生产率水平方面比较低的主要原因在于英国的组织管理水平远远落后于美国。而美国经济发展速度比英国快，其最主要的原因就是依靠较高的管理水平。

国外经济学家经过调查研究，分析认为"三分靠技术，七分靠管理"。美国前国防部长麦克纳马拉也曾说过，美国经济上的领先地位和强大竞争力，与美国在管理科学上的突飞猛进显然具有内在联系。

以上三个案例，分别从家庭、企业、国家三个层面说明了管理的重要性和必要性。

1. 家庭层面

从家庭层面来看，管理是保证生活有序的重要手段。家庭作为最普遍、最常见的集体单元，必然涉及集体活动。在没有管理活动协调时，集体中每个成员的行动方向并不一定相同，甚至可能互相抵触。即使目标一致，由于没有整体的配合，也达不到总体的目标。"男孩的长裤"的故事，就是典型的因为信息不对称，缺乏必要的统筹管理，造成生活杂乱无章的真实写照。

2. 企业层面

从企业层面来看，管理是保证企业有效运行所必不可少的条件。寺庙也是一个企业组织，寺庙之所以无法正常运转甚至陷入颓废局面，正是因为缺乏有效的管理，没有实现资源的最优配置和最优利用。这也是企业管理中存在的普遍现象。调查显示，我国平均每天有1.2万户企业诞生，同时每天也有近2800家企业倒闭。每100家破产倒闭的企业中，85%是因为企业管理不善所致。任正非在谈华为成功的基因和秘诀时，也将管理列为企业成功的核心内核。

3. 国家层面

从国家层面来看，管理水平的高低直接影响国家的竞争力。从一定意义上讲，管理过程也就是资源的配置和利用过程，随着人类的进步和经济的发展，管理所起的作用越来越大。当今世界，各国经济水平的高低很大程度上取决于其管理水平的高低。国外一些学者的调查统计结果，"三分靠技术，七分靠管理"也证实了这一点。

由此可见，小到一个家庭，大到一个国家，缺乏管理或管理混乱，其局面必然是混乱不堪，个人及社会的生存与发展也就会遇到困难。特别是在全球经济一体化的浪潮下，我国企业将面对更加激烈的国内外竞争形势，不加强管理，就不可能提高市场竞争力，就会在国际化的舞台上被淘汰出局。国有企业如此，民营企业如此，大型企业如此，中小企业亦如此。

事实上，人类社会的发展史同时也就是一部管理发展史。历史已经证明，生产力越发达，人类社会越进步，管理也就越重要。更有意义的是，一个社会的管理水平越高，其生产力发展越快。管理与科学技术构成现代生产力发展和社会前进的两只轮子已成为共识。

二、管理概念的界定

管理是人类社会一项重要的社会活动。在不同的历史阶段，不同的人物或不同背景的人，由于所持观点的不同，对管理的概念也有不同的定义和解释。管理定义自古即有，但什么是管理，从不同的角度出发，可以有不同的理解。从字面上看，管理有"管辖""处理""管人""理事"等意，即对一定范围的人员及事务进行安排和处理。但是这种字面的解释是不可能严格地表达出管理本身所具有的完整含义。

人类社会的发展史同时也就是一部管理发展史。历史已经证明，生产力越发达，人类社会越进步，管理也就越重要。更有意义的是，一个社会的管理水平越高，其生产力发展越快。管理与科学技术构成现代生产力发展和社会前进的两只轮子已成为共识。

当前，美国、日本以及欧洲各国的一些管理学著作的定义，如：

——管理就是由一个或者更多的人来协调他人的活动，以便收到个人单独活动所不能收到的效果而进行的活动。

——管理就是计划、组织、控制等活动的过程。

——管理是筹划、组织和控制一个组织或一组人的工作。

——管理就是通过其他人来完成工作。

——斯蒂芬·P.罗宾斯说："管理，是指同别人一起，或通过别人使活动完成得更有效的过程。"

——管理就是决策。

——管理就是领导

管理一词还有很多的定义，这些定义从不同的角度、不同的侧面反映出管理的性质的某个方面。管理的概念要从更宏观的角度来看，既不能失之偏颇，又不能浅尝辄止，本文采用清华大学教授徐国华、张德、赵平编纂的《管理学》一书中对管理的定义：

管理是通过计划、组织、控制、激励和领导等环节来协调人力、物力和财力资源，以期更好地达成组织目标的过程。

这一定义的解释有三层含义，基本涵盖了管理所涉及的各方面的内容：

第一层含义说明了管理采用的措施有计划、组织、控制、激励和领导这五项基本活动。这五项活动又被称之为管理的五大基本职能。所谓职能，是指人、事物或机构应有的作用。每个管理者工作时都是在执行这些职能的一个或几个。

简言之，计划职能包括对将来趋势的预测，根据预测的结果建立目标，然后要制定各种方案、政策以及达到目标的具体步骤，以保证组织目标的实现。

组织职能一方面是指为了实施计划而建立起来的一种结构，这种结构在很大程度上决定着计划能否得以实现；另一方面是指为了实现计划目标所进行的组织过程。

控制职能是与计划职能密切相关的，它包括制定各种控制标准；检查工作时都按计划进行，是否符合既定的标准；若工作发生偏差要及时发出信号，然后分析偏差发生的原因，纠正偏差或制定新的计划，以确保实现组织的目标。

激励职能和领导职能主要涉及的是组织活动中人的问题：要研究人的需要、动机和行为；要对人进行指导、训练和激励，以调动他们工作的积极性；要解决下级之间的各种矛盾；要保证各组织、各部门之间信息渠道畅通无阻等。

第二层含义是第一层含义的目的，即利用上述措施来协调人力、物力和财力方面的资源。

第三层含义又是第二层含义的目的。协调人力、物力和财力资源是使整个组织活动更加富有成效，这也是管理活动的根本目的。

第二节 中外管理学派的分类

追溯管理学的智慧源泉，拓宽管理学的研究边界，人类发展历史上涌现出许许多多的管理研究者，提出了一些卓有建树的管理思想和管理理论，也产生了众多管理学派。从国内外两个角度分析来看，迄今为止西方管理学已有240多年历史，形成了古典管理、行为科学、现代管理等诸多管理理论，也涌现了诸多管理学派。中国虽然没有形成系统的管理理论，但却有着几千年的管理思想渊源，形成了以诸子百家为代表的中国式管理思想。根据历史上各个学派的主要学术观点，可以分为西方和中国各九大管理学派。

一、西方九大管理学派

（一）科学管理学派

代表人物是"科学管理之父"弗雷德里克·温斯洛·泰勒。泰勒的突出贡献是通过"搬运生铁实验""铁锹实验",提出了标准化原理和差别计件工资制,第一次系统地把科学方法引入管理实践,首开西方管理理论研究之先河。《科学管理原理》一书是泰勒的代表作,是泰勒本人管理思想与研究成果的集中体现。该书提出科学管理的普遍采用会使生产能力普遍地成倍增长,这对整个国家意味着:工作时间得以缩短,人们所需要的生活必需品和奢侈品有可能双双增产以及教育、文化和娱乐生活的飞速增长等等。

(二)管理过程学派

代表人物是"管理过程理论之父"亨利·法约尔。法约尔首次提出了管理的五大职能,即"计划、组织、指挥、协调、控制"。法约尔一生都在从事实际生产经营和研究管理,在长期担任企业的最高领导人的过程中,积累了管理大企业的经验,到75岁时才发表《工业管理和一般管理》这部划时代的光辉著作。法约尔认为,泰勒的科学管理理论同他的理论是相互补充的,因为他们都想努力通过不同的分析方法来改进管理。泰勒的研究是从"车床前的工人"开始,重点内容是企业内部具体工作的效率。法约尔的研究则是从"办公桌前的总经理"出发的,以企业整体作为研究对象。

(三)组织理论学派

代表人物是"组织理论之父"马克斯·韦伯。韦伯是德国著名古典管理理论学家、经济学家和社会学家,19世纪末20世纪初西方社会科学界最有影响的理论大师之一。韦伯的主要著作大多是在其晚年或去世后发表的,其思想遗产的价值远远超出他的时代。韦伯的理论是对泰勒和法约尔理论的一种补充,并首次提出了"行政组织体系"和"行政组织理论",主张建立一种高度结构化的、正式的、非人格化的理想的行政组织体系，为社会发展提供了一种高效率的管理体制。

（四）行为科学学派

代表人物是"行为科学之父"乔治·埃尔顿·梅奥。梅奥通过"霍桑实验"，提出了以"社会人""非正式组织"等内容为核心的人际关系学说，开辟了管理理论研究的新领域。在此基础上，马斯洛的"需求层次理论"，赫茨伯格的"双因素理论"，麦格雷戈的"X-Y理论"，更加强调了人的社会属性的特点，为现代化管理理论强调人性化管理奠定了基础。

（五）经验主义学派

代表人物是"现代管理学之父"彼得·德鲁克。作为一种实践和一个思考与研究的领域，管理已经有200多年历史。但管理作为一个学科，其开创的年代却是1954年，彼得·德鲁克对管理学的基础原理进行了精确阐释，管理学由此诞生。德鲁克对世人的卓越贡献及深远影响，奠定了其管理大师的地位，被尊为"大师中的大师"。经验主义学派以大企业管理经验为主要研究对象，通过分析总结经验来研究管理问题。德鲁克代表著作有《管理的实践》《卓有成效的管理者》《管理：任务、责任、实践》《动乱时代中的管理》等，其提出的"目标管理"在中国也是风靡一时，具有划时代意义。

（六）决策理论学派

代表人物是曾获诺贝尔经济学奖的赫伯特·西蒙。由于他在决策理论研究方面的突出贡献，他被授予1978年度诺贝尔经济学奖，并被称为"决策理论的奠基人"。1960年出版的《管理决策新科学》是西蒙的代表作，书中对决策过程进行了深入讨论，形成了系统的决策过程理论。

西蒙认为决策贯穿管理的全过程，提出了"管理就是决策"的命题，并提出了管理者进行决策制定需要经过的四个主要阶段，即情报活动—设计活动—抉择活动—审查活动四个阶段。情报活动阶段，找出决策的理由，即探寻环境，寻求要求决策的条件；设计活动阶段，找到可能的行动方案，即创造，制定和分析可能采取的行动方案；抉择活动阶段，在各种行动方案中进行抉择；审查活动阶段，对已进行的抉择进行评价。

（七）经理角色学派

代表人物是亨利·明茨伯格。明茨伯格是加拿大著名的管理学家，其管理思想主要体现在组织管理和战略管理方面，在管理领域几十年的耕耘中，他的研究广泛涉及一般管理和组织的课题，在管理学界是独树一帜的大师。明茨伯格以对经理所担任角色的分析为中心来考虑经理的职务和工作，以求提高管理效率，并著有《经理工作的性质》。经理角色学派所指的"经理"是指一个正式组织或组织单位的主要负责人，拥有正式的权力和职位，而"角色"这一概念则借用于舞台术语，是指属于一定职责或地位的一套有条理的行为。明茨伯格关于经理工作对组织作用的分析非常有助于职业经理人认清自己的价值，同时，他帮助职业经理人依据自己的工作特点，准确定位自己的类型。《经理工作的性质》一书，是每一位经理人的必读经典。

（八）权变管理学派

代表人物是美国尼布拉加斯大学的教授弗雷德·卢桑斯。卢桑斯认为没有一成不变、普遍适用、"最好"的管理理论和方法，组织的管理应该根据其所处的环境和内部条件的变化而变化。管理思想和方式应该根据成员的素质、工作特点和环境情况而定，不能一概而论。1976年，卢桑斯出版了权变学派的代表作《管理新论：一种权变学》。在该书中，他集中阐述了权变理论的主要观点。

（九）管理文化学派

代表人物是威廉·大内、特里·迪尔、阿伦·肯尼迪等。管理文化学派（又称企业文化学派）强调管理活动的文化特征。管理文化学派认为，战略制定过程是集体行为的过程，要重视企业文化建设和价值观培养。管理文化学派产生于20世纪70年代后期，此时，美国企业的国际竞争力下降，日本企业则以咄咄逼人的架势对美国发起全面的经济挑战。虽然造成这种局面的原因是多方面的，也引起了人们深入的思考，但管理学家着重从管理的角度寻找美国企业国际竞争力下降的原因。通过反思，他们认为，美国企业管理中存在着过多地注意了数字、文件，忽视了对人的社会属性认知的缺陷。相反，日本企业却十分重视人。威廉·大内发现，日本企业中存在着一种可称之为企业文化的价值观念体系。在这套价值观念体系中，企业的职工能成为一体，主动地、充分地发挥他们的积极性和创造性。在美国，企业中的人是被动的、消极的。管理文化学说代表着一种管理理论综合的趋势，在经过了20世纪60~70年代的管理理论丛林阶段之后，各种学派林立，每种理论都有其合理性，但又都存在一定的缺陷。管理实践需要综合的理论，管理文化学说正是在这种背景下产生的，它表明了管理理论对人更加关注。

二、中国九大管理学派

中国式管理思想主要来源于"三教九流"。"三教"是中国传统三大宗教，即儒教、佛教、道教，简称"儒释道"。"九流"源自诸子百家。关于百家的划分，最早源于司马迁的父亲司马谈，他将百家首次划分为"阴阳、儒、墨、名、法、道"六家。后来,刘歆又在司马谈的基础上,增"纵横、杂、农、小说"为十家。其后,班固提出"诸子十家,其可观者九家而已。"因此,人们去"小说家",将剩下的九家称为"九流"。"九流"是中国式管理思想的智慧结晶。

(一)儒家

代表人物为孔子、孟子、荀子,代表作分别为《论语》《孟子》《荀子》。儒家的核心思想是"忠"。儒家学派由春秋时期孔子所创,倡导血亲人伦、现世事功、修身存养、道德理性。儒家崇尚《周礼》,重视道德伦理教育,倡导"五伦"关系,提倡"忠恕",社会各阶层人士应安分守己,先义后利,重义轻利,强化对家长的忠义,维护核心领导的权威。以儒家文化为底蕴的关系治理,造就了中国家族企业独特的管理文化。不仅如此,在长期的国家经贸往来交流中,儒家思想逐渐传播到中国周边国家,包括今天的日本、韩国、朝鲜、越南、新加坡等地,形成了"东亚儒家文化圈",并影响着这一地区的经济发展和管理活动。新加坡前内阁资政李光耀曾坦言:"从治理新加坡的经验看,我深信,要不是新加坡大部分人民受过儒家思想的熏陶,我们是无法成为亚洲四小龙之一的。"日本现代化之父涩泽荣一也曾说过:"以我一个实业家的身份来说,为努力使经济和道德齐头并进,经常以简易的方法向大家说明《论语》与算盘相互调和的重要性,希望能引导大家易地及时留心之。"

(二)道家

代表人物为老子、庄子,代表作品分别为《道德经》《庄子》。道家的核心思想是"中"。道家学派的创始人是老子。老子以后,道家内部分化为不同派别,著名的有四大派:杨朱学派、庄子学派、宋尹学派和黄老学派。杨朱学派对老子的思想加以发展，旨在通过对个体的自我完善进而达到社会的整体和谐。庄子学派包含在朴素辩证法因素，认为一切事物都在变化，又认为一切事物都是相对的，主张"天人合一"和"清静无为"。宋尹学派继承了老子自然之道的思想，糅合法家、儒家，强调排除主观成见、遵循客观规律即"静因以道"的认知原则。黄老学派接受、继承了早期道家对世界的事实陈述与管理智慧，部分地抛弃了早期道家"超然度外"的价值导向，转而承认现实社会及其制度的合法性，并积极参与现实社会的管理。无论是早期道家还是庄子学派、杨朱学派、宋尹学派和黄老学派，"道"是他们的理论基础，是他们全部学说的核心。道家以"道"说明宇宙万物的本质、本源、构成和变化，认为天道无为，万物自然化生，一切都要遵"道"而行，管理活动也不例外。"无为"是"道"最根本的特性。从管理的过程来看，"无为"就是要顺应客观规律，尊重客观事物的存在，不要胡乱作为。这种"无为"，并不是任何事情都不做，而是依循事物的内在规律去做，有所为有所不为。这样能够保证管理活动的正常进行，在效果上达到"无所不为"，实现无为而无不为，上无为而下有为。汉代初年的统治者接受道家思想，在治国活动中主张"无为而治""与民休养生息"，开创了历史上著名的"文景之治"，成为道家思想在国家管理活动中的一次辉煌实践。

（三）墨家

代表人物为墨子，代表作品为《墨子》。墨家的核心思想是"爱"。墨家是先秦诸子百家中内部管理最为严密的一个学派。墨子及其弟子形成了一个有严密组织纪律的团队，首领称为"巨子"，成员则称为"墨者"，成员多来自社会下层，相传皆能赴火蹈刀，以自苦励志。墨者出去做官，要由巨子派出，如果做官后有违墨家学派的主张，则会被罢免。墨子的管理思想包括"十论"：尚贤、尚同、节葬、节用、非乐、非命、尊天、事鬼、兼爱和非攻,是一个比较全面和系统的管理理论体系。墨学区别于先秦诸子百家最突出的理论标志,是墨子提出的"兼相爱、交相利"思想,这一思想也是墨家的学说基础。具体可细分为三类指导思想:其一是"兼爱为本"的思想基础。墨子所说的"兼爱",是不分彼此、不分亲疏、不分远近的普遍的爱,体现了兼爱天下、服务众生的精神,对后世产生了一定的影响。如,称雄中国商界300多年的徽州商人,其经营信条就是"财自道生,利缘义取",杜绝只图自己牟利而侵害他人利益的行为。其二是"兼以易别"的行为选择。墨子提出用"兼相爱"来取代"交相别",将身比身,将心比心,注重民心向背。历史上楚汉相争中,刘邦进入咸阳后"约法三章"赢得民心,项羽进入咸阳后却大开杀戒,二者的民心向背差异,对后来的兴亡存废结局产生了重大影响。其三是"爱人若己"的利益相关原则。墨子提出应该关爱别人,充分考虑别人的利益,体现人文关怀,这样才能够达成共享其利的结果。墨子的这个管理理念,事实上是管理学中"利益相关者"原理的体现。

(四)法家

代表人物为韩非、李斯,代表作品有《韩非子》。法家的核心思是"法"。在先秦百家争鸣的思想格局中,法家是与当时国家治理实践相结合得最为紧密的一个学派,而且法家注重实效,操作性强,因而迎合了当时统治者的需要。因主张以法治国,"不别亲疏,不殊贵贱,一断于法",故称之为法家。春秋时期,管仲、子产即是法家的先驱。战国初期,李悝、商鞅、申不害、慎到等开创了法家学派。法家的精义归结为一个字就是"法",强调以法为重的制度管理,反对儒家的"人治"。法家所说的"法"包括立法、变法、任法三重含义。其一是"立法",即制度建设。法家认为,制度就是规矩,没有规矩就谈不上管理。所谓"以法治国",就是要将法律条文公布出来,使法令公开化、明确化,树立让老百姓明明白白、认真遵守的规矩。其二是"变法",即制度变革。法家一般主张历史进化的观点,认为历史是向前发展的,后世优于前世,因此圣人治理国家就要因时变法,而不是效法古代或拘守现状。其三是"任法",即制度执行。法家强调在管理过程中排除情感的因素,不论亲疏,不论贵贱,制度面前人人平等,一切以法律规定为准绳,严格执行法律制度。需要指出的是,法家"以法治国"的法治模式,与现代"依法治国"的法治模式有着本质的区别:法家所讲的法是君主利益或意志的体现,君主本人则是超越于法律之上的,而现代法律则是民众利益或意志的体现,没有超越于法律之上的权利;法家的"法治"强调公共权利而忽视私人权利,强调惩罚而忽略保护,而现代法治则建立在尊重和保护人权的基础上,主张公共权利和私人权利的一致性。因此,法家的"法治"观既有积极的意义,又具有明显的历史局限性。

(五)名家

代表人物为邓析、惠施、公孙龙和桓团,代表作品有《公孙龙子》。名家的核心思想是"理"。名家是以辩论名实等思辨问题为中心,并且以善辩成名的一个学派。"名"就是指称事物的名称,即现在讲的"概念";"实"就是"名"所指称的事物。名家之所以被称为"名家",是因为他们同样是在"思以其道易天下"的过程中,为了播其声,扬其道,释其理,最先围绕"刑名"问题,以研究刑法概念著称;以后逐渐从"刑名"研究延伸到"形名"研究、"名实"研究。围绕"名"和"实"的关系问题,展开论辩并提出自己的见解。名家提倡要"正名实",注重事理,强调事物应该"名符其实",并结合自身认识实践和经验,通过各种方式来论证。"名家"古代人称之为名流之家，是对掌握某种专门学识或有丰富实践经验，以及从事某种专门活动的人的一种尊称和肯定。名家在战国中期是一个非常活跃的学派，但名家之地位在秦朝以后退出政治舞台，名家的后世传人的影响均不及儒、道、墨、法等诸家影响面广，名家在不同程度上被融入到诸家文化的精髓中。

（六）阴阳家

代表人物为邹衍。其核心思想是"果"。阴阳家因提倡阴阳五行学说，并用它解释社会人事而得名。因此，阴阳家又称为阴阳五行家，是在战国时期以"术数"为基础而发展起来的一个思想流派。这里的"阴阳"，来自《易经》六十四卦的基本元素——"阴卦"和"阳卦"。《易经》说"一阴一阳之谓道"，"太极图"则形象地揭示了"阴中有阳，阳中有阴，运动变化，整体和谐"的世界模式。这里的"五行"，指的是金、木、水、火、土五种自然界的基本物质。古人认为，世界上的所有事物，都是由这五种基本物质元素组成的。在阴阳家之前，"阴阳"与"五行"是各自独立存在的概念。从邹衍开始，阴阳家们把阴阳五行结合起来，系统地说明宇宙—社会—人生的存在基础及其运动变化的依据，其所包含的整体、变化、和谐的理念，对中国古代管理智慧产生了深刻的影响，对现代管理活动也具有重要的启示意义。阴阳家的管理智慧具有三大特色：一是五行相生的整体管理。阴阳家认为，五行既相生又相克，可用以说明宇宙万物的起源和变化。五行相生相克的原理加上阴阳相互配合的原则，成为阴阳家构造世界事物整体系统的基本工具。二是阴阳互动的变化管理。阴阳学说认为阴阳是事物本身具有的正反两种对立和转化的力量，可用以说明事物发展变化的规律。一阴一阳的矛盾规律叫做"道"，认识这一规律而日日更新、自我完善，并最终成就盛大事业，这就是"通变"，即会通万物的变化。与之相应的是

"变通"，即对变化的适应、因应和驾驭。三是以小推大的预测原则。阴阳家的前身是春秋战国时期的方术之士，他们判断事物的基本方法就是以已知求未知的推算和预测方法。即立足于面向未来，由已知的事物推算未知的事物，由直接经验的事物推算未及经验的事物，由现有的信息推算未来的趋势，在创新发展中把握趋势，提升管理效果。这也是阴阳家追求以"果"为核心的精髓要义和本质所在。

（七）纵横家

代表人物为鬼谷子、苏秦、张仪，主要言论传于《鬼谷子》《战国策》。其核心思想是"智"。纵横家是中国战国时以纵横捭阖之策游说诸侯，从事政治、外交活动的谋士。战国时南与北合为纵，西与东连为横，苏秦力主燕、赵、韩、魏、齐、楚合纵以拒秦，张仪则力破合纵，连横六国分别事秦，纵横家由此得名。他们的活动对于战国时政治、军事格局的变化有重要的影响。纵横家的管理思想主要包括三个方面：一是决情定疑的决策方略。纵横家所擅长的游说活动，实际上是推动并帮助别人做决策的过程。纵横家认为，要作出正确的决策，就必须有准确的情报信息，把握合适的决策环境和时机，掌握正确的决策方法。纵横家提出了"得情定基"的决策依据、"顺应时势"的决策条件、"周到缜密"的决策方法，在决策的信息、依据和方法方面体现出高超的智慧。二是纵横捭阖的公关艺术。由于纵横家本身并不拥有最高决策权，因此游说公关就成为纵横家必不可少的手段，纵横家所做的类似现代所谓"公共关系"的工作。纵横家在游说活动中，所体现出来的纵横捭阖的公关游说艺术，包括攻心为上的目标，度权量能的技巧，量宜发言的言辞等，对于当今公关的实践有着重要的启示。三是以智取胜的经营谋略。纵横家主张"以智服人""以智取胜"，重视谋略、智慧和决策，这也是纵横家的思想核心。在经营谋略方面，纵横家家提出了因事生谋的谋划法则、因人设谋的策略原则、阴道阳取得谋略手段。因事生谋，即所有的谋略都是为了解决事物发展过程中所面临的问题而提出来的。因人设谋，即针对不同的人采用不同的计谋，因为每个人的品质、性格、悟性都各不相同。阴道阳取，即重视用计施谋的隐蔽性，鬼谷子还具体论述了"秘而不宣""先予后取""欲擒故纵""握权制人""藏而不露"五种阴道阳取的方法。

（八）杂家

代表人物为吕不韦、刘安，代表作品有《吕氏春秋》《淮南子》。其核心思想是"合"。杂家是战国末期至汉初的综合学派，因"兼儒墨、合名法"，"于百家之道无不贯综"而得名。春秋战国时代，百家争鸣，各家都有自己的对策与治国主张。为了打败其他流派，各学派或多或少地吸收其他流派的学说，或以攻讦对方，或以补充自己学说的缺陷。杂家便是这方面的典范，博采众议，成为一套在思想上兼容并蓄，却又切实可行的治国方针。杂家的出现是统一的封建国家建立过程中思想文化融合的结果。战国末年，吕不韦聚集门客编纂《吕氏春秋》，又称《吕览》，于秦国统一六国前夜写成，是一部典型的杂家著作集。此书共二十六卷，一百六十篇，二十余万字。书中尊崇道家，肯定老子的思想，同时以道为主，融合儒、墨、法、兵众家长处，形成了包括政治、经济、哲学、道德、军事各方面的理论体系。杂家主张对不同元素有意识地加以整合，兼收并蓄，博采众长，为我所用。杂家在历史上并未如何显赫，虽然号称"兼儒墨、合名法"，"于百家之道无不贯综"，实际上流传下来的思想不多，在思想史上也没有多少痕迹。至今，"杂家"这称号基本上说的就是此人没有专业本事，什么都知道一点，但什么都不精通的意思。

（九）农家

代表人物为许行。其核心思想是"劳"。农家因注重农业生产而得名，是先秦时期反映农业生产和农民思想的学术流派，奉神农为祖师，祖述神农。许行与孟子是同时代人，相传为楚国人，依托远古神农氏之言来宣传其主张，是战国时代农家的代表人物。农家在战国时的出现不是偶然的。春秋战国的社会大变革使阶级关系发生了很大的变动，以至于反映劳动者利益的思想学说，在当时也能有存在的条件。以许行为代表的农家是下层农民的代言人。许行有弟子几十人，他们生活极为简朴，穿着普通的粗布衣服，靠打草鞋、编席子为生。农家主张推行耕战政策，奖励发展农业生产，研究农业生产问题。农家强调人人都要成为自食其力的劳动者，通过劳动维持生计，重农限商，以农固国，富国以农。

纵观西方和中国的各九大管理学派，管理思想有其共性内容，也有其差异性特色，同时也存在一定的规律性，具有一定的理论基础，为人类研究管理学理论提供了重要参考。

第三节　管理阶梯的形成

西方和中国的各九大管理学派，依据自己的理论框架，创造出独具特色的管理理论和管理方式，是东西方管理智慧的结晶。但管理是发展的，是系统性的，不是千篇一律的。不同的历史阶段、不同的意识形态、不同的民俗文化、不同的国家区域、不同的生产力和科技水平背景、不同的行业领域、不同的发展规模，管理方法不尽相同。就管理学而言，由于各个学派相对独立，而且存在单一性、碎片化和区域性等不足，虽然在某一方面、某一领域的研究实践取得了重大理论成果，但都没能将管理纳入统一框架加以研究，形成管理学自有的逻辑主线，这样的研究结果自然会有一定的局限性和片面性。

结合对中西方各九大管理学派等管理理论的深入研究，结合本人三十多年的国内外管理实践，从人类社会发展史的宏观历史角度出发，通过"理论与实践"的紧密结合、"国外与国内"的兼容并蓄、"分析与研究"的方法应用、"传承与创新"的延续融合、"成功与失败"的案例论证，系统分析了管理理论发展的逻辑主线，创立了管理学上新的管理理论——管理阶梯理论，即从早期管理、家长式管理、经验式管理、科学化管理、现代化管理、虚拟化管理到创新管理由低到高的七个阶段，以期对政府、企业、个人管理者提供重要帮助。管理阶梯的七个阶段，每个企业都能从中找到自己的缩影。

第一个阶段：早期管理

早期管理是指在远古时代，人们在管理部落、家庭、作坊等进行实践活动过程中，形成的无序的、公有的、朴素的、零碎的、随意的管理思想。早期管理思想是在古代社会生活条件下，在社会组织活动中萌芽的简单的管理思想。早期管理的突出特点是"基础化"，即无序的、朴素的、零碎的。

第二个阶段：家长式管理

家长式管理是指基于家族式信任和家长权威，管理权高度集中于最高领导者个人，管理者凭直觉、个性、家长权威、家族温情、血缘亲情进行决策的管理。家长式管理的突出特点是"集权化"，即家长具有绝对权威，凭借家族信任和自我直觉进行管理决策。家长式管理在企业创建初期发挥着积极作用，但决策的独断性、随意性往往把企业带向危险境地。

第三个阶段：经验式管理

经验式管理是指管理者根据自身在管理实践中摸索、提炼、总结的管理体会、认知、经验、方法，对企业的人、财、物等进行唯我的、独立的、凭经验决策的管理过程。经验式管理的突出特点是"二化"，即主观化、随意化，管理者凭借经验进行管理决策，决策随意性强，经常出现"头痛医头、脚痛医脚"、担任"救火队长"角色的情况，缺乏对管理的系统思考和整体把握。

第四个阶段：科学化管理

随着企业发展壮大，管理层级、管理幅度不断增加，经验式管理难以为继，需要进入更高级的科学化管理阶段。科学化管理是指把人们在实际管理工作中积累的成功经验提炼出来，通过梳理形成制度、标准和规范，从而使各项管理工作达到制度化、标准化、规范化。科学化管理的突出特点是"三化"，即制度化、标准化、规范化。在此基础上，本人通过对发达国家、世界500强企业管理经验的大量实证分析，提炼出了以"三化"为主体、以"三高"为标准、以"三严"为保障的科学化管理体系。"三化"即制度化、标准化、规范化。"三高"即高质量、高效率、高效益。"三严"即在执行"三化""三高"方面，不仅管理者自身要严于律己，还要对下级严格要求，整个公司严肃合规守纪，最终使各项工作达到"三高"标准。在科学化管理体系实践中，"三高"中的每一"高"都是在激烈的市场竞争中出奇制胜的法宝。需要指出的是，科学化管理是管理阶梯七个阶段承上启下的转折点，是企业管理水平提升的关键阶段。

第五个阶段：现代化管理

由于科学化管理过于强调制度的严肃性和执行力，忽视了人的社会属性，缺少人文关怀和信息技术在管理方面的应用，使员工的工作积极性受到影响。这就要求管理必须向更高的管理阶段转变：现代化管理。现代化管理是指在科学化管理的基础上，将现代管理理论、科学技术、信息和网络技术，全面和系统地用于管理中，通过建立科学的、人性的、精确的管理流程再造，使管理达到制度化、标准化、规范化、信息化、网络化和人性化的要求。现代化管理是对科学化管理在新时期的继承和发展，突出特点是"六化"：即制度化、标准化、规范化、信息化、网络化、人性化。

第六个阶段：虚拟化管理

虚拟化管理是指在管理中利用现代通讯技术、网络技术、视频技术、信息技术等超越物理空间限制的技术，对分布在不同地理位置的被管理者，通过计算机、网络、视频进行相对独立的、远程的、实时的管理，达到虚拟化、全球化、宇宙化的管理要求，最终实现跨越时间、空间和组织边界的管理。虚拟化管理是对现代化管理的进一步完善，突出特点是"九化"，即制度化、标准化、规范化、信息化、网络化、人性化、虚拟化、全球化、宇宙化。

第七个阶段：创新管理

物联网、云计算、大数据、区块链、人工智能、量子技术等先进科技的迅猛发展，将为人类社会带来"前所未有"甚至"翻天覆地"的巨大变革，创新管理成为人类管理理论和实践发展的必然选择。创新管理是指企业把新的管理要素（如新的管理方法、新的管理手段、新的管理模式等）或要素组合引入企业管理系统，加强知识资产管理、机遇管理和企业战略管理，有效运用企业资源，把管理创新、技术创新和制度创新有机结合起来，形成完善的动力机制、激励机制和制约机制的管理，以便有效地实现组织目标的创新活动。突出特点是"十化"，即制度化、标准化、规范化、信息化、网络化、人性化、虚拟化、全球化、宇宙化、智能化。

```
          创新管理
        虚拟化管理
       现代化管理
      科学化管理
     经验式管理
    家长式管理
   早期管理
```

管理阶梯理论的七个阶段图示

正如马斯洛"需求层次理论"五个层次逐层递进一样，管理阶梯理论的七个管理阶段不是简单的罗列，而是由低到高、由浅及深不断深化的过程。每一阶段都是在特定的经济发展水平和企业发展阶段，通过管理者的不断探索和实践而形成的管理方式，都存在固有的特点和不足。每一阶段的思想理论都是在前一阶段基础上的发展和完善，最终形成管理阶梯的理论体系。

从企业发展规律来看，受市场变化、技术冲击和经济危机等多重因素影响，企业的管理水平达到一定阶段，如果不能上升到更高级的管理阶段，企业就会出现衰退甚至倒闭。管理阶梯理论的七个阶段，是伴随企业发展规模壮大、管理层级增加、适应外部环境的自然演进过程。

因此，管理阶梯理论所涵盖的七个管理阶段，既是管理学发展的逻辑主线，也是社会发展的历史主线，同时也是企业由小到大、由弱到强、由原初到现代的管理层次发展的里程碑。

第二章
早期管理

第一节　早期管理实践案例

案例2-1　　　　万里长城的建造

　　万里长城是秦始皇于公元前214年，命令大将蒙恬率兵30万北击匈奴时，役使40多万人把原来燕、赵、秦等国修筑的长城连接并加以扩建而成的。万里长城总长6000多公里，气势雄伟。长城建筑在地势险峻的山巅，工程复杂而浩大，而当时施工仅凭肩挑手抬，其困难可想而知。然而，得益于古老中国的早期管理智慧，最终成就了闻名中外的长城奇观。

案例分析

长城的建设，是早期管理思想的生动实践。具体体现为：

1.有严谨的工程计划。对工程所需土石及人力、畜力、材料、联络都安排得井井有条，一环扣一环，使工期不至于延误。

2.严格的工程质量管理。主要是工程验收制度，如规定在一定距离内用箭射墙，箭头碰墙而落，工程才算合格。否则返工重建。

3.有效的分工制。长城建设在事先确立走向前提下，分区、分段、分片同时展开，保证工程进度的同步性，体现了有效的分工。

案例2-2　　　　　　　　商鞅变法

商鞅（约公元前390年~公元前338年），卫国（今河南安阳市内黄梁庄镇一带）人。战国时期政治家、思想家，著名法家代表人物。姬姓，卫氏，全名为卫鞅。因卫鞅本为卫国公族之后，故又称公孙鞅。后封于商，后人称之商鞅。

商鞅变法是指战国时期秦国的孝公即位以后，决心图强改革，便下令招贤。商鞅自魏国入秦，并提出了废井田、重农桑、奖军工、实行统一度量和郡县制等一整套变法求新的发展策略，深得秦孝公的信任，任他为左庶长，开始变法。经过商鞅变法，秦国的经济得到发展，军队战斗力不断加强，发展成为战国后期最富强的封建国家。

案例分析

商鞅在主持变法的过程中，制定的一些具体政策措施，是中国早期管理思想的体现。

1.重农抑商的基本管理思想。商鞅推行重农抑商的政策。规定生产粮食和布帛多的，可免除本人劳役和赋税，以农业为"本业"，以商业为"末业"。因弃本求末，或游手好闲而贫穷者，全家罚为官奴。商鞅还招募无地农民到秦国开荒。为鼓励小零经济，还规定凡一户有两个儿子，到成人年龄必须分家，独立谋生，否则要出双倍赋税。禁止父子兄弟（成年者）同室居住，推行小家庭政策。这些政策有利于增殖人口、征发徭役和户口税，发展封建经济。

2.提出了论功封爵等激励约束措施。强调论功封爵的吏治准则，废除世卿世禄旧制，除了从事农战以外，不得授予官爵。"是故不以农战，则无官爵"（《农战》）。商鞅明令奖励耕织，奖励军功，规定"粟爵粟任"，"武爵武任"（《去强》），即允许人们纳粟换爵，按军功大小授予二十级的不同爵位。此项改革，是与当时普遍推行的县制结合在一起进行的，旨在加强中央集权。

3.以法律准则约束社会行为的观念初步建立。商鞅强调依法治国的治国方略。商鞅对于如何管理国家这个问题，坚持不法古，不循礼，反对以"仁义"说教的儒家思想。他说，惟有"以刑治，民则乐用；以赏战，民则轻死"（《弱民》）这样才能达到"以刑去刑"，"以战去战"（《画策》），因此，非以"法治"无以治国平天下。

案例2-3　　　　　　　金字塔的建造

金字塔是古代埃及人民留给人类的伟大艺术品，自建成以来就成为令人惊叹的建筑奇迹，尤其以胡夫金字塔为代表，其高超的建筑技巧和巨大的建筑规模历来为人们称赞。胡夫金字塔是用上百万块巨石垒起来的，每块石头平均有2000多公斤重，最大的有100多吨重，10万人用了30年的时间才得以建成胡夫金字塔。金字塔是古代埃及人民智慧的结晶，是古代埃及文明的象征，也是古代埃及人民早期管理伟大实践。

案例分析

1.金字塔的修建表明，古代埃及人在管理方面已经有了分工和协作的思想，较好地把科学技术运用于劳动过程，体现了较为严密的组织制度。

2.作为如此浩大的工程，在建造金字塔的过程中，古埃及人精心计划、组织和控制，安排和解决食物、住宿、运输问题，表现出了非凡的管理和组织能力。

3.在工程管理中，每个监工大约管理10名奴仆，反映出他们已经有"管理跨度"的管理理念，已知道每个管理者所能监督人数的管理跨度是"以十为限"。尽管这些管理思想尚不系统，但初步管理思想已经萌芽。

第二节　早期管理思想产生的背景

管理作为一门古老的知识和实践，自原始部落的群体劳动出现分工和合作时起，管理活动便开始了。美国学者罗杰·科隆斯在《工厂生产——公元元年》一文中写道："中国人早在公元元年就已通晓劳动分工和组织的部门化。刻在一只饭碗上的文字表明，它是一家官办工厂制造的。在这家工厂，各个工匠之间的劳动有着高度的专业化分工。这家工厂分三个部门：会计、安全与生产（门丹尼尔·A.霄恩，2000）。"这段话明白地告诉我们，在2000多年前的公元元年，古老中国在生产领域里已经有了成熟的管理实践。

其实从公元元年上溯到历史的深远处，早在5000年前，中国已经有了部落和国王，有了雏形的古老组织。有了组织，便有了管理。到了约公元前17世纪后的商、周时代，中国的官僚机构已经发展成为一个分等级层次的完备体制，出现了从中央到地方的等级森严的金字塔式的权力机构。在公元前200多年的秦朝，已经形成了与现代中国国土相近的统一国家。此后虽然也曾历经了"分久必合，合久必分"的沧桑曲折，但从总体上看一直是统一的。历代统治者在对这个统一的泱泱大国的有效控制和管理实践中，积累了丰富的管理思想。

这些管理思想，虽然没有形成完整的理论体系，更谈不上形成一门独立的科学，但其内容是无限丰富和博大的。"中国传统的管理思想，分为宏观管理的治国学和微观管理的治生学。治国学适应中央集权的封建国家的需要……治生学则是在生产发展和经济运行的基础上通过官、民的实践逐步积累起来，包括农副业、手工业、运输、建筑工程、市场经营等方面的学问"（周三多等，1999）。综合中国古代管理思想，最重要的是重人。重人就是要重人心向背，重人才归离，重团结和气。儒家"行仁德之政""因民之所利而利之""和为贵"等思想成为传统管理思想的重要精神。无论治国还是治生，都需要天下归心，都离不开人才，所谓得民心者得天下；离不开"天时、地利、人和"，所谓和能兴邦，和气生财。中国古代管理的另一个重要思想是诚信不欺。儒家坚持"君子信而后劳其民"的观念，治国要守信，从商也是如此。我国历来有"诚工""诚贾"的传统，商而不诚，苟取一时，终致瓦解。诚信被儒家视为"进德修业之本""立人之道"。体现在管理思想中就是"人无信不立，政无信不威，商无信不富"。此外，勤俭敬业，实事求是，注重预谋策划等等，都是传统管理思想宝库中的重要内容。这些被提到以及更多的没有被提到的古圣先贤的管理思想和原则，早在几千年前就被载入了不同的典籍中，就已经体现在人们治国治生的实践活动中。几千年来，这些思想薪火相传，生生不已，直至今天，在全球化的浪潮中与西方管理思想兼容并蓄，催生出新的内涵。

在西方，如果以千年为起点，我们可以从诞生于公元1世纪的基督教经典《圣经》中找到有关管理思想的最早的记载。《圣经》记载，希伯来人的领袖摩西采纳他岳父"从以色列人中拣选有才能的人，立他们作百姓的首领，作千夫长、百夫长、五十夫长和十夫长，他们随时审断百姓的案件，有难断的案件就呈到摩西那里，各样小事由他们自己审判"（W.J.邓肯，1999）的建议，建立了一个比较有秩序的部族管理的组织结构，并运用了类似今天常用的授权原理和例外原则等管理法则。当然，管理的历史比这段文字的记载要久远得多。正如管理大师彼得·德鲁克所说的，历史上最优秀的管理者是那些修建埃及金字塔的人，因为他们当时在时间短、交通工具及科学手段缺乏的情况下创造了世界上最伟大的奇迹之一。优秀的管理实践在5000年前埃及人修建金字塔时就出现了。

公元2世纪，古罗马帝国取得了统治欧洲和北非的成功，这种统治延续了几个世纪。古罗马帝国之所以兴盛,在很大的程度上应归功于卓越的组织管理才能。他们采取了较为分权的组织管理形式,从一个城市直至发展成为一个世界级的帝国。在欧洲的中世纪出现了两类社会经济组织,即行会和厂商组织。贸易的发展需要管理贸易的机构,于是在11世纪初产生了商业行会。工匠在城镇的聚集于12世纪催生了手工业行会在欧洲城镇的出现。生产力的发展孕育出"前店后厂"的厂商组织。由于筹措资金方式的不同,厂商组织又形成了合伙和联合经营两种不同的形式,这就是未来公司的前身。对行会组织和厂商的管理实践使欧洲人获得了企业管理的初步经验。文艺复兴之前,管理思想和实践都有很大发展。早在15世纪威尼斯兵工厂就采用了流水作业,并建立了早期的成本会计制度,开始了分工管理,由管理、指挥、领班和技术顾问全权管理生产,市议会通过一个委员会来干预工厂的计划、采购、财务等工作。16世纪,意大利人尼古拉·马基雅维里在其传世之作《君主论》中对统治者怎样运用权威管理国家作了探讨,肯定了群众认可对管理者的重要性。

第三节 早期管理的基本内涵

一、早期管理的定义

早期管理是指在远古时代,人们在管理部落、家庭、作坊等进行实践活动过程中,形成的无序的、公有的、朴素的、零碎的、随意的管理思想。

早期管理是人们进行早期实践活动和阶级统治的产物。早期的管理思想大都散见于埃及、中国、意大利等国的史籍和许多宗教文献之中。

如《周礼》对行政管理制度和责任进行了具体叙述。《孟子》和《孙子》对于管理的职能如计划、组织、指挥、用人等有记载。以古今中外的管理实践来看，素以世界奇迹著称的埃及金字塔、巴比伦古城和中国的万里长城，其宏伟的建设规模足以生动证明人类的管理和组织能力。总体来看，早期管理尚无形成完整系统的管理思想，但早期管理思想为管理理论的发展奠定了基础。

二、早期管理与中外管理学派的关联

受社会、经济、政治等历史局限性影响，早期管理大多表现为局部的、无序的、朴素的、零碎的，尚无形成完整系统的管理思想。

从中国早期的管理思想来看，主要包括夏商时期、西周时期和春秋战国时期的管理思想。夏商两代的社会管理以习惯法为主，包括礼与刑两部分内容。西周时期，社会管理主要通过"分封制""世袭制""定期考核制"、编订刑书、确立典章礼仪制度和宗法等级秩序来维护阶级统治。春秋战国时期，随着生产关系与阶级关系的变动，新兴统治者为了争取自身权力地位，开始强烈反对旧贵族以宗法制垄断各级官职爵位的制度，一致要求按才能大小或功劳高低选任官吏，促使原来的世卿世禄制向君主集权控制下的官僚制转变。

从西方早期的管理思想来看，主要包括古埃及、古巴比伦、古希腊和古罗马等管理思想。中央集权的专制政权是古埃及管理的基本特征，形成了以法老为最高统治者的金字塔式的管理机构。古巴比伦管理的突出特色是国家权力高度集中在国王手里，司法占据重要地位。著名的《汉谟拉比法典》以法律形式来调节全社会的商业交往、个人行为、人际关系、工薪、惩罚以及其他社会问题。崇尚民主管理是古希腊管理的特色，希腊人发展出了一种新型的城市政府——城邦。城邦鼓励自由交换意见，提供了自由讨论的实践经验。古罗马利用等级原理和委派、授权办法，把罗马城扩展为一个前所未有的、组织效率很高的帝国。

因此，早期管理阶段的思想渊源，反映到中外管理学派中，就是以"劳"为核心、注重农业生产、通过劳动创造价值、简单朴素的中国农家思想，两者理念相通，思想上存在密切关联。

三、早期管理的特点

早期管理的突出特点是"基础化"，即无序的、朴素的、零碎的。具体可从中国和西方早期管理思想予以体现。

（一）中国早期管理思想的特点

中国早期管理思想的基本特征是通过对中国早期思想家的管理思想进行提炼、综合的结果。尽管今天的概括难免有局限性，但是我们还是可以借助已有资料发现其带有共性的和突出的特征。

1. 初步建立了较为明晰的组织体系

早期管理已经意识到组织与分工是管理的基础，初步建立了层次较为分明的组织体系，强调家庭是最基本的组织形式，儒家和法家的富国富民之学都是把一家一户作为一个单位，以男耕女织的个体农业作为社会生产的基本形式，强调"齐家"是管理的重要方面。

2. 强调了农本商末的固国思想

受生产力发展阶段的影响，满足自给自足仍然是社会实践的重点。因此，重农限商的思想一直在中国古代管理思想中居于主导地位，倡导以农富国。《管子》认为农业是富国富民的本事、本业，韩非提出"富国以农"，"仓廪之所以实者，耕农之本务也"。商鞅主张以农固国，认为"国不农，则与诸侯争权不能自持也，兵力不足也。"只有通过政治、经济、法律等手段把农民稳定在土地上，国家才能安稳。

3.把中庸思想作为管理行为的基准

中庸思想在中国早期管理思想中始终占重要地位，把中庸作为道德标准、决策准则，在管理过程中，强调中庸思想，避免偏激行为，讲究处事中庸，把中庸作为管理行为的基准。

4.把求同视为管理的重要价值

重求同是中国早期管理思想的重要特征。孔子毕生致力于"克己复礼"；董仲舒甚至把封建统治制度——"道"与"天"联系起来，提出"道之原大与天，天不变，道亦不变"。国家的统一始终成为当政者的追求，这种思想被扩展到社会生活的各个方面。

（二）西方早期管理思想的特点

1.法律成为国家管理的重要工具

苏美尔人建立了最早的法律体系，《汉谟拉比法典》现在看来大体上是苏美尔法典的修订本，这部法典是巴比伦人、亚述人、加勒底人和希伯来人的法律的基础。巴比伦人首先认识到责任不能推诿给下级这一原则。希伯来人同样注重依法管理，其法典要比《汉谟拉比法典》开明进步一些。罗马的立法和司法的分权制则为后来的立宪政府的制约和平衡体制树立了一个典范。

2.中央集权的专制政权是早期国家管理的基本特征

古埃及人建立起以法老为最高统治者的中央集权的专制政权。法老是全国土地的最高所有者，拥有对埃及国家财产的全部支配权，法老政权制定了土地制度、税收制度、档案制度，把权力和财富都集中在自己手上。古罗马人建立并实行一种连续授权的组织制度，这是一种行政授权与军事控制相结合的集权型等级制度，在税收上体现了管理智慧。苏美尔人庙宇中的祭司通过庞大的赋税制度积累了大量财物，如畜群、钱财和房地产等。为了管理这些财物，他们在泥板上用文字记载账目、文件。

3.利用宗教来控制人和管理国家

希伯来人很善于利用宗教来控制人和管理国家。大卫王统治时期，为适应政治统一的需要，将耶和华神的地位进一步提高。以西节为首的犹太祭司宣扬耶和华神是宇宙间的唯一真神，是犹太人的"救世主"，他将帮助犹太人复国，建立一个祭司宗教权力与贵族政治权力合一的神权政体国家。

四、早期管理的局限性

早期管理思想没有形成一种系统化的理论体系，由于受当时社会、政治和经济等因素的影响，这些思想存在很大的局限性，这是因为：

（1）古代经济和社会基本上是静止的，政治准则就是由一个中央权力机构或宗教领袖做出片面的决策。

（2）受社会生产力的限制，古代最初的社会生产方式是部落制和手工业行会制，市场比较小，且市场有限，只能导致朴素的管理思想。

（3）科学技术上不发达，很少或者完全没有创立正式管理思想体系的需要。人们也不可能总结出比较完善的管理思想和理论。但是，随着工业革命的到来，部落或行会的生产制度逐步被工厂制度所代替，这种早期管理思想已远远不能解决工业革命所带来的管理问题。

第四节 管理阶段的递进

经济基础决定上层建筑，管理思想的发展亦如此。由于古代社会生产方式主要是单个家庭、自给自足和小作坊式作业，市场规模小且有限，很难形成完整的管理思想，只是形成了早期朴素的、零碎的和不系统的管理思想。

随着社会的不断进步和经济的不断发展，家庭作坊制企业在不断发展壮大，市场竞争日益加剧，单靠传统的、早期的和零碎的管理思想很难适应自身发展和外部竞争，管理者在不断总结管理实践的基础上，逐步形成了基于家族权力与家长温情相结合的较为系统的管理方法和管理思想，并依托这些管理思想，依靠家长权威和宗族亲情进行企业组织和生产经营管理，进一步形成了一套较为完整的管理思想，早期管理就上升到了一个新的管理阶段：家长式管理阶段。

第三章
家长式管理

第一节 家长式管理实践案例

案例3-1　　　　福特公司的沉浮

老亨利·福特从1899年起两次创办汽车公司,都因缺乏专业知识而失败。1903年再次创业,选用能人,请来汽车工业专家库兹恩斯担任总经理。库兹恩斯上任后,运用科学的管理手段,调查市场,建立销售网,苦心经营,建成了世界上第一条汽车装配流水线,使生产率提高了十几倍,成本和售价大幅降低,每辆"T"型车的售价从780美元降到290美元,开始了福特公司繁荣发展的阶段,一跃成为世界上最大的汽车制造企业,福特也由此获得了汽车大王的称号。但是后来老亨利·福特被一时的成功冲昏了头脑,主观武断,实行家长式管理,1915年辞退了为公司发展立下汗马功劳的库兹恩斯,接着又辞掉了大批有才干的人,甚至于在1921年一天之内赶走了30名经理。

老亨利·福特的独断专行和相对落后的经营管理方法,使福特公司的经营状况很快陷入困境,世界第一的位置很快被广招人才、管理先进的通用汽车公司所取代,1945年竟到了每月亏损900万美元的地步,濒临破产。同年9月,老福特下台,让位于他的孙子小亨利·福特。

小亨利·福特接管公司后,汲取了老福特失败的教训,重整旗鼓，聘用了通用汽车公司的副总裁布里奇全面主持公司的业务，甚至破格聘用了包括后来的美国国防部长麦克纳马拉在内的年轻人。经过几年的努力，终于使福特公司复现往日的繁荣，坐上了美国汽车制造业的第二把交椅。

富于戏剧性的是小福特后来也重蹈祖父的覆辙，独断专行，以主人自居，先后辞去了布里奇、艾柯卡等人，结果使历经艰辛换来的振兴没有保持多久，公司地位一跌再跌，业务经营每况愈下，最终也不得不辞去董事长的职务。

案例分析

如同福特公司一样，大多数中小企业的起点相对较低，创业举步维艰，以家族成员为最初的创业班底，在发展壮大的过程中逐步形成家族式企业。其实，家族式企业的存在有其合理性和必然性。家族式企业本身并不是产生问题的根源，而决策随意性较大的家长式管理，才是被许多业界人士诟病的众矢之的，众多中小企业因此陷入发展困境。

案例3-2　　　　　"鞋王"集团的没落

"鞋王"霸力的辉煌是从20世纪90年代初开始的。

1993年是温州刚从"投机倒把、假冒伪劣"中复苏过来的年代。元旦过后，温州市政府开了一场表彰大会，对象是为温州经济发展做出特殊贡献的35位厂长。

不过，这里面没有一家是皮鞋企业。5年前，武林门那把"火烧温州劣质皮鞋"的大火，让温州鞋企直到那时依然心有余悸。它们在失掉信誉的同时，也失掉了政府的宠爱。

有一个人在这个时候，开始想办法。他甚至试图用一己之力，重新唤起人们对温州皮鞋的信任。

这个人就是王跃进。

从小就和舅舅学做鞋的他，在1984年创办了鹿城跃进皮鞋厂。随后企业不断壮大，到了1990年，他把鞋厂改名"霸力皮鞋厂"。"这名字很像他的个性，很自信，有霸气。"一位和他同时代出道的皮鞋老板，在多年后这样评价。

20世纪90年代其实是一个全社会意气风发的年代。1993年，邓小平在深圳的那番激动人心的讲话刚刚过去一年，温州的市长书记们在不同的场合，鼓励那些老板们要"放开手脚，发展市场经济"，这一年，温州到广州、深圳的长途电话也正式开通了。

一些经常看报的市民们甚至还发现，在严肃的《温州日报》上，居然也出现了"丰胸"广告。虽然只是在角落，还是引起了很多人的注意。不过，和别的地方不一样，这里的人们更多意识到的是，社会和以前真的不一样了。

于是一直"脑子很活"的王跃进，想办法来让大家关注他。虽然他的霸力品牌已经获得了"中国鞋王""中国名牌产品"等鞋业顶级称号，可他觉得影响力和预期还是存在着差距。

只有小学文化的王跃进这时候朴素地想到，"鞋王"称号应该有个巨大的表现形式，于是他用7张牛皮，造出当时世界上最大的一只男式皮鞋，长2.05米。

王跃进农民式的狡黠获得了巨大的成功，此后霸力鞋业名声大噪，生意也就越做越大。之后，他屡试不爽，每隔几年就要弄一个巨大的怪物鞋出来，以此来获得市场的关注。王跃进组建了温州首家鞋业集团后，事业迅速达到顶峰，20世纪90年代，他的销售收入最高能达到2个亿，不过他的家长式管理风格使企业逐渐开始走下坡路。

主观武断，不听劝诫，贸然进入陌生行业。

随着皮鞋行业的竞争日益激烈，产业的毛利润也被同行越拉越低，这再也不是之前无论是谁都能赚钱的年代了。日益感觉经营吃力的王跃进，和当时大多数的温州老板一样，转而把目光瞄向了矿业。

2005年，他在广西贺州投资了矿产，总投资约在7000万元。他接手的是一个已有百年历史的老矿区，那家企业曾经有超过1万名职工，甚至有自己的学校和医院。

"不听劝诫，贸然进入陌生行业。"王跃进的老朋友，现任温州鞋革行业协会秘书的谢榕芳说。两人相识20多年。这一次，王跃进进入了一个完全陌生的商业环境。

这远比他管理一个按部就班的工厂复杂得多。他多年来无比成功的经验又给他戴上了"自负"的枷锁。

这一点在很多人看来是致命的。"他是一个事业心很强的人，但性格太主观了，完全要他自己说了算。"谢榕芳说。另一位常年跟随他，如今还在矿区维持工作的公司副总评价："他的想法在很多人看来都不切实际，他太不相信别人了。"

危险的苗头在王跃进投资的第二年就出现了。2006年，贺州市国土资源局、安全监督管理局等多个部门以"涉嫌非法开采贺州白面山矿段"为由，对王跃进的矿场进行了查处整顿。这在王跃进看来简直难以置信，要知道在他刚去贺州的时候，当地政府还许诺，让他牵头整合当地的所有矿区。虽然事后风波得到了化解，但却是个不祥的预兆。

缺乏制度，用人决策随意性极大。

他似乎也预感到了危机，在矿场遇到麻烦的时候，他居然像个任性的小孩子一样，开始一茬一茬地换副总。"都不知道换了多少了，我是在2007年去的。"前文所说的那位新任副总说。而他非常熟悉这位怪老板的脾性，之前一直在温州的鞋厂任副总。最后，矿场在2007

年下半年基本停掉了，这也直接导致了王跃进资金链的紧张。2008年金融危机爆发以来，企业经营更加困难，2009年8月企业宣布停产解散。

案例分析

1. 家长式管理的独断文化是其失败的主要原因。一个温州鞋业的领军企业，一个事业心很强的企业家，为什么说倒就倒了？答案在于，温州企业多数是白手起家，老板们大多独断专行，完全凭家长式作风在管理企业，或许正是因为这样，在企业成立之初就已埋下了祸根。王跃进几乎从来没有完全信任过他人，公司决策完全独断专行，一个人说了算，随意性极强，这也是企业集团倒闭的重要原因。

2. "以血缘关系或者族人的价值观为核心的家族文化，在创业初期有过许多积极的意义。"温州另一家著名鞋企老板说。在"风暴"来临时，家族文化便成了企业跨越的瓶颈。"家族文化有较强的排他性，'家族成员'视为利益获得者，'家族外成员'只有'同甘'思想，却不会有较强的'共苦'意识，所以只要风暴来临，他们就会毫不犹豫地另攀高枝"。因此，管理模式直接决定了企业的能否成长与壮大，在企业发展到一定阶段如不进行管理模式转变，势必带来企业的分化或灭亡。

案例3-3　　　　　　印尼苏玛银行倒闭

在印尼乃至东南亚，说起谢建隆以及其掌管的印尼第二大企业集团——阿斯特拉国际有限公司，可谓无人不晓。

30年前谢建隆靠25000美元起家，经多年的努力，终于建立起一个以汽车装配和销售为主营业务的庞大实体，年营业额突破25亿美元，集团资产达15亿美元以上。更主要的是它占据了印尼汽车销售市场55%的份额，形成了独霸一方的势态。

谢建隆在为集团的未来考虑时，也颇费了一番心思。当时阿斯特拉公司的股票受到众多投资者的追捧，因为公司在印尼的汽车装配和销售行业一枝独秀，多年苦心经营使公司进入了良性循环。谢氏家庭拥有阿斯特拉70％的股票，自然享有绝对的控制权。对于谢氏家庭的权力移交，谢建隆心里早有打算。

　　大儿子爱德华在国外获得企业管理硕士学位，回国后跃跃欲试，准备放手大干一场。他生性喜欢冒险，性情比较冲动，善于接受新生事物并有自己独特的创意。二儿子艾温性情温和，做事踏实，喜欢循规蹈矩。身为慈父的谢建隆对两个儿子的个性差异非常了解，于是他安排二儿子艾温接掌阿斯特拉集团，让他负责汽车装配这类稳扎稳打的实业，而大儿子一心想涉足成长和高风险的领域，谢建隆便出资支持他在这些新兴领域大展宏图。

　　1980年，爱德华以极少的资金成立了苏玛银行，苏玛在拉丁语中是"最佳"的意思。当时正值印尼经济腾飞之初，政府信用扩充，加上谢氏家庭良好的信誉和庞大的势力，政府对苏玛银行也另眼相看。爱德华充分利用了天时、地利、人和，将贷到的资金投入金融保险业务和房地产开发上，短时期内苏玛银行的资金迅速膨胀。1989年，苏玛银行位居印尼民族私营银行的第10名，仅所属的22家银行就有1774亿美元的投资，其业务遍及欧美和东亚，在印尼金融界有举足轻重的地位，成为与阿斯特拉旗鼓相当的企业集团。

　　但是，繁荣的背后却潜伏着重重危机，因为苏玛银行从创建的那天起就一直是负债经营。负债经营要求经营者必须通过转让资产或提供劳务履行债务，但苏玛银行却不计成本，一味地追求高速发展。在大环境经济发展的前提下，这种危机可能被掩盖，以至于经营者自己都会被繁荣的假象所迷惑。爱德华的绝招是以债养债，说穿了就是拆东墙补西墙，一旦环境条件发生变化，这种不计成本举债发展是非常危险的。

1990年，印尼政府为了控制过热的经济增长势头，采取了一系列紧缩政策，其中最重要的措施之一便是银行紧缩。一贯靠贷款发展的苏玛集团一下子断了粮炊，顿时陷入窘困。贷出的款项无法定期收回，经营房地产又不能脱手，而利息高达20％的5亿美元债务则如同磨盘压在苏玛集团的身上，足以让它迅速窒息。

谢氏家族一下子也拿不出这么多的现金，唯一的办法就是将家庭拥有的阿斯特拉的股票作质押贷款。但是，由于国内经济的萎缩，汽车市场也陷入疲软，阿斯特拉的股价一路下跌，结果不但没能拯救儿子的企业，反倒将有着几十年历史的阿斯特拉集团拖进了泥沼……

案例分析

1.家长式管理的温情管理理念是苏玛银行倒闭的关键。在家长式管理的温情理念下，谢建隆犯了一个不可饶恕的错误。本来从法律关系上讲，苏玛集团与阿斯特拉集团不存在任何所属关系，二者各为独立法人，仅仅因为爱德华是谢建隆的爱子，所以谢建隆顾及家庭的声誉和舐犊之情，决定出手相救，最终将全部企业拖向了泥淖。

2.决策仅凭家庭亲情关系而非制度和理性思考。没有对外部形势的充分判断，仅凭对爱子的浓厚感情和血缘文化，一荣俱荣、一损俱损，感情用事，造成管理决策的非理性和随意性，最终导致企业经营失败。

第二节 家长式管理产生的背景

家长制源于家庭、家族等血缘群体。在母权制和父权制的家庭中，权力集中于家长一人手中，后又推行于社会群体，如手工业作坊、店铺、行会。地主阶级尤其是以皇帝为主的地主阶级，把天下看成是"家天下"。

在家族中，责任与义务往往是一个局部的概念，也就是说信用本身是局部的。儒学所倡导的"五伦"关系是针对特定的人而定立的规则，并非是针对所有人的规则。因而，一个人值得信任一方面是由于他与自己的亲密关系而非他的品质；另一方面，儒学强调"在其位，谋其政"，其潜台词是不在其位的人必须本分。这样的文化使社会上充斥着大量的机会主义行为和不安全感。

为了规避风险，人们需要投靠亲友，加入组织，以求保护。显然，家庭是人们首选的避风港。东方（尤其是中国）悠久的历史与文化，造就了东方人极强的家庭观念。人们不仅在就业、婚姻与经济等方面以家庭（族）为中心，而且为人处世行为也以家风为依归。因而，家庭行为范示就极大地影响着社会所有范示的选择、规则的建立、体制的固定。而在家庭中这种不安全感得以消除的行为范示正是以上隐含契约的内容：家长关照家庭成员，作为回报，家庭成员恪守对家庭的忠诚，对家长的服从。这种范示在企业建立后必然影响企业中行为规则的确立。

从企业中被管理者角度来看，环境的不安全感使他们寻求更多的类似家庭的心理保障。而一旦这种不安全感成为现实，即个人遇到威胁时，往往只能在物质、人群与信仰中寻求帮助。由于物质能提供的帮助微乎其微，所以一旦风险来临，人们要么求神拜佛，要么求助于周围亲近的人群；另一方面，社会中英雄情结体现在个人负责事务，并控制主宰局势，这在企业中表现为家长现象。家长式的管理者认为照顾员工的同时也照顾了自己。因为用忠诚作为对家长式关照的回报是在情理之中的。

在家长式管理的企业中，员工首先表示出对"在其位，谋其政"的认同和对一些不言自明的规则的遵循，这使得集权成为可能。当这种管理模式确立之后，必须适应企业内部与外部环境才能生存。而宏观环境与微观环境的相应特点都使得这种管理模式得以强化。

首先，外部环境的不稳定性使企业内部的稳定更为重要，这就强化了家长式管理模式的作用。在相对稳定的地区中，集权政治依旧是最有力的社会力量，"父母官"与"子民"的观念并未消失，这种观念的认可也是家长式模式的基石。

这种宏观环境中缺乏稳定的筹资和投资的机制，使得每个企业的成长都不得不经历一个很长的积累过程。由于局部信任问题，这一阶段的主要承担者是具有亲缘关系的合作者或一个家庭，这使得家长式管理模式有可靠的家庭背景。而企业中的管理者选择的困难是家长式管理得以存在的另一原因，是由于没有经营市场，每个企业只能从内部培养自己的经营者，即使在经营不善时也不会轻易调换经营者，这使家长式的个人管理得以延续。

从微观层次上看，企业独有的发展过程中权力集中也得以确认。如前所述，大多数家长式企业由家庭发展而来，产权与经营权往往是统一的，这使得管理者具有先天的权力。在企业成长的过程中，创业者往往对企业的某一职能有透彻了解，这种能力随企业发展得以加强，并渐渐成为企业的核心能力。作为企业核心能力的培养者、创业者也会有更高的个人威信，随着企业的发展，创业者会渐渐具备对局势进行明晰判断的能力。监督机制的缺乏使集权倾向进一步得以强化。由于产权和经营权的统一，所以没有外部出资者对企业管理人员进行牵制。这样在家长式企业内部的最高层并不存在通常的委托代理问题。这实际上确定了管理者的家长地位。

第三节　家长式管理的基本内涵

一、家长式管理的定义

家长式管理是指基于家族式信任和家长权威，管理权高度集中于最高领导者个人，管理者凭直觉、个性、家长权威、家族温情、血缘亲情进行决策的管理。

在企业成长初期，家长式管理是普遍存在的一种管理方式。前文提到，早期管理强调家庭是最基本的组织形式，随着生产力的发展和人们实践活动的不断丰富，在家庭作坊为基础成长起来的企业，管理者往往由大家公认的家长来担任。家长凭借家族的信任、家长权威和自我直觉进行管理决策并带领企业发展。

二、家长式管理与中外管理学派的关联

家族企业是全世界范围内重要的企业组织形式。历史实践表明，大多成功的企业都发迹于家族企业的前身，很多闻名全球的大企业也仍然带有家族的色彩。关于家长式管理，中西方管理学派有着不同的理论支撑，并分别以儒家学派和交易成本理论为代表。

儒家学派是中国对家长式管理阐述最深刻、联系最紧密的一个学派。儒家学派强调以"忠"为核心，强化对家长的忠义，注重"缘约"，譬如血缘、亲缘、地缘、友缘，认为以这些关系组成的群体，群体内易于获得彼此的信任与认同。家长式管理以家长为中心，这与儒家思想一脉相承。儒学的架构体系在中国传统文化史上具有鲜明的特点，它的独特之处是儒家思想体系是立足于日常人伦社会中最常见最普遍的

社会现象。在中国传统社会中，几乎没有割裂了血缘和家庭纽带而能真正独来独往的个人，即便有，也被视为特例甚至被人另眼相看。一切几乎都与自己的家族脐带相连。中国传统的文化伦理结构是以人伦，即人际关系为主的结构，在人际结构中，首先就是家族内部人际关系。中国家族式企业，组织中的领导往往在无形中会逐渐形成一种家长式的权威，并且他们容易将这种权威建立在某种道德伦理的基础上。因此，以儒家文化为底蕴的关系治理，造就了中国家族企业独特的管理文化。

交易成本理论是西方管理学对家长式管理的重要理论阐述。交易成本理论由诺贝尔经济学奖得主科斯（Coase，R.H.，1937）提出。所谓交易成本，就是在一定的社会关系中，人们自愿交往、彼此合作达成交易所支付的成本，也即人与人之间的关系成本。交易成本主要包括搜寻成本、信息成本、议价成本、决策成本、监督交易进行的成本、违约成本。在现代企业管理理论中，交易成本突出表现为信任成本和代理成本。交易成本发生的原因，来自于人性因素与交易环境因素交互影响下所产生的市场失灵现象，造成交易困难。由家庭作坊发展起来的家族企业，为避免可能存在的过高的信任成本和代理成本，更易相信家族内部的人，由家族内部的人承担管理人员，不仅避免了可能存在的信任成本和代理成本，而且使经营风险大大降低。因此，基于对信任成本和代理成本的规避，作为一家之长自然而然地承担起了对企业的管理责任，家长凭借自身能力，对企业进行管理决策。

总体来看，儒家思想侧重从伦理道德的意识形态领域对家族成员进行先义后利的思想教育，以家族利益为核心，强调家庭气氛，强化对家长的忠义，增加员工的忠诚度，从而形成良好的组织凝聚力。交易成本理论则从更加理性的角度分析在经营决策和市场交易的过程中，为有效规避交易成本，家长式管理成为最优选择，从而更好地追求经济效率和经济效益，降低经营风险。

三、家长式管理的特点

家长式管理一般产生于企业创业阶段。在企业初创阶段，企业规则和家族规则具有互补作用，家长式管理借助亲情保持适当的凝聚力，有助于减少企业的委托代理成本，信任和忠诚可以减少市场交易成本。因此，家长式管理的突出特点表现为"集权化"，即家长具有绝对权威，凭借家族信任和自我直觉进行管理决策。

1.家长有绝对权威，企业的所有权与经营权合一

（1）不存在代理成本。家长式管理通常实行所有权与经营权合一，不存在委托代理关系，因而不存在代理成本。

（2）人员成本低。家长式管理一般结构简单，层级少，人员精干，人员成本很低。

（3）家长式管理带来的忠诚信任关系和家族伦理约束，降低了监督和流动成本。

（4）家长式管理企业领导有绝对权威，能有效降低员工沟通成本，迅速达成共识并付诸实施。

（5）借助于个人关系和信用，依靠亲缘、宗族和同乡组成的社会关系网，可以降低企业搜索信用、订立和履行合同的成本。

2.企业组织统一于家长这一核心人物

家长式管理的企业组织统一于一个核心领导人物，形成所谓的家长式权威，并且将此建立在家庭伦理道德基础上，组织内形成类似于家族伦理中按尊卑长幼的顺序确认族群各成员名分，并且建立私人感情以维持这种特殊伦理关系，依靠关系的亲疏形成组织内差异化的格局，进而形成以组织领导为中心的团体，使组织内的层次化更加明显。

3.决策流程短，管理层级少

家长式管理往往实行集权式领导，决策流程短，遇到问题能及时处理，并根据市场变化及时灵活快速地决策。核心领导人物往往历经风浪，具有丰富的阅历和敏锐的洞察力，他们的决策基于个人经验和直觉，因此决策迅捷。由于所有权与经营权统一于一个强有力的领导核心，这样企业不仅能直接掌握第一手资料，把握全局，利于企业决策的制定、执行和反馈，还可以减少企业领导层次，缩短上下级之间的距离，减少中间环节，加快信息传递，减少因企业成员信息不对称而给企业带来的损失。

4.认同与忠诚的企业文化

任何企业都有其文化特征，企业文化是这种特征的集中表现，家长式管理的企业文化特征包括以下方面。

（1）在权力分配和权力结构中，强调的是"家长"的绝对权威。

（2）所倡导的价值观基本上就是儒家文化中的"忠"与"孝"，将家族的利益放在第一位，将家族与企业等同视之。

（3）在人际关系的处理上更注重"关系文化"，也就是差序格局式的"血缘关系"，强调"缘分"，将"缘分"——地缘、学缘等泛化扩大了的"血缘"作为处理人际关系亲疏远近的一个重要标准。

（4）在看待个人与集体的关系方面，强调的是"家族集体主义"，不重视个人的权利与利益。对人性的认识完全是家族主义的集体主义，在企业内部也像在家族内部一样，每个人并不是平等的，而是按照差序格局的等级制被编织在企业不同的位置上。

5.家族式信任的管理机制

家长式管理的企业之所以主要靠"心约"来管理，一个重要的原因在于家族式信任机制。家族式信任在家长式管理企业里的表现就是：

（1）由于不轻易相信家族以外的人，自然愿意更多地使用家族内部的人。因此，相当多的家长式管理企业里的重要岗位都是由家族内部的人占据着。

（2）对外人的雇佣首先看重的是与家族中重要人物的个人关系怎样，这里面，对家族或对家族企业老板个人的忠诚是最重要的考察因素，能力则往往被放在其次。

（3）越往高层，用家族以外的人越少也越慎重，即使在企业的高层用了家族以外的人，这个人也往往要被同化为"自己人"。

6.决策易受家族利益影响，随意性较强

家长式管理的企业中，作为管理者的家长既要考虑企业利益，也要关照家族关系，难以实现家庭利益和企业利益的有机统一，企业决策考虑因素较多，稍有不慎就可能导致家族内部利益冲突和家族分化。此外，家长管理中，受家长的亲情和情感因素影响，容易导致决策的非理性，最终对公司利益造成损害。

四、家长式管理的局限性

家长式管理由于群体或组织的权力集中于最高领导者手中，也必然产生裙带关系和任人唯亲现象。具体来说，家长式管理存在如下局限性。

1.产权不明晰

家族成员间的产权界定不清。家族企业创立阶段，需要资金和人力，吸收家族成员进入企业是大多数家族企业的共同做法。但很少有企业对家族成员之间的产权进行界定，这为日后家族成员之间产权不清留下了隐患。

2.用人机制的弊端

忠诚是家族企业用人的首要标准，工作能力则是次要的。于是，一些忠诚而少才的人，尤其是家庭成员，容易走上重要的工作岗位，成为掌握企业命运的关键人物。"安内排外"是家长式管理在用人上的一大痼疾。一般而言，家长式管理奉行的是家长专制作风，一家之长在企

业中享有至高无上的权威，下属只能贯彻、服从和执行其指示。在"家长"的压制下，企业没有民主可言，员工意见不能充分表达，堵塞了员工的"进谏"之路，难以调动员工积极性和培养其主人翁意识和归属感，致使人才遭到压制或人才外流。

3.企业战略决策易失误

家族企业在决策时最明显的特征是家长权力和溺爱倾向，也就是说，当企业决策家族化时，企业的命运实际上和家族的利益联系在一起。由于现代科学决策与家族企业家长制决策之间的矛盾难以克服，使家族企业的决策失误难以避免。家长式管理的局限性、随意性，容易造成企业经营决策的理想化、模糊化，决策过程只是凭借非理性的判断进行。

4.对"家长"的过分依赖

家长式管理模式突出的特点是"成也萧何，败也萧何"，企业的发展系于一把手的智慧，一旦管理层变动，则企业极有可能迅速从成功走向衰败，当前我国很多民营企业的兴衰成败也验证了这一点。

第四节　管理阶段的递进

家长式管理在企业原始资本积累的初期，其优势颇为明显。但是在企业做大之后，家长式管理难以克服的两个困难即大型化和长期性就不可避免地显现出来，前者使集权管理与个人忠诚难以奏效，后者使管理艺术难以延续。

此外，由于家族企业不轻易相信家族以外的人，因此在事关企业根本利益的财务等涉及资本管理方面的问题上，基本上是完全排斥"外人"的。这一点，对于规模比较小、经营的业务不太复杂的家族企业来说，还是能够行得通的。当企业发展到一定的规模，经营的业务变得较为复杂之后，由于家族内部不可能储备所有的企业管理的专门人才，企业经营管理就会产生严重的问题。家族中的人往往又不愿放弃对财务等资本管理的控制权，因而常常造成不必要的损失，从而限制了企业的发展。

家长式管理中权力高度集中于一个人，家长凭借自我感觉进行决策，家长决策的独断性和决策的随意性往往把企业带向危险的境地。在家族式企业管理中，待企业发展壮大之后，在面临利益冲突时，由于内部利益与群体利益的不一致，容易导致企业的分化甚至灭亡。

在企业面向世界、面向东西方文化交融的大趋势下，家长式管理决策的独断性、随意性和主观性的弊端使企业经营变得更加困难，企业要想长远的发展，更好适应社会环境的变化，必须摆脱家长式管理的模式，使企业管理上升为更高的管理阶段：经验式管理阶段。

第四章
经验式管理

第一节　经验式管理实践案例

案例4-1　　　公鸡晨鸣带来的启示

我们在日常生活中发现，公鸡一晨鸣，太阳就会升起。公鸡的晨鸣和太阳的升起之间有着显著的相关关系。为了验证公鸡晨鸣引起太阳升起这个合理的假设，我们做了一个大样本的实证研究。我们采集了各种不同地域的50只公鸡两年的每只730个样本点、关于晨鸣时间与当地太阳升起时间的数据序列。运用统计学的方法，我们对其进行回归分析和显著性检验，发现其存在极其显著的相关性，在置信水平的程度上，相关系数达到95%以上。

据此，我们可以得出这样的结论：公鸡的晨鸣和太阳的升起之间具有极其显著的相关关系。因此我们有理由确信公鸡的晨鸣能够引起太阳的升起。

案例分析

现实生活和管理实践中，我们往往会像上述案例一样，看待问题时喜欢凭借传统惯性思维，依赖于既往经验，自觉不自觉地进入"经验式"误区。然而，人的经验毕竟是有限的，过往的成功经验在工作实践中的预见性和适用性，往往无法满足实际需求。尽管如此，不少人还是习惯于凭借经验办事，习惯于拍脑袋决策，习惯于活在过去的影子里，最终导致事物认识和管理决策的失误。

案例4-2　　　　美国杜邦公司的演变

美国杜邦公司（Du Pont Company）是世界上最大的化学公司，成立至今，已近200年。杜邦公司在这200年中，尤其是20世纪以来，企业的组织机构历经变革，其根本点在于不断适应企业的经营特点和市场情况的变化。杜邦公司所创设的组织机构，曾成为美国各公司包括著名大公司的模式，并反映了企业组织机构发展演变的一般特点。

历史上的杜邦家族是法国富埒王室的贵族，1789年在法国大革命中化成灰烬，老杜邦带着两个儿子伊雷内和维克托逃到美国。1802年，儿子们在特拉华州布兰迪瓦因河畔建起了火药厂。由于伊雷内在法国时是个火药配料师，与他同事的又是法国化学家拉瓦锡，加上美国历次战争的需要，工厂很快站住了脚并发展起来。整个19世纪中，杜邦公司基本上是单人决策式经营，这一点在亨利这一代尤为明显。

亨利是伊雷内的儿子，军人出身，由于接任公司以后完全是一套军人派头，所以人称"亨利将军"。在公司任职的40年中，亨利挥动军人严厉粗暴的铁腕统治着公司。他实行的一套管理方式，被称为"恺撒型经营管理"。这套管理方式无法传喻，也难以模仿，实际上是经验式管理。公司的所有主要决策和许多细微决策都要由他亲自制定，所有支票都得由他亲自开，所有契约也都得由他签订。他一人决定利润的分配，周游全国，亲自监督公司的好几百家经销商。在每次会议上，总是他发问，别人回答。他全力加速账款收回，严格支付条件，促进交货流畅，努力降低价格。亨利接任时，公司负债高达50多万美元，但亨利后来却使公司成为行业的翘楚。

在亨利时代，这种单人决策式的经营基本上是成功的。主要是因为：①公司规模不大，直到1902年合资时才2400万美元；②经营产品比较单一，基本上是火药；③公司产品质量占了绝对优势，竞争者难以超越；④市场变化不甚复杂。单人决策之所以取得了较好效果，这与"将军"的非凡精力是分不开的。直到72岁时，亨利仍不要秘书的帮助。任职期间，他亲自写的信达25万封之多。

但是，正因为这样，亨利死后，继承者的经营终于崩溃了。亨利的侄子尤金，是公司的第三代继承人。亨利是与公司一起成长的，而尤金一下子登上舵位，缺乏经验，晕头转向。他试图承袭其伯父的作风经营公司，也采取绝对的控制，亲自处理细微末节，亲自拆信复函，但他最终还是陷入公司的错综复杂的矛盾之中。1902年，尤金去世，合伙者也都心力交瘁，两位副董事长和秘书兼财务长相继累死。这不仅是由于他们的体力不胜负荷，还由于当时的经营方式已与时代不相适应。日后，在杜邦公司濒临危机、无人敢接重任、家族拟将公司出卖给别人的时候，要不是三位堂兄弟出来改变公司的管理方式和组织架构，也许杜邦公司就不会有今天的成就。

案例分析

正如美国哈佛大学教授拉里·格雷纳所言："在某一阶段有效的管理惯例，也许会导致下一阶段危机的出现。"企业是在一个变化多端的复杂环境下运作的，环境变化常常导致管理的变动性。企业不断发展与扩张，企业管理面对的经营环境已经发生变化，经验式管理不仅难于驾驭复杂的管理局面，还往往容易陷入担当"救火队长"的角色，疲于应付发展中出现的各种问题。只有走出过去的管理惯例，上升到更高的管理层级，才能带领企业越走越远。

案例4-3　　　　　　辉煌不在的秦池集团

初为标王，秦池风光无限；再度称王，秦池却一败涂地。究其原因是，在外部环境不断变化的情况下，仅凭一时总结的成功经验去经营管理企业的管理模式注定是致命的——这好比一瓶烈酒，没有酒量的人，就不要逞强去喝。

秦池集团原董事长姬长孔，军人出身，正营级，服役期间曾任赫赫有名的"硬骨头六连"连长，后来又进大连陆军指挥学校学习，1983年退役，做事果断大胆。姬长孔还清晰地记得他到山东省潍坊市临朐县秦池酒厂报到那天的情形。几间低矮的平房，一地的大瓦缸，厂里的杂草长得有一人多高，全厂500多工人有一半想往外走，产品从来没有跑出过潍坊地区。到秦池报到数月后，姬长孔开始了他征服中国市场的壮烈之旅。

1993年，秦池酒厂采取避实击虚战略，在白酒品牌竞争尚存空隙的东北，运用广告战成功地打开了沈阳市场。姬长孔带着50万元现金支票，移师沈阳。他先是在当地电视台买断黄金时段，密集投放广告；然后带着手下的推销员跑到街上，沿街请市民免费品尝秦池白酒；最轰动的一招是，他租用了一艘大飞艇在沈阳闹市区的上空游弋，然后撒下数万张广告传单，场面十分壮观。

1994年，秦池进入整个东北市场。1995年，进入西安、兰州、长沙等重点市场，销售额连续3年翻番，当年年底组建以秦池酒厂为核心的秦池集团。

1995年，中国已有酿酒企业37000家，年产白酒约700万吨。随着买方市场的形成，白酒行业一场空前惨烈的品牌大战即将来临，结果可能形成名酒大厂垄断的格局。在反复权衡之后，秦池人选择了一条令人望而生畏却充满希望的险道：争夺1996年CCTV广告标王。根据测算，1996年标王额在6500万元左右，相当于秦池集团1995年全部利税的两倍。这意味着秦池如果达不到预期目的，将遭灭顶之灾。

1995年11月8日，秦池以6666万元的价码竞标并最终中标，受到了媒体的充分关注，"标王"概念被空前恶炒，黑马秦池一夜红遍神州。秦池老板姬长孔豪情万丈："每天向央视开进一辆桑塔纳，赚回一辆奥迪。"

勇夺标王，是秦池迈出的决定性一步，给秦池带来难以估量的影响。夺标，使秦池的产品知名度、企业知名度大大提高，使秦池在白酒如林的中国市场上成为知名品牌。在原有市场基础之上，秦池迅速形成了以全国范围为市场的宏大格局。秦池从一个默默无闻的小酒厂一跃成为全国闻名的大企业。

当时，秦池集团的领导曾透露其看家本领：一是广告轰炸；二是人海战术。连夺标王就是广告轰炸的最好印证。人海战术方面，市场营销队伍占集团人数大半，同时还在各地聘用相当数量的营销人员。广告只能锦上添花，并不无中生有。广告能造成一时的名，一时的势，甚至一时的市场，但它却不能构造出企业的核心能力，也就不能造就真正意义上的品牌和真正强大的企业。因此，那些靠广告"吹"起来的企业最后落得个"短命"的下场就不足为奇了。

首夺标王带来的巨大品牌效应与经济效益使秦池人放松了对经营风险的心理防范，出于对市场形势过于乐观和对传统"广告+人海"的市场拓展经营方式的过分崇拜，秦池人终于决定二度争夺标王。

1996年底，在北京梅地亚中心，"标王"开箱揭晓之时，在场的所有人都惊呆了，甚至央视的广告负责人谭希松也惊呼："酒疯子疯了！"

当时秦池给出的准确价码是3.212118亿元。当时有记者问："秦池这个数字是怎么计算出来的？"姬长孔回答："这是我的手机号码。"这成了当时传播甚广的黑色幽默。

> 秦池集团二次夺标后，企业并没有像他想象的那样实现销售收入的快速增长，反而由于负面报道使得销售大幅下滑，最终导致企业集团覆灭。

案例分析

1.在本案例中，秦池集团的管理属于典型的经验式管理。管理决策仅凭对过去总结的"广告+人海"的市场拓展经营方式的崇拜，就不计成本地夺取第二年的标王，其管理决策完全是以自我感觉的方式，对企业的人、财、物等进行唯我的、独立的、凭经验的管理，经验的复制没有随着外部环境的变化而变化，机械地搬用以前的经验，必然导致企业的覆灭。

2.决策缺乏制度化。仅凭过去标王的成功，就经验性地认为来年的标王会再创辉煌，对投标标的不经科学评估，没有形成投标与否的制度约束，竟然以自己的手机号作为投标标的，对企业的决策形同儿戏，毫无制度可循，企业岂能良好发展。

3.秦池集团的倒闭再次说明，在外部环境发生改变，而一味照搬以前经验，对管理决策缺乏制度约束和规范指导，仅凭经验进行拍脑袋决策，就难以在激烈的市场竞争中基业长青。

第二节 经验式管理产生的背景

历史上各个社会制度的更替，都是生产力与生产关系矛盾运动的结果。生产力不断发展，要求有与之相适应的生产关系。到了资本主义社会，由于其生产关系适应了生产力发展的要求，促使生产力得到了迅猛的发展,家长式管理决策的随意性弊端日益暴露出来,部分成功的企业对行业形成了示范效应,其他一些企业开始模仿和探索成功企业的管理经验,并将其成功经验归纳、总结,逐渐形成了较为系统的管理思想,而管理方式也由家长式管理逐步向更为合理的经验式管理方面迈进。

经验式管理在资本主义初期乃至中期都发挥着巨大的作用,并表现出这一时期的管理特点。事实上,资本主义的经验式管理是对封建社会管理实践的总结和提升,是新的生产方式在当时社会条件下的实践和运用。管理的确离不开经验和直觉,经验和直觉能够最大程度地节省交易成本,特别是信息成本和谈判成本。但同时要注意,经验和直觉应该被限制在一定的界线之内,尤其不能随意侵占科学应该主导的领域。每个人的个性偏好、资源禀赋、社会经历等都不一样,感观和直觉的敏锐程度也各不相同,若纯粹依靠经验管理就很难适应工业化大生产的要求。

第三节 经验式管理的基本内涵

一、经验式管理的定义

经验式管理是指管理者根据自身在管理实践中摸索、提炼、总结的管理体会、认知、经验、方法,对企业的人、财、物等进行唯我的、独立的、凭经验决策的管理过程。

经验是管理者在实践的过程中不断摸索出来的,摸索就不可能不带有一定的盲目性。摸索中既要总结成功的经验,更要总结失败的教训,企业管理者在不断总结经验和教训的过程中,凭借自己的经验体会实现对企业的管理。经验管理并不是说凭经验做事就不行,企业管理的理论实际上都是从实践中提炼和总结出来的,但经验式管理缺乏制度化、标准化和规范化,经验充满了只可意会不可言传的特性,因此,基于经验的管理,随意性较强,也使企业管理决策充满了不确定性。

二、经验式管理与中外管理学派的关联

在中西方各九大管理学派中,经验式管理与中国的名家学派、西方的经验主义学派、经理角色学派具有密切关联。

名家的核心思想是"理"。名家注重事理,强调"名符其实",善于总结实践经验,被称为名流之家。经验式管理通过总结经验进行管理实践,这与名家思想基本一致,注重事理,善于总结,积极推广。

经验主义学派以向企业的经理提供管理企业的成功经验和科学方法为目标,认为有关企业管理的科学应该从企业管理的实际出发,以大企业和成功企业的管理经验为主要研究对象,加以概括和理论化,不必企图去确定一些原则,只要通过案例研究分析一些成功经理人员的成功经验和他们解决特殊问题的方法,便可以在相仿的情况下进行有效的管理。

经理角色学派以对经理所担任"挂名首脑、领导者、联络者、信息收受者、传播者、发言人、企业家、故障排除者、资源分配者、谈判者"等十个角色的分析为中心来考虑经理的职务和工作,从而帮助职业经理人认清自己的价值,并依据职业经理人自己的工作特点,准确定位自己的类型。

综上,无论是中国的名家学派,还是西方的经验主义学派、经理角色学派,都非常重视对经验的总结提炼,从而更好达到预期目标,也即达到经验式管理阶段。

三、经验式管理的特点

经验式管理的突出特点是"二化",即主观化、随意化,管理者凭借经验进行管理决策,决策随意性强。具体表现为:

1.依据经验进行管理决策

顾名思义,经验式管理就是基于以往的管理经验对企业进行管理。企业管理者在过去管理中所形成的思想、观念以及自身对管理的认识和经验判断,作为管理的依据,对管理对象进行组织管理的一种方式。经验式管理理论把管理实践经验看作指导未来管理实践的重要依据,它的形成和发展主要是以大企业管理经验和方法为主要研究对象,从而形成按成功的经验进行管理的方法。应该说,经验式管理理论重视管理经验的这一做法,符合"理论来源于实践"这一普遍真理,也在很大程度上将人类的管理从早期管理和家长式管理的随意性的管理带到了逐步提升的新阶段。

2.管理者能力直接影响管理效果

企业管理的好坏,往往取决于管理者本人的文化水平、知识丰富程度、经验智慧、胆略,靠"一把手"的以往经验来领导管理企业,企业的命运主要掌握在企业领导者个人手里,企业的经营业绩主要取决于领导者个人的能力。由于对同一种事物或同一种经历,不同的人所总结、感悟的角度和结果不一样,因此,经验式管理的成败受管理者的能力直接影响,经验式管理具有强烈的随意性、唯我性和独立性,管理经验难以模仿和言传。

3.强调管理的艺术性

经验式管理理论已经意识到管理首先是一门艺术,管理者需要具备相关的能力和技巧,因而十分重视培养管理者的综合技能。经验主义学派提出了管理学是对人进行领导和控制的技能和知识,管理者需要通过实践逐步积累经验，学习如何领导和管理下级。此外，由于经验式管理凭借以往的经验进行管理，管理中充满了许多难以言传身教的经验，因此，对管理者的管理艺术要求较高，管理者必须学会实现管理经验和现实管理实践艺术的有机结合。

四、经验式管理的局限性

1.无法克服的管理经验上限问题

经验式管理最大的问题在于经验管理是有上限的，对一个管理者来讲，他的实践经验是有限的，其经验积累也是有限的，经验式管理对企业管理的空间和管理水平的提升都是有限的。在管理的不同阶段，经验应用的程度、效果会完全不一样。越到相应的高度，可能经验越少，甚至没有经验可言，又或者经验不管用，在遇到新问题新矛盾时，单单凭借以往的管理经验难以形成有效的决策和判断。

2.决策随意性强，缺乏对管理的系统思考和整体把握

经验式管理"头痛医头、脚痛医脚"的特点，耗费了组织及管理层过多的精力，造成资源的极大浪费。虽然也可能取得一时的成功，但最终难以把握企业管理的一般规律和特殊规律，不能使企业做到持续、稳定、快速发展。

3.经验式管理"以因为果"的管理逻辑容易导致决策失败

经验式管理在实施管理的过程中，其基本出发点是"因为过去是这么做的，所以现在也这么做"，即以因为果，随意性和盲目性很大。而在现代科技飞速发展、市场竞争日趋激烈、各种情况瞬息万变、信息量大而繁杂的今天，仅凭过去的经验，很难实现对企业的人、财、物等各种资源的优化配置和快速、科学的决策。

4.经验式管理缺乏科学的制度约束

经验式管理对于管理者本人的管理偏重于个人的自律而不是制度的监督。越是上层管理者这种现象越明显。再者，经验式管理往往伴随着管理者本人的高度集权，一旦决策失误，给企业造成的损害是致命的。

第四节　管理阶段的递进

随着企业规模的发展，产品线的扩张，战略的提升，市场的变化等，组织事务也会越来越复杂，凭经验管理的企业家会越来越感觉到心有余而力不足，经验式管理就成为组织发展的障碍。习惯于经验管理的企业认为经验是其成功的关键因素，因此遇到问题时首先去找经验——用经验解决由于经验管理而导致的问题，其成功方程式中充满了只可言传不可身教的经验。

"起家靠产品，壮大靠制度"。企业原本就是一个依靠各种制度支撑的营利组织。缺乏对企业管理的制度化、标准化和规范化是多数企业随意决策、凭经验办事而最终失败的关键原因。经验式管理决策的随意性强，缺乏实践性、传承性，要想实现对企业更高层次的管理，必须强化制度约束，建立制度规范。

著名经济学家吴敬琏先生曾提出过一个很著名的观点：制度重于技术。因此，在科技革命的推动下，资本主义生产日益社会化，经验式管理的"头痛医头，脚痛医脚"以及拍脑袋决策已经难以满足企业发展的需要，这时管理就需要上升到一个新的阶段：科学化管理阶段。

第五章 科学化管理

第一节 科学化管理实践案例

案例5-1　　奔驰：高质量打造元首专车

一个多世纪以来，世界汽车业几经沧桑，许多汽车公司在激烈的市场竞争中几度沉浮，然而德国戴姆勒—奔驰汽车却始终"吉星高照"，成为世界汽车业的佼佼者，是世界上许多国家元首和知名人士的重要交通工具和接待用的专车。戴姆勒股份有限公司在2016年世界500强排行榜中排名第16名。之所以能取得这样的成就，很大程度上归功于它一以贯之的质量管理，持续保持业内无可比拟的质量优势。

1. 选材制作高质量

奔驰公司对产品的每一个部件的制造都一丝不苟，即使在座位这个极少引起人们注意的部位，奔驰公司也是精挑细选。奔驰车座椅的面料大都是用新西兰进口的羊毛纺织而成，其粗细度必须控制在23至25微米之间。细的用于高档车，柔软舒适；粗的用于中档车，结实耐用。纺织时还要根据需要掺进从中国进口的真丝和从印度进口的羊绒。至于用来制作皮革座椅的面料，他们考察了世界各地后，认为还是南德地区的最好，于是专门在那里设立了供应点。一张6平方米的牛皮也只用一半，太薄或太厚的都不用。在部分零部件采购方面，奔驰公司对于外厂加工的零部件，一箱里只要有一个不合格，就会把这箱零部件全部退回。

2. 测验检查高质量

高品质、信赖性、安全性、先进技术、环境适应性是奔驰造车的基本理念，凡是公司所推出的汽车均需达到五项理念的标准，缺少其中任何一项或未达标均被视为缺陷品。为了保证产品的高质量，奔驰公司始终坚持严格的产品测验检查制度。每10个奔驰员工中就有1个人负责安全检查；每一台发动机都要经过42道检验关；即使是一颗小小的螺丝钉在组装到车上之前，也要先经过检查。生产中的每个组装阶段都有检查，最后经专门技师总查签字，车辆才能开出生产线。为了检验新产品的质量和性能，除了由计算机控制的质检系统检查外，还有一个占地8.4公顷的试验场，场里有各种不同路面的车道、障碍物等，公司每年都要用100辆崭新的新车在试验场内做各种破坏性试验测试。

3. 员工培训高质量

奔驰公司认为，要保持并不断提高产品的质量，人是决定的因素。因此，奔驰公司不惜血本，高度重视员工培训，努力打造一支重视质量、技术过硬的员工队伍。奔驰公司在国内设有52个"培训中心"，培训范围包括新招学徒工的基本职业训练、企业管理的培训和在职职工的技术提高。学徒工进入公司后，要培训3到3年半，经考试合格后才能正式参加工作。培训期的要求非常严格，学员必须学会做钳工、红炉锻打、手工翻砂造型、焊接、热处理和开机床等，特别注意培养学徒工的良好操作习惯，树立重视产品质量的观念。同时，公司的职工以及从工长到经理等管理人员也要定期进行轮流脱产培训。

4. 营销服务高质量

一般的CS都是售后的，而奔驰公司DOCS从生产车间就已经开始。厂里在未成型的汽车上挂有一块块的牌子，写着顾客的姓名、车辆型号、式样、色彩、规格和特殊要求等。不同色彩，不同规格，乃至在汽车里安装什么样的收录机等千差万别的要求，奔驰公司都能一一满足。顾客买奔驰车首先买到了满意的质量。同时，奔驰公司的售后服务无处不在，使奔驰车主没有任何后顾之忧。在德国本土，奔驰公司设有1700多个维修站，在公路上平均不到25公里就可以找到一家奔驰车维修站。在世界范围内，奔驰公司共设有5800个服务网点，提供保修、租赁和信用卡等服务。从急送零件到咨询服务，奔驰公司的服务效率令顾客满意、放心。

高质量的选材制作保证了奔驰车的高品质，高质量的测验检查保证了奔驰车的高性能，高质量的专业培训保证了公司员工的高素质，高质量的售前售后服务使奔驰车主绝无半点烦恼，最终使得奔驰公司生产的汽车耐用、舒适、安全，赢得了全世界人们的青睐。

案例分析

作为生产型企业，只有严格把控从选材制作到测验检查、从专业培训到高效服务的质量管理，讲究精工细作，追求精益求精，强调"质量先于数量"，为做得更好、最好而斗争，才能在人们心中树立起高品质的形象，才能保持经久不衰的核心竞争力。

案例5-2　　　　高效率铸就的"索尼的神话"

创立于1946年的索尼公司是世界视听、电子游戏、通讯产品和信息技术等领域的先导者，是世界最早便携式数码产品的开创者，也是世界最大的音乐公司。在2016年世界500强排行榜中排名第113名。索尼公司之所以在数十年之内成为横跨数码、生活用品、娱乐领域的世界巨擘，成为日本的代表性企业，创造了"索尼的神话"，核心在于其始终走在市场前端的市场快速反应能力和经营管理效率。

1. 快速的市场反应能力

索尼公司是开发海外市场的先驱。在海外市场拓展方面,索尼公司的市场营销战略,是迎合社会发展的变化,"创造"未知的市场,开发符合海外市场特性的典型产品。索尼公司建立了广泛的销售后服务体制,继在美国之后,又在瑞士、香港、加拿大、巴拿马、德国、波多黎各、荷兰、巴西、西班牙、法国、澳大利亚等国家和地区建立了销售网点,从而进一步巩固了"世界的索尼"的基础。

2. 高效的经营管理效率

根据日本分离事业成立独立分公司的原则,明确责任和权限,进而提高经营效率。同时,随着企业的成长,可以防止由于组织过于庞大而带来的僵化和官僚主义现象,并且使组织富有活力。在管理阶层,由于实行大幅度的有权限的责任,参加经营管理的意识大大提高。此外,由于实行无解雇宣言和内部提拔制度,重视劳资无差别的宣传,工人劳动积极性提高。通过以上举措,公司不仅提高了生产率和产品质量,价格竞争力也随之提高,出现了良性循环。

得益于在市场反应方面的迅猛举动,在经营管理方面的高效率,索尼公司将其独特的经营能力、技术力量、市场力量充分发挥出来,从而有效支撑了"索尼的神话"。

案例分析

兵贵神速。市场竞争激烈的时代,也是一个快鱼吃慢鱼的时代。快速代表领先,代表主动,代表实力。企业的生存与可持续发展,需要快速应对市场变化,第一时间根据市场变化作出策略调整,并以高效的生产经营管理效率为依托,第一时间抢占市场,取得领先优势。

案例5-3　　　　　沃尔玛：高效益的赢家

沃尔玛公司是全球最大的连锁零售企业，每周光临沃尔玛的顾客就达2亿人次。2014~2016年，沃尔玛公司连续三年荣登《财富》世界500强榜首。同时，沃尔玛也位居美国企业慈善榜首位，被誉为美国最慷慨的公司。从1962年创始人山姆·沃尔顿开办第一家沃尔玛平价商店开始，在短短的几十年，沃尔玛公司一路发展壮大，从零售业中脱颖而出，建立起了当代独特的零售王国，堪称零售业的一个奇迹。沃尔玛之所以能取得如此辉煌，实行"成本最小化、效益最大化"的高效益管理是其核心的成功之道。

1. 控制成本

沃尔玛提出"帮顾客节省每一分钱"的宗旨，这一指导思想使得沃尔玛成为本行业中的成本控制专家，它最终将成本降至行业最低，真正做到了天天平价，吸引了众多消费者。严谨的采购态度，完善的发货系统和先进的存货管理是促成沃尔玛做到成本最低、价格最便宜的关键因素。

（1）控制采购成本。在进货方面，沃尔玛主要采取"三大措施"控制采购成本：一是采取中央采购制，尽量实行统一进货。尤其是在全球范围内销售的高知名度商品，如可口可乐等，沃尔玛一般将一年销售的商品一次性签订采购合同，由于数量巨大，其价格优惠远远高于同行。二是买断进货，并固定时间结算。沃尔玛实施买断进货政策，并固定结算货款，决不拖延。三是和供应商采取合作的态度。沃尔玛由于采购量巨大，一般从工厂直接进货，并同供应商保持长期合作的关系，通过电脑联网，实现信息共享，供应商可以第一时间了解沃尔玛的销售和存货情况，及时安排生产和运输。由于效率的提高，供应商成本降低，沃尔玛也就能将从中获得的优惠让利给顾客。这种合作模式下，供应商、沃尔玛和顾客三者都是赢家。

（2）控制库存成本。沃尔玛在存货管理上也让同行望尘莫及。总部的高速电脑与16个发货中心以及1000多家的商店连接。通过商店付款台激光扫描器售出的每一件货物，都会自动记入电脑。当某一货品库存减少到一定数量时，电脑就会发出信号，提醒商店及时向总部要求进货。总部安排货源后送往离商店最近的一个发货中心，再由发货中心的电脑安排发送时间和路线。沃尔玛可以保证，商品从配送中心运到任何一家商店的时间不超过48小时，沃尔玛的分店货架平均一周可以补货两次，而其他同业商店平均两周才能补一次货。这种高效率的存货管理，使公司能迅速掌握销售情况和市场需求趋势，及时补充库存不足。通过维持尽量少的存货，沃尔玛既节省了存储空间、减少存货风险，又加速了资金运转速度，降低了库存成本。

（3）控制管理成本。为适应如此巨大的零售商业的需求，沃尔玛拥有一个规模空前的计算机网络系统，微机工作站有5500多个，总站和全世界各地的计算机工作站保持着热线联系。公司于1987年便建立了全美最大的私人卫星通信系统，以便节省总部和分支机构的沟通费用，加快决策传达以及信息反馈的速度，提高整个公司的运作效率。沃尔玛与INFORMIX合作建立了IN-FORMIX数据库系统，系统信息总量达到4000千兆的海量，总部每天和各地分支机构交换的数据达1.5亿个字节。依靠先进的信息系统，沃尔玛总裁可随时调用任何一个地区、任何一家商场的营业情况数据，知道哪里需要什么商品，哪些商品畅销，从哪里进货成本最低，哪些商品利润贡献最大等，始终和消费者保持着密切联系。

2. 提高效益

虽然沃尔玛为了降低成本，一再缩减广告方面的开支，但在对非营利组织和公益事业进行捐赠时，却不吝金钱，十分慷慨。如：为美国各州"联合之路"慈善机构捐赠5200万美元；举办亲猪大赛为慈善机构募捐；筹集5700万美元成为各儿童医院开设的"儿童的奇迹"电视栏目最大的赞助商。创始人沃尔顿还积极资助公、私立学校，成立特殊奖学金，协助拉丁美洲的学生到阿肯色州念大学。他还将自创品牌"山姆美国精选"商品营业额的一定比例捐作奖学金，提供给研究数学、科学与计算机的学生。有付出便有收获，沃尔玛在公益活动上大量的长期投入以及活动本身所具的独到创意，大大提高了品牌知名度，成功塑造了品牌在广大消费者心目中的卓越形象，在提升品牌效益、社会效益的同时，反过来促进了经济效益的提升，可谓是高效益的赢家。

案例分析

成本竞争是企业核心竞争力的重要体现，是提高企业盈利能力和可持续发展能力的制胜关键。控制采购成本是沃尔玛实现高效益的基础，控制库存成本是沃尔玛实现高效益的重要原因，控制管理成本是沃尔玛实现高效益的重要保证，而依托提升社会形象实现社会效益与经济效益的协同发展，则是沃尔玛持续实现高效益的助推器。

案例5-4　科学化管理理论在商业银行的实践探讨
——以某大型国有商业银行某省分行为例

新一届分行党委于2015年成立后，某大型国有商业银行某省分行业务持续快速健康发展，在总行年度绩效考核等级为A，考核得分排名由2014年末的全国第24位上升至第5位、系统同组第8位上升至第1位；净利润增幅达31.54%，增幅居系统同组第1、全国第2；境内分行贡献度排名由第27位上升至第15位，提升12位；集团贡献度排名由第34位上升至第21位，提升13位，绩效考核和效益贡献均创历史最好水平。

那么是什么原因促使该行在短短一年时间之内，市场竞争力和工作绩效持续提升呢？本案例从管理的角度探讨该行运用科学化管理理论，在内部管理、流程梳理、资源整合等方面的实践。

该行的科学化管理架构，就是以"三化"为主体，以"三高"为标准，以"三严"为保障，以周例会、月总结、季考核、年总评为主要措施的科学化管理体系。通过加强内部管理，整合系统资源，全行管理质效显著提高，经营管理水平大幅提升，实现了由经验式管理向科学化管理的有效转变，提升了全行整体竞争力。

1. 围绕"三化"抓落实

（1）制度化方面。全面建立分行"规章制度信息库"，确保经营行为有据可依、有规可循，形成"用制度管人、按制度办事"的制度化管理氛围。把制度传导执行作为推动工作的核心抓手、履职问责的重要方面，增强制度传导执行的责任感和主动性，全力培育高效传导落实的执行文化。加强对制度执行的检查、整改的监督落实和责任追究，严防检查流于形式、整改停于表面、问责蜻蜓点水，以真检实查严问责倒逼制度执行、推进整改落实。

（2）标准化方面。明确提出"高质量、高效率、高效益"的工作标准，持续优化流程、改进服务，工作质效显著提高。坚持立标为先，将工作标准量化和细化，形成可描述、可操作、可分析、可衡量的标准流程，为工作推进和绩效考核提供重要遵循和执行依据；坚持对标为重，围绕总分行各项工作标准，对标管理、对标执行、对标考核，严格按标准推进落实各项工作，严防标准执行出现偏差；坚持达标为本，围绕管理要求和工作标准，紧盯标准的准确执行，紧盯过程的推动落实，严防标准执行打折扣，确保执行成效与既定目标相吻合。

（3）规范化方面。强力推进各项工作的规范化执行，从理念传导、考核引导、检查督导等方面着手，狠抓制度、标准的统一规范，强化各项工作要求的规范执行。全面落实全机构、全条线、全流程的规范化管理，从根本上解决操作不规范、服务不规范、内控管理不规范、网点布局不规范等执行不规范、做法不统一问题，推进规范化管理迈上新台阶。

2. 围绕"三高"抓成效

（1）高质量方面。高质量体现在方方面面，渗透于各个环节，涉及到所有岗位。要求各级管理者按照高质量的量化标准布置和推动各项工作，坚持"质量标准需量化、不达标准不罢休"的务实精神，着力抓好服务质量、数据质量、信息质量、执行质量、工作质量等质量管理。通过各个环节、各项工作质量的改进提高，全面打造分行高质量的"集合体"，实现监管及行政处罚零发生，力争业务零差错。

（2）高效率方面。在保证质量的前提下，效率越高，业务发展和管理运营也越有效。按照"任务目标化、目标节点化、节点责任化"要求，科学分解目标，规定完成时限，明确执行部门，落实主体责任，打造各司其职、各负其责的高效运行机制，从狠抓信息传导效率、执行效率、服务效率、审批效率等着手，提高整体工作效率。通过全流程高效率运作、全行上下高效率管理，全面打造效率最高的一流品牌，充分凸显高效率的强大生命力与核心竞争力。

（3）高效益方面。高质量、高效率带来的是社会效益、银行效益和员工效益的全面提升。通过提高经营管理质效，提升贯彻落实总行发展目标的战略执行能力，彰显分行最佳形象的社会效益；通过提高经营管理质效，促进业务持续发展，增强风险防控能力，提升银行经营效益水平；通过提高经营管理质效，实现全行员工收入持续增长，让每位员工在对标"三高"抓成效中，都有实实在在的获得感和成就感，提升全行员工效益。

3. 围绕"三严"抓作风

（1）领导干部严于律己。明确提出各级领导干部要严于律己、正身率人，时时铭记、事事践行、处处上心，从严从实做好各项工作。要始终牢记，当干部就必须付出更多辛劳、接受更严格的约束，带头营造风清气正的政治生态，杜绝"小圈子""小动作"，扬正气、避邪气，守公德、严私德，在思想、工作和生活等各方面做好表率。

（2）对待下级严格要求。要求领导干部对待下级要严格要求、严管厚爱，把从严管理干部、从严管理员工贯彻落实到队伍建设全过程。坚持从严教育、从严监督，对干部和员工身上出现的苗头性、倾向性问题，早提醒、早纠正，不能睁一只眼闭一只眼，更不能哄着、护着，防止小毛病演化成大问题，真正将"严格要求是最大爱护、放松要求是不负责任"的管理理念落到实处，体现管理者的"大爱"。

（3）严肃行规行纪。要求全行严肃合规、正风肃纪，立"明规矩"，破"潜规则"，始终把纪律和规矩挺在前面，严肃行规行纪，强化制度化管理。提出"在依法合规的前提下经营，在防范风险的前提下发展"的"两个前提"经营理念，以及"违者必究、有责必问、问责必严"的"热炉法则"，强调制度一经形成，就要严格遵守，坚持制度面前人人平等、执行制度没有例外，坚决维护制度的严肃性和权威性，坚决纠正有令不行、有禁不止的各种行为，使制度真正成为全行上下的硬约束，积极培育全行合规内控文化。

4. 科学化管理成效

该行以"三化、三高、三严"的科学化管理为第一抓手，要求省分行各部门以上率下，以月度为节点，以"四个层级服务大讨论"为契机，对标科学化管理要求，通过月度行务会的工作质效案例分享，持续提升全行管理质效，形成了一批通过抓管理促发展、抓管理提效益、抓管理防风险的成功案例。如：

风险管理部在"三位一体"全流程推动规章制度化、职责标准化、操作规范化，受理项目数量和金额分别同比增长10%和65%，授信审批效率系统排名第一，有效助推全行业务发展。

渠道管理部立足"三高"标准，通过加强"一级抓一级、层层负责制"的自助渠道对标管理，全辖ATM开机服务率从70%上升到96.35%，运营效率明显提高。全辖超过7天未清机的ATM数量由日均225台降至12台，自助渠道收入同比增长17.69%。

贸易金融部通过落实非现场检查周监控"回头三看"规定动作，着力提高检查监督质量，全行票据业务发展中的屡查屡犯问题得到有效解决，有效助推票据业务稳健发展，并实现增幅42.96%。

运营控制部通过加强日查日督的过程管控，实现了身份核查、大额交易、账实核对等业务差错率下降53.53%。通过优化远程核准管理模式，实现全省282个网点"一点式"集中核准，核准平均时长由原32秒/笔下降至27秒/笔，前台等候时长控制在4.53秒，客户体验明显提升。通过加强头寸精细化管理，全辖人民币库存现金较上年同期下降了5.11%。

成效还不止于此。"三化、三高、三严"的科学化管理实践以来，该行行风行貌焕然一新，工作节奏明显加快，"头痛医头、脚痛医脚、拍脑袋办事"行为大幅减少，工作质量明显提高，工作效率明显加快，工作热情空前高涨，得到了内外客户的充分肯定和社会各界的积极赞誉，为全行加快发展提供了强大动能。

案例分析

1.通过该案例的科学化管理实践，可以看到，制度化、标准化、规范化的管理体系对有效整合制度体系、提高管理效率、增强管理透明度、降低管理风险起到了积极有效的促进作用。

2.科学化管理能够有力地促进企业制度的完善和执行建设。科学化管理理论可以帮助企业完善健全管理制度、考核制度、监督检查制度，规范人、财、物的管理建设。强化制度执行意识，规范员工行为，有力地保障企业健康经营和可持续发展。

3.科学化管理有力地推动各项工作达到"三高"标准。通过规范化建设，能够强化精细管理、过程管理，做到深耕细作，精益求精，推动各项工作达到"高质量"标准；通过加强时间管理，做到突出重点，事半功倍，推动各项工作达到"高效率"标准；通过加强绩效管理，建立企业文化，做到优质高效，卓越发展，提高企业的品牌价值和社会美誉度，达到经济效益、社会效益和个人效益的协调统一，达到"高效益"标准。

4.科学化管理有效推动"三严"内控文化的建立。科学化管理在"三严"理念中突出了重点业务和关键流程，灵活运用重点、抽样和突击检查方式，提高了内控工作的针对性和有效性，能够杜绝屡查屡犯行为，显著提高内控合规工作质量。

5.近年来经营业绩的不断提升，市场竞争力的不断提高，充分说明了以制度化、标准化和规范化为核心的科学化管理理论在管理实践中的巨大成功。

第二节　科学管理理论产生的背景

一、科技革命与经济危机对管理的新要求

19世纪下半叶，资本主义国家先后走上了工业化的道路，其主要原因是在这一时期具备了实现工业化的两个基本条件，即大量资本的积累

和科学技术的迅猛发展。一方面由于工业革命的发展和国际市场的开拓（包括殖民地和战争掠夺）为资本主义国家积累了雄厚的资本，最终形成了近代全球化大工业的市场体系，为资本主义各国逐步走向工业化提供了物质基础。另一方面，科学技术的发展给资本主义的工业进程插上了翅膀，同时也使社会生产力得到空前的发展。此外，随着工业化和科技革命时代的到来，资本主义各种矛盾日趋激烈，经济危机不断爆发，从19世纪70年代到20世纪初，主要资本主义国家先后经历了5次世界性经济危机的打击，经济危机导致了资本主义国家生产下降，企业大批破产，资本贬值，工人失业，生产力遭到破坏，劳资矛盾激化，由于人们在企业管理中没有系统的管理理论作指导，也没有运用于工业化大生产的管理方式，使得矛盾长期得不到解决。为了提高抗危机的能力，大企业不断出现，逐渐形成了垄断组织，管理职能的专门化的需求变得非常迫切。为此，需要建立有效的管理体制，来维护资本主义的社会关系。

二、工业化进程对管理的迫切需要

美国的工业化速度自19世纪下半叶开始超过农业，从1850~1900年美国的工业生产增加了15倍，在1900~1914年间工业增长了70%，到19世纪和20世纪之交，工业中的重工业有相当大的发展，已在工业中起主导作用，基本能够满足国民经济各部门对技术装备的需要。至此，美国从农业国变成以重工业为主导的工业国家。与此同时，由于经济危机不断发生，在美国出现了资本更大规模的积聚和集中，出现了在经济生活中起决定作用的垄断组织，特别是信用制度和股份公司的建立和发展导致了所有权和经营权的分离。现实中越来越需要管理职能的专门化，需要建立有效的管理体系。另外，随着工业的高速发展，全世界大量劳动力涌向美国，但这些劳动力自身的技术水平和整体素质十分有限，不能适应大规模机器生产的需要，对他们进行基本的培训和科学的管理迫在眉睫。为了继续发展生产力，就必须在管理方面有一个较大的突破。

三、工业革命以来管理思想的积淀

18世纪中期的产业革命，使生产技术实现了飞跃，也使得人力资源与自然资源结合成为可能，进而使生产组织发生了重要变化——工厂生产制度代替了家庭生产制度。家庭生产制度，即以家庭为生产单位，家庭成员作为劳动力，购进生产资料从事生产，产品在力所能及的市场上销售。规模小、外部环境稳定，所以在客观上并没有发展和采用较高管理技术的要求。

工厂生产制，即较多的工人在同一时间和空间，为了生产在资本家的指挥下分工协作。由此生产效率大大提高，同时，如何对生产过程中各个工序之间的比例进行协调和控制的问题也日益显露。因为资本家虽可规定工人每天工作多长时间，但在很多情况下，资本家无法知道制造某个产品、某道工序需要多长时间。随着生产规模的进一步扩大，这个矛盾日趋尖锐，工厂主凭着个人经验实施管理已捉襟见肘，致使生产效率提高的速度大为减缓。

为提高管理水平，亚当·斯密在有关工作时间和工作方法问题上已经做了初步的考察；杜平、巴比奇等人又做了进一步的探讨；巴比奇还提出了进行作业研究的"观察制造业的方法"；麦卡勒姆和普尔对企业的组织结构和职能控制进行了研究；汤和哈尔西对工资及收益的分配做了分析和实验。

为了进一步发展生产，必须在管理方面有一个较大的突破，而以往管理经验的积累、管理思想的种种萌芽，也为创建新的管理方法与管理理论提供了有利条件。在这样的背景下，以泰勒、法约尔、韦伯为代表人物的古典管理思想应运而生，从而在19世纪末20世纪初创建了被人们称为"古典"管理理论的管理理论。古典管理理论主要是从"经济人"假设出发，采用标准化的机械管理模式，集中于作业管理和研究。其中所谓的"经济人"假设，是指在处理管理问题时认为被管理者的唯一动机是经济利益。这样"孕育着科学管理诞生的客观环境和物质条件都已具备，在社会需要和学科成熟的交叉点上泰勒站了出来，科学管理的时代到来了"。

第三节　管理科学性与科学化管理

一、管理的科学性

管理是一个复杂的社会现象，当把上述认识自然和物质世界的科学方法应用到管理领域中时，一个自然的问题是这些科学标准究竟有多大的适用性，这就产生了所谓的管理科学性问题。从直接和狭义角度说，管理的科学性就是科学主义与管理的结合过程，是管理科学的产生、发展以及对管理实践的有效指导的过程。这个过程不仅仅是将自然科学的思想、研究方法和规范推广到管理问题研究领域中，还意味着人们对科学价值观的积极肯定，以及对人类理解和处理诸如管理这样复杂的社会问题的自信。管理的科学性不仅取决于科学的力量和科学研究方法的有效性，还决定于人类社会中的管理行为和过程的复杂性程度。

具体而言，管理的科学性问题包括3个层次的内涵。

1.管理活动的科学性问题

管理作为一种人类活动和行为，其在多大程度上是科学理性的，或者说管理行为中"理性"和"非理性"各自占有多大成分？分界线在哪里？这个问题的本质是管理实践的属性问题还是其他？这些问题决定了科学分析方法和由之产生的管理科学知识、管理理论、管理原则能够在多大程度上指导管理实践，提高管理活动和行为的效率。

2.管理学的科学性问题

管理学作为一门学科是否是真正的科学，在多大程度上是科学？也就是说，管理学是否属于"研究普遍原理""建立规律"的学科，或者在多大程度上是这类学科。

3.管理现象认识和问题研究的科学性问题

是指运用自然和社会科学知识演绎、归纳、探索和研究管理现象和管理问题。管理现象认识和问题研究的方法的科学性决定了管理学知识中科学管理知识的比例，进而影响到管理学的科学性。

通过对管理科学产生与发展的历史过程的回顾和总结，可以看到，上述主要理论和学派都是特定历史阶段和背景下的产物，其内涵和渊源都不可避免地带有时代的烙印，往往只是从某个角度阐释了管理科学的某个原理，但未能形成一个完整的管理理论，无法指导企业在管理过程中建立完整的管理体系。所以，当前科学管理学派和管理理论存在一定的局限。

二、科学化管理与科学管理理论

科学化管理的理论与泰勒的"科学管理"理论从产生的背景和理论的内涵都有所不同。本书所提出的科学化管理的概念和理论是在"科学管理"理论的基础上进一步完善和提炼的结果，即把管理行为作为一个完全的理性行为，如同经济学在人是一个完全的"理性人"假设基础上能够建立数学模型、演绎经济理论和规律一样，通过一系列科学管理规律的研究，建立关于管理活动的科学理论和原则，并能够指导管理实践。两者的区别表现为：

1. 局限性比较

科学化管理理论从企业制度体系着手，针对全部经营流程和员工行为提出标准化、规范化的制度框架，且可操作性强，能够全面满足企业经营管理等各个方面的需要。

科学管理理论存在局限性。该理论推出的主要目的是提高劳动效率，并且主要是用于生产型企业，而对于企业的经营、管理和市场销售等关键流程和环节则缺乏具体的指导。

2. 时效性比较

科学化管理理论是笔者通过对全球先进国家和优秀企业的系统调研和实践分析，并经过逻辑归纳提炼，进行高度概括而逐步形成的理论体系，因此具有普适性和较强的指导意义。在企业管理过程中，科学化管理体系适用于任何企业的经营管理和发展，因此科学化管理理论具有长期的时效性和普遍的指导意义。

科学管理理论则对当代大部分企业的管理是不适用的或者是不适宜的，时效性不强。该理论的推出是在第二次工业革命时期，主要是针对当时生产企业，因而受到当时科技水平、管理知识的局限，不能适应现代企业集团的跨国经营和自动化的生产管理。

3. 完整性比较

科学化管理理论是针对企业各个经营流程和环节，制定制度化、标准化、规范化的管理体系，涉及企业组织架构、管理路线、员工培训、风险控制等各个环节，并且针对任何企业都可以实施科学化管理，因此无论是对于企业的整体还是对于企业的类型，都是相对完整、拿来即用的理论体系。

科学管理理论产生的目的是对生产企业的雇员实施标准化的计件管

理，仅仅是针对企业的生产环节进行标准化的设计和管理，是局部的管理理论，因而对一个企业管理体系的整体而言是不完整的。

通过以上比较可知，科学化管理理论是高度概括、系统科学、长效完整的理论体系，能够满足绝大部分企业在管理上的需求，这也是本理论的主要创新点所在。

根据上述分析，笔者在继承和发展了管理学关注整体和变化的研究方向，借鉴前人理论以及美国、德国和日本的管理特点及经验，结合多年管理研究和实践经验的基础上，从制度和执行力两个方面进行了深入研究，提出了以"三化""三高""三严"为核心内容的科学化管理的概念，并逐步完善成为增强管理的稳定性和持续改善性的理论。

第四节　科学化管理理论体系

一、科学化管理的理论架构金字塔："三化、三高、三严"

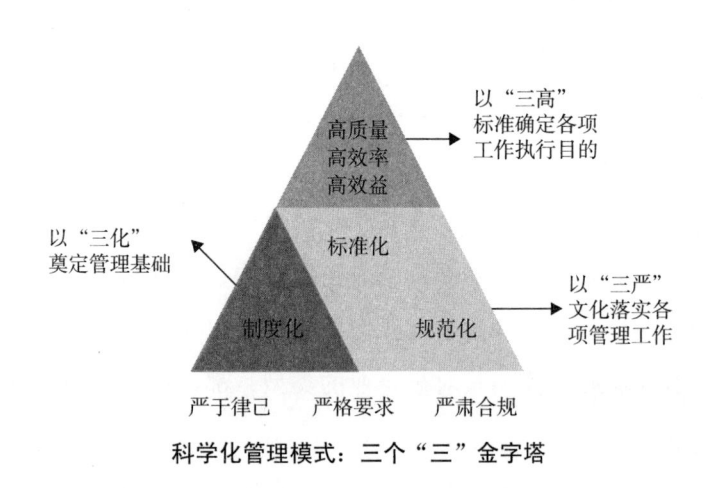

科学化管理模式：三个"三"金字塔

科学化管理的理论架构，可以用三个"三"来概括：

第一个"三"："三化"（制度化、标准化、规范化）。

制度化：建立、健全规章制度，按制度办事，用制度管人，制度面前人人平等。

标准化：针对每个岗位，制订详细的工作职责标准。衡量标准为"高质量、高效率、高效益"。

规范化：规范化的内容主要包括管理规范、操作规范、服务规范、标准规范、制度规范等。

第二个"三"："三高"（高质量、高效率、高效益）。

高质量：高质量是一个企业成功的核心，企业从事的各项工作，无论在产品、服务、人员和管理各方面，都要追求高质量。高质量体现的是一种精益求精的"工匠精神"，是一种追求卓越的企业文化，也体现了一种对客户负责、对社会负责、对企业负责的高度责任感。

高效率：高效率是一个企业成功的保障，在保证质量的前提下，效率越高，客户的满意度和忠诚度就越高。高效率是企业采用现代技术，通过快速配置各种资源，以有效和协调的方式响应用户需求，实现运营的快捷性。快捷性是核心，是企业在不断变化、不可预测的经营环境中善于应变的能力，是企业在市场中生存和领先能力的综合表现，具体表现在产品的需求、设计和生产上具有快捷性。

高效益：高效益是一个企业成功的目标，效益一般体现在经济效益、社会效益、企业效益和个人效益等几方面。高质量、高效率最终落脚在高效益上，追求以较少的投入获得较高的回报。

第三个"三"："三严"（严于律己、严格要求、严肃合规）。

严于律己的领导作风：各级组织的领导要对自身做到严于律己。

严格要求的管理艺术：各级组织的领导要对下级严格要求。

严肃合规的企业文化：既要树立依法合规经营意识，又要鼓励和提倡创新。

上述三个"三"中,"三化"是主体,"三高"是标准,"三严"是保障。"三化""三高""三严"共同构成一个有机的整体,构成科学化管理的理论体系。

二、科学化管理的主体:"三化"

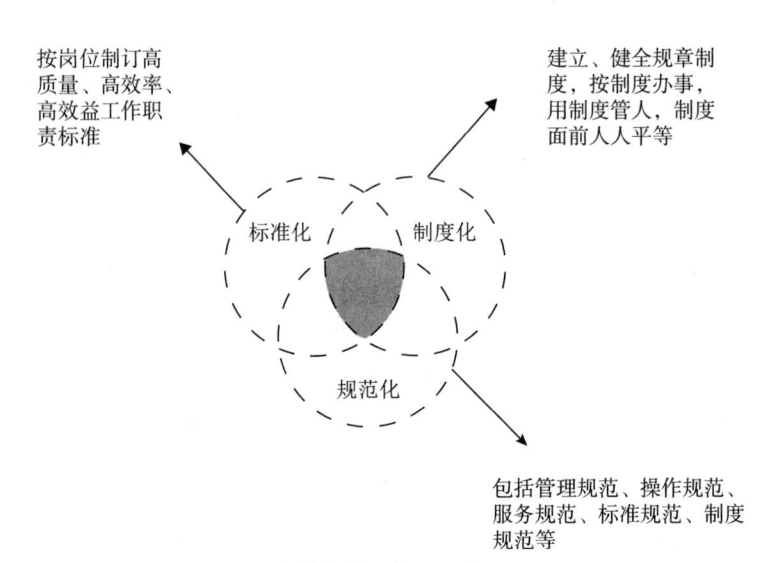

按岗位制订高质量、高效率、高效益工作职责标准

建立、健全规章制度,按制度办事,用制度管人,制度面前人人平等

标准化　制度化

规范化

包括管理规范、操作规范、服务规范、标准规范、制度规范等

科学化管理的"三化"

1.制度化

制度化管理是企业成长必须经历的一个阶段,是企业实现法治的具体表现。有一个故事充分说明了"制度的力量"。七个人每天分一大桶粥,但粥每天都是不够的。一开始,他们抓阄决定谁来分粥,每天轮一个。于是乎,每周下来,他们只有自己分粥的那一天是饱的。后来他们推选出一个号称道德高尚的人出来分粥。大权独揽,没有制约,也就会产生腐败。大家开始挖空心思去讨好他,互相勾结,搞得整个小团体乌烟瘴气。然后大家开始组成三人的分粥委员会及四人的评选委员会,互

相攻击扯皮下来，粥吃到嘴里全是凉的。最后想出来一个方法：轮流分粥，但分粥的人要等其他人都挑完后拿剩下的最后一碗。为了不让自己吃到最少的，每人都尽量分得平均，就算不平，也只能认了。大家快快乐乐，和和气气。

同样的人，不同的制度，可以产生不同的文化和氛围以及差距巨大的结果。这就是制度的力量。一个好的制度可以使人的坏念头受到抑制，而一个坏的制度会让人的好愿望四处碰壁。因此，建立起将结果和个人责任和利益联系到一起的制度，能解决很多社会问题以及在管理实践中出现的种种怪相，特别是能够有效避免以往管理实践中凭借主观臆断、拍脑袋办事的经验式管理带来的种种弊端。

综合来看，制度化管理对企业具有以下作用。

（1）有利于企业运行的规范化和标准化，促进企业与国际接轨。"一切按制度办事"是企业制度化管理的根本宗旨。制度化管理是企业的"低文本文化"向"高文本文化"过渡的具体表现。企业通过各种制度来规范员工的行为，员工更多的是依据其共同的契约即制度来处理各种事务，而不是以往的察言观色和见风使舵，使企业的运行逐步趋于规范化和标准化。这些处事原则更加符合国际惯例，更加接近欧美发达国家的处事风格。

（2）有利于企业提高工作效率。制度化管理意味着程序化、标准化、透明化。因此，实施制度化管理便于员工迅速掌握本岗位的工作技能，便于部门与部门之间，员工与员工之间及上下级之间的沟通，使员工最大程度地减少工作失误。同时，实施制度化管理更加便于企业对员工的工作进行监控和考核，从而促进员工不断改善和提高工作效率。

（3）制度健全而规范的企业更容易吸引优秀人才加盟。一方面，规范的制度本身就意味着需要有良好的信任作为支撑。在当今社会信任普遍处于低谷之时，具有良好信任支撑的企业在人才竞争中很容易获得优势；另一方面，规范的制度最大程度地体现了企业管理的公正性和公平性，人们普遍愿意在公平、公正的环境下参与竞争与合作；同时规范而诱人的激励制度是企业赢得人才争夺战的最为有力的武器。

（4）制度化管理是防止腐败的最有效的措施之一。腐败产生的根源在于权力失去监控和约束。制度使企业的各项工作程序化和透明化，任何时候任何人的工作都处于企业员工的监视之下，强化了对权力的监控和约束，产生腐败的可能性减小；同时，制度中对腐败行为的严厉制裁措施，也使腐败的风险和成本增大，从这个意义上讲，制度化管理从源头上防止了腐败行为的产生。

（5）制度化管理可在很大程度上减少决策失误。制度化管理使企业的决策从根本上排斥一言堂，排斥没有科学依据的决策，企业的决策过程必须程序化、透明化，决策必须要有科学依据，决策的结果必须要经得起实践的检验和市场的考验，决策人必须对决策结果承担责任，从而在最大程度上减少了决策失误。

（6）制度化管理能强化企业的应变能力，增强企业的竞争力。制度化管理使企业管理工作包括市场调研、供应商及客户的管理和沟通等工作都得以规范化和程序化，在企业内部形成快速反应机制，使企业能及时掌握市场变化情况并及时调整对策，也使整个供应链的市场应变能力得到增强，从而提高供应链和企业本身的竞争力。

企业进行制度化管理需要做好以下几方面的工作。

（1）建立制度，必须充分考虑其可行性和可操作性。在建立制度的时候，一方面，要充分考虑企业的实际情况和传统，必须保证制度能获得大多数员工的认同和支持，便于制度的顺利推行与实施；另一方面，企业的制度并不是越多越好，也不是越严越好，关键在于制度是否可行，是否具有较好的可操作性。在建立制度时，还必须注意制度的量与度的问题。有些制度如果暂时推行不了，可先缓一缓，待制度本身具备了可行性和可操作性后再予以实施。

（2）推行制度，必须维护其严肃性和权威性。在企业实施制度化管理过程中，应该严格保证制度能够公正、公平、公开地实施，制度面前不能出现特殊化。在企业内部形成人人遵守制度，维护制度，监督制度实施的良好氛围，保证制度的严肃性和权威性不受侵害。

（3）增强创新意识，防止制度僵化。制度创新是企业增强核心竞争力的重要途径，也是激发员工创造性地开展工作的有效措施之一。因此，企业在建立制度时，要为制度的健全与完善及持续改进留有余地，为制度创新搭建好平台。在实施制度化管理的过程中，必须随着企业的发展和环境的变化，及时对一些制度内容进行修改和调整，使企业的制度符合企业的实际情况并满足企业发展和环境变化的需要，从而增强企业的应变能力和市场竞争力。

（4）正确处理制度化管理与情感管理之间的关系。企业的制度化管理必须和情感交流融合在一起才能充分地发挥其作用。如制度化管理使企业承担着更大的经营风险，而恰到好处地渗透一些情感管理方式可以使这种风险降至最低，同时制度化管理的渗透又可使情感管理难以解决的权力失控问题迎刃而解。

（5）妥善处理非正式组织的抵制行为。非正式组织对企业生产经营活动的影响力是巨大的。企业在推行制度化管理过程中，可能会损害非正式组织的利益或对其行为有所约束，使得非正式组织对企业的制度化管理过程产生抵制行为。此时，切忌采取简单的强制执行方式，而是应该在坚持原则的基础上，采取较为缓和的处理方式，如与非正式组织领袖进行沟通，说明利害关系，或在开始时就邀请这些领袖们参与制度的拟定与讨论等，使其接受、理解并自觉遵守制度。

制度的生命力在于执行。但人们往往喜欢说"变则通"，喜欢"搞变通"，"上有政策，下有对策"，所以当规则出台时，人们习惯性地思考如何规避规则，如何变通规则，如何绕道行之。这也是为什么中国向来不缺法律、法规、条例、规章、制度，缺的只是执行。事实上，"上有政策，下有对策"是一种消极的变通，它是一种替换性的执行、选择性的执行、附加性的执行、象征性的执行、欺骗性的执行和对抗性的执行。变通的心理是一种在毁坏既定规则前提下的功利主义的价值选择，是人们为了个人利益而篡改规则的社会现象和社会行为，它是对规则的无视和藐视。对绝大多数企业而言，在制度执行方面，依然是任重而道远。

2.标准化

标准化是指在经济、技术、科学及管理等社会实践中，对重复性事物和概念通过制定、发布和实施标准达到统一，以获得最佳秩序和社会效益。

标准化的基本特性主要包括以下几个方面：①抽象性；②技术性；③经济性；④连续性，亦称继承性；⑤约束性；⑥政策性。标准化的实质是通过制定、发布和实施标准，达到统一。标准化的目的是获得最佳秩序和社会效益。

对一个企业来说，企业的经济活动、技术活动、科研活动和管理活动的全过程及其要素都可作为标准化的领域和对象。只要这些企业活动和要素具有"重复性"，都可以进行标准化。

所谓"重复性"，是指同一事物和概念反复或重复出现或进行的性质。如同一产品的反复生产，同一检验方法的反复多次进行，同一概念的多次使用，同一管理事项的重复进行等。因为这些事物和概念的多次重复活动，就产生了按统一标准进行的客观需要和要求。如果同一事物和概念在反复多次进行时没有统一的标准可遵循，就失去了共同的客观依据。没有统一的衡量准则和尺度，那么，企业就无法正常进行生产和管理活动，全部企业活动就失去准绳而一片混乱。

标准化是制度化的最高形式，可运用到生产、开发设计、管理等方面，是一种非常有效的工作方法。一个企业能不能在市场竞争中取胜，决定着企业的生死存亡。企业的标准化工作能不能在市场竞争当中发挥作用，同样决定着标准化在企业中的地位和存在价值。

有些企业领导人或管理人员，不懂或不善于利用标准化这个有效工具，每次遇到同样的问题都要从头研究、开会、讨论、做出决定。这样做不仅浪费时间和精力，影响办事效率，而且常常丧失良机。如果对大量重复事务进行标准化，遇到同类问题照标准办就是了，免去因人事变动造成的同一问题前后处理不一致而带来的麻烦。这样，领导人员、技术人员或管理人员可以把主要精力用在研究、处理企业根本性、方向性的大问题或新问题上。

企业要进行标准化管理，需要针对每个岗位，制定详细的工作职责标准。具体来说就是要走好三步：

第一步：制定好能确切反映管理需求，能够保证实现总的管理目标的各方面经营管理活动、管理业务的具体标准；

第二步：建立起以管理标准为核心的有效的标准体系；

第三步：把标准化向纵深推进，运用多种标准化形式支持标准化管理。

这三步中的每一步，都要遵循市场经济下企业经营管理的客观规律，每个企业都要从自身的情况出发，通过创新开辟自己的道路。

3. 规范化

规范化管理就是从企业生产经营系统的整体出发，对各环节输入的各项生产要素、转换过程、产出等制定制度、规程、指标等标准（规范），并严格地实施这些规范，以使企业协调统一地运转。

企业规范化管理的内容主要包括管理规范、操作规范、服务规范、标准规范、制度规范等。实行规范化管理在理论和实践中都证明是极为重要的。

首先，这是现代化大生产的客观要求。现代企业生产是具有高度分工与协作的社会化大生产，只有进行规范化管理，才能把成百上千人的意志统一起来，形成合力为实现企业的目标而努力工作。

其次，实行规范化管理是变人治为法治的必然选择。每个员工都有干好本职工作的愿望，但在没有"干好"的标准的情况下，往往凭领导者的主观印象进行考核和奖惩，在管理中难免出现时紧时松、时宽时严的现象，很容易挫伤员工的积极性。按照统一的规范进行严格管理，人和人之间可以公正比较、平等竞争。

最后，实行规范化管理是提高员工总体素质的客观要求。规范使员工明确企业对自己的要求，有了努力的标准，必然能逐步提高自己的素质；员工还可以对照规范进行自我管理。因为规范是在系统原则下设计出来的，管理人员依据规范进行管理，也能提高立足本职、纵观全局的管理水平。

需要特别指出的是，制度化管理、标准化管理都不等于规范化管理。企业规范化管理，也需要制度化，也需要标准化，但它的重点在于为企业构建一个具有自我免疫、自动修复的机能。也就是说，使企业组织形成一种内在的自我免疫功能，能自动适应外部环境的变化，能抵御外部力量的侵害。并且当企业组织在发展过程中遭遇外部创伤后，能自动地修复愈合，使企业实现持续稳定的发展。

企业是由人构成的，企业发展的核心资源也是人，而主导人的意志行为的直接因素是他的价值观念。所以企业规范化管理必须有一套企业内部一致认同的价值观念体系，作为指导思想来协调企业组织运行和管理的行为，使企业方方面面的管理方法和技术，融合为一个整体，并彼此协调照应。这是企业规范化管理的首要特征。一套系统的在企业内部广泛认同的价值观念体系，是构成企业组织自我免疫、自动修复机能的基础。企业组织有了这样一套价值观念体系为企业组织的运行提供指导思想，才能及时纠正任何有违于企业发展正道的行为和做法，避免不利于企业持续稳定发展的各种行为的发生。

在经验式管理向科学化管理的演进过程中，由于领导者才能及外部条件的差异，不同企业管理的制度化、标准化和规范化的进程可能不一致，最初企业的管理可能是处于"三化"的完全相离状态，随着企业管理水平的提高，开始出现了"两化"的相交甚至"三化"的相交，随着企业管理水平的进一步提高，"三化"交集范围越来越大，直至完全重合，企业管理真正达到了科学化管理阶段。因此，作为科学化管理的主体的"三化"，是要求制度化、标准化和规范化完全统一或交集范围完全重叠的"三化"。

三、科学化管理的标准："三高"

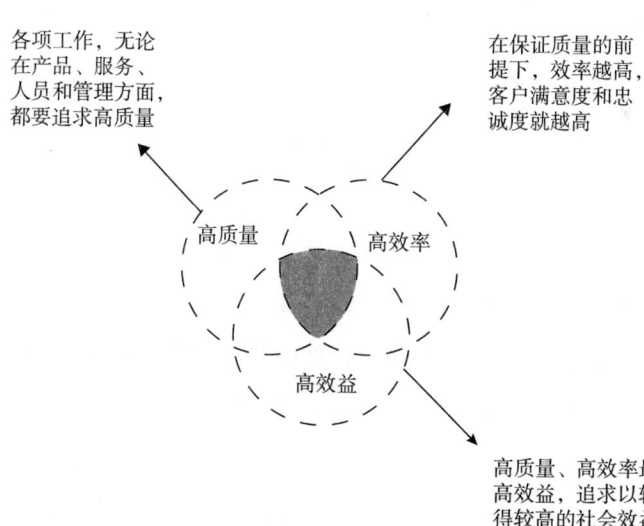

各项工作，无论在产品、服务、人员和管理方面，都要追求高质量

在保证质量的前提下，效率越高，客户满意度和忠诚度就越高

高质量　高效率

高效益

高质量、高效率最终落脚在高效益，追求以较少投入获得较高的社会效益、企业效益和个人效益

科学化管理的"三高"

1. 高质量

在世界三大企业管理模式中（美国、日本、德国），德国的企业管理模式是近年来受到世界企业界广泛推崇和学习的，就连美国的企业界也普遍认为，德国的企业管理比美国更富有活力和有效。

德国人追求高质量，而且将这种高质量意识贯穿融入到方方面面。拿他们的房屋建筑为例，每一种材料，如玻璃、锁、铰链、搭钮、开关、灯罩、窗帘、衣架等等，纵然是极微末的，也都讲究精益求精，追求高品质，确保质量可靠。

德国企业十分重视产品的质量和完善周到的售后服务，强烈的质量意识已成为企业文化的核心内容，深深植根于广大员工心目之中。汽车工业是德国质量管理的典型代表，几大汽车公司都有一整套健全的质量管理机构与体系，有扎实的质量管理措施，十分强调质量预防，对质量管理的投入相当巨大。比如，奥迪公司吸引世界范围的顾客有四项原则：领先的产品、精美的形象、引起顾客对汽车的兴趣、以客户为导向。这四项原则说到底就是一个产品的质量和品牌问题。又如，大众公司各类质量管理人员就有1.6万人。庞大的质量管理机构和人员，不仅对产品出厂进行质量检查，而且参与到产品的研究、设计、生产等各个环节中。如奔驰汽车公司每天要从生产线上抽出两辆汽车，对1300个点进行全面检测，对所有协作厂商提供的零部件也同样进行检查，只要发现任何一箱外协零件中有一件不合格，此批产品就要全部退回。正是靠着严格的产品质量管理，德国产品在世界上赢得了声誉，很少因质量问题引发纠纷。

随着我国经济的发展，中国制造已经走向世界。毋庸讳言，目前中国制造留给世界的印象还远未摆脱价廉质次的阴影。因此，高质量可以说是中国企业的生命线。面对日趋激烈的市场竞争，中国企业必须从自身实际出发，以质量为本，密切关注市场需求的变化，瞄准市场空隙，不断推陈出新，生产特色产品，创造新的市场需求。

2.高效率

20世纪80年代，全球都在学习日本的企业管理模式，分析研究日本的企业文化，当时日本的经济几乎要超越美国。

为什么日本企业能够如此迅速地从二战失败的阴影中崛起，通过分析和对比可以发现，日本企业是以整体取胜，他们能够在较短的时间内将企业的整体带入了组织发展的第二阶段，企业组织进入了一种整体默契配合的阶段，在整个企业中形成了一种员工之间无意识的默契配合，从而使整个组织的效率最高。日本企业正是充分发挥自身民族组织性强的特点，通过形成组织整体的配合，提高了组织的整体效率，使自己的经济和企业在战后取得了令世人瞩目的快速发展，从而超越了世界上的大多数国家。

日本的例子充分说明了高效率在企业发展中的重要性。在保证质量的前提下，效率越高，客户的满意度和忠诚度就越高，这就是我们在20世纪80年代所看到的情况。

高效率的实现离不开企业现代管理制度的建立和完善。企业管理模式要从简单的控制机制向能够调动职工积极性、创造性的管理体系和管理机制转化，必须重视企业管理制度的建设和实施。企业要建立一套完善的科学决策体系、人才管理体系、生产经营体系、资金运营体系、质量监督控制体系和技术工作体系。同时，企业还应建立一套高效率的运行机制，如激励机制、竞争机制、约束机制、淘汰机制等，利用组织机制的力量克服管理中的不足。企业的成长发展要具有能够激活的管理机制和保障体系，找到一种企业不断成长和发展的内在推动力以及企业可持续成长和发展的内在动力，要不断调整、改革、创新和完善企业内部价值评估和价值分配体系，克服发展过程中不平衡的利益机制。

需要特别指出的是，现代科学技术的发展也大大促进了企业效率的提高。当今世界，经济竞争实际上是科学技术的竞争，同时也表现为管理竞争。随着科学技术的发展，尤其是电子计算机技术和通讯技术的迅猛发展，信息在社会经济发展中起着越来越重要的作用，信息在管理中日益被各国所重视，在企业机构中设置信息中心和信息沟通体系，加强信息管理，已成为管理现代化的极为重要的组成部分。

3. 高效益

效益一般体现在经济效益、社会效益、企业效益和个人效益等方面。高质量、高效率最终落脚在高效益上，追求以较少的投入获得较高的回报。

美国是当今世界上最成功的经济体。从20世纪90年代开始，一种以信息技术为基础的新兴产业又重新带领美国的经济回到了领先的位置，无论是作为计算机核心的芯片，还是计算机的软件及操作系统；无论是计算机的生产和制造，还是互联网的发展和应用，都发源和发展于美国。美国的经济模式又开始超越了日本和德国的经济模式，重新成为世界企业管理的榜样。

为什么美国能够取得这样的转变，能够不断维持自己的领先地位，保持自己企业和经济模式的高效率和持续发展，这是我们最应该研究和分析的。如果我们从投入产出角度来看，美国企业的成功是一种高效益的成功，主要是由于公司治理结构合理、所有权和经营权分离、鼓励创新等带动了企业效益的发展，所以美国的企业才能获得如此的成就和快速的发展。企业如何实现高收益，需要重点做好以下工作。

（1）管理目标多元化。管理目标是多元化的，管理已不再只是为企业所有者的利益服务，而是拓展出新的内容。例如美国29个州的新《公司法》规定，公司经理必须为企业的所有"利益相关者"服务，而不能仅为"股东"服务。即企业的所有者只是企业中应该照顾其利益人中的一部分，而企业的劳动者及其他有关方面的人是企业经营必须维护其利益要求的另一部分人。

（2）实行专家集团领导。是指企业经营管理由一些精通业务、善于管理的专家共同负责，企业实行专家集团领导可集思广益，形成有机的决策机构，避免凭经验办事及靠个人意志决策所带来的管理不善现象。

（3）运用多角化策略。产品生产、市场开发实行的是多品种、多渠道方针，包括水平型多角化（指企业在产品现有的市场和生产领域内，采用新的产品策略）、同轴型多角化（即企业通过共同的纽带把现有产品和销售同新的产品和销售联系起来）、复合型多角化（指企业发展的产品和销售业务与原有的产品、技术、生产领域、市场都没有直接联系）等。

（4）重视生产和技术管理。强调不要只靠事后的质量检验，而一开始就按规定的要求进行作业，使缺陷的发生减少到几乎等于零。

（5）多方面调动员工的积极性。例如，为员工调换工作岗位，这有利于对劳动者能力的培养，激发员工的活力；尽可能扩大员工的工作面，让员工经受锻炼和提高工作能力；让员工参与企业管理，鼓励企业所有员工为企业管理效力，不论是白领、蓝领，都有资格对企业的大政方针发表意见。其结果是使企业管理走向民主化。

（6）注重企业领导人的培养。强调管理人员要有保持企业生命力、灵活性和职工士气以推动企业不断发展的能力。选拔领导者的标准是：任何时候都要有预见能力；处理问题的效率高；要能亲自同有关方面交涉、谈判；要有社交能力，善于利用社会力量；在遇到问题时保持沉着和稳健。

企业的管理模式由经验式管理上升为科学化管理的过程，是高质量、高效率、高效益由相离状态至相交状态，乃至完全重合状态演进的过程，随着企业管理水平的提升，"三高"交集范围越来越大，直至完全重合，企业管理真正达到了科学化管理阶段。因此，作为科学化管理标准,是高质量、高效率、高效益完全契合或交集范围完全重叠的"三高"。"三高"中的每一"高"都可能是企业在激烈的竞争中出奇制胜的法宝,在现实生活中,我们也确实可以看到很多企业"一招鲜,吃遍天"。不过,如果我们把视野放宽,从一百年甚至更长的角度来观察,就会发现真正能够立于不败之地的百年老店有一个共同点,那就是成功地实现了"三高"的完美结合。

四、科学化管理的保障:"三严"

1.严于律己的领导作风

三国时,"曹操割发代首以儆效尤"的严明纪律精神,使得三军将士敬服,从而以两万兵众一举击败袁绍的十万大军,取得历史上以少胜多的官渡之战的胜利。

台塑集团创办人、台湾的"经营之神"王永庆在世时,在台湾的富豪中雄居首席,在世界化学工业界居"50强"之列,是台湾唯一进入"世界企业50强"的企业家。王永庆曾在总结成功经验时表示,"我不但与别人竞争,对自己也是严之又严。"王永庆在工作生活中带头执行公司规章制度,带头关注企业的工作细节,带头主动发现问题并及时解决问题,带头思考实现企业可持续发展的方法路径,不仅便于自身掌握企业整体情况和加强过程管理,而且也营造了一种积极向上、追求完美的团队文化,从而推动企业向前发展。

21世纪的今天,企业领导人要勇当严于律己的先锋,争做清正廉洁的榜样,塑造公道正派的形象。

(1)要勇当严于律己的先锋。大到一个国家,小到一个单位,科学、规范、卓有成效的管理的关键是制度建设,要紧紧依靠制度,以制度约束人们的行为。制度建立以后,作为制度的制定者要以身作则,带头执行制度，否则，制度就成了一纸空文。在严于律己上，企业领导人不仅要勇当先锋，而且要自重、自省、自警、自励，当好先锋。

（2）争做清正廉洁的榜样。作为企业领导人，既要要求工作人员不违规操作、以权谋私，更要争做清正廉洁的榜样。不把企业赋予自己的职责作为自己私人的特权；不把特事特办作为办私事、开后门的借口；不把自己的私人感情掺杂到对工作人员的监督管理当中。俗话说"千里之堤，溃于蚁穴"，清正廉洁要从平时的细微处做起，处处严格要求自己，事事以身作则，不以恶小而为之，这样才能争做清正廉洁的榜样。

（3）塑造公道正派的形象。塑造公道正派的形象，一方面体现在为企业和员工服务上，创新思维、解放思想，找到公道正派解决问题的途径和方法。另一方面体现在日常的管理考核工作中，不仅要与时俱进地修改完善管理考核制度，最大限度地体现公平性，调动更多人的积极性，而且在执行管理考核制度的时候，要坚持公开、公平、公正，做到一视同仁。

2.严格要求的管理艺术

企业发展靠管理，管理才能出效益。企业加强从严管理是建立现代企业制度的内在要求，有了严明的管理，企业就能立于不败之地。

从严管理就是对人的严格管理，要在人身上做文章，一切管理行为和决策首先应以尊重人、理解人为立足点。企业要发展，人是关键因素，但怎样管才能管好人，这是一门学问，更是一门艺术。没有规矩不成方圆，从严管理的方法是建立科学的规章制度，并抓好制度的执行和落实。离开了从严管理，企业不可能搞好，职工群众的利益也将最终受损。因此，严格的管理要求是企业科学长久发展的重要条件。

从企业发展的动力来说，再好的机制，再好的技术，再科学的管理，最终都要依靠职工来参与，来完成，来实现。企业如果任意侵犯职工的合法权益，不走群众路线，必然会失去群众的拥护，一旦群众与企业离心离德，企业不可能搞好。因此，强调严格管理，必须把尊重职工、关心职工、依靠职工放在首位，充分体现职工当家作主的原则，在这样的前提下，严格管理才能真正起到积极的作用。严格管理是对员工最大的爱护，对员工放松要求是管理者不负责任的表现。需要指出的是，从严管理是必要的。在企业从严管理的同时，还要注重感情投入，两者之间的关系是相辅相成的，缺一不可。从严管理说白了是行政手段，那么，感情投入是思想工作，行政手段是硬手段，与思想政治工作两者结合起来，企业才能走出一条光明大道。

3. 严肃合规的企业文化

作为企业深层次的内隐的文化，是以人的精神世界为依托的管理思想、管理制度和行为方式，是实现经营方针和目标的有效工具和手段。合规文化的本质，就是在依法合规的基础上，加强科学管理，规范经营行为，提高工作效率，保护人员、财产安全，将安全的经营理念贯彻落实到各项经营管理活动中，实现从粗放式经营向集约化经营的根本转变，从而提升核心竞争力。

建立严肃合规的企业文化，需要做好三个方面的工作。

（1）建立"合规人人有责"的合规文化。由于内部风险存在于各个环节、各个部门，合规文化建设也与每一位员工自身利益密切相关。因此，合规文化建设要树立这样一种意识，即每个人都是风险的责任人，每个部门或岗位都会有风险发生，作为企业的一员，每个人都有责任和义务在自己的岗位上和部门内有效防范合规风险。要以主人翁的姿态参与到合规文化建设当中去，将合规文化建设与日常的工作和业务有机结合起来，将合规文化意识渗透到自己的工作中。

（2）建立"合规创造价值"的合规文化。在硬件和产品趋于同化的今天，同业的竞争已不只是效益规模的竞争、资产质量的竞争，更是战略思维、经营理念、管理文化的竞争，这种竞争的核心就是企业文化建设，而合规文化又是企业文化的核心，合规可以帮助提升企业的品牌竞争力，是创造价值的体现。合规有助于降低经营成本，合理、有效的合规风险控制机制可以大幅度提高工作效率，降低管理成本。

（3）建立"主动合规"的合规文化。改变"被动合规"的旧陋习，视接受规则约束为义不容辞的责任和义务，将合规变成内在的自觉行为，在接触到每一笔业务时，就要牢固树立必须进行合规风险审查的意识，倡导和建设主动发现和暴露合规风险隐患或问题的氛围，以便及时整改。要建立有效的奖励与惩罚机制，倡导合规经营和惩处违规的价值观念，提高违规成本，让大家不想为、不敢为、不愿为。

总之，合规文化建设应加强员工的人性管理，在执行制度中要做到赏罚分明，张弛有度，抓大放小，因地制宜，培养良好的企业文化氛围，真正让合规的观念和意识渗透到每个员工的血液中，从而有效控制合规风险，实现企业经营价值的最大化。

从静态的要素看，管理主要涉及人、财、物三个方面，其中人是最关键的因素。因此，科学化管理把严于律己的领导作风、严格要求的管理艺术、严肃合规的企业文化的"三严"作为整个理论体系的核心内容。

可以说，领导者个人的境界在相当程度上决定着整个企业的生死兴衰。而对普通员工来说，其责任心的高低决定着服务质量的好坏。人的管理不能盲目追求无为而治，必须建立依法合规、遵章守纪的企业文化，使法纪的观念深入人心。"三严"的完美组合构成了坚固的三角形结构，为企业的发展提供强大支撑，"三严"作为科学化管理的保障，需要严于律己的领导作风、严格要求的管理艺术和严肃合规的企业文化在企业管理中的完全落实，只有同时达到"三严"的要求，企业管理才能真正达到科学化管理的阶段。

第五节　科学化管理理论创新的实践意义

一、科学化管理的理论架构及内涵

科学化管理的理论架构就是构建以"三严"——合规文化建设为基石,以"三化"为主体,以"三高"为目标,以工作日志、周例会、月总结、季考核为主要措施的企业科学化管理体系,通过企业内部规范化建设和"三高"目标的标准化管理,形成战略方向明确,管理条线清晰,责、权、利分明的企业组织架构和经营机制。

二、"三化""三高""三严"的内在关联和递进关系

在科学化管理理论中,"三化"是主体,"三高"是标准,"三严"是保障。①"三化"内在关系:制度化是企业管理规范化和标准化的基础,利于企业提高工作效率;标准化是制度化的最高形式,决定企业在市场竞争中的地位和社会价值;规范化能够帮助企业形成内在的自我免疫功能,自动适应外部环境的变化,有效抵御外部力量的侵害,使企业实现持续稳定的发展。②"三高"递进关系:高质量、高效率和高效益是层层递进的关系,只有工作达到了高质量和高效率,才能实现高效益。③"三严"是实现"三化"和"三高"目标的保障,是企业文化的重要组成部分。只有建立了严于律己、严格要求、严肃合规的"三严"文化,才能确保"三化"的执行和"三高"目标的实现。

对同一企业来讲,"三化""三高"和"三严"执行得越到位,即"三化""三高"和"三严"的交集覆盖区域越大或已经达到完全重合的企业,才真正实现了管理的科学化,其管理成效才会更加明显。

三、科学化管理内容要求

科学化管理有着较为丰富的内容，它主要表现在管理要求、管理方式、产品管理、系统管理、培训体系建设、企业文化建设六个方面，其主要内容如下表所示。

科学化管理内容要求

方面	内容
管理要求	全面实施以"三化""三高""三严"为内容的科学化管理模式，推进企业"营销、管理、核算"三大机制建设
管理方式	突出和发挥市场营销部门的核心作用，加强与其他部门的协调联动，进一步强化企业的营销、管理、检查和考核
产品管理	做好产品的营销、管理、创新、组合、推广和培训工作，建立复合型、专家型、咨询型、智慧型和营销型的产品销售队伍，形成品种齐全、品牌突出、功能先进和收益显著的产品系列，提升产品市场竞争力
系统管理	面向未来制定企业中长期发展战略规划，自上而下构建系统、完整的营销网络和市场渠道，加大考核力度，整体提高企业的营销和规划管理水平
培训体系建设	加大对企业各层级员工的理念、知识、技能培训，建设学习型团队，进一步提升企业员工整体素质与核心竞争力
企业文化建设	全面建设竞争文化、学习文化、管理文化、合规文化、执行力文化等，使文化力转变为企业发展的重要推动力

四、科学化管理理论的实践意义

1. 能够有力地促进企业制度的完善和执行建设

科学化管理理论可以帮助企业完善健全管理制度、考核制度、监督检查制度，规范人、财、物的管理建设。强化制度执行意识，规范员工行为，有力地保障企业健康经营和可持续发展。

2. 有力地推动各项工作达到"三高"标准

通过规范化建设，能够强化精细管理、过程管理，做到深耕细作，精益求精，推动各项工作达到"高质量"标准；通过加强时间管理，做到突出重点，事半功倍，推动各项工作达到"高效率"标准；通过加强绩效管理，建立企业文化，做到优质高效，卓越发展，提高企业的品牌价值和社会美誉度，达到经济效益、社会效益和个人效益的协调统一，达到"高效益"标准。

3.有效推动"三严"内控文化的建立

科学化管理在"三严"理念中突出了重点业务和关键流程，灵活运用重点、抽样和突击检查方式，提高了内控工作的针对性和有效性，能够杜绝屡查屡犯行为，显著提高内控合规工作质量。

笔者在科学化管理实践中，创新了企业管理的"三类十项"关键指标评价法，作为衡量一家公司是否良好的标准。评价指标分为机制管理和经营管理两大类，其中机制管理包括管理体制、用人机制、激励手段、工资待遇和企业文化五项指标，经营管理包括科技水平、研发能力、创新能力、营销能力和企业品牌五项指标。同时，按照指标评价标准，将每项指标的评价结果分为优秀、良好、一般、稍差和较差五种程度，并分别赋予不同的分值。根据企业的实际管理水平，确定企业的单项指标得分，将十项指标评价综合得分作为公司管理和经营程度优劣的依据（综合得分80分以上为良好）。

企业管理的十项关键评价指标

（衡量一家公司是否良好的标准）

企业名称：

评价内容		评价标准	评价结果对应分值				
			优秀	良好	一般	稍差	较差
管理 （Management）	管理体制	1.管理机构设置和职权分配的合理性 2.管理机构相互间的协调和配合 3.管理制度的统一性和规范性 4.管理机制的先进性	10	8	6	4	2

第五章　科学化管理 | 101

续表

评价内容		评价标准	评价结果对应分值				
			优秀	良好	一般	稍差	较差
管理 (Management)	科技水平	1. 科技水平在同行业、同规模企业中的综合位次 2. 科技成果对企业技术创新的贡献 3. 科技产品的技术先进性和创新性 4. 科技产品的质量效果，对所在行业的贡献情况	10	8	6	4	2
	研发能力	1. 研发机构和研发体系建立情况 2. 研发资金的投入程度 3. 研发出的新业务和新产品的市场竞争力	10	8	6	4	2
	创新能力	1. 发展战略创新，包括经营内容、经营手段、人事框架、管理体制、经营策略等创新情况 2. 产品（服务）创新程度 3. 技术创新，包括应用自主创新的技术，以及合法应用他方开发的新技术情况 4. 组织、制度、管理和营销创新情况 5. 文化创新情况	10	8	6	4	2
营销 (Marketing)	企业文化	1. 企业精神文化建设，包括企业核心价值观、企业精神、企业愿景、企业道德等 2. 企业制度文化建设，包括人力资源理念、营销理念、生产理念等 3. 企业物质文化建设，包括厂容、企业标识、厂歌、文化传播网络等	10	8	6	4	2
	营销能力	1. 市场战略研究能力 2. 营销策略策划能力 3. 以市场研究为指南开发适销产品的能力 4. 推销能力和渠道分销能力 5. 客户服务能力和客户管理能力	10	8	6	4	2
	企业品牌	1. 制定全面长远的企业品牌规划 2. 企业品牌对企业发展的贡献和推动作用 3. 企业品牌的树立，拉近消费者与企业及企业产品之间的距离情况 4. 企业品牌满足消费者精神需求的程度，以及增加消费者选择产品的几率	10	8	6	4	2

续表

评价内容	评价标准	评价结果对应分值				
		优秀	良好	一般	稍差	较差
人力（Man）	用人机制 1. 调动员工的积极性程度 2. 激励机制的有效性 3. 淘汰机制的合理性 4. 员工管理的规范性 5. 使用和管理人才的观念 6. 用人和选人机制的完善程度	10	8	6	4	2
	激励手段 1. 激励方式多样化程度，包括目标、物质、任务、荣誉、信任、情感、数据等激励方式 2. 激励方法和技巧适宜程度，包括经济、任务、纪律、政治、情绪等多种方法 3. 激励技巧调动员工积极性程度 4. 员工对激励手段的评价	10	8	6	4	2
	工资待遇 1. 工资收入水平在同行业、同区域中的位置 2. 对员工的社会保障程度（包括四险二金等） 3. 员工对各项工资待遇的综合满意度	10	8	6	4	2

第六节 科学化管理理论的基本内涵

一、科学化管理的定义

科学化管理是指把人们在实际管理工作中积累的成功经验提炼出来，通过梳理形成制度、标准和规范，从而使各项管理工作达到制度化、标准化、规范化的要求。

科学化管理理论是支持企业可持续发展、追求卓越的理论体系，符合科学发展观的要求。科学化管理理论以科学的制度体系和管理规范指导企业的工作，不仅明确了发展的"三高"标准，更强调了风险控制和员工内控合规文化，强调员工学习培训，有利于企业实现发展和风险控制的均衡协调，降低管理成本，科学化管理阶段是企业实现由量变到质变、由低层级管理水平到高层级管理水平的必然阶段。

二、科学化管理与中外管理学派的关联

科学化管理作为管理阶梯理论的关键阶段，其理论渊源在中西方各九大管理学派中均有体现。具体包括：中国的法家学派，西方的三大学派，即泰勒的科学管理学派、法约尔的管理过程学派、韦伯的组织理论学派。

法家强调以法为重的制度管理，主张通过立法、变法、任法来管理。"立法"即制度建设，"变法"即制度更新，"任法"即制度执行，坚持制度面前人人平等。制度化管理是科学化管理的基础，这与以"法"为核心的法家思想相通相连，通过持续的制度建设，严格的制度执行，最终实现目标达成。

"科学管理之父"泰勒通过"搬运生铁实验"，提出了标准化原理，即工作时间、操作方法和使用工具的标准化，并通过实行差别计件工资制提高工作效率。泰勒第一次系统地把科学方法引入管理实践，首开西方管理理论研究之先河，为科学化管理的标准化管理提供了雏形。

"管理过程理论之父"法约尔首次提出了管理的"五大职能"（计划、组织、指挥、协调、控制），以及从工作分工到职权、纪律、统一领导等"十四项管理原则"，为管理科学提供了一套科学的理论架构，体现出对管理的制度化、标准化和规范化等管理理论的思考。

"组织理论之父"韦伯首次将"行政组织"引入管理理论研究，指出法定权力是维系组织连续和目标达成的基础，强调规则、制度、能

力、知识，为社会发展提供了一种高效率的管理体制，奠定了科学化管理制度化、高效率管理的理论基础。

三、科学化管理的特点

1. "三化""三高""三严"共同构成了科学化管理的理论体系

"三化"即制度化、标准化和规范化；"三高"即高质量、高效率和高效益；"三严"即严于律己的领导作风、严格要求的管理艺术和严肃合规的企业文化。"三化""三高"和"三严"共同构成了科学化管理的理论体系。"三化""三高"和"三严"不是简单的顺序罗列，而是随着企业的发展和管理的深化呈层层递进的关系。其中，"三化"是主体，"三高"是标准，"三严"是保障。

2. "三化"是科学化管理的主体

制度化管理是企业成长必须经历的一个阶段，是企业实现法治的具体表现。标准化是指在管理实践中，对重复性事物和概念通过制定、发布和实施标准达到统一，以获得最佳秩序和社会效益。规范化管理就是从企业生产经营系统的整体出发，对各环节输入的生产要素、环节实施规范，以使企业协调统一地运转。制度化、标准化和规范化共同构成了科学化管理的主体。实践证明，构建起标准化、制度化、规范化的管理体系，对有效整合制度体系、提高管理效率、增强管理透明度起到积极的促进作用。

3. "三高"是科学化管理的标准

高质量、高效率、高效益共同构成了科学化管理的标准。在企业发展的过程中，"三高"中的每一个都可能是在激烈的竞争中出奇制胜的法宝，在现实中我们也可以看到很多企业实现了"三高"的某一个方面而取得了竞争优势。不过，如果我们把视野放宽，从一百年甚至更长的角度来观察，就会发现真正能够立于不败之地的百年老店有一个共同点，那就是成功地实现了"三高"的完美结合。

质量是企业的生命线，是取得用户信任和加强核心竞争能力的最重要一环，是顾客产生追随度的最直接原因，是企业发展稳定的根基。无可挑剔、没有瑕疵的产品质量，做到极致、超出预期的周到服务，精益求精、追求卓越的工匠精神，都是对高质量的最好诠释。只要方方面面做到高质量，企业的核心竞争力就有了强大的生命力。

在保证质量的前提下，效率越高，市场反应越快，客户的满意度和忠诚度就越高。要保证企业的高效率，需要建立一套高效率的运行机制，如激励机制、竞争机制、约束机制、淘汰机制等，利用组织机制的力量克服管理中的不足。同时还要善于利用现代科技提高企业效率，通过优化流程提高工作效率，实现企业整体竞争能力的提升。

高质量、高效率最终落脚点在高效益上，追求以较少的投入获得较高的回报。效益一般体现在经济效益、社会效益、企业效益和个人效益等方面。真正的高效益是通过开放合作，提高投入产出比，最终实现经济效益、社会效益、企业效益和个人效益的协同统一，形成多方共赢的局面。

4."三严"是科学化管理的保障

管理主要涉及人、财、物三个方面，其中人是最关键的因素。因此，科学化管理把严于律己的领导作风、严格要求的管理艺术、严肃合规的企业文化的"三严"作为整个理论体系的核心内容。可以说，领导者个人的精神境界在相当程度上决定着整个企业的生死兴衰。而对普通员工来说，其责任心的高低决定着服务质量的好坏。人的管理不能盲目追求无为而治，必须建立依法合规、遵章守纪的企业文化，使法纪的观念深入人心。"三严"的完美组合构成了坚固的三角形结构，为企业的发展提供强大支撑。

综上，科学化管理的突出特点是"三化"，即制度化、标准化、规范化。"三化"是科学化管理的主体，也是其突出特点。

四、科学化管理的局限性

科学管理理论的一个基本的假设就是，人是"经济人"。在泰勒和他的追随者看来，人最为关心的是自己的经济利益，企业家的目的是最大限度地获取利润，工人的目的是最大限度地获取工资收入，只要使人获得经济利益，他就愿意配合管理者挖掘出他自身最大的潜能。这种人性假设是片面的，因为人的动机是多方面的，既有经济动机，也有许多社会和心理方面的动机，过于强调人的经济属性，必然导致最终管理的失败。

对信息科技等管理手段的应用认识不足。由于社会经济和信息科学技术的发展，单纯依靠人在管理中的作用，已不能适应管理实践和管理学科发展的需要，随着计算机和网络在企业管理中发挥重要作用，科学化管理缺少了信息技术在管理方面的应用，使得企业不能快速发展。

科学化管理在某种程度上忽视了人的主动性和创造性，把人与人之间的关系完全变成了物质利益关系，无形中把管理者和被管理者置于对立的两极。随着生产的发展，"萝卜加大棒"的管理模式逐渐不能为管理者和被管理者所接受。此外，科学化管理原则缺乏弹性，过于强调制度的严肃性和执行力，以至于有时实际管理工作者无法完全遵守。

第七节 管理阶段的递进

科学化管理理论是笔者经过多年的管理实践和理论研究，并对发达国家、世界500强企业的管理经验进行大量实证分析，最终提炼、抽象和归纳出来的理论体系，因此具有一定的推广和指导意义，尤其是对金融企业和国有大中型企业，有较强的针对性和实效性。

科学化管理理论是支持企业可持续发展、追求卓越的理论体系，符合科学发展观的要求。科学化管理理论以科学的制度体系和管理规范指导企业的工作，不仅明确了发展的"三高"标准，更强调了风险控制和员工内控合规文化，强调员工学习培训，有利于企业实现发展和风险控制的均衡协调，降低管理成本。

科学化管理集成了过程管理、精细管理、学习型组织等先进管理理念，是对现代管理理论的发扬和继承。员工日志、月总结、季考核等规范化的管理措施，从时间和空间上强化了企业的过程管理，"三高"标准体现了精细化管理内涵，"三严"要求更是体现了严肃合规企业文化的内涵。

总体来看，科学化管理的理论，基本形成一个大家公认的科学体系。在实践中发挥了很好的管理效果，使得企业管理工作达到了制度化、标准化和规范化。

然而，由于社会经济和信息科学技术的发展，单纯依靠人在管理中的作用，已不能适应管理实践和管理学科发展的需要。在看到科学化理论对管理思想的发展具有重要促进作用的同时，也应该看到其不足的部分。它过于强调了人的作用，缺少了信息技术在管理方面的应用。此外，科学化管理的单纯的"经济人"假设，使工人的劳动积极性和劳动效率逐渐降低，这就使得管理必须向更加强调人性化、信息化和网络化的更高管理阶段转变，企业管理理论也就上升到一个新的阶段：现代化管理阶段。

第六章
现代化管理

第一节　现代化管理实践案例

案例6-1　麦肯锡："UP OR OUT"的用人之道

"杰出的人才是麦肯锡唯一的,也是最重要的资产"。麦肯锡的选才之道,除了专业知识和技能以外,更注重一个人在四个方面的素质。

一是分析问题、解决问题的能力。案例成为麦肯锡挑选员工的必备武器,每一轮面试都会有案例来考察应聘者。所有的案例没有标准答案,面试官看重的是应聘者在面对问题时有没有好的思路与方法。

二是沟通、交往的能力。"我们不是大学,不是研究所,我们必须为客户服务,因此不能与客户进行良好沟通的人,无法胜任咨询顾问的工作。"麦肯锡合伙人如是说。

三是领导的才能与潜力。麦肯锡希望培养的是具有领导意识和领导能力的人,而不是一个追随者。因为公司要求员工主动寻找机遇,主动去解决问题。

四是团队精神。全球各地分公司的每一个咨询人员都可通过麦肯锡知识管理系统使用这些专业知识和信息以及全球知识库;同时,任何一位咨询人员可向其全球各地的同事寻求帮助。国内著名经济学家张维迎曾谈到,麦肯锡的某一个咨询顾问可能不是最优秀的,但这个团队组合起来就是世界最强的。

好玉也需细雕琢。尽管麦肯锡招揽了一流的人才，但各种学习培训仍将贯穿员工在麦肯锡的整个职业生涯。比如所有新的咨询人员在开始工作的第一周内将得到"基础咨询入门（BCR）"的培训，BCR设计的宗旨是为了让新的咨询人员在参与首个咨询项目之前了解并运用关键的咨询技能；商业分析员在加入之后的一个月内会接受新人培训（nat），主要侧重基础的业务理念和咨询技能，以便有效地增进绩效；在加入后的7~12个月内，商业分析员将参加分析员培训（bat），培养高级的解决问题的技能、人际沟通技能，为下一年的工作做准备；没有MBA学位的员工还可参加公司"短期MBA"课程培训，与来自全球的麦肯锡咨询人员交流。

除了正式培训以外，麦肯锡还采用对员工帮助更大的基于工作实践的"导师制"培训方式。麦肯锡的合伙人占咨询顾问的比例是同行业中最高的，达到1:6左右（一般咨询公司比例为1:10~1:20），所以，每位咨询人员都有条件配备一名合伙人担任"发展小组领导（DGL）"，作为其专业的导师提供意见和建议，帮助他们确定职业发展方向和专业成长道路。麦肯锡认为，DGL的角色是麦肯锡支持架构中最重要的组成部分之一。就是这种类似传统国有企业内部"传帮带"授徒方式的导师制，使麦肯锡员工获益匪浅。

培训是投资，投资自然需要回报。麦肯锡的员工拥有很好的培训机会，同时也时刻面临着"up or out（不进则退）"的考验。一个咨询人员在麦肯锡的同一个职位的平均工作年限是2~3年，在这个年限内，如果不能升职就要离开，"up or out"——这就是麦肯锡用人之道的核心机制。事实上，每6~7个加入公司的咨询顾问中会有1~2人最终成为董事，80%左右的人会在这一过程中离开，也只有这样，才能将最优秀的人才留下。需要说明的是，即使成为麦肯锡的董事合伙人，甚至资深董事，也要接受专门委员会的测评，并不存在"锁在保险箱里"不会被"out"的特权。

在"up or out"的机制下，麦肯锡很少能见到50岁人的身影。一方面年龄的增长往往使员工很难适应咨询顾问的生活；另一方面公司需要给更年轻的员工提供上升的空间和施展才华的舞台。很少有人会永远待在麦肯锡，但是没有人会真正地离开麦肯锡。在麦肯锡的眼中，离职的员工不但不是"泼出去的水"，而且是一笔弥足珍贵的资源。几十年来，麦肯锡一直通过组织"校友会（mckinsey alumni）"搭建网络交流平台，通过校友通讯录，举办校友联谊会等方式，搭建其遍布各行业的"毕业生网络"（麦肯锡将员工离职视为"毕业离校"）。

"up"到公司期望水平的员工固然是公司的一笔宝贵财富，"out"出公司以外的人员则更是企业在市场开拓方面潜在的资源，这是很多优秀企业在现时市场环境中逐渐达成的共识。与从公司流失的人员，特别是与那些流失到业务相关企业的人员保持持续的和有效的联络，将有助于通过这座桥梁将流失员工的新雇主发展成为公司客户，甚至业务伙伴，从而实现公司的市场开发和业务拓展计划。针对离职人员的这种"转危为机"的危机管理意识和管理手段，正在为越来越多的企业所认识和接受。

案例分析

"up or out"的用人机制正在为越来越多的世界一流企业所认可和应用。这种机制有两个层面的含义：一方面，公司为员工提供高水平的专业培训，协助员工在相对短的时间内"up"到公司所要求的能力水平和综合素质，对于员工而言，这种机制无疑将对其个人的职业生涯发展起到积极的推动作用。另一方面，经过培训未达到公司要求的员工，将会自动"out"，对于公司来讲，这种机制为公司搭建了一个健康的金字塔式组织结构，将在很大程度上保证公司各个级别时刻保有最优秀的人才。

案例6-2　　　　惠普企业文化管理之道

惠普公司是David Packard和Bill Hewlett于1939年在美国加利福尼亚州阿托市的一家车库里成立的，目前是全球最大的电子检测和测量仪器公司。美国政府为了表彰惠普公司对社会的贡献，在当年他们创业的车库里树碑立传，尊其为美国硅谷的发源地。惠普公司在硅谷70多年发展的历史中，也一直以稳健发展著称，与同时代的公司历经变迁大多已销声匿迹相比，惠普则在20世纪90年代中期步入全盛时期，连续多年被评为美国最受推崇企业，有"硅谷常青树"的美称，在2016年世界500强排行榜中排名第48名。

是什么使得惠普公司在变幻莫测的信息时代长盛不衰呢？美国出版的《基业长青》（《Build to Last》）一书一语道破天机：企业向员工灌输一种核心价值观，建立持久有力量的企业文化。

惠普的企业文化由内到外分为三个层次：核心价值观、企业目标、经营策略与管理方式。

1. 稳定的核心价值观

（1）相信和尊重个人

一个人最需要的是信任和尊重。惠普在这方面是一个包容性很强的公司，它只问你能为公司做什么，而不强调你从哪里来。在处理问题时公司只有基本的指导原则，而把具体细节留给基层经理，让员工保留发挥的空间。惠普是最早实行弹性工作制的企业，允许员工在家里为公司工作，公司里的仪器，员工可以随时带回家里用。对离开惠普又想返回的员工，惠普从不歧视。

（2）在商业活动中坚守诚实和正直

惠普能够长久发展得益于始终遵守这一原则。同客户合作不是一时一事，而是长期依存，唇齿相依。靠团队精神达到共同目标。信息时代要在商业上取得成功必须依靠团队，惠普注重激励团队，给他们相应的荣誉，年终分红的比例各个团队成员基本上是一样的。鼓励灵活性和创造性。为鼓励员工的灵活性和创造性，Bill Hewlett用积极和尊重的态度来处理员工的新想法和新建议。当员工第一次找他提建议时，他总是表示惊喜和赞同，并和员工约好下次讨论的时间、地点；第二次讨论时则主要询问和讨论该建议，并约好第三次会谈的时间、地点；当第三次讨论时，Bill就对员工提出尖锐的问题，然后宣布公司对该建议的决定。

2. 生态化的公司目标

（1）追求卓越的贡献和成就

惠普要求其分支部门在所进入的商业领域中力求做出卓越的贡献，并取得不凡的成就。这不只是为分一杯羹，而是要切切实实为社会做出贡献。如果一个工厂关闭了，带来的不仅仅是工厂职工的失业，还有周围的配套设施的损失。

（2）寻求公司不断成长

不断成长是公司实力的象征，要在激烈竞争的时代求生存必须不断增强自己的实力。1996年6月之前，公司连续数年保持20%以上的增长率，成为美国增长最快的企业之一。惠普在成长过程中坚持长期成功的目标，在投入的专业领域，一定要力所能及并有所贡献。惠普占领了打印机市场一半以上业务份额，使其在纸张、墨水和墨盒销售方面获利可观。

（3）帮助用户成功

用户是给企业提供动力的源泉，用户成功是企业长期成功的保障。只有不断地给用户提供更好的产品和服务，企业才能保持在激烈的竞争中不被淘汰。

（4）为员工提供就业保障

过去惠普曾经承诺工作保障，随着商业环境的急剧变化，公司的实力与盈利不能满足这个要求，目前惠普公司推行的就业保障则视公司需要不断调整员工部署，量才适用。

（5）企业公民

惠普在世界120个国家和地区建立了分支机构，它们期待当地社会因自己的存在而变得更好。惠普总部和斯坦福大学毗邻，在过去70年间，双方一直合作得很好。

3. 经营策略与管理方式

（1）目标管理

惠普采取目标管理的经营策略，各级员工在不同的岗位上制定各自的工作目标，这些目标与其经理以及公司其他部门的目标相配合，为达到公司的目标共同做出贡献。

（2）分权管理

在公司管理层的支持下，员工们各负其责，自我管理。公司鼓励员工畅所欲言，要求员工了解个人工作情况对企业大局的影响，并不断提高自身的技能以适应顾客不断变化的需求。

（3）开放式管理

惠普提倡走动式管理，加强上下级沟通和过程监控，这样便于管理者接触第一手资料，及时发现并解决问题，变被动为主动，增进团队的凝聚力。

惠普的每个员工都在敞开的环境中办公，即使需要单独办公环境的高层领导也不例外，只不过他们的办公室墙体是由玻璃材料做成，这样下属从外面就可看到领导的忙闲，知道何时打搅领导讨论问题合适。员工之间不论职位高低都一律直呼姓名，两位创始人一直坚持这一习惯。公司还设立了专门的谈话室，供员工之间单独对话使用，以增进员工相互了解，工作上相互配合。

案例分析

惠普的企业文化管理之道闪耀着人性的光辉，其可观的效益也印证了人性化管理的可贵。对个人的包容，对团队的激励，为员工提供就业保障，帮助用户成功，开放式管理，分权管理，一系列管理举措，充分体现了相信人、尊重人、理解人、帮助人的核心价值观，让员工从内心产生对企业的认同。员工在高度认同企业之后，将产生不可估量的正能量，会激发出巨大的主观能动性，并立足工作岗位追求人生价值，自动自发与企业成为命运共同体，寻求公司与自身的不断成长进步，帮助企业实现既定目标。

案例6-3　　　　微软公司现代化经营管理分析

微软公司是世界PC机软件开发的先导，也是全球最大的电脑软件公司，多项产品在软件市场都有不俗的表现，特别是在操作系统和办公软件方面处于垄断地位。为了解微软公司在经营管理上的经验，分析微软成功的奥秘，我们对其经营管理模式进行了调研。

一、微软发展历程

1975年，比尔·盖茨与保罗·艾伦以合伙人制成立微软公司，1981年，注册为股份公司。

当微软公司初期产品BASIC解译器逐渐成为公认的市场标准后，1980年被IBM公司选中为其新PC机编写操作系统MS.DOS，这是微软发展中的一个重大转折点。IBM—PC机的普及使MS.DOS取得了巨大的成功，成为20世纪80年代PC机的标准操作系统。

1986年，微软在纳斯达克上市，1990年，微软成功发布"视窗"系统3.0版本，使得其他公司无力与微软争夺市场。1995年，微软公司发布了互联网"探险家"浏览器等一系列基于互联网的软件，并推出了Windows95操作系统，它迅速占领了全球的个人电脑市场。到1999

年7月16日，微软公司的股票市值突破5000亿美元的大关，已接近美国最大的三家传统企业埃克森石油、可口可乐、AT&T股票市值的总和。2001年，微软推出了软件发展史上的又一经典之作——Windows XP操作系统，多项产品在市场上占据统治地位。2008年，盖茨结束在微软全职工作，保留主席职位。

二、微软的现状

微软公司是全球最大的软件公司，总部位于华盛顿州雷德蒙德，分公司遍布世界100多个国家和地区，员工人数达92736人。公司核心产品主要有Windows客户端、信息工具、商业解决方案、服务器平台、移动应用系统及嵌入式设备、MSN、家庭消费及娱乐等。目前是全球最大的电脑软件供应商。2016年在世界500强排名第63位。

三、微软公司的现代化管理模式

微软公司从一个12人开始的小团队发展到今天的大型跨国企业，它成功的背后蕴藏着微软公司先进的经营理念和现代化管理模式。

1. 经营理念

在微软公司34年的发展历程中，之所以能发展成全球最大的软件公司，归功于微软公司能够随着信息产业的发展制定不同的经营理念：从公司初期的"让每台桌上、每个家里都有一台个人计算机（A computer on every desk and in every home.）"，公司高速成长时期的"在任何时候，任何地方，任何设备上，提供能够为人类发挥最大潜力的优秀软件（Empowering people through great software-anytime, anyplace and any device.）"，到公司成熟时期的"帮助全世界的个人和企业充分发挥他们最大的潜力（To enable people and business through out the world realize their full potential.）"。

从推动计算机普及，到考虑软件对社会和文明发展的推动作用，正是微软公司所具有的前瞻性的经营理念带领公司发展成为了拥有现代化管理的全球跨国公司。

2. 现代化管理模式

（1）制度化

在微软高速发展阶段，企业转变以前的家长式松散管理，开始实施科学化管理方式，引入制度化管理为企业提供了强有力的制度保证。

微软的制度化管理首先体现在技术管理和人力资源管理方面。为更快、更好地将未来的技术变成现实中的软件产品，微软公司建立了完善的技术管理制度。如专门成立了"卓越工程"部门，保证公司拥有充满活力的研发机制、最有效率的开发过程及最安全可靠的软件产品。在人力资源管理方面，微软要求每个员工每年必须就自己职业生涯发展以及对未来的职业生涯设计和直接上级讨论一次。

微软实施制度化管理，提高了技术转换产品的效率，从而推动产品创新的速度和质量；员工可以最大程度地决定和构思自己的职业生涯，让那些能够帮助他们实现职业生涯规划的人了解到这些问题，同时也给上级增加了解他们想法的机会，更从容地安排、调配资源。

（2）标准化

标准化管理是微软产品品质和高市场占有率的有力保证，微软通过以下步骤实现公司标准化管理。

第一步：微软通过大量的市场调研，制订能确切反映市场需求、令顾客满意的产品标准。保证产品受到市场欢迎，获得较高的满意度，解决占领市场的问题。

第二步：建立起以产品标准为核心的有效的标准体系。为实现软件开发的高效率和高质量，微软产品的每一个细节都会遵循一些标准，或者是创立一些标准，让后人遵照执行。

第三步：把标准化向纵深推进，运用多种标准化形式支持产品开发，使微软具有适应市场变化的能力。通过标准化管理横式，微软多项产品标准成为市场公认的标准，从而给企业带去了高效益。

（3）规范化

规范化管理是企业内部管理迈向纵深的有力保障。根据相关规范化的程序来办事，这样能够保证上传下达的畅通，也能够避免很多因为职能不清而带来的工作失误。

如微软拥有规范化的"决策制定框架"，每一项重要决策都有一定的制定流程和人员角色划分：每一个决策流程的推动者作为决策的责任人；决策的审批者是对该决策有支持和认可权利的人；决策的复核者是对该决策进行核查、提出支持或反对意见的人。在整个决策流程中，虽然复核者可提出反对意见，但审批者仍拥有决策的最终决定权。这样的框架，使公司的决策流程清晰，人员责任明确，规范化的决策大大提高了决策的效率，保证了微软帝国的高效运转。

（4）网络化

作为软件企业，微软公司的产品是通过计算机来为用户提供服务，整个生产流程都离不开计算机的支持，从而形成生产、运营和管理的全程信息化。

为保证决策层对全球100多个分公司的销售业绩和经营状况的了解，保证全球战略得到有力和有效的执行，微软在管理上依托现代信息技术和网络，对公司进行了最有效的现代化管理。利用视频和网络技术，公司可以通过视频会议、网上交流的方式对全球100多家分支机构进行高效沟通和管理，可以在最短的时间内，以最快的速度对全球用户的需求、市场变化等情况作出决策和反应，大大提高了工作质量和工作效率，增强了公司的市场竞争力和收益，使庞大的软件帝国得以高效地运作。

以订货销售为例，微软产品代理商登录到微软的销售系统上来下单订货，系统会将订货信息进行整理，然后发给生产微软产品的签约工厂。代理商按期把销售状况登录到微软的销售系统中，这样微软全球的管理人员就可以及时、方便地在线了解相关的销售、订货状况，从而对公司业绩实施有效管理。通过网络制定标准的业务流程，非常容易发现销售环节中的问题出在哪里，容易作出科学的决策，分清管理人员的责任，找到技术或程序上的解决方案，提前做好准备或改变某种格局的安排，提高销售水平。

（5）人性化

微软公司无疑是这个世界上一些聪明人云集的地方，微软的人性化管理主要体现在以下方面。

一是民主。方便员工之间和上下级之间的沟通是微软公司民主化和人性化管理的一大特色。在微软公司有四通八达的电子邮件系统，每个职工都有自己的电子信箱，相互间都知道对方的代码，上至公司领导（包括董事长比尔），下到每个职工无一例外。相互间可以传递消息，讲悄悄话，甚至聊天。只要你高兴，无论在什么时间、什么地点，你都用不着秘书的安排，就可以和在任何地方的职工，包括比尔，进行联系并交谈。这种系统的使用使职工体验到一种真正的民主气氛。电子邮件系统是一种最方便、最直接、最尊重人性的迅速的沟通方式。除了职工间的相互沟通、传递信息、布置任务可以通过电子邮件外，最重要的是职工对公司最高当局提意见和建议也可以方便地使用它。

二是平等。只要是微软公司的职工，都有自己的办公室或房间，每个办公室都是相互隔开的，有独立的门和可以眺望外面的窗户，每个办公室的面积大小都差不多，即使董事长比尔的办公室也比别人大不了多少。对自己的办公室，每个人享有绝对的自主权，可以自己装饰和布置，任何人都无权干涉，至于办公室的位置也不是上面硬性安排的，而是由职工自己挑选的，如果某一办公室有多个人选择，可通过抽签决定。另外，如果你对第一次选择不满意，可以下次再选，直到满意为止。每个办公室都有可随手关闭的门，公司充分尊重每个人的隐私权。微软公司的这种做法与其他公司都不相同，它使职工们感到很有意思，而且心情舒畅。

三是放松。微软公司的办公大楼风格简约，主要的材料是玻璃和钢材。办公大楼的地面上铺着地毯，房顶上安装的顶灯散发着柔和的光，但让人奇怪的是整座办公大楼内看不到一座钟表，大家凭良心上下班，加班多少也是自报的。据职工们自己分析，公司不设钟表是针对"软件"开发行业的特点，进入工作状态后，有钟表提示，往往会打断和破坏开发设计思路，不利于产品研究开发的连续性。微软为公司职工免费提供各种饮料，除此之外，在公司内部，可用于办公的高脚凳到处可见，其目的在于方便公司职工可不拘形式地在任何地点办公。每周五晚上举行狂欢舞会是微软公司的传统，以缓解经过繁重拼搏工作后或种种矛盾形成的压力和紧张，增强企业职工的凝聚力和向心力，达到相互沟通、增进理解和友谊的目的。

四、企业现代化管理的成效

公司实施现代化管理以后，规模得到空前的发展，微软的拳头产品Windows95／98／ME／NT／2000／ME／XP／Server2003／Vista成功地占有了从PC机到商用工作站甚至服务器的广阔市场，为微软带来了丰厚的利润。微软在软件方面也是后来居上，抢占了大量的市场份额。在IT业流传着这样一句话：永远不要去做微软想做的事情。可见，微软的巨大潜力已经渗透到软件行业的方方面面，简直无孔不入。

微软软件整体份额为市场第一，其中Windows操作系统市场份额占绝对统治地位，基本在90%左右。微软不仅占据了操作系统的霸主地位，在应用软件不断攻城略地，在互联网领域也是高歌猛进，推出了极具竞争力的IE浏览器等多项产品。至此，微软实现了操作系统、应用软件、浏览器等多项效益来源。

案例分析

1.微软是现代化管理的优秀典范，公司的股东也从微软现代化管理模式得到最好的价值回报。微软在科学化管理的基础上，对信息化、网络化和人性化的不断追求，使企业的管理保持在了高水平的现代化管理阶段，也为企业争取了软件行业无与伦比的行业霸权地位。

2.良好的企业文化是留住世界顶尖人才的重要原因。正如现代化管理理论所述，与科学化管理阶段的"经济人"的假设不同，现代化管理阶段更加强调"社会人"的管理。微软提供的民主、平等和放松的企业文化，为其吸引优秀人才和留住优秀人才奠定了坚实基础。美国职业顾问兼职业说客斯蒂芬·霍普森在一封电子邮件中说："微软员工是最优秀、最聪明的，但他们不是因顺从而出名，你能想象他们在一个对衣着有着严格要求的环境下工作吗？盖茨了解他的员工并为他们提供了理想的成长环境。"

第二节　现代化管理产生的背景

尽管科学管理理论和方法在20世纪初对提高企业的劳动生产率起到了很大作用，但是随着新技术革命的迅速发展，生产能力迅速提高，国际国内市场竞争更加激烈，科学管理理论已不能彻底解决提高劳动生产率这一问题。二战后，科学技术迅猛发展，生产力迅速增长，企业的规模越来越大，生产的国际化进程加速，这一切给管理工作提出了许多新问题。科学技术，特别是运筹学、电子计算机等与管理紧密结合，使得人们对管理工作越来越重视。

与跨国经营和大型企业的产生相适应，在以美国为首的西方资本主义国家，不仅从事实际管理工作的人与管理科学家在研究管理，而且一些心理学家、社会学家、哲学家、经济学家、数学家等也纷纷加入到管理理论研究的队伍中来，先后出现了各种管理理论学派和思潮，管理理论不断丰富完善。现代管理理论产生的背景主要体现在以下几个方面。

一、战后经济的重建

现代管理理论是资本主义社会在第二次世界大战以后的政治、经济格局的重新调整过程中所形成的管理理论，这一时期的政治、经济的发展对现代管理理论有着重大影响。

经过二次世界大战，美国在战争中得到了繁荣，成为超级大国，而英国和法国沦为二等国家。二战以后主要的资本主义国家的经济发展经过了三个历史阶段：第一个阶段从二战结束到20世纪50年代初，这一时期是资本主义国家的政治调整和经济恢复发展的时期。第二个阶段从20世纪50年代中期以后到20世纪70年代初，这是发达资本主义国家经济发展的黄金时期，经济发展速度超过了历史上的任何时期。第三个阶段从1973年末爆发的世界性资本主义经济危机开始，从这时开始资本主义世界进入了经济滞胀时期，这也是对经济结构、经济政策进行重新调整的时期，这一时期对管理提出了更高的要求。

二、科学技术的迅猛发展

科学技术的发展在二次大战以后取得了巨大的突破，推动了整个世界经济的发展：蒸汽机的发明，是能源的第一次革命，将人类推进到工业文明时代；计算机的诞生、应用及发展，改变了人类生活的方方面面，使人类的生产力产生了巨大的飞跃，对管理理论也是一个巨大的推动力；新材料的不断发现和应用，给工业和生活带来了巨大的变革；人类的空间技术和生物工程的应用与发展，逐渐改变了人类的生活方式，使社会生产力得到进一步解放。

科技革命从以下三方面推动工业生产力的发展：科技革命促进了工业劳动生产率的提高；科技革命创造了工业扩大再生产的物质条件；科技革命开辟了广阔工业品的国内外市场。科技革命带动着整个世界前进，其影响是极其深远的。

三、企业结构的深刻变化

二次世界大战以后，随着科技革命成果的运用、重化工业和新型的工业部门的建立以及第三产业的发展，使得资本主义国家的生产和资本进一步集中，垄断资本的统治也和战前不一样，传统企业在经历了一系列深刻变化后转变为现代企业。

1.企业正向超大型集团企业和微型企业两极发展

企业的经营环境日益复杂、多变。消费倾向越来越个性化，企业生产已从大批量、少品种向少批量、多品种转变，企业生产必须紧紧跟上市场节奏。传统僵化的管理思想、管理模式，明显缺乏应变能力。

2.企业正从传统技术向高技术转化

这使企业至少发生三个方面变化：企业的装备高技术化；企业生产自动化程度越来越高；企业技术创新及企业创新能力的高低，成为制约企业发展的一个关键因素。脑力劳动逐步取代体力劳动，并在企业中起主导作用。而脑力劳动的特点是看不见、摸不着，其劳动强度和质量在很大程度上取决于人的自觉性和责任感。以机器为中心，把员工看作

"经济人"，只注重规章制度建立的传统管理思想，已不合时宜。

综上所述，第二次世界大战以来，由于国际形势的变化，企业也发生了很大的变化。应用什么样的管理理论来指导巨型的企业？如何进行跨国界、跨地区、跨文化的管理？企业管理如何适应当前环境和形势的发展变化？管理理论工作者和实践工作者如何把环境因素的变化融合到具体的企业管理中去？这一系列问题，对管理理论提出了新的要求。由于人们心理、行为的多样性和对客观事物认识的深度、广度不同，管理学家所采用的分析模式也是多视角的，使得管理理论出现了各种不同的观点和不同的流派，它们构成了现代管理理论的主流。

第三节　现代化管理理论的基本内涵

一、现代化管理的定义

现代化管理是指在科学化管理的基础上，将现代管理理论、科学技术、信息和网络技术，全面和系统地用于管理中，通过建立科学的、人性的、精确的管理流程再造，使管理达到制度化、标准化、规范化、信息化、网络化和人性化的要求。

在科学化管理基础上形成的现代化管理实现了物质资源和人力资源的有机整合，科学技术与管理理论的有机整合。单从一个企业内部管理来看，现代化管理是企业管理的高级阶段，实现了现代化管理的企业在组织管理、激励机制、科技应用和产出效率方面都达到了一个新的高度，实现了现代化管理，也必将实现管理的现代化。

二、现代化管理与中外管理学派的关联

从中西方各九大管理学派来看,现代化管理在思想理念方面与中国的墨家学派,西方的行为科学学派和管理文化学派存在密切关联。

墨家以"兼相爱、交相利"作为学说的基础,提倡"兼爱"思想,提出爱人若己的利益相关原则,主张关爱别人,充分考虑别人的利益,体现人文关怀,这样才能够达成共享其利的结果。人性化是现代化管理的突出特征,这与以"爱"为核心的墨家思想相得益彰,通过人本管理实现企业效益与个人效益的协调发展。

以梅奥、马斯洛、赫兹伯格、麦格雷戈为典型代表的行为科学学派,提出了不同的思想理论,如:梅奥提出了以"社会人""非正式组织"等内容为核心的人际关系学说,马斯洛提出了"需求层次理论",赫茨伯格提出了"双因素理论",麦格雷戈提出了"X-Y理论"。这些理论强调了人的社会属性的特点,为现代化管理理论强调人性化管理奠定了理论基础。

管理文化学派强调管理活动的文化特征,认为战略制定过程是集体行为的过程,建立在由组织成员共同拥有的信仰和价值观之上,企业要通过塑造统一企业文化来激发员工的积极性和创造性,充分发挥人的核心作用,使企业的职工成为一体,共同为企业创造价值,更加强化了现代化管理中对人的高度关注。

三、现代化管理的特点

在科学化管理基础上形成的现代化管理理论,与其他管理理论相比,突出了以下几方面的特点。

1.信息化

信息化是利用现代信息技术，对信息资源深入开发和广泛利用的过程，涵盖企业的各个层面和全过程，具体可以用设计数字化、制造装备数字化、生产过程数字化、管理数字化、企业数字化来进行概括。信息化过程也是管理阶段不断创新的过程，它带来生产经营过程的集成化、数字化、智能化、电子化，使传统的企业组织结构、业务流程和营销方式发生根本性变革，并促进生产力进步，改变经济增长模式，提高生产效率和现代化管理水平。管理创新是实现企业信息化的基础，企业信息化是提高管理水平的重要措施，是实现管理阶段创新的有效途径和重要内容，两者相辅相成，互为促进。信息化是企业在信息社会的一种必然选择和管理模式。信息化大大加快了企业内部信息的传递速度，提高了企业内部整体对外部市场变化反应的灵敏度和对内部日常事务的处理能力。信息化是引导企业向高效率、高敏捷性、现代化方向发展，是推进现代企业制度建立，从根本上提升企业整体管理水平和核心竞争力，实现管理水平的跨越式发展的重要手段。

2.网络化

网络化的发展，为企业带来了新的机会，改变了企业的管理方式，企业进入了依靠网络求生存、求发展的管理新时代。网络化管理是指通过先进的现代化设备将原本分散开来的单体通过技术手段组建成一个网络来进行管理的一种管理模式。网络化管理是现代管理的重要特征之一。网络化管理克服了非网络化管理时可能产生的信息延时传递、搁置或者丢失等现象，使管理者能在最短的时间内作出判断、决策，对信息的处理能力大大增强。网络化使企业对市场反应迅速、敏感，变化快，自我调整能力强。可以不断改进产品，发明新产品，最大限度地满足客户需求。网络化提高了信息的利用率，实现信息、数据的共享，使决策者随时可以了解企业的整体状况，总揽全局，提高预测、决策的正确性。网络化可以辅助管理者对信息进行有效的分析、判断和筛选，为管理者作出科学、合理的决策提供必要的依据。网络化企业通过设计数据存储工具，对大量数据进行捕捉和开发，按有益的方式对复杂的数据进行分析，帮助其进行更好的决策。网络化企业具有较大的灵活性，它可以是不同企业核心竞争力的动态组合，通过这种组合使企业具有很强的竞争能力，以适应快速变化的市场。另一个特点是自动化控制、自动化管理。通过系统的建立和使用，促进网络化企业自动化的进程。

3.人性化

从20世纪20年代美国推行科学管理的实践来看，泰勒制在使生产率大幅度提高的同时，也使工人的劳动变得异常紧张、单调和劳累，因而引起了工人的强烈不满，并导致工人的怠工、罢工等事件的出现，劳资关系日益紧张。随着经济的发展和科学的进步，有着较高文化水平和技术水平的工人逐渐占据了主导地位，体力劳动也逐渐让位于脑力劳动，也使得西方的资产阶级感到单纯用古典管理理论和方法已不能有效控制前台工人以达到提高生产率及利润的目的。现代管理突出表现为以人为核心，高度关注人的解放，人的发展的重要性和地位得到进一步巩固和提高。人性化管理的核心思想，即尊重人、理解人、信任人、帮助人、培养人，给人更大的发展空间，给人更多的关爱，从而提高企业的凝聚力、向心力和员工的归属感，使员工与企业有着相同的目标和价值取向，激发优秀人才的创新意识和创造能力，实现企业功利目标和人文目标及社会责任的有机统一。

综上，现代化管理是对科学化管理在新时期的继承和发展，突出特点是"六化"：即制度化、标准化、规范化、信息化、网络化、人性化。

四、现代化管理的局限性

在具体理论的发展中,现代化管理理论还存在一定的局限性。

(1)现代化管理不能充分满足公司全球资源的最经济配置。随着劳务分工的日益精细化,世界各国的企业由于受自身资源、文化传统等因素的影响,企业在某一方面可能更具有相对优势,因此,部分企业就有可能率先专注于产品某一个环节,尤其是核心环节的研发和投入,使其在该环节保持其他公司无法比拟的技术或品牌优势,而组成产品的其他部件或要素则选择较信任的伙伴去生产。现代化管理从企业内部管理来看,已经达到了较高的阶段,但是在利用外部资源、保持企业核心竞争力方面显得优势不足,存在管理视角不够开阔等弊端。

(2)企业管理突破地域和空间限制的需求日益增强,对现代化管理模式提出了新的挑战。随着技术的发展,尤其是宽带技术的应用,以及跨国公司不断出现,企业需要在全球配置资源以求获取最大利润,占领最大市场,并实现资源的最优和最经济配置,这就要求企业管理人员对企业的管理要突破地域和空间的限制,充分利用网络宽带以及视频技术实现对企业经营信息的把握,企业管理更加注重全球化的管理要求,现代化管理阶段尚不能完全满足这一要求。

(3)现代化管理不能满足企业管理智能化的需求。与科学化管理相比,现代化管理更加重视人的社会人属性,更加强调管理的人性化,但企业管理过度对人的信赖不仅增加了管理难度,也增加了管理成本和管理风险。在知识经济时代,对日益增加的信息流,如何高效分析并加以取舍以协助决策成为高效管理的必然要求,因此,用智能化的机器设备替代自然人将越来越多地用在企业管理中,这也需要企业管理不断升级以适应这一变化。

(4)现代化管理在企业组织架构方面仍然为传统的企业管理模式。

尽管现代化管理已达到较高级的管理阶段，但基于传统的纵向管理的组织架构并没有完全被打破，企业组织架构扁平化程度有限，企业管理主要为纵向管理，主要依靠不同层级的命令控制进行生产和组织，随着企业竞争的加剧，企业由纵向管理向横向管理发展已成为必然，这就要求企业的管理阶段不断向更高层级演进。

（5）企业由竞争到合作经营理念的转变要求企业不断提升其管理阶段。竞争曾经被视为企业存在的主要方式，然而随着外部竞争的日趋激烈，处于更高管理阶段的企业总在寻找属于自身最为核心的竞争能力，为了达到自身对最核心竞争能力的绝对把握，企业不得不专注于产品的某一个方面，于是对其他伙伴的需求明显增加，与其他伙伴的合作成为其获得最终产品并获取利润的重要途径，企业间的关系由竞争变为合作共赢，这一经营方式的转变也需要企业从现代化管理阶段向更高阶段转化。

第四节　管理阶段的递进

在科学化管理基础上，将科学技术、信息技术以及网络化和人性化应用于管理之中，而形成的现代化管理理论大大提升了企业管理水平，尤其是信息化和网络化的应用大大加快了企业内部信息的传递速度，提高了企业对外部市场变化的灵敏度和反应能力，使管理者短时间内判断和决策能力大大提高，最大程度满足客户需求。此外，现代化管理突出了以人为核心的管理理念，增强了员工的归属感，使员工与企业有着相同的目标和价值取向，激发了员工的工作积极性和创造力，实现了企业功利目标和人文目标的有机统一。可以说，现代化管理在企业管理中达到了很高的水平，目前全球也只有部分企业能够达到现代化管理的要求。

随着经济全球化和经济一体化进程的加快，企业间的竞争已经不再局限于某一国家、某一行业，而是面向全世界、面向全球，企业的组织形态、组织结构、工作流程及合作关系都将发生新的改变，企业管理的组织形态由固定结构形态向以项目为导向的形态转变，组织结构由金字塔式结构向扁平化结构转变，工作流程由接力棒式向交互合作式转变，企业之间的关系也由竞争转变为合作共赢。这就要求，基于现代的信息技术、网络技术、通讯技术等普遍应用的新的管理模式的出现，而且这种管理模式要突破物理空间和地域空间的限制，能够适应在全球配置资源，实现企业经济效益的最大化和资源利用最经济，因此，借助现代科学实现对企业的虚拟化管理的需求日益迫切，这就要求管理上升到一个新的阶段：虚拟化管理阶段。

第七章
虚拟化管理

第一节　虚拟化管理实践案例

案例7-1　　　索尼公司的虚拟管理

索尼公司自从成立那天起,就认识到它的制造能力并不是最好的,并把其核心竞争优势定为产品设计和全球的市场与销售能力。因此,它开始外包制造业务,同供货商建立了长期的业务外包关系,并要求供货商保证产品满足索尼的标准,而索尼公司集中其优势力量,集中精力从事产品设计和提高全球市场的销售能力,实现了公司业绩的快速增长,并成为世界500强企业之一。

案例分析

集中优势做最具竞争优势的事,是索尼公司应对激烈市场竞争的重要法宝。在实现这个目标过程中,索尼公司通过虚拟化管理模式,将不具备竞争优势的外包给供货商,自身专注于产品设计,从而更好地为打开全球市场提供了必要的资源支撑,并最终实现了管理虚拟化、销售全球化。

案例7-2　　　耐克公司的虚拟化管理

作为世界驰名的体育用品制造商,耐克公司在美国俄勒冈州的总部里没有一台生产设备,看不见一双鞋,却缔造了一个遍及全球的运动帝国。分析耐克成功的奥秘，其经营管理模式采用了较高管理层次的虚拟化管理。

一、耐克发展历程

1972年，耐克公司正式成立。其前身是由现任耐克总裁菲尔·耐特以及比尔·鲍尔曼教练于1964年投资成立的蓝带体育公司。1974年，推出The Wafile Trainel，成为美国最畅销的练习鞋。1978年，耐克国际公司正式成立，耐克鞋开始进入加拿大、澳大利亚、欧洲和南美等海外市场。1980年，耐克公司在美国纽约证券交易所以每股11美元的价格发行了价值2400万美元的股票。1990年，耐克在波特兰市西面的华盛顿郡开设世界总部。

1996年，耐克全球总销售额达到90亿美元，成为世界第一大运动产品制造商。1998年，耐克全球总销售额91.4亿美元，以第490位步入"世界500强"，远远将阿迪达斯、彪马、锐步抛在身后。2003年，耐克国际产品销量首次超出美国本土销量，见证耐克持续发展成为世界跨国公司。2009年，美国福布斯杂志公布了全球体育价值排行榜，在最具商业价值的体育品牌中，耐克以107亿美元的品牌价值居于榜首。

二、耐克发展现状

耐克公司生产的体育用品主要有服装、鞋类和运动器材等等，员工总数达到23000人，全球代工企业总数618家，与公司合作的供应商、托运商、零售商以及其他服务人员接近100万人。

三、耐克的管理模式

耐克公司只有一个很小的耐克鞋气垫系统制造单位。在短短十年内，从一家默默无闻的小公司一跃成为闻名世界的美国最大鞋业公司，其成功的关键在于实行虚拟化管理。

1.耐克的虚拟生产

耐克坚持"只设计不生产"的原则，集中本部的资源，专攻附加值最高的设计和营销，把设计好的样品与图纸交给劳动力成本较低的新兴国家的生产厂家。耐克让代工企业严格按图纸式样进行生产，验收合格后，贴上耐克的商标，赋予耐克品牌，通过耐克公司的营销网络将产品在世界范围内销售。

"虚拟生产"模式，使耐克集中精力关注产品设计和市场营销等方面的问题，及时收集市场信息，将它反映在产品设计上，然后快速由世界各地的代工企业生产出来满足市场需求。通过这种经营方式，耐克不必投资建设生产场地，不装配生产线，为公司节约了大量的人工费用、生产基建投资、设备购置费用和管理费用。同时又最大程度地发挥了其他生产能力强的厂家的能力，为其所用，充分体现了"虚拟生产"模式的优势。

2. 耐克公司的虚拟销售渠道

耐克公司善于用最大的组织来实现最大的权能，在营销网络方面，耐克建立了四层销售渠道：第一层核心营销渠道（如耐克城）是自己建立的，有自有的销售队伍；第二层主体营销渠道，主要是大的经销商、指定的专营店面等；第三层扩展营销渠道，主要是指代理商、次级经销商等；第四层外围营销渠道，主要是指特约营销人员和遍布各处的销售点等。耐克利用自身的综合能力（品牌、实力、商誉、管理经验等）确立了渠道领导权，从而实现了销售渠道的虚拟化。

以运动鞋为例，一双耐克鞋，生产者只能获得几美分的收益，耐克公司凭其在全球的销售，能获得几十甚至上百美元的利润。

3. 网络化管理

耐克公司的核心层由研发人员和市场专家组成。凭借在仿生机械学、运动生理学、工程学和工业设计学方面配备的专家，发展一流的信息系统、物流系统和供应链管理。随着企业的全球化发展，其供应链开始细分。耐克公司依托信息网络技术，将虚拟生产和虚拟销售网络中的所有企业活动联系起来，加快了对市场需求变化的反应。并将技术、资本和劳动进行最低成本的组合，从而在全球建立了网络化的耐克帝国。

4. 跨文化管理

虚拟化生产和销售决定了耐克公司无法实施单一文化管理，为避免文化冲突影响其全球化战略，耐克公司在制定营销战略和策略时，十分重视各国的文化背景和民族习惯。如在美洲，耐克采用青少年崇拜的偶像如迈克·乔丹等品牌形象进行传播，不仅使其品牌知名度迅速提升，而且还能建立一种高度认同感的品牌资产价值。而在欧洲，由于欧洲人出于本能偏爱欧洲产品，德国阿迪达斯成为其最大竞争对手。此外，一些欧洲人也难以接受耐克运动鞋的昂贵价格。耐克公司针对欧洲人的消费心理，制定了相应的销售策略，比如法国青年好标榜，耐克在鞋上贴上价格标签，满足其身份表现欲。

四、企业虚拟化管理的成效

耐克公司实施虚拟化管理，只用了短短几十年的时间便成为"新创建的最成功的消费品公司"，进而完成"世界运动鞋的领头羊"的华丽转变。2010财年，耐克公司总收入达到190亿美元，实现净利润约15亿美元。随着耐克品牌知名度的扩大，其采用的虚拟生产组织模式闻名遐迩。目前耐克运动产品整体市场份额第一，在美国本土市场份额达33%以上。

案例分析

1. 耐克是虚拟化管理的典范。耐克公司的虚拟生产、虚拟销售、虚拟组织以及战略联盟都堪称虚拟化管理的典范。耐克公司的管理者们只是集中本部的资源，专攻附加值最高的设计和行销，他们来往于世界各地，把设计好的样品与图纸交给劳动力成本较低的新兴国家，最后验收产品，贴上耐克的商标在世界范围内销售，是典型的虚拟化管理模式。

2.由于公司在生产上的虚拟化，避免了很多生产环节的管理，使本部人员相当精简又充满活力。这样，公司就有更多的精力关注产品设计和市场销售方面的问题。正是基于这种虚拟化管理模式，耐克能够及时收集市场信息，反映在产品设计和市场规划上，然后快速由世界各地的签约厂商生产出产品，以此保持了极高的市场竞争力。

案例7-3　　　　太空领域的宇宙化管理探索

随着社会信息科技的迅猛发展，人类在管理方面已经超出地球范围，进入太空领域。这个终极前沿曾经是超级大国军工企业专有的领地，一度上演全球高度关注的太空"冷战"。但近年来卫星行业的迅速崛起，对太空领域的探索已经逐步全球化，各个国家对太空的宇宙化管理的目标也从理想照进现实，衍生出越来越重要的发展机遇。

美国的Planet企业

以美国为代表，美国国家航空航天局（NASA）设立了太空科学发展中心，鼓励公立机构和商业企业把国际空间站作为创新平台，争夺"太空经济"发展制高点。

一家利用这种机遇的公司是美国初创企业Planet，该公司将大量小型卫星送上太空，这些卫星的摄像头可提供近乎连续不断的地球图片，帮助环保主义者监测毁林情况，或者帮助基金经理跟踪农作物产量。Planet联合创始人罗比·申格勒表示："全球传感革命已达到我们可以获取实时图像数据的程度。"

中国的太空探索

在太空管理的探索方面，中国也在不断进步。继天宫二号与神舟十一号载人飞行任务圆满成功后，2016年12月11日，中国风云四号气象卫星成功发射，作为中国新一代静止轨道气象卫星的首发星，大幅

第七章 虚拟化管理 | 135

> 提高天气预报和气候预测能力。风云四号也被称作世界最先进水平的卫星。
>
> 2017年2月27日，国防科工局、中国气象局联合发布了中国新一代静止轨道气象卫星风云四号获取的首批图像与数据。此次发布的风云四号卫星首批影像图和数据主要包括：多通道扫描成像辐射计获取的图像，干涉式大气垂直探测仪获取的大气红外辐射光谱，闪电成像仪获取的闪电分布和强度信息，空间环境监测仪获取的空间效应及粒子探测信息。经过对首批获取的图像和数据初步分析，图像层次分明，云层和地表纹理丰富，风云四号卫星的主要探测功能得到全面验证，综合探测能力达到国际领先水平。
>
> 本次发布的数据中还包括风云四号卫星获取的全球首批静止轨道闪电探测影像：2017年2月13日对澳大利亚西部Swan Valley地区发生强雷暴，风云四号记录了产生—发展—结束全过程中的闪电发生情况，全过程持续约6小时。这填补了中国空基闪电探测方面的空白。风云四号闪电成像仪是全球同步研制的三台地球静止轨道闪电成像仪之一，也是首台对外公布观测数据的探测仪。

案例分析

1.美国初创企业Planet是今后虚拟化管理的趋势。该公司将大量小型卫星送上太空，通过运用卫星传感技术，获取地球上的实时图像数据，从而彻底打破了时间和空间的限制，实现了全球化、宇宙化的虚拟运营管理。

2.我国天宫二号与神舟十一号载人飞行任务的圆满成功，为我国后续空间站建造运营奠定了更加坚实的基础，标志着我国在依托太空研究实现宇宙化管理的路上迈出了关键的一步。风云四号的成功发射，则为中国在太空管理探索方面"百尺竿头、更进一步"提供了更为有利的实践探索。

第二节 虚拟化管理产生的背景

当今网络世界是一个包容多种文化的世界，它打破了时空的距离，提供了一个没有种族歧视或偏见的另类空间，改变了人类生活和交流方式，从而产生了许多新文化、新思想、新概念。网络使权力的概念在企业中逐步淡漠，人们将会彼此尊重对方在各自专业领域的专业或权力，以团队合作、组织虚拟化的方式来克服传统的权力阶级式的障碍，于是一个全新的管理概念便诞生了——企业"虚拟管理"。

虚拟管理（Virtual Management）是网络时代的需求，它是指公司的成员分布于不同地点时的管理，同时也指团队成员并不一定由单一公司成员组成。它的理想状态是跨越时间、空间和组织边界的实时沟通和合作，以达到资源的合理配置和效益的最大化。

首先，全球经济一体化趋势的形成，推动了资金、技术、信息、人才、产品的全球性流通，从而一方面使企业面对的市场迅速扩大，另一方面使企业间竞争强度急速攀高。面对活力和压力并存的市场，许多企业由于走不出资源稀缺的必然性局限，它们的处境往往是或有市场规模却遭遇技术障碍，或有项目前景但陷入资金瓶颈，或有技术水准却不具销售张力，等等。市场需求要求企业必须具有简单灵活、反应快速、高效输出、柔性高强等素质，企业必须找到一条快速"自我增强"以应对市场变化的新生路。虚拟管理这种以借助外部资源为特征的经营模式，就是顺应这一时代需要而产生的。

其次，信息技术高度发展为虚拟经营管理模式的运用提供了实现条件。虚拟组织是伴随着信息和通讯技术的发展以及企业经营环境的相应变化而兴起和发展的。因为信息和通讯技术为团队成员之间进行快速、便捷的沟通提供了技术支撑，尤其是自20世纪90年代以来，计算机网络技术的蓬勃发展更是为虚拟团队这种新型组织的快速发展提供了技术平台，从而大大提高了虚拟团队成员之间的合作效率。另一方面，它也引起了生产方式、组织形式和管理模式的变革，从而使组织结构和组织行为必须发生相应的变革，这在客观上要求虚拟组织这种新型组织快速发展以适应这一要求。

计算机网络技术之所以能够对个人、团队和整个社会产生深远的影响，主要是因为网络具有三个特点：一是相对打破了人们沟通上的时间和空间障碍，有助于来自不同职能、不同部门、不同地域范围的知识工人进行有效的协调和沟通；二是网络世界是一个"比特"世界，通过网络传送的信息都是经过数字化、编码化的，可以做到无成本或低成本复制，而完全满足用户的需要；三是最大限度地改善信息不对称状态，极大地提高社会资源的配置效率，有利于实现帕累托改进。这些特点使得虚拟组织跨越时间、空间或组织边界的合作成为可能，充分发挥虚拟组织的成本优势，并大大提高虚拟团队的沟通效率和效果。由此可见，先进的信息和通讯技术不仅为虚拟组织的兴起和发展奠定了技术基础，而且会进一步促进虚拟组织的快速发展。

第三，全球竞争的激烈性促使虚拟组织产生。全球化必然导致市场竞争的日趋激烈，这是毫无疑问的。普及的、廉价的信息网络使企业成为没有国界的组织，不论是实力雄厚的大型国际企业还是中小型企业，都面临直接的国际竞争。更多更强大的竞争对手将以更直接的方式跃上国际经济舞台。这样，即使是没有走出国门的企业，在制定生产经营战略时也不得不将外国企业的竞争力量考虑在内。随着全球化程度的日益加深，商业竞争进一步白热化，企业要做到如杰克·韦尔奇所说，"确保组织在未来取得成功的关键在于有合适的人去解决最重要的业务问题，无论他处在企业的哪个等级和组织的任何职位，也无论他处在世界上的任何角落"，那么组建聚散自如的项目虚拟团队就成为一种必然的选择。

美国著名的社会学家约翰·纳斯比特在《大趋势——改变我们生活的十个新方向》一书中指出："从一国经济走向世界经济成为当今人类发展的主导方向之一，各国合作生产已经成为新的全球模式，'全球相互信赖'的经济格局已经形成，一个国家可以关起门来发展经济，或者左右世界经济的局面已经结束。经济全球化不仅仅是一个趋势，而且已经活生生地摆在了我们每个人面前。"全球化的主要标志是：全球性的客户、全球性的公司、全球性的工作，以及知识作为全球性的产品。随着全球化程度的日益加深，必然导致竞争的激烈性、环境的复杂性和组织的开放性，为了应对环境的快速变化，就要求出现虚拟组织这种新兴的组织形态。虚拟组织的出现，不仅提高了组织的局部效率，而且从根本上改变了组织的构造和动作方式，提高了组织的整体运作效率。虚拟组织形式能够满足全球化、组织间协作以及有效配置资源的需求。

第三节　虚拟化管理的基本内涵

一、虚拟化管理的定义

虚拟化管理是指在管理中利用现代通讯技术、网络技术、视频技术和信息技术等超越物理空间限制的技术，对分布在不同地理位置的被管理者，通过计算机、网络、视频进行相对独立的、远程的、实时的管理，达到虚拟化、全球化、宇宙化的管理要求，最终实现跨越时间、空间和组织边界的管理。

虚拟化管理的产生并非偶然，其产生和发展是为了应对经济全球化的需要，同时，先进的信息和通讯技术为这种新型组织形态的兴起和发展奠定了技术基础，虚拟化管理能够满足全球企业组织间协作及有效配置资源的需求，虚拟化管理将成为企业参与全球竞争的必须经历的管理阶段。

二、虚拟化管理与中外管理学派的关联

作为一种全新的管理概念，虚拟化管理的思想理论渊源可以追溯到几千年前中国的道家学派，以及一百多年前西方的决策理论学派。

道家认为天道无为，主张道法自然，顺其自然，讲究处事中庸，避免偏激行为。"无为"就是顺应客观规律，尊重客观事物的存在，无为而无不为，上无为而下有为。其所倡导的"无为而治"的无形管理，其实是虚拟化管理的一种表现形式。虚拟化管理通过虚拟化组织和管理形式实现跨越时空和组织边界的管理。这是对"道法自然""无形胜有形""无为而治"的深刻诠释，是对以"中"为核心、尊重客观规律、"自然即宇宙""无为胜有为"的道家思想的传承与创新。

决策理论学派是运用电子计算机和统筹学的方法而发展起来的一种理论，认为决策贯穿管理的全过程，决策是管理的核心，强调加强计算机企业管理特别是高层管理及组织结构中的应用。由于虚拟组织内部的成员大都是掌握着不具有可比性和替代性的知识技术工作者，要高效完成目标任务必须有统一的决策和领导。决策理论学派提出了决策过程和群体决策的观点，为虚拟组织实行决策权和领导权的共享奠定了理论基础。同时，决策理论学派对技术应用的重视，也为虚拟化管理提供了技术保障。

三、虚拟化管理的特点

1.实现了功能与部门之间的分离

在虚拟管理模式中，核心功能与部门是分离的。所谓核心功能，

包括该企业拥有的专利、品牌、商标和专有技术等属于公司最主要的有形或无形资产。虚拟管理模式突破了传统企业的有形的界限，虽然表面上有着生产、营销、设计、财务等功能，但企业内部却没有执行这些功能的组织。在企业资源有限的情况下，为取得竞争中的优势地位，企业只掌握核心功能，即把企业知识和技术依赖性强的高增值部门掌握在自己手里，而把其他低增值部门虚拟化，借助外部力量进行组合，其目的就是在竞争中最大效率地利用企业资源。如耐克、可口可乐等企业就是这样经营的，它们没有自己的工厂，通过把一些劳动密集型的部门虚拟化，把它们转移到许多劳动成本低的国家进行生产，企业只保留核心的品牌。对于虚拟企业来说，企业内部与外部的划分已经不那么明显，对于企业内部各个组成团体来说，拥有很大的相对自由度和独立性，它们之间既可以自由组合，也可以自由拆分。虚拟企业强调的是横向管理，它打破了传统企业金字塔式的纵向管理模式，实现了功能与部门之间的分离。

2.企业由纵向管理转向横向管理

随着计算机技术的普及应用，传统的中层经理的监督和协调功能已经被计算机网络所取代，处于公司管理层的最顶部和最底部的人员可以通过计算机网络实现沟通和联络，因而公司的组织结构趋于扁平化的发展趋势，传统的纵向管理正逐渐被横向管理所取代。纵向模式和横向模式的划分依据在于：纵向模式是指从价值产生到价值确认的过程中插入许多中间环节的模式；而横向模式则是价值产生与价值确认直接对应的模式。

3.管理模式中信息流支配物质流，而传统企业相反

牛津大学教授迈天在其第100部作品《虚拟企业——新经营革命》中指出："资本主义的传统生产要素被描绘成资本、劳动力和土地等自然资源。在今天，最重要的生产资源却不是这些，而是无所不在的知识和信息。知识和信息通过对传统生产要素的整合和改造,对公司的发展创造了新的价值。"

要想使虚拟管理在项目操作上成为可能,必须把这种企业管理模式建立在信息技术进步的基础上,虚拟管理采用发达的信息技术,使企业的信息流动支配企业的物质流动成为可能,而各种各样的工业技术则很难解决企业间扩大联系和合作成本过高的问题,信息技术支撑的虚拟企业利用大量先进的网络应用程序来扩大其虚拟销售市场,使企业的交易成本大大减少。目前,随着互联网络的迅猛发展和普及,开始出现从事网络服务的通信厂商,它们使虚拟企业能够利用公共网络资源实现便捷的信息交流,从而正确地指导生产和销售。

4. 虚拟管理从命令控制到集中协调

严格的等级制具有一种命令—控制结构,下层的工人和技术人员要想进行创造性的工作,必须争得主管的许可。在很多情况下,公司经理层做出决策,下属只能遵照执行,人为因素的制约导致了许多具有创新性质的建议被忽略了,公司的命运往往仅仅决定于经理人员对市场的主观判断。知识经济时代新企业模式的基础应该是对川流不息的信息的处理能力。视讯系统、电子商务、互联网等技术手段的进步,使得人们之间、组织之间的沟通变得简单、有效;企业之间在以顾客为中心的基础上结成联盟、伙伴关系,也可以进行坦诚和富有成效的对话,针对风云变幻的市场需求互通有无,紧紧抓住市场的契机,实现企业经营中的双赢(Win—Win)。

5. 管理手段更加强调虚拟化管理

随着现代通信与信息技术、计算机网络技术、行业技术的发展,企业管理将超越时间和空间上的限制,实现管理的虚拟化。一方面是借助先进设备,帮助人们从烦琐的工作中解脱出来,实现人力资本的节省,同时大大提高管理效率。二是借助先进设备,实现管理的精细化。通过先进设备，使人们与网络之间的交互更加频繁，联系更加紧密，应用也更为个性化，特别是通过智能化管理模块，促使管理效率不断提升。如通过智能化操作维护、智能化资源配置、智能化专家分析系统、智能化指挥调度、智能化市场服务实现对企业的集中高效管理。三是通过先进设备，实现业务融合，高效管理。有效的智能管理将使企业的运营、安全和管理更加顺畅，业务流程设计更加合理，管理质量不断提高。

6. 管理空间将向全球化和宇宙化转变

虚拟化管理突破了传统的时间和空间的概念。借助于现代科学技术的发展，信息和交通大大缩短了时空的距离，从而使得虚拟化管理可以不受时间和地点的限制，呈现出超越时空、涵盖宇宙、随需定制、脑体分离的发展态势。通过虚拟管理，一方面可实现企业经营组织实体的虚拟化，另一方面可实现经营实体和对企业管理控制的"大脑"的物理距离分离，即实现企业管理的"脑"和"体"分离，达到对企业虚拟管理的目标。可以毫不夸张地说，随着人类社会的进步与发展，人类的活动范围将极大地扩大，虚拟化管理的宇宙化特征将更加明显。

综上，虚拟化管理是对现代化管理的进一步完善，突出特点是"九化"，即制度化、标准化、规范化、信息化、网络化、人性化、虚拟化、全球化、宇宙化。

四、虚拟化管理的局限性

在看到虚拟化管理优势的同时，也必须看到，虚拟化管理同样存在其局限性。

（1）对组织内核心技术和核心成员的过分依赖。对一个虚拟组织而言，组织内核心企业和核心技术是虚拟组织赖以生存并保持核心竞争力的关键，由于核心技术和核心成员的存在，组织内其他技术和其他成员都是围绕其展开，一旦虚拟组织内核心成员或核心技术缺失，必然导致整体虚拟组织的失败，而核心成员或核心技术的缺失也并非组织内其他成员所能左右，核心成员或技术的缺失对组织内其他成员同样存在系统风险。

（2）选择信任战略伙伴的风险。虚拟组织最大的特点就是依据信任的战略伙伴，由竞争转向合作，各自发挥自身的优势，依据共同的目标和工作意愿进行组织生产，如果当时选择的信任战略伙伴发生意外，就有可能导致整个虚拟组织的失败。

（3）信息沟通渠道风险。虚拟化管理对现代科学技术的依赖性很强，特别是计算机网络、信息管理等技术的发展和变化直接影响虚拟化管理的效果。科学技术是一把双刃剑，可以给人类带来发展的动力也可能带来灾难。对科学技术的依赖导致虚拟化管理在某些方面会显得十分脆弱，例如计算机病毒的攻击、通讯网络的中断等等，这些因素都会导致信息沟通渠道风险的增加。

第四节　管理阶段的递进

虚拟化管理突破了时间和空间的限制，使企业的管理水平达到前所未有的高度，虚拟化管理对管理制度、信息技术、企业组织结构等都提出了很高的要求，是企业利用全球资源，进行结构升级，赚取超额利润的重要途径。特别是对智能化的广泛应用，将会使更多的人解放出来，从事更高附加值的研究和创新探索。虚拟化管理突破宇宙时空限制，可以随时随地经营管理和指导企业发展，也实现了管理人员在更高层级和更广视角审视企业发展，制订发展战略，虚拟化管理是企业管理的极高管理阶段。

然而，科技发展无极限。在未来年代，在社会、政治、经济、文化、科学技术等多种因素的作用下，人类不断开拓和探寻新的管理理论和管理手段，力图突破"红海"的局限，寻找发展的"蓝海"，创新是企业寻求"蓝海"的唯一途径，因此，管理创新成为人类管理理论和实践发展的必然选择。

第八章
创新管理

第一节 创新管理实践案例

案例8-1　　IBM公司的管理创新

IBM目前是全球最大的信息技术和业务解决方案公司,拥有全球雇员30多万人,业务遍及160多个国家和地区,排2016年全球100大最有价值品牌第6名。但在20世纪90年代后期,其增长速度惊人的锐减表现出其已经无法跟上行业的步伐。1993年,郭士纳接手IBM后引领蓝色巨人起死回生。然而,随着新世纪临近,投资者纷纷怀疑在经历了多年精简与成本压缩之后的IBM是否失去了增长的雄风。即使改革后的公司变得灵活高效,但似乎也失去了许多令人兴奋的机会——从生命科学计算至开放源软件爆炸式增长,至携带移动式电子设备的大量涌现,这些都使IBM与巨大财富失之交臂。

在郭士纳任期的前六年,IBM申请了许多项专利(12773件),远远多于其他公司,但其仍一如既往地未将技术威力转变为新的商业利润增长点。当IBM为其实验室发明的关系数据库等成为行业标准而雀跃时,思科(Cisco)和甲骨文(Oracle)等更灵活的公司也抓住了这些技术变革并转化为高额的商业利润。IBM似乎并不在意培育新商务,而是在20世纪90年代末花了巨额资金收购自己的股票。随着1999~2000年科技浪潮达到顶峰,IBM的增长引擎接近了停滞——营业收入增长只有微不足道的1%。

为了使IBM重回增长道路，麦肯锡首席咨询顾问团队开始寻找问题的根源并寻求解决途径。接下去的三个月里，这一任务要求12位高级领导者共同寻求IBM增长问题的根源。通过访问那些走厄运的新商业风险投资部门的员工，观察者们期待发现是否是IBM的管理流程侵蚀了增长的成效。对于IBM来说，这一探究过程是大范围而又彻底的。所有人都注定得出这样一个结论：为了更好地开发新商务，IBM必须彻底地革新其管理流程与价值观。

在接下去的几年里，为了培育"新型的商务机会"（EBO），IBM形成了新的商务管理流程。这一计划始于2000年，即EBO计划，其快速发展成为一个发现寻找机会、雇用人员、财政支持、跟踪商务等完整的系统。在这一项目的头5年，IBM开展了25项新商务，其中有3个项目夭折，其余的22个项目到2005年底获得了150亿美元的回报。通过EBO计划，IBM开拓了成熟的信息工具帮助生命科学用户进行药物研发；利用IBM软件与技术发挥无线上网技术，将此用于手提电脑存储各种信息或用于家用电器。更多地，EBO计划重新平衡了公司的管理流程。现在，IBM的管理者将这些新商务创造视为重要的运营部分。

所有这些都需要持续的管理创新，郭士纳的团队最终认识到了问题的根源，EBO计划的有效执行正是基于对这些管理问题的深刻理解之上的。同样重要的，这也说明IBM的增长方式已经开始改变公司的管理DNA。最为明显的证据就是即使关键领导人物更换，但EBO计划依旧照常运行。除此之外，许多IBM的部门开始孕育自己内部类似于EBO的计划。IBM中所有的经理们都开始信奉EBO计划的理念，EBO经理与团队成员人数迅速增长，这些增长开始深深影响到IBM整个文化的变革，增长现在成为各种计划会议谈论的主题。

案例分析

IBM中EBO计划传奇般的故事给予那些有志于管理创新的领导者们很多学习的素材。

经验1：处理系统问题，你必须理解问题的根源

如果没有深刻理解想要解决问题的根源，你就无法建立与IBM的EBO系统那样成熟与成功的管理流程。回想一下早期为了确认有机增长问题系统性的障碍所在，他们所付出的努力——3个月时间的调查，研究了多于20个夭折的增长项目计划。没有这一辩证式的探究，哈兰德（IBM负责EBO的高级执行副总裁）的团队可能采取一些短期的弥补措施，而不是开发一个全新的更具有深远意义的管理流程。你必须竭尽全力去诊断你的问题。

经验2：扩大总比补充来得容易

哈兰德并没有试图完全废除IBM已有的管理流程。他认识到每个流程都有优缺点。因此，他构建了一个全新的管理流程，能与旧的体制融合并能平衡IBM管理文化的短期偏见。其目标就在于提升IBM处理复杂矛盾的能力——如何关注当前的业务又同时把握明日商机。这正是众多公司想要掌握的平衡。要实现这个目标必须创造一个驱动管理者行为的新的激励方案。这并不是要放弃旧的管理流程，而是用新的流程来对其进行补充，使经理们更富有探索性，更能在新旧业务中找到平衡。

经验3：设立变革性的目标，但采取渐进的步骤

形成一个全新的商务流程，比如IBM的EBO，并不是一蹴而就的。相反，这是经过反复的试错过程才最终形成的。当你想彻底改变一个大公司的本质，你必定会遇到很多的挫折。然而失败是成功之母，每一次的失败都让你积累更多的知识来重新思考你的方法。这也就是EBO所经历的。就是阿德金所承认的，"EBO对于IBM来说并非一个自然或是寻常的过程"。每当哈兰德遇到一个难题，他和他的团队总是试图寻找新

的解决方法。

经验4：评估非常重要

与其他创新形式一样，管理创新的目标也是为了提升商业实力。因此，开发一个清晰的评估标准来评判管理创新所带来的影响十分重要。在IBM，重要的指标包括EBO项目的数量，早期设计成功的数量，投资的水平，产品开发的速度和最终的利润收入。如果你无法了解管理创新给你带来的好处，无法用此来说服首席财务官或投资者，那么你获得的支持将越来越少。

经验5：创新管理需要毅力

改变公司管理的基因需要时间的考验。即使在今天，项目开展了多年之后，IBM依然常常重新定义EBO过程。对于类似于通用电气、宝洁、IBM等全球著名公司，他们成为管理创新的领袖都是在那些视创新为永恒主题的首席执行官的带领下逐渐发展起来的，而那些只关注下一季度利润报表的领导者永远无法实现这一变革。然而一些经理们发起的管理变革只坚持几天或是几个月，那都是远远不够的。

案例8-2　　微软公司的管理创新

人脑与电脑，看上去是很简单的资产，但却需要最复杂的管理。微软副总裁张亚勤总结的"微软亚洲研究院管理方程式"可谓其他软件企业值得研究的"微软后门秘笈"。

定律1：IT=IQ（talents）+IP（intellectualproperties）即智慧资源

IT企业的竞争优势更多地体现在"智慧资源"而非"物质资源"上，一个天才所创造出的价值，很可能超越同一时代千名、万名工程师所贡献出的价值。IT企业通往成功的另一道"天梯"是构成企业技术核心的知识产权。就软件企业而言，其发展模式往往是先寻求投资，之后调动力量展开研发，接着把产品推向市场，由此获得利润并为最终上市做好必要准备——只有在整条产业链条呈闭合状态的前提下，才能实现产业的良性循环和企业的健康发展。然而，在数字化时代，智慧成果的无损拷贝是一件很容易的事，如果对知识产权的忽视成为一种普遍现象，必将使那些守法的软件企业难以积累核心技术、存储智慧能源。由此可见，以技术为本的IT企业既要有IQ战略，也要有IP战略。企业想要不断逾越更高的发展峰峦，就必须采取措施吸引留住一流的人才，给他们一个能够充分发挥其才能的空间，保护和尊重他们的知识和创造，使智慧的价值得以充分体现。

定律2：$E=mC^2$。（能量=质量×光速的平方），即智慧聚变

如果用以探讨IT企业的管理和文化，$E=mC^2$，便可以理解为：IT企业固然需要有一大批卓越潜质的人才（m），更重要的是寻找或创造一种快速发展的机制（C^2），使这些人才的潜质得以完全的释放。在这个过程中，先进的管理方式、富于感染力的企业文化将在人才个体、人才与人才之间产生一系列正面的连锁反应，从而最大程度地为公司创造能量（E）。IT企业可否突破"企业发展的常规速度"，关键在于能否找到和创造一个这样的可产生连锁反应的机制。

定律3：$\triangle V \times \triangle P \geq 2$，即测不准原理

"测不准原理"是量子力学中最重要的理论之一，应用到IT企业中把"测不准原理"的两个变量代换为企业目标的准确度和风险度，就会了解到企业在准确度和风险度之间不可能完全精确，这导致了两种截然不同的文化和管理模式。一种是极其谨慎，把风险控制在最小，却也往往固步自封。另一种是鼓励创新，允许失败，即便风险再大，也不能够安于现状不思进取。微软属于后者，微软不欢迎"不做事、少犯错"的人，更希望大家去开掘难度大、风险莫测但可能给公司、给用户带来巨大利益的项目，投入大、风险大，成功后的影响也大。当然，鼓励冒险不等于鼓励失败，允许犯错不等于允许愚蠢。

> **定律4：Ec—a，即开放原则**
>
> 这是热力学第二定律：随着时间无限推移，封闭系统中的状态是逐渐倾向于无秩序，"熵"趋于无限大，有规律而可用的能量趋于无限小，最终归于熵寂死的混沌。IT企业也是这样。需要构建一个开放的环境，有利于研究人员在第一时间了解到研发领域最新的学术成果，开阔眼界、增强学术修养，人才成长的速度自然就更快。IT产业的技术更新速度极其迅疾，对企业来说，开放意味着更多的生机、更多的可能。
>
> **定律5：1+1≥3，即合作原则**
>
> 在考量合作必要性时，注意到一个良性的合作应该实现非线性的价值。比如内部合作的机制，微软研究院在工作中有明确的研究目标和严格的评价标准，为达到预定目标，亚洲研究院不排斥任何工作方式，研究人员能够激发出最大的热情、发挥出最大的潜力，合作的成果也因此而超出预期。"善于合作"决不能等同于"无原则合作"，微软非常重视对合作的评估，在选择合作伙伴、确立合作机制、监控合作过程、审查合作成果的过程中，都会极为慎重。

案例分析

重视智慧资源，保护知识和创造，尊重智慧的价值，体现的是对创新人才的重视。鼓励创新、允许失败的文化，坚持开放发展的原则，营造的是一种良好的创新氛围。正是这些无处不在的创新元素和创新基因，让微软公司在发展中持续保持发展生机和发展活力，不断积累核心技术，存储智慧能源，并持续引领行业发展。

案例8-3　　　　亚马逊的无人超市

> 一直以来，不用排队结账、拿了商品就可以走的购物自由和消费体验成为快速生活节奏下的购物憧憬。如今，美国电商巨头"亚马

逊"推出的无人超市Amazon Go，已经帮助人们实现了这一梦想。

2016年12月，亚马逊在西雅图开设新的线下超市——Amazon Go，这家实体店与其他连锁超市最大的不同在于没有收银人员，消费者除了购物自由，连结账也是自由的，顾客完全可以在吃早餐的同时把账单给结了。

所谓无人超市，就是商店门口设有扫描二维码的闸机，顾客需要提前在手机里下载Amazon Go的App，生成一个独立的二维码，扫码进入商店。

每当顾客拿起一件商品后，这件商品也就会出现在你线上的购物车中，不想买了也没关系，把它放回到货架上就好，商品会自动从购物车中移走。

在实际操作中，亚马逊用到了类似无人驾驶的技术，包括人工智能算法、机器视觉、混合传感器。这项技术可以自动检测商品离开货架或返回货架的情况，并持续在顾客的虚拟购物车里追踪它们。当顾客离开商店时，很快就会在自己的亚马逊账户中看到订单，并收到收据。

零售行业研究公司Conlumino董事总经理尼尔·桑德斯表示："在店内体验中，排队结账一直是效率最低的部分。如果不需要排队结账，那么你不仅可以节约大量劳动力成本，还能使处理流程更快，顾客更满意。"

目前，Amazon Go除了销售面包和牛奶等包装食品之外，还将销售即食的早餐、午餐和晚餐。可以看出，这些对于运输、储存要求都很高的食品一直都是电商的软肋，而Amazon Go的设立无疑是对亚马逊现有业务的有效补充，加之对购物体验的显著提升，必将对现有便利店业务带来重大冲击，并加速形成线上线下相互补充的"新零售"格局。

案例分析

1. 需求是推动管理创新的重要动力。围绕"不用排队结账、拿着商品直接回家"的自由购物体验，亚马逊从客户体验的需求端出发，从创新的供给端发力，通过契合市场的创新实践，最终赢得了市场的广泛认同和消费者的一致认可。

2. 技术是推动管理创新的重要载体。为实现打造无人超市的目标，亚马逊充分运用人工智能算法、机器视觉、混合传感器等先进科技，从而自动感知顾客有没有从货架上拿走商品，或者把商品放回货架，并自动扣款生成消费账单，最终实现了创新管理的突破。

3. 未来经营管理的终极目标是依托创新手段实现高度人性化。Amazon Go只是"新零售"的初步尝试，随着技术的不断发展，未来线上与线下的界限会更加模糊，而消费环境也将变得更具人性化。

4. 尽管创新管理是企业管理的高级阶段，但是我们应该时刻意识到，创新的最终目标是为了客户的需求，客户是企业经营的根本，谁拥有了客户谁就拥有了未来，管理创新的意义也在于此。

第二节　创新管理产生的背景

创新是企业的生命，是企业获取竞争优势的最主要来源，先进的创新管理是企业永续发展的关键，也有人将创新比喻成带有氧气的新鲜血液。经济学家熊彼特认为创新理论包括以下五个方面：新市场、新产品、新技术、新原料、新组织。市场创新，包括开创的区域市场、全国市场、国内市场、国际市场等；组织创新，其实就是企业制度的创新；创新不但要适应环境，而且要创造环境。作为企业的领导，要根据市场和行业发展趋势，寻求新的市场发展空间、探索新的产品及技术、优化组合新的团队组织，要做创新管理的智者，这是至关重要的。创新管理产生的主要背景有如下方面。

一、社会文化环境的变迁

人们的价值观念、兴趣、行为方式、社会群体，随着时间的延续，都在变化之中，这要求社会组织的行为必须随之作相应调整，以适应这些变化。如果墨守成规，固步自封，就会落伍，乃至被淘汰。

二、经济的发展变化

经济的发展最直接地影响着人们的生活方式、消费选择，呼唤着消费者对各种新产品、新服务、新时尚、新款式、新功能的追求。这极大地促使人们发挥创新的才智，发展生产力以满足多样化的需求。因此，也就需要不断进行创新，来推动生产力的发展。

三、科学技术的发展

一方面，科学技术的进步为人类开辟了更新更广阔的新天地。作为管理主体，企业有责任通过不断创新，来引导和加速科学技术进步的过程；另一方面，科技的进步对企业形成强有力的挑战，大部分产品的生命周期有明显缩短的趋势，技术与信息贸易的比重增大，劳动密集型产业面临更大的压力，流通方式向更加现代化的方向演进，对社会组织的领导结构和人员素质提出了更高的要求。

有三类因素将有利于组织的管理创新，它们是组织的结构、文化和人力资源实践。

（1）从组织结构因素看，有机式结构对创新有正面影响；拥有富足的资源能为创新提供重要保证；单位间密切的沟通有利于克服创新的潜在障碍。

（2）从文化因素看，充满创新精神的组织文化通常有如下特征：接受模棱两可，容忍不切实际，外部控制少，接受风险，容忍冲突，注重结果甚于手段，强调开放系统。

（3）在人力资源这一类因素中，有创造力的组织积极地对其员工开展培训和发展，以使其保持知识的更新；同时，企业还给员工提供高工作保障，以减少他们担心因犯错误而遭解雇的顾虑；组织也鼓励员工成为革新能手；一旦产生新思想，革新能手们会主动而热情地将思想予以深化，提供支持并克服阻力。

四、人类认识的飞跃

随着社会的进步、经济的发展和技术的突破，人类在思想认识方面也逐步实现飞跃，从而为创新管理提供了思维灵感和思想基础。以四维空间的发现为例：

1844年，格拉斯曼在四元数的启发下，发表了《线性扩张》，1862年又将其修订为《扩张论》，第一次涉及一般的N维集合的概念。四维空间指的是标准欧几里的空间，可以拓展到N维。四维空间是相对零维、一维、二维、三维而言的。通俗地说，零维是点，没有长度、宽度及高度。一维是由无数的点组成的一条线，只有长度，没有其中的宽度、高度。二维是由无数的线组成的面，有长度、宽度没有高度。三维是由无数的面组成的体，有长度、宽度、高度。简单而言，零维是点，一维是线，二维是面，三维是体，四维是超体。零维是静止的，一维是零维的运动，二维是一维的运动，三维是二维的运动，四维是三维的运动，四维空间包含无限个三维空间。

因为人的眼睛只能看到二维，二维生物看对方只有一条线。人的双眼看到的是两个二维投影，经过大脑处理形成一个整体的视觉。因此，N维就是两个以上的N-1维物体垂直所形成的空间。

因为人类只能理解三维，后面的维度要仔细理解难度较大。因此作为三维人类，我们只能感受四维物体在一个三维世界，也就是我们生存的这个三维世界上的投影。而四维世界包含着无数个三维世界。从这个意义出发，生命有无线拓展的空间。生和死都只是属于三维空间的梦幻泡影，在更高的生命维度，谁也不曾真的消失。

北京大学刘丰教授对四维空间作了深入研究。他认为，从一维到二维到三维空间，每提升一维就会提升无穷多倍的美感，当我们提升到四维，这个比现实美无穷多倍的地方，我们三维的所有时间空间，开始结束，生和死都已经被超越了。我们看到的实体包括人，全是能量波成的像，而能量波没成像的能量集合是信息。而最简单的信息就是正弦波。但一般人只注重了能量波的振幅、振幅强度、频率和色彩，往往忽视了正弦波的维度，即它的自由度。更复杂的信息便是我们通常所说的"直觉"，即来自高维的信息。人类所有科学发明来自于灵感，这些灵感也是来自于高维的信息。每个人内在智慧是N维宇宙空间，只有N趋于无穷大才符合无极，才符合唯一。

从四维空间往下延伸，美国再生医学和先进细胞技术公司的科学主任RobertLanza博士对"人会不会真正死亡"这一主题也作了深入研究。RobertLanza博士在其著作《生物中心论》中，提出了一个爆炸性的结论：人死后生命不会结束，而会永远活下去，而且，会穿越进不同的宇宙。他在书中提出了三个观点：其一，是生命创造宇宙。有个人意识才有宇宙的存在，实质上的生命与生物是真实世界的中心，接着才有宇宙；意识使得世界变得有意义，时间与空间只是人类意识的工具。其二，意识不会死亡。从量子物理学角度出发，有足够证据证明人死后并未消失，死亡只是人类意识造成的幻象。人在心跳停止、血液停止流动时，还有其他超越肉体的"量子讯息"，或者是俗称的"灵魂"。其三，多重宇宙可以同时存在。在一个宇宙里你的身体死亡后，另一个宇宙会吸收你的意识然后继续存在，会到另一个类似的宇宙去继续活下去。而且，他的多重宇宙观已获得普朗克太空望远镜的数据支持。

四维空间及N维空间的发现是人类认识上的重大飞跃，将与其他新发现、新认识、新理论等汇合成强大引导力量，对人类在管理实践中的创新模式、创新方法带来深远影响。

第三节　创新管理的主要内容

随着技术的发展、管理理论的不断完善，创新管理的内容也将不断地丰富和完善，总体来讲，创新管理的内容主要包括观念、技术、机制和人力资本等四个方面的创新。

一、观念创新

（一）观念创新的涵义

创新是一个主导多维整合的系统，它包括观念创新、技术创新、机制创新、人力资本创新等多个部分。观念创新是创新的前提和先导，没有创新的观念就没有创新的活动。而所谓观念创新就是观念开发，思想革命，即利用一切可用的知识和智慧，将其应用到管理中并创造价值。

观念创新要求企业与时俱进、开拓进取，突破原有的思维定势，用新思维、新观念、新方法去运作企业，创造新价值，满足新需求。因此，开展创新活动首先在于观念创新，或者是在观念创新的指导下才得以进行。

（二）观念创新的意义

1.观念创新是企业的生命

在现代社会中企业不可以墨守成规。海尔总裁张瑞敏在他的《海尔是海》一书中说，"海尔发展的每一步都伴随着创新突破和对自我的不断超越，创新已成为海尔文化的灵魂"。对于企业来说，没有"不可思议"，没有"不可能"。只要你在观念、管理、制度和技术等方面不断进行创新，常人讲的"不可思议"和"不可能"都可以变成现实，变成企业的利润。爱迪生发明电灯，盖茨搞微软，都是从突破"不可思议"和"不可能"开始的。在激烈的国际竞争中，未来的企业也必须从千千万万个"不可思议"中找到增长源泉。

2.企业观念创新对其他创新活动具有根本的保证作用

企业观念创新对企业其他创新活动的根本保证作用主要体现在企业的组织制度上。很多学者把技术创新视为企业创新的最主要部分。国内关于企业创新的研究成果也主要反映在技术创新问题上。而实际上企业创新活动要求组织的管理者首先在观念和理论上超越，并辅以组织结构和体制上的创新，以确保整个组织采用新技术、新方法，使创新成为可能，最终通过决策、计划、指挥、组织、协调控制等管理职能活动，为社会提供新产品和服务。

3.观念创新对企业文化具有决定性影响

企业文化对企业行为具有调节、规范、指导等作用，它是企业行为发生的内在条件，而行为特征是企业文化的重要组成部分。企业观念创新对企业行为的影响是全面深刻的。

4.企业观念创新对企业创新行为具有导向作用

首先，观念创新能拓展对创新源的认识。创新源指谁是创新者或创新构思从何而来这一基本问题。其次，观念创新影响企业经营决策。决策是企业经营管理中的核心问题，而决策又总是在一定的思想观念指导下进行的。企业的任何决策都不同程度地反映了企业的经营管理观念。不同的观念产生不同的决策，观念的成熟程度决定了决策的成熟程度。

（三）观念创新引致企业创新的路径

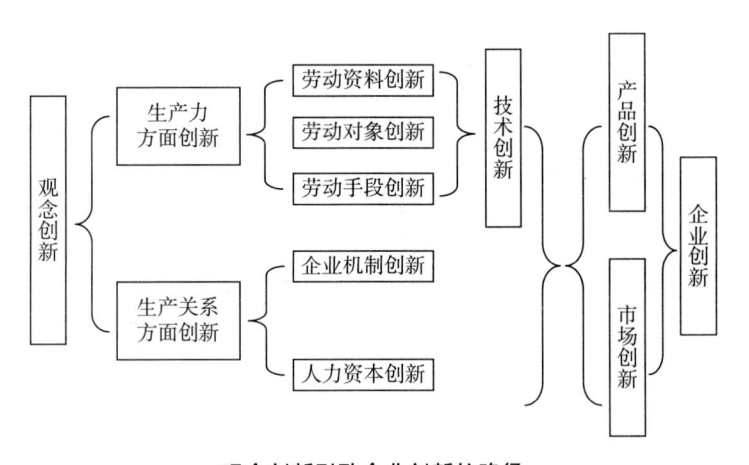

观念创新 → {生产力方面创新 → {劳动资料创新, 劳动对象创新, 劳动手段创新} → 技术创新; 生产关系方面创新 → {企业机制创新, 人力资本创新}} → {产品创新, 市场创新} → 企业创新

观念创新引致企业创新的路径

观念创新是企业创新的先导，正如图所示，观念创新是社会发展，即生产力方面创新和生产关系方面创新的先导，而生产力方面的创新主要包括劳动资料的创新、劳动对象的创新和劳动手段的创新，而这一切都是技术创新的具体体现。生产关系方面的创新主要包括机制创新以及人与人之间所形成的人力资本的创新，正是由于观念创新所引起的技术创新、机制创新和人力资本创新共同作用才形成了产品创新、市场创新，最终形成了企业的全面创新。

二、技术创新

（一）技术创新的涵义

技术创新是一个从产生新产品或新工艺的设想到市场应用的完整过程，它包括新设想的产生、研究、开发、商业化生产到扩散这样一系列活动，本质上是一个科技、经济一体化过程，是技术进步与应用创新共同作用催生的产物，它包括技术开发和技术应用这两大环节。

技术创新既可以由企业单独完成，也可以由高校、科研院所和企业协同完成，但是，技术创新过程的完成，是以产品的市场成功为标志。具体从某个企业看，企业采取何种方式进行技术创新，要视技术创新的外部环境、企业自身的实力等有关因素而定。从大企业来看，技术创新的要求具体表现为，企业要建立自己的技术开发中心，提高技术开发的能力和层次，营造技术开发成果有效利用的机制；从中小企业看，主要是深化企业内部改革，建立承接技术开发成果并有效利用的机制。

对技术创新的认识，或只强调技术，或只强调经济，都是不全面的。只有二者结合，才有可能是理性的、现实的。这里说"可能"二字，是因为技术创新并不是技术开发和技术利用简单的相加，不是1+1=2，而是技术开发和技术利用相加后的整体，是1+1>2的加法。整体大于部分之和。换句话说，技术开发和技术利用是要组成一个有机的整体，在这个整体中，不仅需要从技术的角度、技术发展的规律，考虑技术开发的可能性，还要以市场为导向，考虑技术开发的有效性。市场引导着技术开发的方向，技术本身的发展规律决定这种引导实现的状况和程度。循着这一认识路径，我们看到，技术开发、开发成果的转移、技术开发成果的利用，才构成一个完整的技术创新过程。

信息技术的发展推动了知识社会的形成，科技界日益认识到技术创新不仅是一个科技、经济一体化过程，而且是技术进步与应用创新

"双螺旋结构"共同作用催生的产物。从复杂性科学的视角,技术创新活动绝非简单的线性递进关系,也不是一个简单的创新链条,而是一个复杂、全面的系统工程。在多主体参与、多要素互动的过程中,作为推动力的技术进步与作为拉动力的应用创新之间的互动推动了科技创新。技术进步和应用创新两个方向可以被看作既分立又统一、共同演进的一对"双螺旋结构",或者说是并行齐驱的双轮——技术进步为应用创新创造了新的技术,而应用创新往往很快就会触到技术的极限,进而鞭策技术的进一步演进。只有当技术和应用的激烈碰撞达到一定的融合程度时,才会诞生出引人入胜的模式创新和行业发展的新热点。技术创新正是这个技术进步与应用创新"双螺旋结构"共同演进催生的产物。

(二)技术创新的意义

1.技术创新是企业保持核心竞争力的关键

1990年普拉哈拉德和哈默尔在《哈佛商业评论》上发表"企业核心竞争力"一文,在企业界和管理学界引起很大反响。该文将核心竞争力定义为"企业开发独特产品、发展独特技术和发明独特营销手段的能力",核心竞争力是一个动态的概念,在不同的时间点上,其内涵和要求是不同的。企业的生命有长有短,但为什么有的企业只是昙花一现,有的却经久不衰?这说明两个问题:一是企业的持续发展是可能的;二是那些能长期站住脚的企业都有一个共同点,那就是它们不仅有自己的核心产品,而且能保证其核心产品不断更新换代。核心竞争力有以下一些特征:(1)独特性。它必须是独树一帜的能力,是竞争对手或潜在的竞争对手难以模仿、转移的专长,从而为本行业设置了较高的进入壁垒,保持了本企业或本行业的长期竞争优势。(2)价值性。核心竞争力必须能为用户提供重要的价值,用户是决定何者是、何者不是核心竞争力的最终裁判,只有朝消费者指明的方向前进,才有可能获得核心竞争优势。(3) 外延性。核心能力为企业通向各个市场提供潜在通道，对最终产品所体现的消费者利益有显著的贡献，它就像一个"发动机"，源源不断地把创新的富有竞争力的产品推向市场。因此管理者要看到核心竞争力对推动企业发展所起的巨大作用，要把核心能力看作企业的战略资源，是企业蓬勃发展、长盛不衰的基础。

企业的长期成功必须依赖核心竞争力，而培养和提升企业的核心竞争力，最重要的就是依靠技术创新，确立以技术创新为核心内容的企业发展战略。实践证明，技术创新使现代企业经营出现了全新的概念，雄厚的资本、悠久的历史、众多的员工不再成为企业成功的必然要素，而成功的关键是要确立以技术创新为中心内容的企业竞争战略，技术创新对经济发展的作用是超常规的、无法估量的。美国人由于实施了领先技术创新战略，虽然在个别的生产领域落后于以精尖产品闻名于世的日本，但20世纪90年代以后，日本经济呈现出后劲不足的局面，竞争力全面落后于美国，不能说与日本采取的模仿或跟随的技术创新战略没有关系。又如像Intel，Microsoft这样的以技术创新为特色的企业，由于它们的CPU技术和视窗技术始终处于同行业的领先地位，并且不断地创新，这些极富竞争力的技术使得它们在本行业能够始终保持极强的竞争力，对世界信息技术乃至生产方式都起着举足轻重的作用。

2.技术创新与企业可持续成长

企业的可持续性是指企业生命在时间上的不断延续，成长性是指企业不断发展壮大。企业的可持续性成长是其追求生存与成长的统一，即随着时间的推移，企业在实现生存的同时不断突破自身成长上限，实现规模的扩大和生存质量水平的提高。

企业可持续成长受技术创新能力、市场竞争力、资源管理能力与环境适应力四个方面的影响，其中技术创新对企业成长的可持续性影响最大，这是由于企业在成长过程中依赖技术创新不断突破企业成长的上限。看一个企业是否在不断成长，不仅要看其在数量指标（如资本存量、生产能力、投入产出规模等）有没有取得进步，还要看其在成长的质量方面（如产品及其制造的技术水平、管理水平、效益等）有没有获得提高，结构是否升级（如产品的品种结构，销售、服务等价值链环节的结构，技术结构，效益结构等）。无论是"量"的增长还是"质"的提高，持续的技术创新是实现"量"或"质"增长的原动力。

"量"的成长主要应通过扩大市场需求和提高生产率来实现，其手段就是创造新产品、提高技术水平和提高管理效率，而这正是技术创新的结果。企业"质"的提高，是指经营资源性质的变化、结构的重构、变革与创新等，表现为企业管理协调能力、研发能力、信息沟通能力、商誉信誉和企业文化等无形资产的提高，以及企业生产工艺、产品技术的创新和企业的组织创新与变革。其中研发能力、生产工艺及产品技术的创新正是技术创新的主要内容。一方面，企业通过技术创新提高企业的生产水平，更新生产流程，变革生产方式，从而降低企业的生产成本，提高了产品质量和劳动生产率，进而增强企业的获利能力，以及企业讨价还价能力，使得企业的市场竞争力得到提高；另一方面，企业通过技术创新不断突破原有技术的上限生产出新产品，完成产品的更新换代，不断完善产品的功能，满足日益变化的消费需求，从而提高了企业产品的认知度，增加企业的无形资产，使得企业的市场适应力得到增强。因此，技术创新是企业实现"质"的飞跃的主要方式和途径，是企业可持续成长的主要内容。

（三）技术创新对创新管理的技术保障

创新管理对现代科学技术的依赖尤为明显。现代科技尤其是物联网、云计算、大数据、区块链、人工智能、量子技术等技术的发展，为创新管理提供了技术保障。

1.物联网

（1）定义。物联网是在计算机互联网的基础上，通过射频识别、红外感应器、全球定位系统、激光扫描器等信息传感设备，按约定的协议，把任何物品与互联网相连接，进行信息交换和通信，实现对物品的智能化识别、定位、跟踪、监控和管理。物联网技术的核心和基础仍是互联网技术，它是将现实的世间万物与虚拟的互联网整合为统一的物联网，通过无线网络传送交流信息，实施实时管理控制，以精细动态方式管理社会经济、生产乃至个人生活，提高资源利用率和生产生活水平。

（2）特点。和传统的互联网相比，物联网有其鲜明的特征。一是它是各种感知技术的广泛应用。物联网上部署了海量的多种类型传感器，每个传感器都是一个信息源，不同类别的传感器所捕获的信息内容和信息格式不同。传感器获得的数据具有实时性，按一定的频率周期性采集环境信息，不断更新数据。二是它是一种建立在互联网上的泛在网络。物联网技术的重要基础和核心仍旧是互联网，通过各种有线和无线网络与互联网融合，将物体的信息实时准确地传递出去。在物联网上的传感器定时采集的信息需要通过网络传输，由于其数量极其庞大，形成了海量信息，在传输过程中，为了保障数据的正确性和及时性，必须适应各种异构网络和协议。三是物联网不仅仅提供了传感器的连接，其本身也具有智能处理的能力，能够对物体实施智能控制。物联网将传感器和智能处理相结合，利用云计算、模式识别等各种智能技术，扩充其应用领域。从传感器获得的海量信息中分析、加工和处理出有意义的数据，以适应不同用户的不同需求，发现新的应用领域和应用模式。

（3）应用。"物联网"的问世，打破了之前的传统思维。在"物联网"时代，道路、房屋、电缆、管道、车辆等各类物品，甚至是动物，将与芯片、宽带等连接起来，这个巨大的网络不仅可以实现人与物的通信和感知，而且还可以实现物与物之间的感知、通信和相互控制。物联网用途将遍及智能交通、环境保护、智能消防、工业监测、环境监测、水系监测、食品溯源、敌情侦查和情报搜集等多个领域。北京市交通部门表示，物联网技术将在特大城市综合交通运行监测与协调指挥系统、智能停车管理信息系统、交通移动宽带智能网示范应用、交通拥堵收费管理系统前期研究、全市交通运行仿真平台和地面公交智能调度与安全防范管理系统等方面开展应用。西方国家将物联网的应用比作是将促使机器觉醒，机器的觉醒将帮助和解放人们，让我们做更多事情、生产更多产品，并最终变得更加健康和富裕。

2. 云计算

（1）定义。云计算是将大量用网络连接的计算资源进行统一管理和调度，构成一个计算资源池向用户提供按需服务。云计算的"云"即是存在于互联网上的服务器集群上的资源，包括硬件资源和软件资源。云计算提供了最可靠、最安全的数据资源中心，用户只需要一台笔记本或者一个手机等终端设备，只需通过浏览器向"云"发送需求指令，就可以使用云服务提供商提供的各种硬件资源和应用软件，通过这种网络服务来实现我们需要的一切，甚至包括超级计算这样的任务。云计算的最终目标就是将计算机资源作为一种公共设施提供给用户。

（2）特点。一是超大规模。Google云计算已经拥有100多万台服务器，IBM、微软等的"云"均拥有几十万台服务器，"云"能赋予用户前所未有的计算能力。二是虚拟化。云计算支持用户在任意位置、使用各种终端获取应用服务，所请求的资源来自"云"，而不是固定的有形的实体，用户只需要一个终端就可以通过网络实现我们需要的一切。三是按需服务。"云"是一个庞大的资源池，可以像自来水、电、煤气那样按需使用。四是成本低廉。"云"的自动化集中式管理使大量企业无需负担日益高昂的数据中心管理成本，经常只需要花费几百美元、几天时间，就可完成以前需要数万美元、数月时间才能完成的任务，大大降低了投资的成本。

（3）应用。云计算神奇的原因在于，能帮助企业解决三个关键性问题——安全性、效率性和经济性，作为企业可以把企业计算任务连接到由共享数据、应用程序和IT资源组成的外部"云"上，实现最大程度的信息共享和资源节约。2010年9月，美国总统奥巴马宣布将执行一项影响深远的长期性云计算政策，希望借助应用虚拟化来压缩美国政府居高不下的经济支出，计划到2012年美国云计算总开支将到400亿美元，是2008年的3倍。同年5月，美国军方、国防信息系统局、总务管理局、宇航局、国家标准和技术研究所以及国防部、能源部和内政部的人士在华盛顿就云计算技术应用进行研讨。此外，Google、IBM、英特尔、AMD、微软等IT巨头纷纷进入云计算及虚拟化领域，以软件创新推动硬件变革，最大限度地提高资产使用率，节约运营成本，可以预见，随着云计算技术的发展和应用，漫步"云"端的CEO将会越来越多。

3.大数据

（1）定义。大数据是随着智能手机、移动互联网、物联网等新一代信息技术的快速普及和应用应运而生的。大数据（Big Data）又称巨量资料，是指将多种多样的历史数据经过挖掘分析和技术处理实现应用的信息资产。世界正在进入大数据时代，大数据将加速信息技术产品的创新融合发展，面向大数据的新产品、新技术、新服务、新业态不断涌现，由此带来层出不穷的新的商业模式和巨大的经济社会价值。

（2）特点。大数据具有五大特性：一是历史性。大数据表示的是过去，是历史数据的积累。二是全面性。大数据存在于各个方面。三是全球性。大数据存在于所有国家和所有地区。四是立体性。大数据是多维度的，包括二维数据、三维数据、四维数据，以及在宇宙太空中的立体多维数据。五是关联性。大数据中隐藏着社会和行业发展的规律，通过大数据分析能够有效地推动实践。

（3）来源。当今的大数据主要来自三个方面：一是机器产生数据。目前越来越多的机器配备了连续监测周围环境情况的传感器，传感器可以感知和传输不断产生的数据，如视频监控数据、PM2.5数据、人流数据等。移动设备的传感器采集的大量用户情况数据，也是重要的数据来源。二是行为产生数据。大量的网络参与和交互创造出了海量的社交行为数据，包括电子商务、通讯通信、银行交易、社交网络中的数据，这些数据包含着关于互联网使用者行为的有趣信息，揭示出人们的行为特点和生活习惯，可以提供对他们潜在需求和愿望的有用认知。尤其是电商的崛起，导致了支付数据、查询行为、物流运输、购买喜好、点击顺序、评价行为等大量交易数据的产生。三是集中共享数据。云计算是数据量变大最重要的推手，各类数据被搬到云上之后，更容易被分享、开放和使用。

（4）获取。数据获取主要包括三种途径：一是智能采集，直接获取数据。如针对电商数据、社交数据、电信运营商管道数据等企业和社会数据进行专业采集、获取。二是依托数据基地和中心，加工得到数据。主要依托大数据基地和中心，以数据存储和数据加工为基础，通过数据清洗、挖掘、脱敏、分析、建模等加工获得数据。三是推进大数据交易和备份，间接获取数据。通过对源数据、数据产品、数据模型的大数据交易，并引入数据库备份间接获得数据。大数据交易不仅是一项数据来源，更对应着大数据的即时交换及相应服务。

（5）存放。数据存放的核心在于安全、有效的存储。目前，数据存放场所主要由数据存储载体和数据流通管道组成，前者是静态的存储平台，后者是动态的流动网络，两者共同构成数据存储和流动的生态网络。数据存储载体包括大数据中心、云平台、智能终端。数据流通管道包括电信网、固定互联网、移动互联网、广播电视网等信息基础设施。

（6）应用。大数据是大变革、大机遇、大红利。大数据引领的新一代信息产业，是由海量数据存储、运算和处理等关键技术支撑的产业形态。从广义来讲，大数据产业链贯穿了数据整个生命周期，包括生产、采集、存储、管理、挖掘分析和应用；从狭义来看，大数据产业链主要涵盖数据的管理分析、呈现和应用。当前，"中国数谷"贵阳·贵安的崛起，使得贵州省走出了一条中西部地区利用大数据产业带动信息产业发展之路。综合来看，大数据的应用可以分为三大类：一是政用：数据优政。大数据是国家治理的重要信息基础。对于政府而言，政府既是数据的掌控者、开放者，也是重要的应用者。"用数据说话、用数据管理、用数据决策、用数据创新"是大数据时代提升政府治理能力的重要课题。二是民用：数据惠民。让大数据惠及民生，让老百姓分享"大数据红利"，变成社会管理和社会服务的新手段，成为社会管理的大势所趋。通过建设大数据公共服务平台，可以在医疗健康、社会保障、旅游、交通、食品安全等方面，为社会和公众提供更为灵活的服务方式，更加丰富的服务内容，更加高效的服务效率，促进行政管理、社会事务、便民服务一体化。三是商用：数据兴业。好的数据是企业业务部门的生命线和所有管理决策的基础，大数据已成为现代企业的核心资产。20世纪90年代以来，IBM、Google、苹果、亚马逊等企业在捕捉和分析海量数据中创造出了层出不穷的新的商业模式，在激烈的市场竞争中脱颖而出。正如麦肯锡研究报告所言："数据已经渗透到每一个行业的每一个业务职能领域，逐渐成为重要的生产要素，人民对海量数据的运用将预示着新一轮生产率增长和消费者盈余浪潮的到来。"

4.区块链

（1）定义。区块链是比特币的一个重要概念，本质上是一个中心化的数据库，同时作为比特币的底层技术和基础架构。区块链是一串使用密码学方法相关联产生的数据块，每一个数据块中包含了一次比特币网络交易的信息，用于验证其信息的有效性（防伪）和生成下一个区块。

狭义来讲，区块链是一种按照时间顺序将数据区块以顺序相连的方式组合成的一种链式数据结构，并以密码学方式保证的不可篡改和不可伪造的分布式账本。广义来讲，区块链技术是利用块链式数据结构来验证与存储数据，利用分布式节点共识算法来生成和更新数据，利用密码学的方式保证数据传输和访问的安全，利用自动化脚本代码组成的智能合约来编程和操作数据的一种全新的分布式基础架构与计算范式。

（2）特点。区块链具有五大特性。一是去中心化。系统中的数据块由整个系统中具有维护功能的节点来共同维护，不存在中心化的硬件或管理机构，任意节点的权利和义务都是均等的。二是开放性。整个系统信息高度透明，除了交易各方的私有信息被加密外，区块链的数据对所有人公开，任何人都可以通过公开的接口查询区块链数据和开发相关应用。三是自治性。区块链采用基于协商一致的规范和协议，使得整个系统中的所有节点能够在去信任的环境自由安全地交换数据，使得对"人"的信任改成了对机器的信任，任何人为的干预不起作用。四是信息不可篡改。区块链的数据稳定性和可靠性极高，一旦信息经过验证并添加至区块链，就会永久的存储起来，除非能够同时控制住系统中超过51%的节点，否则单个节点上对数据库的修改是无效的。五是匿名性。由于节点之间的交换遵循固定的算法，其数据交互是无需信任的，交易对手无须通过公开身份的方式让对方产生信任，对信用的累计非常有帮助。

（3）应用。区块链主要解决的是交易的信任和安全问题，因此针对这个问题区块链实现了四个技术创新，包括分布式账本、对称加密和授权技术、共识机制、智能合约。当前区块链技术广泛应用于艺术行业、法律行业、开发行业、房地产行业、保险行业。比如对投保人的风险管理，随着诸如医疗信息数字化、个人征信体系等国家系统性工程的推进，越来越多的权威数据源出现，如果能够将这些数据引入并存储在区块链上,将成为伴随每一个人的数字身份,这上面的数据真实可信,无法篡改,实时同步,终身有效,对于投保人的风险管理将带来莫大的帮助。包括将不同公司之间的数据打通,相互参考,及时发现重复投保、历史理赔等信息,及时发现高风险用户;将不同行业的数据引入区块链,可以提高核保、核赔的准确性和效率。

5. 人工智能

(1)定义。人工智能是研究、开发用于模拟、延伸和扩展人类智能活动的理论、方法、技术及应用系统的一门新的学科。它通过计算机模拟人类思维过程和智能行为,试图了解智能的实质,并生产出一种新的能以人类智能相似的方式做出反应的智能机器,使其能够综合人类逻辑思维、形象思维、灵感思维以达到实现人类智能的目标。

(2)特点。一是技术交叉性。人工智能是一门由计算机、数学、哲学、认知学、行为学、生物学、心理学等多种学科相互交叉渗透发展起来的新学科。二是技术前沿性。人工智能始终处于计算机发展的最前沿,智能化也成为当前新技术、新产品、新产业的重要发展方向,例如智能控制、智能管理、智能机器人等,人工智能研究得出的理论和其洞察力指引了计算技术的发展方向。三是应用广泛性。人工智能技术应用领域非常广泛,1941年世界第一台计算机的发明促使了人工智能的出现,人工智能的应用也从最初用于导弹系统和预警显示及先进武器等高端领域,逐步进入了各行各业,如智能汽车、商业市场决策、企业自动化控制等很多领域。

(3)应用。人工智能的应用包括问题求解、逻辑推理与定理证明、专家系统、模式识别、智能决策与支持系统、自动程序设计等多个方面。机器人是人工智能应用的重要方面,通过人工智能的应用,机器人将具备学习能力,将直接参与到企业的经营管理活动中,机器人通过储备的专家知识,在参与企业管理尤其是在企业监督管理、知识传播和疑惑解答方面将发挥重要作用。一方面，机器人可以帮助人们从繁琐的工作中解脱出来，实现人力资本的节省，同时大大提高管理效率。另一方面，借助机器人智能设备，我们将进一步实现管理的精细化，使企业的运营、安全和管理更加顺畅，业务流程设计更加合理，管理质量不断提高。

6.量子技术

（1）定义。通常所说的"量子技术"一般指的是量子信息技术，这是一门由量子物理与信息技术相结合发展起来的新学科，主要包括量子通信和量子计算两大领域。量子通信主要研究量子密码、量子隐形传态、远距离量子通信的技术等。而量子计算主要研究量子计算机和适合于量子计算机的量子算法。

（2）特点。与普通计算机相比，量子计算机不仅速度超快，而且能解决复杂得多的问题。堪称"三头六臂"。普通计算机只能按照时间顺序一个个地解决问题，而量子计算机却可以同时解决多个问题。比如：如果要在5分钟内从5000万册书中找到一句话，普通计算机只能像疯子一样在5分钟内搜索尽可能多的书。而量子计算机却能迅速复制出5000万个普通计算机，每个只需翻找一本书即可。再比如：通过量子计算进行建模，研究人员可以从数百万候选材料中选出更强的飞机聚合物材料，更高效的太阳能电池材料，更好的药品或更透气的面料。

（3）应用。"量子时代"已不遥远。量子计算的商业应用也已悄然开启。IBM于2017年3月推出了全球第一个商业化量子计算云服务——IBMQ，这是全球第一个收费的量子计算云服务系统。IBM表示，未来新系统可以为全球的研究人员服务，处理传统电脑无法解决的复杂运算，成为未来培育量子计算市场的关键。谷歌指出，早期量子计算最可行的三个商业用途包括量子模拟、量子辅助优化和量子采样，这些技术可以让材料、金融、保健等行业从中受益。《自然》杂志曾登载谷歌量子AI实验室三名科学家Masoud Mohseni、Peter Read和Hartmut Neven的发文：

"量子计算领域即将迎来历史性的里程碑。虽然现在仍不知道与应用相关的算法是否能很快提升计算机速度,但是只要量子计算的硬件——量子计算机性能足够强大,我们就能测试并且发展新的算法。"

三、机制创新

(一)机制创新的涵义

机制创新,即企业为优化各组成部分之间、各生产经营要素之间的组合,以提高效率,增强整个企业的竞争能力而在管理、营销和考核机制方面进行的创新活动。企业创新活动是一个螺旋式上升的循环过程,它从创新设想的产生与形成到研究与开发,从创新内容的形成到创新结果的扩散,再到市场效益的形成,然后又由于市场需求发展再进入新一轮创新。在这个过程中,既有按顺序推进,也有交叉和交互作用,只有在正确有效的企业机制创新的支持和推动下,企业创新活动才能真正得以不断循环,持续发展。

企业机制不同于企业制度,企业制度是外生的规范,企业机制则是内生的机能;企业制度是企业被动执行的,企业机制则是自动运作的。两者又有密切关系,制定企业制度的目的就是形成企业机制,企业机制则是企业制度的内化。企业的组建、运行有其客观规律,只有科学的、符合企业运作发展规律的企业制度才能内化为合理的企业运营机制。因此,企业机制创新虽不同于企业制度创新,但与企业制度创新又不可分割。

(二)机制创新体系的构建

企业机制创新是一项系统工程,企业机制包括范围很广,所有与企业经营活动有关的机制创新都属于企业机制创新的范畴。长期的管理实践表明，企业经营活动中的管理机制、营销机制和考核机制构成了企业组织从小到大、兴衰成败的关键。因此，企业创新的管理机制、营销机制和考核机制共同构成了企业机制创新体系。

1. 管理机制

管理机制创新是指在管理事物的运动过程中，对主导方与被主导方为达成某种目的相互之间确立的一种机理或规则进行创新的活动。管理机制创新是实现企业高效管理的本源。著名的管理理论家明茨伯格指出：21世纪企业成功的关键在管理机制创新。管理机制创新的目的在于完善企业决策、指挥、控制、信息反馈等方面的组织结构，形成能够最优配置企业所需的各种资源的有机系统，达到人尽其才、沟通顺畅、合作有效、基业长青的目标。管理机制创新包括管理的管理制度、组织结构、运行程序等方面的创新。

实现管理机制创新，首先要明确机制创新的内生属性，企业管理者要为机制创新创造条件，通过不断完善内部决策程序、沟通渠道和管理制度，形成实现管理机制创新的有利条件。其次，要对企业管理制度进行创新，只有在产权清晰、权责明确、政企分开、管理科学的前提下，企业才有可能以市场为导向，自主地组织研究开发和各种创新，进行"自我约束、持续创新、长久发展"。第三，要以高质量、高效率和高效益为目标，不断完善自身组织结构和组织程序，形成最佳传导路径和最优决策程序，为保持企业持久的核心竞争能力而进行不断地适应和变革，实现管理机制创新的目标。

2. 营销机制

营销机制创新是管理机制创新的外延，也是管理机制创新的保障。营销机制创新是在创新利润的驱动下，企业充分挖掘和利用内外部资源，加强人才、技术、资金、信息等资源储备，不断谋求创新发展的机制。营销机制创新的目的是通过营销手段和工具应用，为企业不断开辟新的资源和渠道，实现企业持续发展和市场竞争力的不断提高。

首先，营销观念创新是营销机制创新的前提。营销不仅仅是为了满足消费者外在的需求，营销创新的重点在于发掘、激发、创造并满足消费者细分化了的、潜在的、尚未满足的需求，将需求与企业所能提供的产品或服务进行对接，对接成功，就意味着创新获得成功，意味着创新得到了市场的认可。其次，营销组织创新是营销机制创新的保证。企业应结合自身的条件和特点，及时动态地设计相应的营销组织结构形式，进行营销组织的再造，提高企业的市场竞争力。譬如，减少营销管理层次，或根据特定的营销任务组织临时性的"营销专业团队"，以及通过营销组织的设计，建立信息沟通的主要渠道，促进信息的横向流动，加强营销协作等。再次，营销渠道创新是营销机制创新的重要方面。随着科学技术的发展，产品向客户延伸的渠道不断丰富，营销渠道和模式发生重大变化，物理营销渠道和虚拟营销渠道并存将成为必然，营销渠道创新将成为企业建立和发展核心能力的重要源泉。

3.考核机制

考核机制是通过一套理性化的制度来反映考核主体与考核客体相互作用的机制。考核机制创新是推动企业创新，实现企业优质、高效运行，并为达到预定目标提供激励的重要途径。考核机制创新的目的，是通过创新实现员工对组织期望的行为的不断强化，并在考核机制的作用下，实现企业不断发展壮大和战略目标的有效实施。考核机制创新是实现管理机制创新和营销机制创新的重要保障。

实现考核机制的创新，首先，要加强对考核观念的创新。创新考核机制的建立，不是简单地增加一项新制度，而是对新旧制度进行调整。考核机制要结合公司战略去创造，管理者可以参照其他组织的做法寻求灵感，但是，最好的考核机制一定是组织中全体成员参与创造的。其次，要加强对考评体系的创新。科学合理地制订考评体系和考核指标是实施考核机制创新的前提。企业要结合自身特点，以公司战略目标为导向，不断完善考核指标体系，实现考核机制的不断创新。第三，要加强对考核手段的创新。科学、准确的考核手段是实现科学考核的前提，随着企业外部竞争形势的日趋激烈，企业经营的复杂程度不断提高，企业对智力资本的需求不断提高，加强考核手段创新，制订科学合理的考核手段是实现对智力资本管理的重要途径，也是企业保持核心竞争力的关键。

（三）机制创新的意义

管理机制、营销机制和考核机制三种创新机制，不是简单的叠加，而是相互有机联系在一起，由内在动力、有效运行、不断发展三个方面构成一种企业创新活动不断循环增值的新机制系统，并贯穿企业创新的整个过程。这种创新机制具有强大的生命力。

企业建立起了这种有效的创新机制，就能不断地将知识、信息、技术、物质转化为用户满意的产品；就能不断地促进知识的生产、积累、创造、应用和扩散；就能不断地加强信息的传播、交流、加工和扩充；就能不断地提高技术的先进性、创造性、新颖性和实用性；就能不断地刺激关键资源的成长，最终实现资产的增值，并获得强大的竞争优势。企业建立起了这种有效的创新机制，就会促进企业的蓬勃发展、长盛不衰。

（四）机制创新需注意的问题

企业机制创新应着重考虑如下几个方面：

（1）企业家的培育，这是企业机制创新的内在推动力量。

（2）统一市场的完善，这是企业机制创新的外在动力。因为市场经济是一种风险经济、竞争经济，市场机制具有一种自我选择的机制，优胜劣汰，适者生存，时刻鞭策着企业努力推进创新。

（3）创新实力的开拓，这是企业机制创新的基础条件。它包括两点内容：一是创新资金的取得。按销售额提取技术开发费不失为获取创新资金的好办法。二是人才，创新需要高素质的人才，企业除了利用本身的人才储备外，可以与科研单位联手共同推动企业创新。

（4）企业机制创新的政策支持，这是企业机制创新的外部环境。政策支持主要包括放宽税收、提供优惠贷款和财政支持、减少对创新收益的提取比例、优质优价、奖励创新人员等。

四、人力资本创新

人是最核心、最具创造力，也是最活跃的生产要素，企业不断创新发展的过程也就是人力资本创新不断演变的过程。千古兴亡事，成败皆因人。在传统人力资源管理理论的基础上，未来人力资源管理将突出以下方面的创新。

1.加强智力资本管理

智力资本是智力和知识的融合，智力资本既不能等同于智力也不能等同于知识，更不能视为二者的简单相加，它是智力和知识相互融合后的可以创造财富的资本，二者是密不可分的整体，是一个不断交互累积的过程。这种融合越好、越紧密，智力资本的效益就越高、价值就越大。一个管理者的管理能力与其智力资本密切相关，一个拥有10亿智力资本的企业家，他就可以轻松管理10亿资产规模的企业，如果一个企业家所拥有的智力资本低于所管理的企业的资产规模，他管理企业就会显得十分困难，因此，企业家所拥有的智力资本的多少直接决定着他的管理能力的高低。

在未来的企业中，首席知识官（Chief Knowledge Officer，简称CKO）将作为一个普遍现象存在于企业中，首席知识官将负责企业人力资源和智力资本的管理。目前，在世界500强企业中已有部分企业建立了智力资本管理平台，出现了"首席知识主管"，在未来的企业管理中，这个职位以及对智力资本的管理将更加普遍。有效智力资本管理的根本措施是在企业内部建立一个规范的管理模式，以制度的形式奠定智力资本管理在企业管理中的战略地位。这对企业智力资本管理的贯彻落实是一个根本的保障。因此，必须依据企业的特点，建立适合的智力资本评估指标体系。

2. 将更加重视对外脑等资源的管理

电脑的普及和应用范围的扩大正改变着我们的世界。网络技术将使我们迈入数字化、信息化时代。在电脑技术日新月异的今天，人们越来越感觉到电脑和网络的巨大威力，可以说目前已是人脑与电脑并行的时代，企业的管理也将随着电脑和网络的应用而不断提高管理的水平和阶段。但如何将"电脑+人脑"这智能的双核功能完美地结合在一起，实现管理水平的不断提高，将是未来我们进行人脑等智力资本管理的关键。

电脑技术具有高效计算、程式运行和高效协助管理的特点，人脑具有思维创意、智慧源泉的特点。虽然电脑来源于人脑，但在未来企业管理中，对电脑资源的开发和利用也必将是提升管理效率的重要部分。

此外，对一个企业来讲，人力资源尤其是人力资本和智力资本的储备和培养是一个缓慢的过程。加强对外脑资源的管理将是未来人力资源管理的重要内容，譬如可以将公司急需研究的项目或科技攻关交给高校、科研机构或其他有实力的公司，实现借助外脑资源提高自身管理水平、实现技术创新的目的。

3. 将更加重视对休闲人力资源和娱乐人力资源的开发和利用

休闲人力资源主要是指工作离退休之后，处于一种休闲生活状态的人们，既拥有人力资本的身体条件，又拥有智力资本的内在条件的社会资源。通过对该类人群的开发，达到缓解人才资源结构性短缺、实现人才效益最大化以及构建和谐社会的目标。

目前，我国60岁以上老年人口已超2.2亿人，占总人口的16%。预计到2035年，我国60岁以上老年人口将达到4亿人。随着我国老龄化进程的不断加快，由此引发的种种社会问题日益突出。在深度老龄化的时代，如何有效地开发和利用好我国的老年人力资源是一个意义深远的重大课题。目前在我国经济还不发达、物质财富还不够丰富的情况下，如果依然按照传统观念，仅仅把老人看作被抚养对象，实行消极养老，对国家和青年一代来说不仅是一项沉重的负担，还会造成大量宝贵人力资源的浪费和更多物质财富的消耗。老年人也是一种资源、一种财富，积极开发老年人力资源，越来越具有重要的现实意义和长远的历史意义。

加强对老年人力资源的开发。一是缓解人才资源结构性短缺。据统计，我国现有离退休人员中科技人员超过600多万人，其中70岁以下具有高中级职称、身体健康、有能力继续发挥作用的超过200多万人，随着离退休人员的迅速增长，老年人才的队伍将不断扩大。这是一笔宝贵的人才资源。二是实现人才效益最大化。开发老年人力资源是实现人才效益最大化的重要途径，对老年人力资源进行第二次开发具有巨大的潜力。老年人，特别是低龄老年人，绝大多数都经历过学校培养、一般培养、单位上的特殊培训等一系列的知识和技术积累过程，他们积累形成的知识技术等能量的释放是巨大而持久的，即使到了退休年龄，知识和技术产生的边际收益仍然没有结束。与年轻人开发相比，无须再对老年人进行大的投资就可以得到很大的回报。因此对老年人力资源进行充分的利用和开发，可以大大降低这部分人力资源的浪费，使整个社会获得最大的收益。三是加强对老年人力资源的开发，有利于提高老年人自身供养能力和调整老年人的心态，有利于构建和谐社会。

娱乐人力资源是指儿童和未成年人群的人力资源。尽管该类人群尚不具备从事社会劳动的脑力和体力，但对该类人群的开发和利用仍然可以为社会创造巨大财富。如果将人力资本管理放在更广阔的视角去分析，儿童及未成年人群的娱乐人力资源开发意义也同样重要。例如，根据儿童和未成年人喜欢娱乐的天性，设计一种产品，可以使儿童在蹦跳玩耍等下意识的活动中为社会创造财富。譬如，设计一种能源开发系统，可以使儿童在做游戏的不断踩踏中产生能量，也可以在儿童及未成年人打游戏按键的过程中产生能量，甚至在运动员锻炼时在不断运动中产生能量，达到娱乐创造价值的目标。总之，未来人力资本的管理视角将更为广阔，应用范围不断扩大，在对成年人人力资本管理不断丰富的基础上，对老年人力资源开发的休闲创造价值以及娱乐创造价值将更受重视并发挥更大的效用。

第四节　创新管理的基本内涵

一、创新管理的定义

创新管理是指企业把新的管理要素或要素组合引入企业管理系统，加强知识资产管理、机遇管理和企业战略管理，有效运用企业资源，把管理创新、技术创新和制度创新有机结合起来，形成完善的动力机制、激励机制和制约机制的管理，以便有效地实现组织目标的创新活动。

创新管理是观念创新、技术创新、机制创新和人力资本创新的统一，是创新活动与企业经营的系统融合，创新管理所强调的不再是局部的、部分的创新活动，而更加关注的是观念、技术、机制和人力资本全局性、系统性和变革性的创新活动。与其说创新管理是一种技术手段，不如说创新管理是一种观念和理念的创新。

二、创新管理与中外管理学派的关联

变化是常态,创新无止境,因时而变、以变应变才是最大的不变。创新管理的思想与中国的阴阳家学派、西方的权变管理学派可谓异曲同工、一脉相承。

阴阳家认为阴阳是事物本身具有的正反两种对立和转化的力量,提出了"以小推大"的创新预测原则,由已知的事物推算未知的事物,由直接经验的事物推算未及经验的事物,由现有的信息推算未来的趋势。立足于面向未来、注重提升管理效果是创新管理的重要特征,这与以"果"为核心的阴阳家思想具有异曲同工之妙,都注重通过已知到未知、现在到未来的预测和决策,把握发展趋势,提高管理成效。

权变管理学派认为环境是影响管理选择的重要因素,没有放之四海而皆准的管理理论和方法,组织的管理应该根据其所处的环境和内部条件的变化而变化。权变理论从实践的现实意义出发,强调了理论的环境适应性,将环境比作自变量,管理比作因变量,突出了"管理无定式",应根据环境变化采用不同的管理模式这一思想要义。这与创新管理理念相通,承认社会文化环境的变迁、经济的发展变化、科学技术的发展等对管理带来的重要影响,强调要根据宏观形势和发展趋势,积极探索新的管理模式,引入新的理念手段,拓展新的发展空间。

三、创新管理的特点

1.系统性

企业是一个复杂系统,系统内的各要素相互联系、相互作用。当系统内某个或某些要素处于不良状态时,必有其他要素受到影响,同时,企业系统从整体上看也会处于不良状态。进一步地看,企业系统是由人来运行的，也是为人服务的。当企业系统处于不良状态时，必有相关的人感到不满。反过来也可以这样讲，如果没有相关的人感到不满，企业系统就处于良性状态。企业的系统性为管理创新寻找着力点提供了可能，同时也为管理创新成果的评价提供了标准。

2. 全员性

创新管理的程度有大有小，创新程度不高的创新管理只是对现有管理工作一定程度上的改进，或者是对成熟管理技术的引进，其复杂程度不高。因此，可以认为企业所有员工都能成为创新管理的主体。依靠员工来解决问题已被认为是改变现代管理面貌的十二种创新之一。从根本上看，创新管理涉及到企业中的每一个人，每一个人对管理系统是如何影响他本人以及从他的角度来看应该如何改进都是最有发言权的，因此，企业中每一个人都能够且应该成为创新管理的主体。

3. 变革性

创新管理一般会涉及到企业内权益关系的调整，因此，创新管理，尤其是程度大的创新管理实质上就是一场深刻的变革。从管理史上较为著名的创新管理来看，它们都具有变革性。比如，泰勒科学管理原理的应用需要劳资双方进行精神革命，协调利益关系；梅奥人群关系论的应用也需要企业管理者改变管理方式，尊重员工。由于企业本身就是一个利益聚合体，或者是一个政治实体，因此，不触及现有权益关系、皆大欢喜的创新管理是不存在的。

4. 自发性

自发性创新是创新管理阶段企业创新的主要方式。随着管理阶段的不断提高，企业在文化、科技、理念等方面的极大提升，企业之间竞争的差异性不断分化，为争取市场"蓝海"，获取更大的利润，保持在市场上的主导地位，企业将自发性地进行着管理创新活动。企业自发性创新与诱导性创新是不同的，前者是企业管理水平达到一定阶段后而进行的由内到外的、自发性的创新活动，这种创新活动更为彻底也更加主动；诱导性创新主要是受外部因素影响而进行的创新，是由外到内的创新，与自发性创新相比，诱导性创新是一种被动创新，而上升到创新管理阶段的创新活动是企业进行的一种以自发为导向的创新活动。

5.持久性

创新无止境。创新管理阶段的创新活动呈现出持久性和永续性的特点。创新管理的持久性主要体现在创新永无止境，创新活动伴随着企业的成长、发展、壮大以及参与市场竞争的全过程之中，处于市场竞争中的企业，持久不断地创新是开辟"蓝海"市场的唯一途径。创新活动在管理阶梯的七个阶段一直存在，然而，到达创新管理阶段的创新活动，不仅是企业进行自发性的活动，更是伴随着企业的成长而不断进行的一种持久性活动，只要企业存在、市场竞争存在，创新活动就不停地进行着，因此，处于创新管理阶段的创新活动，呈现了持久性的特点。

6.先进性

任何管理创新活动往往都伴随着观念的更新和技术的进步，基于观念更新和技术进步的创新管理呈现出先进性的特点。处于创新管理阶段的创新活动，往往代表着企业在经营理念、产品升级、技术进步和管理模式转变的新的趋势，是技术进步与企业管理有机结合的产物，是企业发展、技术与管理结合以及管理模式突破的新方向，因此，处于管理创新阶段的创新活动具有先进性的特点。

综上，创新管理突出特点是"十化"，即制度化、标准化、规范化、信息化、网络化、人性化、虚拟化、全球化、宇宙化、智能化。

四、创新管理的演进

创新管理自诞生以来不断丰富和发展，已经成为当代最重要的科技与经济密切结合的综合性管理理念之一。当今世界发达国家、新兴工业国家的创新实践表明：创新决定社会资源的利用效率，进而影响社会的资源配置方式，从而产生了任何其他因素难以比拟的对于社会经济增长的推动力。创新既是企业和社会发展的动力，更是企业和社会经济增长的推动力；既是企业文化和企业精神，也是企业经营战略和策略。创新管理将各种管理理论扬长避短，有机融合，引导人类管理理论和实践研究向更高的层级发展。

由于现代科学技术和生产力的高度发展，既对产品开发、生产与服务提出了更高的要求，又对传统的管理理论和生产模式提出了新的挑战，从而引起现代企业经营管理模式的变革。变革创新是21世纪管理哲学的主题，人类在解决社会发展的各种危机的管理实践中，将造就管理智慧的提升和飞跃。管理必须随时势发展而处于不断地调整、变革和创新的过程中，作为企业的管理者必须审时度势、高屋建瓴地担负起创新管理的重任，永做创新管理的智者。

第二篇

营销篇

第九章
营销理论概述

第一节 营销综述

一、市场营销的内涵

营销学是来源于企业的市场营销实践，又作用于企业的市场营销实践的科学。它在20世纪初期起源于美国。第二次世界大战后的20世纪50年代，现代营销理论进一步形成。

西方市场营销学者从不同角度及发展的观点对市场营销下了不同的定义。

有些学者从宏观角度对市场营销下定义。

例如，E. J. Mccarthy 把市场营销定义为一种社会经济活动过程，其目的在于满足社会或人类需要，实现社会目标。又如，Philop Kotler 指出，"市场营销是与市场有关的人类活动。市场营销意味着和市场打交道，为了满足人类需要和欲望，去实现潜在的交换。"

还有些定义是从微观角度来表述的。

例如，美国市场营销协会于1960年对市场营销下的定义是：市场营销是"引导产品或劳务从生产者流向消费者的企业营销活动"。

E. J. Mccarthy于1960年也对微观市场营销下了定义：市场营销"是企业经营活动的职责，它将产品及劳务从生产者直接引向消费者或使用者以便满足顾客需求及实现公司利润",这一定义虽比美国市场营销协会的定义前进了一步,指出了满足顾客需求及实现企业赢利成为公司的经营目标,但这两种定义都说明,市场营销活动是在产品生产活动结束时开始的,中间经过一系列经营销售活动,当商品转到用户手中就结束了,因而把企业营销活动仅局限于流通领域的狭窄范围,而不是视为整个经营销售的全过程,即包括市场营销调研、产品开发、定价、分销广告、宣传报道、销售促进、人员推销、售后服务等。

Philop Kotler 于1984年对市场营销又下了定义:市场营销是指企业的这种职能,"认识目前未满足的需要和欲望,估量和确定需求量大小,选择和决定企业能最好地为其服务的目标市场,并决定适当的产品、劳务和计划(或方案),以便为目标市场服务"(《市场营销管理》序言)。

美国市场营销协会(AMA)于1985年对市场营销下了更完整和更全面的定义:市场营销"是对思想、产品及劳务进行设计、定价、促销及分销的计划和实施的过程,从而产生满足个人和组织目标的交换。"这一定义比前面的诸多定义更为全面和完善。主要表现为:①产品概念扩大了,它不仅包括产品或劳务,还包括思想;②市场营销概念扩大了,市场营销活动不仅包括营利性的经营活动,还包括非营利组织的活动;③强调了交换过程;④突出了市场营销计划的制定与实施。

二、对营销内涵的理解

市场营销是一种企业活动,是企业有目的、有意识的行为。

满足和引导消费者的需求是市场营销活动的出发点和中心。企业必须以消费者为中心,面对不断变化的环境,作出正确的反应,以适应消费者不断变化的需求。满足消费者的需求不仅包括现在的需求,还包括未来潜在的需求。现在的需求表现为对已有产品的购买倾向，潜在需求则表现为对尚未问世产品的某种功能的愿望。

例如，第二次世界大战后，IBM公司的总裁曾向一家非常有名的咨询公司打听未来美国所有公司、研究所及政府单位对电子计算机的需求量，得到的回答是不到10台。后来他的儿子做了总裁，不同意这个预测，坚持要生产电子计算机，这才有了IBM公司的今天。这个例子表明，尽管人们有减轻办公室劳动强度、提高工作效率的愿望，但由于不知道计算机是什么样，也不知道如何使用计算机，因此，调查时没有表现出对计算机的需要。人们的潜在需求常表现为某种意识或愿望，企业应通过开发产品并运用各种营销手段，刺激和引导消费者产生新的需求。

分析环境，选择目标市场，确定和开发产品，产品定价、分销、促销和提供服务以及它们之间的协调配合，进行最佳组合，是市场营销活动的主要内容。市场营销组合中有四个可以人为控制的基本变数，即产品、价格、渠道和促销方法。由于这四个变数的英文均以字母"P"开头，所以又叫"4Ps"。企业市场营销活动所要做的就是密切关注不可控制的外部环境的变化，恰当地组合"4Ps"，千方百计使企业可控制的变数（4Ps）与外部环境中不可控制的变数迅速相适应，这也是企业经营管理能否成功、企业能否生存和发展的关键。

实现企业目标是市场营销活动的目的。不同的企业有不同的经营环境，不同的企业也会处在不同的发展时期，不同的产品所处生命周期里的阶段亦不同，因此，企业的目标是多种多样的，利润、产值、产量、销售额、市场份额、生产增长率、社会责任等均可能成为企业的目标，但无论是什么样的目标，都必须通过有效的市场营销活动完成交换，与顾客达成交易方能实现。

三、市场营销的功能与作用

（一）市场营销的功能

（1）交换功能。在交换过程中，产品的所有权发生转移，买主需要对购买什么、向谁购买、购买数量、购买时间等进行选择；而卖主需要确定目标市场，努力促销并实施售后服务等。

（2）物流功能。包括货物的运输和存储。它是实现商品交换的前提和必要条件。

（3）分等功能。市场对产品按照一定的质量、规格、等级进行整理分类等。这也是市场交换中的标准化过程。

（4）融资功能。这已是西方国家批发商和某些代理商的主要职能。即零售商从独立供货商进货，通常不必立即付清货款，有一定的信用赊销期间。独立批发商通过这种商业信用方式，向广大中小零售商提供财务援助。

（5）风险功能。在市场营销过程中商品可能被损坏，可能不被市场需要或成为非时尚产品而卖不出去，不得不对产品进行削价出售。如果用户对产品质量不满意，还要实行包退包换。这就是产品的制造商和批发商所要承担的市场风险。

（6）信息功能。在市场营销过程中，批发商和零售商比制造商更为接近购买者，因此，他们更了解市场情况，更具有提供信息的职能：一方面，向制造商提供用户需要哪些产品的信息和建议；另一方面，向零售商提供新产品的说明，提出竞争价格的建议。

（二）市场营销的作用

1.市场营销对企业发展的作用

成功经营一个企业的原因是什么？这个问题是引起国内外企业界及

学术界普遍关注的问题。国内有几家电冰箱厂同国外某企业合资生产，国内消费者对电冰箱的爱好、生产冰箱所耗费的原材料成本以及销售价格差距不大，但个别电冰箱厂销售量下降，经济效益差，另外一些电冰箱厂则销售量日益上升，经济效益好。原因何在？经调研我们发现，根本差异在于市场营销观念及相应的市场营销组合策略。

成功的企业有一套明智的经营原则，即有强烈的顾客意识（持久不懈地接近顾客），强烈的市场意识及推动广大职工为顾客生产提供优质产品的本领。美国著名的IBM公司是巧妙应用市场营销观念及营销策略的成功典范。IBM总经理罗杰斯说过："在IBM公司，每个员工都在推销……当你走进纽约IBM大厦或世界各地办事处时，你都会产生这种印象。"有人问，IBM销售什么产品？他回答："IBM公司不出售产品，而是出售解决方法。"市场营销虽然不是企业成功的唯一因素，但是关键因素。美国著名管理学家Peter Drucker曾指出：市场营销是企业的基础，不能把它看作是单独的职能。从营销的最终成果，亦即从顾客的观点看，市场营销就是整个企业。……企业经营的成功不是取决于生产者，而是取决于顾客。当今，市场营销已经成为企业经营活动首先考虑的第一任务，这一点在发达市场经济国家显得尤为突出。对美国250家主要公司高级管理人员进行调查后发现，公司的第一任务是发展、改进及执行竞争性的市场营销策略；第二任务是"控制成本"；第三任务是"改善人力资源"。大部分企业的高级管理人员来自市场营销部门，比如美国克莱斯勒汽车公司总裁艾可卡便是来自营销部门。

随着国际经济一体化的发展，各国均卷入国际市场竞争的洪流。哪家公司能最好地选择目标市场，并为目标市场制定相应的市场营销组合策略，哪家公司就成为竞争中的赢家。总之，从微观角度看，市场营销是联结社会需求与企业反应的中间环节，是企业用来把消费者需求和市场机会变成有利可图的公司机会的一种行之有效的方法，亦是企业战胜竞争对手、谋求发展的重要方法。

2.市场营销对社会经济发展的作用

马克思主义理论认为，生产是根本，生产决定交换、分配、消费几个环节。没有生产就没有可供交换的东西，市场营销人员只能销售那些已由生产厂商生产出来的东西。可见，生产者创造了形式效用。但是，在市场经济中，生产出来的东西如果不通过交换，没有市场营销，产品就不可能自动传递到广大消费者手中。从宏观角度看，市场营销对社会经济发展的主要作用是解决社会生产与消费之间的七大矛盾。

（1）生产者与消费者在空间上的分离。这是指产品的生产与消费在地域上的距离，它是由诸多因素造成的。

从工业品看，由于各国的地理条件、自然资源、交通情况及工业布局不同，加之各国资源特点、国力水平以及经济发展目标的差异而实行不同的产业政策，如在一定时期内重点扶植某些产业，延缓或抑制某些产业的发展，造成各国工业生产往往按行业集中于某一地区。而工业品的用户则分布于全国各地乃至全世界，这样，必然造成工业品生产者与工业品用户在地域上的分离。至于工业品消费者，更是散居于全国各地乃至世界各地，因而工业消费品生产者与消费者在地区上的矛盾更加突出。

从农产品看，农产品的关系与消费在空间上亦发生矛盾。一方面，农产品由分散在全国广大农村的农民进行生产；另一方面，农产品的消费者分散于全国乃至世界各地，因此，农产品生产与消费存在着突出的空间矛盾。

如何解决上述矛盾呢？由宏观市场营销机构执行市场营销职能，把产品从产地运往全国乃至世界各地，以便适时适地将产品销售给广大用户。从此意义上讲，市场营销创造了地点效用。

（2）生产者与消费者在时间上的分离。这是指产品的生产与消费者对产品的消费在时间上的差异。它是由工业品及农产品生产周期的特征及消费者的消费特点引起的。工业品是常年生产，但广大消费者因自然条件的制约，使其消费呈现出不同的状况，对某些工业品是常年消费，但对某些工业品是季节性消费。农产品生产具有明显的季节性，但对农产品的消费却是常年进行的。产品生产与消费在时间上的差异，要求宏观市场营销机构向工厂或农民收购产品，并对产品进行加工、分级和储存，以不断保证广大用户的需求。

（3）生产者与消费者在信息上的分离。随着商品经济的进一步发展，市场随之不断扩大，生产者与消费者在空间上的分离加深，市场信息的分离也随之扩大。由于市场范围突破了原来狭窄的地区交换，扩大至全国乃至世界范围，生产者与消费者从原来的直接交换变成通过中间商的间接交换，生产者与消费者已不能直接相互了解和掌握自己所需产品的市场信息。这种生产与消费信息的分离，要求宏观市场营销机构进行市场营销调研，并通过广告媒体宣传传递市场信息。

（4）生产者与消费者在产品估价上的差异。由于生产者与消费者处于不同的地位及追求不同的利益目标，因此对产品的估价迥然不同。生产者从事经营活动的目的是追求利润，要求产品价格必须在成本价格之上才能盈利。所以，企业对产品的估价是以获利为标准的。至于商品价格在何种水平，利润水平多高，则取决于市场竞争状况及消费者的需求程度。

消费者则多半从产品的经济效用及自己的支付能力来估价产品。这样，生产者与消费者对产品估价差异性较大，存在着生产者对产品估价过高及消费者对产品估价过低的矛盾。因此，除了企业通过改善经营管理，提高技术，降低成本及合理定价外，还需要宏观市场营销机构通过广告媒体宣传，改变消费者的估价观念，缩小生产者与消费者对产品估价的差异。

（5）生产者与消费者在商品所有权上的分离。在商品经济社会中，商品生产者对其产品具有所有权，但他们生产这些产品的目的不是为了获取使用价值，而是为了价值，为了利润；广大消费者需要这些产品，但对这些产品不拥有所有权，这就产生了生产者与消费者对产品所有权的分离。因此，需要特定的宏观市场营销机构组织商品交换，帮助生产者在把产品转移到消费者手中的同时，实现产品所有权的转移。

（6）生产者与消费者在产品供给数量上的差异。随着社会主义市场经济及国际一体化的发展，国内市场及国际市场竞争日趋激烈，各企业为了在竞争中占据有利地位，纷纷扩大自身的生产规模或组建企业集团，竞争从个别企业之间小规模的较量变成大企业集团之间的大规模的抗衡。大规模企业或企业集团能够充分发挥规模经济效益，即进行大批量生产和销售，降低成本，提高市场占有率。但是，广大消费者均以家庭为单位进行消费，多数小企业也是小批量生产及小批量购买，只有少数大型企业实现大批量生产及大批量集中购买，但又需要多品种的原材料。这样，产生了生产者大批量生产产品与用户小量消费及零星购买的矛盾。因此，需要特定宏观市场营销机构向企业进行采购、分级及分散地销售产品。

（7）生产者与消费者在产品花色品种供需上的差异。随着市场经济的发展及市场竞争的加剧，许多企业都想方设法实行专业化生产以降低成本，提高经济效益，或通过专业化生产满足某个目标市场顾客的需求，以提高其市场竞争力。然而，广大消费者随着其个人收入不断提高，对产品的需求呈多样化趋势。显然，企业实行专业化生产，仅能满足消费者的某种需求。因此，要求特定宏观市场营销机构向各企业广泛采购、分级、加工，并将各种产品销售给广大消费者。

总之，从宏观角度看，市场营销对于适时、适地、以适当价格把产品从生产者传递到消费者手中，求得生产与消费在时间、地区的平衡，从而促进社会总供需的平衡起着重大的作用。同时，市场营销对加速我国现代化建设，发展我国国民经济，起着巨大的作用。

四、市场营销战略规划

市场营销战略是企业市场营销部门根据战略规划，在综合考虑外部市场机会及内部资源状况等因素的基础上，确定目标市场，选择相应的市场营销策略组合，并予以有效实施和控制的过程。

（一）市场营销战略考虑的要素

经营理念、方针、企业战略、市场营销目标等是企业制定市场营销战略的前提条件，是必须适应或服从的。一般是既定的，像市场营销目标也许尚未定好，但在市场营销战略的制定过程中首先要确定的就是市场营销目标。确定目标时必须考虑与整体战略的联系，使目标与企业的目的以及企业理念中所明确的、对市场和顾客的姿态相适应。

市场营销目标应包括：量的目标，如销售量、利润额、市场占有率等；质的目标，如提高企业形象、知名度、获得顾客等；其他目标，如市场开拓，新产品的开发、销售，现有产品的促销等。

（二）制定市场营销战略的目的和要求

（1）市场营销战略的第一目的是创造顾客，获取和维持顾客。

（2）从长远的观点来考虑如何有效地战胜竞争，使其立于不败之地。

（3）注重市场调研，收集并分析大量的信息，只有这样才能在环境和市场的变化有很大不确定性的情况下作出正确的决策。

（4）积极推行革新，其程度与效果成正比。

（5）在变化中进行决策，要求其决策者要有很强的洞察力、识别力和决断力。

（三）市场营销战略的实施

企业市场营销管理过程中包含着下列四个相互紧密联系的步骤：分析市场机会，选择目标市场，确定市场营销策略，市场营销活动管理。

1.分析市场机会

在竞争激烈的买方市场，有利可图的营销机会并不多。企业必须对市场结构、消费者、竞争者行为进行调查研究，识别、评价和选择市场机会。

企业应该善于通过发现消费者现实的和潜在的需求，寻找各种"环境机会"，即市场机会。而且应该通过对各种"环境机会"的评估，确定本企业最适当的"企业机会"的能力。

对企业市场机会的分析、评估，首先是通过有关营销部门对市场结构的分析、消费者行为的认识和对市场营销环境的研究。还需要对企业自身能力、市场竞争地位、企业优势与弱点等进行全面、客观的评价。还要检查市场机会与企业的宗旨、目标与任务的一致性。

2.选择目标市场

对市场机会进行评估后，要研究和选择企业的目标市场。目标市场的选择是企业营销战略性的策略，是市场营销研究的重要内容。企业首先应该对进入的市场进行细分，分析每个细分市场的特点、需求趋势和竞争状况，并根据本公司的优势，选择自己的目标市场。

3.确定市场营销策略

企业营销管理过程中，制定企业营销策略是关键环节。企业营销策略的制定体现在市场营销组合的设计上。为了满足目标市场的需要，企业对自身可以控制的各种营销要素如质量、包装、价格、广告、销售渠道等进行优化组合。重点考虑产品策略、价格策略、渠道策略和促销策略。

4.实施营销战略管理

企业营销管理的最后一个程序是对市场营销活动的管理，营销管理离不开营销管理系统的支持。需要以下三个管理系统支持：

第一，市场营销计划。既要制定较长期战略规划，决定企业的发展方向和目标，又要有具体的市场营销计划，具体实施战略计划目标。

第二，市场营销组织。营销计划需要有一个强有力的营销组织来执行。根据计划目标，需要组建一个高效的营销组织机构，需要对组织人员实行筛选、培训、激励和评估等一系列管理活动。

第三，市场营销控制。在营销计划实施过程中，需要控制系统来保证市场营销目标的实施。营销控制主要有企业年度计划控制、企业盈利控制、营销战略控制等。

营销战略管理的三个系统是相互联系，相互制约的。市场营销计划是营销组织活动的指导，营销组织负责实施营销计划，计划实施需要控制，保证计划得以实现。

五、市场细分和市场定位

（一）市场细分的概念和作用

1.市场细分的概念

市场细分就是企业根据市场需求的多样性和购买者行为的差异性，把整体市场即全部顾客和潜在顾客，划分为若干具有某种相似特征的顾客群，以便选择确定自己的目标市场。

2.市场细分的前提

第一，市场行为的差异性及由此决定的购买者动机和行为的差异性，要求对市场进行细分。

第二，市场需求的相似性。

第三，买方市场的形成迫使企业要进行市场细分。

3.市场细分的作用

第一，有利于巩固现有的市场阵地。

第二，有利于企业发现新的市场机会，选择新的目标市场。

第三，有利于企业的产品适销对路。

第四，有利于企业制定适当的营销战略和策略。

（二）消费者市场细分的标准

1.地理环境因素

消费者所处的地理环境和地理位置，包括地理区域（如国家、地区、南方、北方、城市、乡村），地形，气候，人口密度，生产力布局，交通运输，通讯条件等。

2.人口和社会经济状况因素

包括消费者的年龄、性别、家庭规模、收入、职业、受教育程度、宗教信仰、民族、家庭生命周期、社会阶层等。

3.商品的用途

其一，分析商品用在消费者吃、喝、穿、用、住、行的哪一方面。

其二，分析不同的商品是为了满足消费者的哪一类（生理、安全、社会、自尊、自我实现）需要，从而采取不同的营销策略。

4.购买行为

主要是从消费者购买行为方面的特性进行分析。如购买动机、购买频率、偏爱程度及敏感因素（质量、价格、服务、广告、促销方式、包装）等方面判定不同的消费者群体。

（三）目标市场营销战略及其影响因素

1.目标市场和目标市场营销

目标市场：在需求异质性市场上，企业根据自身能力所确定的欲满足的现有的和潜在的消费者群体的需求。

目标市场营销：企业通过市场细分选择了自己的目标市场，专门研究其需求特点并针对其特点提供适当的产品或服务，制定一系列的营销措施和策略，实施有效的市场营销组合。

为有效地实现目标市场营销，企业必须相应地采取三个重要的步骤：第一步，市场细分；第二步，选择目标市场；第三步，市场定位。

2.目标市场营销策略

目标市场的营销策略主要有三种：

（1）无选择（差异）性市场营销。企业面对整个市场，只提供一种产品，采用一套市场营销方案吸引所有的顾客。它只注意需求的共性。

优点：生产经营品种少、批量大，节省成本的费用，提高利润率。

缺点：忽视了需求的差异性，较小市场部分需求得不到满足。

（2）选择（差异）性市场营销。企业针对每个细分市场的需求特点，分别为之设计不同的产品，采取不同的市场营销方案，满足各个细分市场上不同的需要。

优点：适应了各种不同的需求，能扩大销售，提高市场占有率。

缺点：因差异性营销会增加设计、制造、管理、仓储和促销等方面的成本，会造成市场营销成本的上升。

（3）集中性市场营销。企业选择一个或少数几个子市场作为目标市场，制订一套营销方案，集中力量为之服务，争取在这些目标市场上占有大量份额。

优点：由于目标集中能更深入地了解市场需要，使产品更加适销对路，有利于树立和强化企业形象及产品形象，在目标市场上建立巩固的地位；同时由于实行专业化经营，可节省生产成本和营销费用，增加盈利。

缺点：目标过于集中，把企业的命运押在一个小范围的市场上，有较大风险。

（四）市场定位战略

1.市场定位的概念

市场定位，就是针对竞争者现有产品在市场上所处的位置，根据消费者或用户对该种产品某一属性或特征的重视程度，为产品设计和塑造一定的个性或形象，并通过一系列营销活动把这种个性或形象强有力的传达给顾客，从而适当确定该产品在市场上的位置。

2.企业进行市场定位的步骤

第一步：调查研究影响定位的因素。主要包括：

（1）竞争者的定位状况。要了解竞争者正在提供何种产品，在顾客心目中的形象如何，并估测其产品成本和经营情况。

（2）目标顾客对产品的评价标准。即要了解购买者对其所要购买产品的最大偏好和愿望以及他们对产品优劣的评价标准是什么，以作为定价决策的依据。

（3）目标市场潜在的竞争优势。企业要确认目标市场的潜在竞争优势是什么，然后才能准确地选择竞争优势。

第二步：选择竞争优势和定位战略。

企业通过与竞争者在产品、促销、成本、服务等方面的对比分析，了解自己的长处和短处，从而认定自己的竞争优势，进行恰当的市场定位。

第三步：准确地传播企业的定位观念。

企业在作出市场定位决策后，还必须大力开展广告宣传，把企业的定位观念准确地传播给潜在购买者。

3.可供选择的市场定位战略

（1）"针锋相对式"定位。把产品定在与竞争者相似的位置上，同竞争者争夺同一细分市场。实行这种定位战略的企业，必须具备以下条件：能比竞争者生产出更好的产品；该市场容量足够吸纳这两个竞争者的产品；比竞争者有更多的资源和实力。

（2）"填空补缺式"定位。寻找新的尚未被占领、但为许多消费者所重视的位置，即填补市场上的空位。这种定位战略有两种情况：一是这部分潜在市场即营销机会没有被发现，在这种情况下，企业容易取得成功；二是许多企业发现了这部分潜在市场，但无力占领，这就需要有足够的实力才能取得成功。

（3）"另辟蹊径式"定位。当企业意识到自己无力与同行业强大的竞争者相抗衡从而获得绝对优势地位时，可根据自己的条件取得相对优势，即突出宣传自己与众不同的特色，在某些有价值的产品属性上取得领先地位。

六、市场调查

（一）市场调查的概念

市场调查是通过科学、周密地收集、分析市场信息，为营销决策提供依据的方法。广义的市场调查涉及到现实社会的方方面面，但本文所涉及的市场调查仅仅限于营销系统中的市场调研。

（二）市场调查的功能

市场调查在营销系统中扮演着双重角色，一方面它是市场信息反馈的组成部分，这些反馈信息为管理者提供决策依据，同时它也是探索新的市场机会的基本工具。

这两个角色在美国市场营销协会对市场调查所下的定义得以细致的体现：市场调查是一种通过将消费者、顾客和公众与营销者连接起来的方法。这些信息用于识别和确定营销机会及问题，产生、提炼和评估营销活动，监督营销绩效，改进人们对营销过程的理解。市场调查规定了了解问题所需的信息，设计收集信息的方法，管理并实施信息收集过程，分析结果，最终要沟通所得的结论及其意义。由此可知，市场调研的功能主要表现在以下三个方面：

（1）描述历史，如某产品占有多大的市场份额。

（2）诊断现状，如哪些因素影响该产品销售量下降。

（3）预测未来，如消费者对该产品使用要求的变化趋势。

市场调查研究方向涵盖营销市场的方方面面，如市场分析、消费者行为调查、产品满意度、广告效果测评、销售预测及商圈调查等。根据所研究问题的不同内容及研究目的，市场调研可采用的方法及技术多种多样、日益成熟，如资料分析法、问卷调查法、群组座谈法、观察法、实验法等。

（三）市场调查与市场营销的关系

市场营销是以满足人类的各种需要和欲望为目的，通过市场变潜在交换为现实交换的营销活动。为促使这一交换活动的实现，达到营销成功，营销者必须遵守"恰当"原理，即在恰当的地点、恰当的时间、以恰当的价格、使用恰当的促销方式把恰当的商品或服务卖给恰当的人。为作出这个恰当的决策，营销者必须及时、准确地获取制定决策所需的信息，市场调研就是提供这种信息的一种主要渠道。可见，市场调查是营销决策的重要依据，是营销系统中必不可少的一个环节。

（四）市场调查的主要内容

1.宏观环境分析

即围绕企业和市场的环境，包括政治、法律、社会、文化、经济、技术等。了解分析这些环境对制定市场营销战略至关重要。其理由有三：一是市场营销的成果很大程度上要受到其环境的左右；二是这些属于不可控制因素，难以掌握，企业必须有组织地进行调研、收集信息，并科学地对其进行分析；三是这些环境正加速变化。

环境的变化对企业既是威胁也是机遇，关键是我们能否抓住这种机遇或者使威胁变为机遇。例如，环境保护是各国极为重要的世界性课题，日本松下公司为适应这一环境，建立起了消除浪费、废物利用的生产体系，结果做到了对生产电子零部件的原材料的100%的利用。用其废物制造成其他产品，获得重大成果，给企业创造了丰厚的利益。再如，人口结构的变化，即独生子女化和老年化。我国企业在玩具生产上注意抓住了儿童市场，却忽略了老年人市场。但在美国和日本等国家，老年人玩具占有很大的比重。

2.市场环境分析

从市场特性和市场状况两个方面来对其进行分析。

市场特性包括以下几个方面：一是互选性，即企业可选择进入的市场，市场（顾客）也可选择企业（产品）；二是流动性变化，即市场会随经济、社会、文化等的发展而发生变化，包括量和质的变化；三是竞争性，即市场是企业竞争的场所，众多的企业在市场上展开着激烈的竞争；四是导向性，即市场是企业营销活动的出发点，也是归着点，担负着起点和终点的双重作用；五是非固定性，即市场可通过企业的作用去扩大、改变甚至创造。

市场状况也可以考虑几个问题。①市场规模，人口状况，购买欲望等。②市场是同质还是异质。现在人们的需求呈现出两种倾向：一是丰富化和多样化，二是两极分化越来越明显、突出。③绝大部分产品供大于求，形成买方市场。

3.行业动向和竞争

把握住了行业动向和竞争就等于掌握了成功的要素：一要了解和把握企业所在行业的现状及发展动向；二要明确竞争者是谁，竞争者在不断增加和变化，它不再只是同行业者，而相关行业、新参与者、采购业者、代理商、顾客等都有可能处于竞争关系，如铁道运输业的竞争对手包括汽车运输业和航空运输业等。

4.本企业状况

利用过去实绩等资料来了解公司状况，并整理出其优势和劣势。

战略实际上是一种企业用以取胜的计划，企业界在制定战略时必须充分发挥本公司的优势，尽量避开其劣势。

第二节 营销学派的分类

从营销发展史来看，市场营销理论诞生于20世纪初的美国，形成于20世纪中期。它的产生是美国社会经济环境发展变化的产物，并随着社会经济发展和科技进步不断深化。在19世纪末20世纪初，美国开始从自由资本主义向垄断资本主义过渡，社会环境发生了深刻的变化。工业生产飞速发展，专业化程度日益提高，人口增长急剧，个人收入上升，日益扩大的新市场为创新提供了良好的机会，人们对市场的态度开始发生变化。所有这些变化因素都有力地促进了市场营销思想的产生和市场营销理论的发展。

一、知名营销专家学者

在市场营销思想的产生和市场营销理论的发展期间,涌现出一批为市场营销发展作出卓越贡献的知名营销专家学者。

1.奥尔德逊

奥尔德逊是营销功能主义学派创始人。其代表著作包括《市场营销行动与经营行为》《动态市场营销活动》等,其中,《市场营销行动与经营行为》是20世纪60年代以前最伟大、最系统的Marketing学术论著,其基本方法是依据Parsons的"功能主义",又称"职能主义",综合分析市场营销体系。即从经营者行为的角度把握市场营销活动。

奥尔德逊解释说,功能主义是一种科学哲学,它从寻找某种行动机制出发,并力图解释这种机制是如何运转的。他指出,功能主义是发展市场营销理论最有效的途径,每一机构在市场营销活动中都有其独特职能,其存在的意义就在于能比其他机构更有效地提供某种服务。市场营销的效能就在于促进有利于双方的买卖,因此,奥尔德逊提出,经理必须认识市场中供需多样的事实,利用本企业的优势,寻找机会,达成交易。

2.约翰·霍华德

约翰·霍华德是"市场营销管理"命题首创人。在其出版的《市场营销原理:分析和决策》一书中,率先提出从营销管理角度论述市场营销理论和应用,从企业环境和市场营销策略两者的关系来讨论市场营销管理问题。当时,以"管理"为题的论文、专著屡见不鲜,但在"管理"之前冠以"市场营销"尚属首创。该书有四个主要特点:①管理决策导向;②运用分析方法;③强调经营经验;④引进了行为科学理论。

霍华德指出,市场营销管理的实质是企业"对于动态环境的创造性适应"。霍华德指出，市场营销经理的任务就是运用这些手段来实现最佳的环境适应。企业要在动态环境里生存和发展，就必须根据形势的变化采取相应的政策措施。

3.杰罗姆·麦卡锡

杰罗姆·麦卡锡在其《基础市场营销》一书中描述了研究市场营销的三种方法：商品研究法、机构研究法和职能研究法。此外，他还对美国市场营销协会定义委员会1960年给市场营销所下的定义进行了修正，进而提出自己的定义："市场营销就是指将商品和服务从生产者转移到消费者或用户所进行的企业活动，以满足顾客需要和实现企业的各种目标。"麦卡锡强调说："不是生产，而是市场营销决定了应该生产什么产品，制定什么价格，在什么地方以及如何出售产品或做广告。"

麦卡锡在市场营销管理理论方面提出了新的见解，是"目标市场"提出者。他首先把消费者看作是一个特定的群体，称为目标市场。通过市场细分，有利于明确目标市场，通过市场营销策略的应用，有利于满足目标市场的需要。即：目标市场就是通过市场细分后，企业准备以相应的产品和服务满足其需要的一个或几个子市场。一方面考虑企业的各种外部环境，另一方面制定市场营销组合策略，通过策略的实施，适应环境，满足目标市场的需要，实现企业的目标。

从分析来看，霍华德只是从企业环境和市场营销策略两者的关系来讨论市场营销管理问题，强调企业必须适应外部条件。而麦卡锡则提出了以消费者为中心，全面考虑企业内外部条件，以促成企业各项目标实现的市场营销管理体制。

4.菲利普·科特勒

菲利普·科特勒被誉为"现代营销学之父"，是当代市场营销学界最有影响的学者之一。他所著的《市场营销管理》一书在1967年出版后，成为美国管理学院最受欢迎的教材，并多次出版，译成十几国文字，受到各国管理学界和企业界的高度重视，被奉为市场营销学的经典之作。

科特勒提出，市场营销管理就是通过创造、建立和保持与目标市场之间的有益交换和联系，以实现组织的各种目标而进行的分析、计划、执行和控制过程。其管理体系包括：①分析市场营销机会；②确定市场营销战略；③制定市场营销战术；④组织市场营销活动；⑤执行和控制市场营销实践。他还指出，市场营销是与市场有关的人类活动，市场营销理论既适用于营利组织，也适用于非营利组织。这一观点，扩大了市场营销学的研究和应用领域。

5.克里斯琴·格罗鲁斯

克里斯琴·格罗鲁斯被誉为"服务营销理论之父"，也是世界CRM（客户关系管理）大师。格罗鲁斯首次将服务纳入营销对象，先后出版《服务营销学》《工业服务营销学》《战略管理与服务业的营销》《如何销售服务产品》《服务营销：诺丁学派的观点》《公共部门的服务管理》《全面沟通》《服务管理与营销》等数十部著作。他指出，服务是一方能够向另一方提供的任何一项活动或利益，它是无形的，并且不产生对任何东西本质的所有权问题。它的生产可以与实际产品有关，也可能无关。服务是通过提供必要的手段和方法，满足接受服务之对象的需求的"过程"。即服务是一个过程。

6.杰克·特劳特

杰克·特劳特被誉为"定位之父"，是全球顶尖的营销战略家，定位理论和营销战理论的奠基人和先驱，也是美国特劳特咨询公司总裁。他1969年以《定位：同质化时代的竞争之道》论文首次提出了商业中的"定位"观念，1972年以《定位时代》开创了定位理论，1981年出版学术专著《定位》。1996年，特劳特推出了定位论刷新之作《新定位》。2001年，定位理论压倒菲利普·科特勒、迈克尔·波特，被美国营销学会评为"有史以来对美国营销影响最大的观念"。2009年,他推出了定位轮落定之作《重新定位》。特劳特提出了著名的"九大定位方法",即:成为第一,占据特性,领导地位,经典,市场专长,最受青睐,制造方法,新一代,热销。

7.西奥多·莱维特

西奥多·莱维特是"全球市场营销"提出者,现代营销学的奠基人之一。在1983年在《全球化的市场》一文中,莱维特提出过于强调对各个当地市场的适应性,将导致生产、分销和广告方面规模经济的损失,从而使成本增加。因此,他呼吁多国公司向全世界提供一种统一的产品,采用统一的沟通手段,并作出了"全球化已然来临,不久之后全球性公司将在世界的每一个角落以同样的方式销售它们的商品和服务"的大胆预言,明确提出了"全球营销"的概念,曾轰动一时。这些预言和概念目前已成为现实。

8.巴巴拉·本德·杰克逊

巴巴拉·本德·杰克逊是"关系营销"提出者。1985年,巴巴拉·本德·杰克逊提出了"关系营销"的概念,认为"关系营销就是指获得、建立和维持与产业用户紧密的长期关系",拓展开来,就是把营销活动看成一个企业与消费者、供应商、分销商、竞争者、政府机构以及其他公众发生互动的过程,其核心是建立、发展、巩固企业与这些组织和个人的关系。这一观点强调的是营销活动中人的关系,即营销的人文性,使人们对市场营销理论的研究,又上了一个新的台阶。关系营销理论一经提出,迅速风靡全球,杰克逊也因此成了美国营销界备受瞩目的人物。

9.戴夫·查菲

戴夫·查菲是英国一位网络营销研究的顾问。他在克兰菲尔德大学和华威大学以及直销学院单子电子营销讲师,著有《网络营销战略、实施与实践》。该书介绍了营销实践者需要的实用网络营销技能，迅速变化的市场特征和网络营销在实践中的良好表现等。查菲描述了营销的未来，被英国皇家特许市场营销协会（CIM）评为全球最有名的50位营销大师之一。由于过去十年里对英国电子商务和网络发展的贡献和影响，他还被工商部门评定为荣誉个人。

10. 麦德奇

麦德奇被誉为全球数据分析顶尖高手，是全球营销传播机构奥美集团旗下奥美互动纽约子公司董事总经理，著有《大数据营销：定位客户》。该书介绍了企业如何利用数据全面了解客户，如何用最有效的办法接触客户，如何根据用户行为寻找客户，如何优化营销配置等内容，受到广泛好评。他同时领导着公司的全球数据实践团队，独立调查公司Forrester Research认为这支团队的水平在业内排名第一。麦德奇开发的分析模型清晰精确、蜚声全球，为IBM、菲利普、西门子、联合利华等跨国企业提供帮助，协助这些企业以最新的方式利用自身的数据及分析，赢得极高的利润。

二、市场营销理论主要学派

综合来看，市场营销理论经历了五个阶段发展，主要理论和代表人物分别为：4P营销理论创始人麦卡锡，4C营销理论创始人劳特朋，4S营销理论创始人康斯汀奈德斯，4R营销理论创始人唐·舒尔茨，4I营销理论创始人唐·舒尔茨。

（一）4P营销理论

1. 4P营销理论主要内容

1960年，麦卡锡（McCarthy）在其著作《基础营销》中正式提出4P

营销理论，即：产品（Product）、价格（Price）、渠道（Place）、促销（Promotion）。

影响企业营销有两类因素，一类是企业外部环境给企业带来的机会和威胁，这些是企业很难改变的；另一类是企业本身可以通过决策加以控制的。企业本身可以控制的因素归纳起来主要有以下四方面：

（1）产品策略。产品策略包括产品发展、产品计划、产品设计、交货期等决策的内容。其影响因素包括产品的特性、质量、外观、附件、品牌、商标、包装、担保、服务等。

（2）价格策略。价格策略包括确定定价目标、制定产品价格原则与技巧等内容。其影响因素包括分销渠道、区域分布、中间商类型、运输方式、存储条件等。

（3）渠道策略。也称分销策略，主要研究使商品顺利到达消费者手中的途径和方式等方面的策略。其影响因素包括付款方式、信用条件、基本价格、折扣、批发价、零售价等。

（4）促销策略。促销策略是指主要研究如何促进顾客购买商品以实现扩大销售的策略。其影响因素包括广告、人员推销、宣传、营业推广、公共关系等。

上述四个方面的策略组合起来总称为市场营销组合策略。市场营销组合策略的基本思想在于：从制定产品策略入手，同时制定价格、促销及分销渠道策略，组合成策略总体，以便达到以合适的商品、合适的价格、合适的促销方式，把产品送到合适地点的目的。企业经营的成败，在很大程度上取决于这些组合策略的选择和它们的综合运用效果。

2. 4P营销理论的扩展

（1）6P大市场营销

传统市场营销组合战略不断发展，营销理论也不断扩展。在4P营销理论的基础上，加上2P即权力（Power）和公共关系（Public

Relations），从而把营销理论进一步扩展为6P大市场营销。

大市场营销是指企业为了成功进入特定市场，并在那里从事业务经营，在战略上协调使用经济的、心理的、政治的和公共关系等手段，以获得各有关方面如经销商、供应商、消费者、市场营销研究机构、有关政府人员、各利益集团及宣传媒介等合作及支持。

①大市场营销与一般市场营销的联系与区别。从市场营销目标来看，对一般市场营销而言，市场已经存在，消费者已了解这种产品。大市场营销所面临的首要问题是如何打进市场，特别是进入封闭的市场，这势必要求国际及国内市场营销人员掌握更多的技巧，花费更多的时间。

从参与市场营销活动的各种人员看，一般市场营销人员经常是同顾客、经销商、广告商、市场调研公司打交道。而大市场营销者除了与上述人员打交道外，还与立法机关、政府部门、政党、公共利益集团、工会、宗教机构等打交道，以争取各方面的支持与合作，使这些力量不起阻碍作用。可见，大市场营销所涉及的人员更多、更复杂。

从市场营销手段看，一般市场营销手段主要包括产品、价格、分销和促销。大市场营销除包括四大营销策略外，还包括政治权力及公共关系，即6Ps组合。也就是说，大营销者不仅向顾客提供适销对路的产品或服务，还使用劝诱和赞助的手段取得对方的支持和合作。

从诱导方式看，一般市场营销人员采用正面积极诱导以说服各方人员给予合作，正面诱导的基础是自愿交换的原则及等价交换的原则。大市场营销认为常规的诱导方式已不够，因为对方或提出不合理要求，或不接受正面诱导，因此，企业不得不借助政治权力迫使对方让步。

从期限看，一般市场营销者将产品导入市场只需较短时间，大市场营销者将产品导入市场时间较长，而且还需打开许多封闭的国内及国际市场。

从投入成本看，由于大市场营销需要持续较长的时间，并且需要许多额外的支出来取得各方的配合，因此，比一般市场营销支出更大。

从参加的人员看，一般市场营销活动由企业的营销人，诸如产品经理、广告专家、市场营销调研人员及推销人员等负责；大市场营销除上述营销人员外，还需要最高管理者、律师、公共关系等人员参加。

②大市场营销战略实施步骤。

第一，探测权力结构。经营者必须首先了解目标市场的权力结构。权力机构主要有三种类型：

第一种是金字塔结构。权力集中于统治阶层，它可以是一个人、一个家族、一家公司、一个行业或一个派系，中层是贯彻统治阶层意图的，下层是执行者。

第二种是派系权力结构。这是指在目标地区中有两个以上的集团（权力集团、施加压力的集团、特殊利益集团）钩心斗角。在这种环境下，公司必须决定与其中哪些集团合作。而一旦与某些集团结成联盟，往往会影响与其他派别的友好关系。

第三种是联合权力机构。各权力集团组成临时联盟，公司必须通过与联盟合作才能达到目标，或者另组成一个对应的联盟来支持公司。

在弄清权力结构后，公司必须对各方实力进行评估对比，做出相应的决策。

第二，设计总体战略。在进入一个封闭型市场时，公司必须先了解到各集团中的反对者、中立者和同盟者。可供选择的总体战略有：补偿反对者所受损失，使之保持中立，应把对受害者的补偿包括在总成本内；将支持者组成一个联盟，以壮大自身的力量；把中立者变为同盟者，这需要对中立者施加影响和提供报酬。另外，设计总体战略往往是与运用政府机构的权力联系起来。

第三，制定实施方案。实施方案规定由谁负责哪些工作、何时完成、在哪里完成以及怎样完成。这些活动的顺序可按两种方式排列：线性排列法和非线性排列法。

（2）7P服务营销

1981年布姆斯和比特纳建议在传统市场营销理论4Ps的基础上增加三个"服务性的P"，即人（People）、过程（Process）、物质环境（Physical Evidence），即7Ps服务营销策略。

服务营销策略揭示了员工的参与对整个营销活动的重要意义。企业员工是企业组织的主体，每个员工做的每件事都将是客户对企业服务感受的一部分，都将对企业的形象产生一定的影响。应让每个员工都积极主动地参与到企业的经营管理决策中来，真正发挥员工的主人翁地位。

企业应关注在为用户提供服务时的全过程，通过互动沟通了解客户在此过程中的感受，使客户成为服务营销过程中的参与者，从而及时改进自己的服务来满足客户的期望。企业营销也应重视内部各部门之间分工与合作过程的管理。因为营销是一个由各部门协作、全体员工共同参与的活动，而部门之间的有效分工与合作是营销活动实施的根本保证。

（3）11P营销策略组合

大市场营销由四个战略性策略（4P——探测、细分、择优、定位），六个战术性策略（6P——产品、价格、渠道、促销、权力、公关）和人（P——营销成功保证）所组成的，简称"11Ps"策略。

科特勒教授在大市场营销中特别提出，要使企业的营销工作获得成功，就要研究"11Ps"中最重要的，也是最基本的一个"P"，即企业内部和外部的"人"。只有满足企业内部员工的需要，才能极大调动职工工作的积极性、创造性，才能生产和销售满足消费者需要的产品，企业也才能取得好的经济效益。

这就涉及到内部营销和外部营销的问题。

内部营销是指成功地雇佣、训练和尽可能激励员工很好地为顾客服务的工作。严格意义上讲，内部营销是企业的一种管理活动和管理方式。

内部营销通过能够满足雇员需求的分批生产来吸引、发展、刺激、保留能够胜任的员工。内部营销是一种把雇员当成消费者，取悦雇员的哲学。它是一种通过形成分批生产来满足人类需求的策略。

内部营销包括两个要点：一是服务企业的员工是内部顾客，企业的部门是内部供应商。当他们在内部受到最好服务和向外部提供最好服务时，企业的运行可以达到最优。二是所有员工一致地认同机构的任务、战略和目标，并在对顾客的服务中成为企业的忠实代理人。一个有企业向心力的企业做任何事都是迅速的，高质高效的。

外部营销指的是运用媒体、广告、活动所进行的营销行为。在服务业营销中，外部营销通常是通过大众传播媒体，将无形服务有形化而给予消费大众一些期望与承诺。

从内部营销和外部营销的关系来看：内部营销先于外部营销，内部营销的目的是为了更好地进行外部营销。内部营销的实质是，在企业能够成功地达到有关外部市场的目标之前，必须有效地运作企业和员工间的内部交换，使员工认同企业的价值观，形成优势的企业文化，协调内部关系，为顾客创造更大的价值。

（二）4C营销理论

随着市场竞争日趋激烈，媒介传播速度越来越快，4Ps理论越来越受到挑战。到20世纪80年代，美国劳特朋（Lautebourn）针对4P存在的问题提出了4C营销理论，即：顾客需要（Customer）、成本（Cost）、便利（Convenience）、沟通（Communication）。

（1）顾客。建立以顾客为中心的营销观念，将"以顾客为中心"作为一条红线，贯穿于市场营销活动的整个过程。企业应站在顾客的立场上，帮助顾客组织挑选商品货源；按照顾客的需要及购买行为的要求，组织商品销售；研究顾客的购买行为，更好地满足顾客的需要；更注重顾客提供优质的服务。

（2）成本。顾客在购买某一商品时，除耗费一定的资金外，还要耗费一定的时间、精力和体力，这些构成了顾客总成本。所以，顾客总成本包括货币成本、时间成本、精神成本和体力成本等。由于顾客在购买商品时，总希望把有关成本包括货币、时间、精神和体力等降到最低限度，以使自己得到最大限度的满足，因此，企业必须考虑顾客为满足需求而愿意支付的"顾客总成本"。努力降低顾客购买的总成本，如降低商品进价成本和市场营销费用从而降低商品价格，以减少顾客的货币成本；努力提高工作效率，尽可能减少顾客的时间支出，节约顾客的购买时间；通过多渠道向顾客提供详尽的信息，为顾客提供良好的售后服务，减少顾客精神和体力的耗费。

（3）便利。最大程度地便利客户，是目前处于过度竞争状况的企业应该认真思考的问题。如上所述，企业在选择地理位置时，应考虑地区抉择、区域抉择、地点抉择等因素，尤其应考虑"客户的易接近性"这一因素，使客户容易到达商店。即使是远程的客户，也能通过便利的交通接近商店。同时，在商店的设计和布局上要考虑方便客户进出、上下，方便客户参观、浏览、挑选，方便客户付款结算等等。

（4）沟通。企业为了创立竞争优势，必须不断地与客户沟通。与客户沟通包括向客户提供有关商店地点、商品、服务、价格等方面的信息；影响客户的态度与偏好，说服客户光顾商店、购买商品；在客户的心目中树立良好的企业形象。在当今竞争激烈的市场环境中，企业的管理者应该认识到：与客户沟通比选择适当的商品、价格、地点、促销更为重要，更有利于企业的长期发展。

4C理论强调企业在制订分销策略时，要更多地考虑顾客的方便，而不是企业自己方便。要通过好的售前、售中和售后服务来让顾客在购物的同时，也享受到了便利。便利是客户价值不可或缺的一部分。

4C认为，企业应通过同顾客进行积极有效的双向沟通，建立共同利益的企业与顾客关系。这不再是企业单向的促销和劝导顾客，而是在双方的沟通中找到能同时实现各自目标的途径。

总体来看，4C营销理论注重以消费者需求为导向，从市场导向的角度来看，4C有了很大的进步和发展。

（三）4S营销理论

继4P、4C营销理论之后，随着市场研究的不断深入，营销学中衍生出了4S营销理论，即满意（Satisfaction）、服务（Service）、速度（Speed）、诚意（Sincerity）。

（1）满意。指顾客满意，强调企业以顾客需求为导向，以顾客满意为中心，企业要站在顾客立场上考虑和解决问题，要把顾客的需要和满意放在一切考虑因素之首。古人云："感人心者，莫先乎情"。要想赢得顾客的人，必先投之以情，用真情服务感化顾客，以有情服务赢得无情的竞争。

（2）服务。微笑服务待客，指随时以笑脸相迎客人，因为微笑是诚意最好的象征。服务包括以下几个内容：

E——即精通业务上的工作。企业营销人员为顾客提供更多的商品信息，经常与顾客联络，询问他们是否需要次日送货或更紧急的要求，此举会使顾客感谢你的提醒所带来的便利。

R——即对顾客态度亲切友善。实行"温馨人情"的用户管理策略，用体贴入微的服务来感动用户。

V——将每位顾客都视为特殊和重要的人物。顾客是我们的主人，不是我们的佣人，顾客是上帝，我们只有与之友好相处，才能生存发展。

I——即要邀请每一位顾客下次再度光临。企业要以最好的服务、优质的产品、适中的价格来吸引顾客多次光临。

C——要为顾客营造一个温馨的服务环境。要求企业文化建设加大力度,从厂容厂貌以及大型商场的环境氛围,更要建成现代化的超一流的环保市场,舒适、温馨、超时代水平。

E——行销人员用眼神表达对顾客的关心。用眼睛去观察,用头脑去分析,真正做到对顾客体贴入微关怀的服务。

(3)速度。指不让顾客久等,而能迅速地接待、办理。

(4)诚意。指以具体化的微笑与速度行动来服务客人。

4S的行销战略强调从消费者需求出发,打破企业传统的市场占有率推销模式,建立起一种全新的"消费者占有"的行销导向。要求企业对产品、服务、品牌不断进行定期定量以及综合性消费者满意指数和消费者满意级度的测评与改进,以服务品质最优化,使消费者满意度最大化,进而达到消费者忠诚的"指名度",同时强化了企业抵御市场风险、经营管理创新和持续稳定增效的"三大能力"。

总之,4S要求企业行销人员实行"温馨人情"的用户管理策略,用体贴入微的服务来感动用户,向用户提供"售前服务"敬献诚心,向用户提供"现场服务"表示爱心,向用户提供"事后服务"以送谢心。

(四)4R营销理论

随着20世纪80~90年代关系营销研究的迅速兴起,舒尔茨(Schultz)1999年提出了关系营销的4R营销理论,即:关联(Relevance)、反应(Response)、关系(Relationships)、回报(Returns)。

1.关联,即与顾客建立关联

在竞争性市场中,顾客具有动态性。顾客忠诚度是变化的,他们会转移到其他企业。要提高顾客的忠诚度,赢得长期而稳定的市场,重要的营销策略是通过某些有效的方式在业务、需求等方面与顾客建立关联，形成一种互助、互求、互需的关系。

（1）与用户关联。利用系统集成的模式为用户服务，为用户提供一体化、系统化的解决方案，建立有机联系，形成互相需求、利益共享的关系，共同发展。

企业本身可以为顾客提供全方位的服务。但这个服务不一定是完善的，很难保证每项服务都是最优秀的。解决办法是为客户提供一揽子解决方案，然后在更大范围内系统集成和优化组合，这样可以保证方案和各个集成部分都是最好的，从而形成整体最优。

（2）与产品需求关联。提高产品与需求的对应程度，提供符合客户特点和个性的具有特色或独特性的优质产品或服务。其具体做法是：

首先产品分核心产品、外在产品和附加产品三个层次，需求分为使用需求、心理需求和潜在需求三个层次。企业必须把产品和需求的层次对应起来，对应越准，关联性越强。

其次是采用"大规模量身订制"式生产方式。网络经济的发展彻底改变了传统经济下无法大规模集结市场特殊需求、只能小批量生产特殊款式产品、"量身订制"意味着特权价格、高费用和超额利润的局面，使得"大规模量身订制"式生产方式成为可能。任何过去无法开通流水线生产的特殊款式的产品，通过网络进行全球范围的市场集结都可以形成"批量"，可以由特殊转化为"常规"，从而可以按照相应的规模经济要求进行流水生产。而且更重要的是集结这一全球市场所需要的费用正以网络经济的扩展速度迅速下降。所以，企业必须抢占网络先机，在充分了解顾客需求的基础上，为其量身定做合其所用的物品与服务，如针对企业特殊需求的各种电子商务服务和软件服务等，这样可以更有效地巩固和吸引客户。

2.反应，即提高市场反应速度

在今天相互影响的市场中，对经营者来说最现实的问题不在于如何控制、制定和实施计划，而在于如何站在顾客的角度及时地倾听顾客的希望、渴望和需求，并及时答复和迅速做出反应，满足顾客的需求。

当代先进企业已从过去推测性商业模式，转移成高度回应需求的商业模式。面对迅速变化的市场，要满足顾客的需求，建立关联关系，企业必须建立快速反应机制，提高反应速度和回应力。这样可最大限度地减少抱怨，稳定客户群，减少客户转移的概率。网络的神奇在于迅速，企业必须把网络作为快速反应的重要工具和手段。在及时反应方面日本公司的做法值得借鉴。日本企业在质量上并不一味单纯追求至善至美，而是追求面向客户的质量，追求质量价格比。他们并不保证产品不出问题，因为那样成本太高。而是在协商质量与服务关系的基础上建立快速反应机制，提高服务水平，能够对问题快速反应并迅速解决。这是一种企业和顾客双赢的做法。

3.关系，即关系营销

在企业与客户的关系发生了本质性变化的市场环境中，抢占市场的关键已转变为与顾客建立长期而稳固的关系，从交易变成责任，从顾客变成用户，从管理营销组合变成管理和顾客的互动关系。沟通是建立关系的重要手段。

与此相适应产生5个转向：现代市场营销的一个重要思想和发展趋势是从交易营销转向关系营销，不仅强调赢得用户，而且强调长期地拥有用户；从着眼于短期利益转向重视长期利益；从单一销售转向建立友好合作关系；从以产品性能为核心转向以产品或服务给客户带来的利益为核心；从不重视客户服务转向高度承诺。所有这一切其核心是处理好与顾客的关系，把服务、质量和营销有机地结合起来，通过与顾客建立长期稳定的关系实现长期拥有客户的目标。那种认为对顾客需求作出反应、为顾客解答问题、平息顾客的不满就尽到了责任的意识已经落后了。

必须优先与创造企业75%~80%利润的20%~30%的那部分重要顾客建立牢固关系。否则把大部分的营销预算花在那些只创造公司20%利润的80%的顾客身上，不但效率低而且是一种浪费。

沟通是建立关系的重要手段。从经典的AIDA模型"注意—兴趣—渴望—行动"来看，营销沟通基本上可完成前三步骤，而且平均每次和顾客接触的花费很低。

4. 回报，回报是营销的源泉

对企业来说，市场营销的真正价值在于其为企业带来短期或长期的收入和利润的能力。一方面，追求回报是营销发展的动力；另一方面，回报是维持市场关系的必要条件。企业要满足客户需求，为客户提供价值，但不能是"仆人"。因此，营销目标必须注重产出，注重企业在营销活动中的回报。一切营销活动都必须以为顾客及股东创造价值为目的。

4R理论强调企业与顾客在市场变化的动态中应建立长久互动的关系，以防止顾客流失，赢得长期而稳定的市场；其次，面对迅速变化的顾客需求，企业应学会倾听顾客的意见，及时寻找、发现和挖掘顾客的渴望与不满及其可能发生的演变，同时建立快速反应机制以对市场变化快速作出反应；企业与顾客之间应建立长期而稳定的朋友关系，从实现销售转变为实现对顾客的责任与承诺，以维持顾客再次购买和顾客忠诚；企业应追求市场回报，并将市场回报当作企业进一步发展和保持与市场建立关系的动力与源泉。

（五）4I营销理论

网络营销界中，传统的营销经典已经难以适用。消费者们君临天下,媒体是传统传播时代的帝王,而YOU(你)才是网络传播时代的新君!在此背景下,舒尔茨(Schultz)提出了4I营销理论(整合营销理论),即趣味原则(Interesting)、利益原则(Interests)、互动原则(Interaction)、个性原则(Individuality)。

1. 趣味原则

中国互联网的本质是娱乐属性的,在互联网这个"娱乐圈"中混,广告、营销也必须是娱乐化、趣味性的。当我们失去权力对消费者说"你们是愿意听啊,是愿意听啊,还是愿意听啊绝不强求"之时,显然,制造一些趣味、娱乐的"糖衣"的香饵,将营销信息的鱼钩巧妙包裹在趣味的情节当中,是吸引鱼儿们上钩的有效方式。

2. 利益原则

天下熙熙,皆为利来,天下攘攘,皆为利往。网络是一个信息与服务泛滥的江湖,营销活动不能为目标受众提供利益,必然寸步难行。将自己变身一个消费者,设身处地、扪心自问一句,"我要参加这个营销活动,为什么呢?"

需要强调的是,网络营销中提供给消费者的"利益"外延更加广泛,我们头脑中的第一映射物质实利只是其中的一部分,还可能包括:信息、咨询、功能或服务,心理满足或荣誉,实际物质、金钱利益。

3. 互动原则

网络媒体区别于传统媒体的另一个重要的特征是其互动性,如果不能充分地挖掘运用这个特性,而是新瓶装旧酒,直接沿用传统广告的手法,无异于买椟还珠。再加上网络媒体在传播层面上失去了传统媒体的"强制性",如此的"扬短避长",单向布告式的营销,肯定不是网络营销的前途所在,只有充分挖掘网络的交互性,充分地利用网络的特性与消费者交流，才能扬长避短，让网络营销的功能发挥至极致。

不要再让消费者仅仅单纯接受信息，数字媒体技术的进步，已经允许我们能以极低的成本与极大的便捷性，让互动在营销平台上大展拳脚。而消费者们完全可以参与到网络营销的互动与创造中来。在陶艺吧中亲手捏制的陶器弥足珍贵，因为融入自己的汗水。同样，消费者亲自参与互动与创造的营销过程，会在大脑皮层回沟中刻下更深的品牌印记。把消费者作为一个主体，发起其与品牌之间的平等互动交流，可以为营销带来独特的竞争优势。未来的品牌将是半成品，一半由消费者体验、参与来确定。当然，营销人找到能够引领和主导两者之间互动的方法很重要。

4.个性原则

YOU（你），已经被钉在了无以复加的高度，那么YOU（你）高大的身影在营销中投射的映像，就是个性！个性（Individuality）在网络营销中的地位也因此凸现。对比"大街上人人都在穿"，"全北京独此一件，专属于你！"你就明白专属、个性显然更容易俘获消费者的心。因为个性，所以精准，所以诱人。个性化的营销，让消费者心理产生"焦点关注"的满足感，个性化营销更能投消费者所好，更容易引发互动与购买行动。但是在传统营销环境中，做到"个性化营销"成本非常之高，因此很难推而广之，仅仅是极少数品牌品尝极少次的豪门盛宴。但在网络媒体中，数字流的特征让这一切变得简单、便宜，细分出一小类人，甚至一个人，做到一对一行销都成为可能。天赐良机，怎能不用？

第三节　营销的阶段划分

现代新营销理念，渗透到从接触到认知，再到认可，直到信任，憧憬，最终产生购买的全过程。综合营销理念和营销理论的发展历程，营销可以分为"生产营销、产品营销、服务营销、文化营销、网络营销、场景营销、创新营销"七个阶段。

第一个阶段：生产营销

生产营销是指企业生产什么产品，市场上就销售什么产品的营销观念。这一阶段，社会生产力还比较低，商品供不应求，市场经济呈卖方市场状态。其突出特点是以生产为中心，企业经营重点是提高生产率，生产出让消费者买得到和买得起的产品。

第二个阶段：产品营销

随着社会产品日益增多，市场上许多商品开始供过于求，产品营销观念应运而生。产品营销是指企业通过产品改良，提高产品质量从而实现销售目的的营销观念。这一阶段，消费者对产品的比较和选择增多，市场经济呈买方市场状态。其突出特点是以产品为中心，企业经营重点是创造好产品，加强对产品的宣传，诱导消费者购买产品。

第三个阶段：服务营销

在企业产品同质化背景下，服务的差异化成为市场竞争的焦点。服务营销是指企业在充分认识满足消费者需求的前提下，为充分满足消费需要在营销过程中所采取的一系列活动。其突出特点是以服务为中心，企业经营重点是为顾客提供优质服务，赢得客户信赖，树立良好品牌，利用"250定律"和"1∶8∶25法则"开展口碑传播营销，从而销售更多产品。

第四个阶段：文化营销

文化营销是指把商品作为文化的载体，通过市场交换进入消费者的意识，它在一定程度上反映了消费者对物质和精神追求的各种文化要素。其突出特点是以企业文化为中心，企业经营重点是在满足市场需求的基础上，通过文化引领和文化渗透，将企业效益、个人效益、社会效益、环保效益有机结合，在获取营销利润的同时，展现企业的社会责任担当。

第五个阶段：网络营销

网络营销是指基于互联网络及社会关系网络连接企业、用户及公众，向用户及公众传递有价值的信息和服务，为实现顾客价值及企业营销目标所进行的营销活动。其突出特点是以创造顾客价值为中心，突出了人的核心地位，打造以顾客为核心的价值关系网络。

第六个阶段：场景营销

场景营销是指基于对用户数据的挖掘、追踪和分析，在由时间、地点、用户和关系构成的特定场景下，连接用户线上和线下行为，理解并判断用户情感、态度和需求，为用户提供实时、定向、创意的信息和内容服务，通过与用户的互动沟通，树立品牌形象或提升转化率，实现精准营销的营销行为。场景营销的本质是建立品牌与消费者生活的链接，让营销进入真实的环境。其突出特点是以客户体验为核心，通过场景形成一种情感的带入和情绪的共鸣，以心灵的对话和生活情景的体验来达到营销的目的。

第七个阶段：创新营销

创新营销是指企业把新的营销要素（如新的营销观念、新的产品服务、新的营销技术、新的营销组织等）或要素组合引入企业营销系统，把产品创新、服务创新、技术创新和模式创新有机结合起来，通过业务数据化、数据业务化，形成完善的精准营销机制，以便实现有效营销目标的创新活动。其突出特点是以创新为中心，企业经营重点是把握数字化营销、自动化营销等发展趋势，通过产品研发、营销模式、营销手段等创新，降低获客成本，提高粘客成效，保持企业市场竞争力。

营销的七个阶段，每一个阶段都是特定时代背景下催生的营销理念和营销模式。这七个阶段随着时代发展和社会进步，不断升级完善，最终构成企业市场营销的理论体系。

第十章
生产营销

第一节　生产营销实践案例

案例10-1　　亨利·福特的汽车生产

曾经是美国汽车大王的亨利·福特为了千方百计地增加T型车的生产，采取流水线的作业方式，以扩大市场占有率，至于消费者对汽车款式、颜色等主观偏好，他全然不顾，车的颜色一律是黑色。

案例分析

在当时"供不应求"的卖方市场背景下，企业生产什么，市场上就销售什么，顾客就购买什么。因此，企业主首先考虑的是产品的出货量，保证供给量，而非消费者的需求。

案例10-2　　中国卷烟市场的产品搭售

受特定时代背景下市场供给量有限等因素制约，我国卷烟市场在20世纪80年代初期，也出现过不尊重消费者偏好，对产品强行搭配出售的情况。

案例分析

对产品强行搭配出售，也是一种只顾卖产品，不顾消费者需求的生产观念。在当时特殊时期或许可以生存，在新时期必将惨遭市场淘汰。

案例10-3　　美国皮尔斯堡面粉公司的口号演变

美国皮尔斯堡面粉公司成立于1869年，从成立到20世纪20年代以前，这家公司提出"本公司旨在制造面粉"的口号。因为在那个时代，人们的消费水平很低，面粉公司无须太多宣传，只要保持面粉质量，降低成本与售价，专心做好面粉生产，销量就会大增，利润也会增加，而不必研究市场需求热点和推销方法。

1930年左右，美国皮尔斯堡面粉公司发现，竞争加剧，销量开始下降。公司为扭转这一局面，第一次在公司内部成立商情调研部门，并选派大量推销员，扩大销售量，同时把口号变为"本公司旨在推销面粉"，更加注意推销技巧，进行大量广告宣传，甚至开始硬性兜售。

然而随着人们生活水平的提高，各种强力推销未能满足顾客变化的新需求，这迫使面粉公司从满足顾客实际需求的角度出发，对市场进行分析研究。1950年前后公司根据战后美国人的生活需要开始生产和推销各种成品和半成品的食品，使销量迅速上升。

案例分析

从"制造面粉"到"推销面粉"再到"生产和推销各种成品和半成品的食品"，美国皮尔斯堡面粉公司在市场摸索实践中，成功将重心从供给转为产品，最终才实现销量回升。

第二节　生产营销产生的背景

生产观念产生于19世纪末20世纪初。由于社会生产力水平还比较低，商品供不应求，市场经济呈卖方市场状态。正是这种市场状态，导致了生产观念的流行。

当时正值资本主义工业化初期，由于物资短缺，企业不愁其产品没有销路，工商企业在其经营管理中也奉行生产观念，工业企业集中力量发展生产，轻视市场营销；商业企业集中力量抓货源，工业生产什么就收购什么，工业生产多少就收购多少，也不重视市场营销。

这一时期也是市场营销理论的萌芽时期。最初在美国几所大学开设的有关市场营销的课程，当时较多地称为"分销学"，而不是"市场营销学"。例如，1902年密执安大学开设的课程名称为"美国分销管理行业"。在美国早期的教学研究活动中，还没有人使用"市场营销"这一术语，而用得最广泛的是"贸易""商业""分销"等。在1900~1910年间，观念发生了变化。尽管"分销学"的研究是分别在美国几个不同的地方进行的，而且学者们之间联系很少，但他们几乎同时都感觉到需要有一个新名称来称呼他们所讲授的课程，于是便出现了"市场营销"这个名词。这一时期的市场营销理论大多是以生产观念为导向的，其依据仍然是以供给为中心的传统经济学。

第三节　生产营销的基本内涵

一、生产营销的定义

生产营销是指企业生产什么产品，市场上就销售什么产品的营销观念。该观念认为，消费者喜欢那些可以随处买到和价格低廉的商品。这一阶段，社会生产力还比较低，商品供不应求，市场经济呈卖方市场状态。在以供给为中心的传统经济学和生产观念主导下，企业经营哲学不是从消费者需求出发，而是从企业生产出发。

二、生产营销的特点

生产营销是一种重生产、轻营销的指导思想，以生产观念指导营销活动的企业，称为生产导向企业。其营销活动表现为以下特点：

（1）供给小于需求，生产活动是企业经营活动的中心和基本出发点，企业管理中以生产部门作为主要部门。

（2）追求高效率、大批量、低成本；产品品种单一，生命周期长。

（3）企业对市场的关心，主要表现为关心市场上产品的有无和产品的多少，不重视产品、品种和市场需求。

（4）企业追求的目标是短期利益。

综合来看，生产营销突出特点是以生产为中心，"以产定销"，企业经营重点是组织和利用所有资源，集中一切力量提高生产效率和扩大分销范围，增加产量，降低成本，生产出让消费者买得到和买得起的产品。

生产营销的局限性：

生产观念是指导销售者行为的最古老的观念之一。在近现代工业发展史上，在这种经营观念的指导下，不少企业获得过成功。但其不足也非常明显：一是忽视产品的质量、品种与推销；二是不考虑消费者的需求；三是忽视产品包装和品牌。

生产营销主要适用于两种情况：一是物资短缺条件下，市场商品供不应求时；二是由于产品成本过高而导致产品的市场价格高居不下时。

但是，在客观环境和市场状态变化以后，固守这种观念，忽视产品和客户需求，会使企业走向衰亡。

第四节　营销阶段的递进

市场环境影响市场买卖双方地位，也影响买卖双方市场行为。在卖方市场的市场环境下，由于卖方处于绝对优势，市场上商品供不应求，企业只需考虑生产端即可轻松获利，自然而然形成了以生产为中心、以产定销的生产营销模式。

随着社会化大生产的发展，企业的产量逐步增加，市场上的产品日益增多，产品出现差异化，消费者的购买选择和产品需求也随之增加，卖方市场逐步向买方市场转化，市场竞争日益加剧，单靠传统的"以产定销"的生产营销模式很难适应自身发展和外部竞争。在卖方市场向买方市场转化、客户对产品需求增多的市场背景下，企业逐步将关注重点放在了产品上，致力于创造好产品，从而获得消费者认可。生产营销就上升到了一个新的营销阶段：产品营销阶段。

第十一章
产品营销

第一节 产品营销实践案例

案例11-1　　日本企业的产品营销之路

日本的许多企业,一贯是以增加产品的花色品种进行市场开发。他们根据消费者的不同口味、爱好和收入水平,不断地变换产品型号、花色和品种。例如,坝农公司以生产AE-135单镜头反光照相机为基础机型,生产出种类繁多、特点功能不同的相机,使其销售额猛增。坝农公司这种向市场纵深不断猛烈推进的策略,是日本许多企业的共同特点。每当一种新产品投入市场时,另一种新产品正在研制中。

此外,日本各企业的产品更新换代非常快,其速度几乎是德国(德国是产品更新换代较快的国家之一)的两倍。如20世纪70年代,丰田汽车公司可以同时向美国汽车市场提供82种型号的产品,而其他国家则只能提供48种或31种型号的汽车产品。

不断地改进产品质量,是日本企业获得成功的又一大特征。日本企业对不断改进产品的质量倾注了大量的心血。他们经常与消费者保持联系,甚至不惜花费大量的钱财和许多宝贵的时间,通过各种渠道,不断地了解和虚心听取顾客改进产品质量的意见。把质量当作企业的生命,已成为日本企业全体员工的群体意识。一项研究表明,日本产品质量已胜过美国产品。20世纪70年代中期,美国执世界计算机工业之牛耳时，日本尚属无名之辈。但其后十几年，日本却成为美国在计算机工业发展上的主要威胁者。

案例分析

从增加产品的花色品种给予消费者更多选择，到加快产品的更新换代以提供新的产品选择和替换，再到通过各种渠道了解和听取顾客改进产品质量的意见，日本企业的这些做法，就是重视产品营销的典型案例。致力于创造好的产品，倾听顾客对产品改良的意见建议，通过好产品实现好销路，是在激烈市场竞争中脱颖而出的重要路径。

案例11-2　　　　　耐克对产品的敏锐嗅觉

20世纪70年代初，慢跑热在美国逐渐兴起，数百万人开始穿运动鞋。但当时美国运动鞋市场上占统治地位的是阿迪达斯、彪马和Tiger（虎牌）组成的铁三角，他们并没有意识到运动鞋市场的这一趋势，而耐克紧盯这一市场，并选定以此为目标市场，专门生产适应这一大众化运动趋势的运动鞋。

耐克为打进"铁三角"，迅速开发新式跑鞋，并为此花费巨资，开发出风格各异、价格不同和多用途的产品。到1979年，耐克通过策划新产品的上市和强劲的推销，其市场占有率达到33%，终于打进"铁三角"。

然而，到了后来，过去推动耐克成功的青少年消费者纷纷放弃了运动鞋，他们在寻找新颖的、少一点商业气息的产品，此时耐克似已陷入困境，销售额在下降，利润在下降。

耐克大刀阔斧进行改革的时候已经到了。于是耐克更新了"外观"技术，推出了一系列新款跑鞋、运动鞋和多种训练用鞋。其户外运动部门则把销售的重点对准了雅皮士一代和新一代未知的顾客。

> 耐克遵循的信条是：思路新颖。在美国，市场已经饱和，只有不断推陈出新的公司才能得到发展。耐克利用其敏锐的眼光去观察选择市场，放手去干，永远保持领先。

案例分析

从洞察"慢跑热"趋势中发现商机，快速研发大众化的新式跑鞋，耐克获得了成功，顺利打进"铁三角"。之后在面临新的市场消费趋势之后，耐克又能大刀阔斧地自我改革，坚持用推陈出新的理念推出一系列新款鞋，始终将自身产品与市场需求、客户需要紧紧结合，持续改良优化和研发产品，最终在激烈的市场竞争中获得了领先优势。

案例11-3　　过分迷恋产品质量 爱尔琴失去竞争优势

美国爱尔琴钟表公司自1864年创立到20世纪50年代中期，一直是美国最好的钟表制造商之一，享有盛誉。该公司长期以来在市场营销中强调生产高级产品，树立优质产品形象，并通过第一流的珠宝店和百货公司组成庞大的销售网络推销产品，销售额持续上升。但是1958年以后，该公司的销售额和市场占有率直线下降，使其在市场中的优势地位开始动摇。

爱尔琴公司优势地位受到损害的原因是什么？

第一，在消费者方面，这时消费者对手表必须走时十分准确、必须是名牌、必须保用一辈子的观念已经发生变化，消费者希望能买到走时基本准确、造型优美、价格适中的手表，即越来越多的消费者追求手表的方便性（全自动手表）、耐用性（防水防震手表）和经济性（廉洁手表）。

第二，在竞争者方面，许多同业的制造商迎合消费者需要，纷纷增加产品生产线或延长产品生产线大量生产中低档手表。

> 第三，在销售渠道方面，不少美国人都想避开珠宝店的高额加成，而且在看到廉价手表时常常会产生冲动性购买。
>
> 因此众多的手表制造商开始通过大众销售渠道——超级市场、廉价商店、折扣商店、方便店，甚至地摊——大力推销。

案例分析

爱尔琴公司的毛病在于公司营销管理者太迷恋于生产精美、优质而式样陈旧的手表，并仍用传统的渠道推销产品，以至于根本没有注意到手表市场上发生的各种重大变化。在复杂多变、竞争激烈的市场环境下，爱尔琴公司"理应朝着窗外眺，却只对着镜子照"，目光短浅是其遭受挫折的根本原因。一种产品要想赢得市场，不能不考虑消费者的现实条件和要求，否则只能伴随着不幸。

第二节 产品营销产生的背景

19世纪末，随着科学技术的进步，标准产品、零部件和机械工具的发展，食品储存手段的现代化，电灯、自动纺织机的应用等等，促使美国的农业经济迅速地向工业经济转化。原先以家庭为单位的作坊式生产日益向工厂生产转化，大量的资本被投入扩大再生产，政府也通过免费提供工厂场地、税收优惠等各种方式刺激工业生产。

大规模生产带来了日益增多的商品，从而使市场供给超过了市场需求，卖方市场开始向买方市场转化。生产者不再只是为一个局部的当地市场服务，而是为众多的充满了各种不确定性的外地甚至外国市场服务。以往人们总是在非常熟悉的当地市场上从事购买活动，买主有一种自信和安全感。然而，随着市场的扩展，这一切都有所削弱或不复存在了。

此外，随着生产的发展，大量新产品涌入市场，而生产者与消费者之间又介入了中间商，市场上还出现了各种广告、促销活动。所有这些，都使得消费者有些困惑不解，他们渴求能有一门新的学科或理论来对此作出解释，以便更有效地指导其经济生活实践。

第三节 产品营销的基本内涵

一、产品营销的定义

产品营销是指企业通过产品改良，提高产品质量从而实现销售目的的营销观念。这一阶段，市场上商品供大于求，消费者对产品的比较和选择增多，市场经济呈买方市场状态。产品营销观念认为，产品销售情况不好是因为产品不好，消费者喜欢质量优、性能好和有特色的产品。只要企业致力于制造出好的产品，就不愁挣不到钱。"酒香不怕巷子深"是这种观念的形象说明。

产品营销中的产品，与传统意义上的物品有所不同。物品是人们意识中的有形存在。物品的范畴非常宽泛，一切有形的、可通过触觉感知的物质均可成为物品。

人类靠产品来满足自己的各种需要和欲望。因此，可将产品表述为能够用以满足人类某种需要或欲望的任何东西。

产品包括有形与无形的，可触摸与不可触摸的。有形产品是为顾客提供服务的载体。无形产品或服务是通过其他载体，诸如人、地、活动、组织和观念等来提供的。当我们感到疲劳时，可以欣赏歌星唱歌

（人），可以到公园去游玩（地），可以到室外散步（活动），可以参加俱乐部活动（组织），或者接受一种新的意识（观念）。服务也可以通过有形物体和其他载体来传递。实体产品的重要性不仅在于拥有它们，更在于使用它们来满足我们的欲望。人们购买小汽车不是为了观赏，而是因为它可以提供一种叫做交通的服务。所以，实体产品实际上是向我们传送服务的工具。

二、产品营销的特点

产品营销观念产生于市场产品供不应求的卖方市场形势下，最容易滋生产品观念的场合，莫过于当企业发明一项新产品时。以产品营销观念指导的企业在营销活动中，表现出以下特点：

（1）追求产品的质量突破，致力于制造好产品。

（2）企业对市场的关心，主要表现为关心市场上产品的质量差异和特色。

（3）企业管理中产品研发部门成为重要部门。

综合来看，产品营销的突出特点是以产品为中心，企业经营重点是提高产品质量，生产高值产品，并不断加以改进，让消费者在"货比三家"中购买好产品。

三、产品营销的局限性

企业总是在生产更好的产品上下功夫，而却常出现顾客"不识货"不买账的情况。由于这个原因导致企业失败，就是因为这种生产观念仍是从自我出发，孤芳自赏，使产品改良和创新处于"闭门造车"状态。

产品营销阶段，容易出现营销近视症（Marketing shortlight）。营销近视症是著名的市场营销专家、美国哈佛大学管理学院李维特

（Theodore Leuitt）教授提出的一个理论。营销近视症就是不适当地把主要精力放在产品或技术上，而不是放在市场需要（消费者需要）上，其结果导致企业丧失市场，失去竞争力。这是因为产品只不过是满足市场消费需要的一种媒介，一旦有更能充分满足消费需要的新产品出现，现有的产品就会被淘汰。同时消费者的需求是多种多样的并且不断变化，并不是所有的消费者都偏好于某一种产品或价高质优的产品。李维特断言：市场的饱和并不会导致企业的萎缩；造成企业萎缩的真正原因是营销者目光短浅，不能根据消费者的需求变化而改变营销策略。

营销近视症的具体表现是：自认为只要生产出最好的产品，不怕顾客不上门；只注重技术的开发，而忽略消费需求的变化；只注重内部经营管理水平，不注重外部市场环境和竞争。

第四节 营销阶段的递进

产品营销阶段，企业坚持以产品为中心，将主要精力用于产品开发、产品改良和技术改进方面，在特定时期取得了较好的营销成效，但产品的同质化现象也越来越突出。

20世纪80年代以后，两大因素驱动营销模式不断升级。一方面，随着科学技术的进步和社会生产力的显著提高，产业升级和生产的专业化发展日益加速，产品的服务含量即产品的服务密集度日益增大。另一方面，随着买方市场的地位更加巩固，客户的需求层次也相应提高，不再满足于单一的产品，对企业的服务质量和服务效率的需求也越发明显。

在此市场背景下，仅靠传统单一的产品营销难以在激烈的市场竞争中胜出，为满足客户的服务需求，企业进入一个新的营销阶段：服务营销阶段。

第十二章
服务营销

第一节 服务营销实践案例

案例12-1　　希尔顿饭店的微笑服务

微笑服务是一种力量，它不但可以产生良好的经济效益，使其赢得高朋满座，生意兴隆，而且还可以创造无价的社会效益，使其口碑良好，声誉俱佳。在服务市场竞争激烈、强手林立的情况下，要想使自己占有一席之地，优质服务是至关重要的。而发自内心的微笑，又是其中的关键。事实上，微笑服务是后勤管理、服务和保障工作中一项投资最少、收效最大、事半功倍的措施，是为各个服务行业和服务单位所重视、所提倡、所应用的。

谈到微笑服务促进服务事业的发展，没有比美国的希尔顿饭店更为成功的了。当年轻气盛的康纳·希尔顿已经拥有5100万美元的时候，他得意洋洋地向他的母亲报捷，老太太对儿子的现有成绩不以为然，但却语重心长地提出了一条建议："事实上你必须把握住比5100万美元更值钱的东西。除了对顾客诚实以外，还要想办法使每一个住进希尔顿饭店的人住过了还想再来。你要想出一种简单、容易、不花本钱而行之久远的办法去吸引顾客，这样你的饭店才有前途。"

希尔顿冥思苦想了很久，才终于悟出了母亲所指的那种办法是什么，那就是微笑服务。从此以后，"希尔顿饭店服务员脸上的微笑永

> 远是属于旅客的阳光。"在这条高于一切的经营方针指引下，希尔顿饭店在不到90年的时间里，从一家饭店扩展到目前的210多家，遍布世界五大洲的各大城市，年利润高达数亿美元。资金则由起家时的5000美元发展到几百亿美元。老希尔顿生前最快乐的事情莫过于乘飞机到世界各国的希尔顿连锁饭店视察工作。但是所有的雇员都知道，他问讯你的第一句话总是那句名言："你今天对客人微笑了没有？"

案例分析

微笑服务是服务营销的重要表现形式，这一点在客户追求宾至如归的服务体验的住宿行业尤为重要。运用好服务营销中的微笑服务，需要充分考虑如下事项：一是要创造争做"微笑大使"的氛围。二是当员工表现突出时，我们的管理人员在第一时间给予表扬。三是在员工更衣镜上等后台区域，贴着一个个俏皮的微笑。四是管理人员时刻保持着"笑容满面"，达到言传身教的效果。五是组织员工业余活动，创造快乐的氛围。

> **案例12-2　　　　"沃尔玛"的成功经验**
>
> 美国沃尔玛连锁店是美国最大的也是世界上最大的连锁零售商，公司在1997年销售额就已达到1180亿美元，相当于我国当年商品零售总额的36%。
>
> 1.科学合理的产品、渠道整合与价格促销策略
>
> 沃尔玛的商店中，包含三种零售业态：一是沃尔玛购物广场。购物广场又称超级购物中心，经营应有尽有的生活用品。通过一站式购物，适应今天人们繁忙的生活方式，为顾客提供综合服务。购物广场采用超级市场经营模式。为使顾客免受干扰，卖场中营业员很少。沃尔玛实行夜间收货制和夜间理货制，白天只做小量收货、理货工作，

这样就使现场十分清静。沃尔玛认为这是对顾客的尊重。二是山姆会员商店。山姆会员商店实际上是仓储式商店，它以仓储价格向会员提供各种优质产品。山姆会员商店的利润很低，主要靠收取适当的会员费。这样会员顾客购买商品时，能享受到低于市价10%~30%的低价。在采购中采取"限制商品品种，精选高品质品牌"的策略，每店大约只有3000~5000个品种，不讲系列化，力争品牌较少而销售量最大。所有商品进店后都放在卖场。三是折扣商店。折扣商店就是廉价商店。1962年沃尔玛开设第一家折扣商店，1970年达到18家，现在已达到了2700多家。

2.一流的顾客服务理念和服务展示

沃尔玛的顾客服务是世界一流的。凡沃尔玛员工都要知晓两条原则：

第一条，顾客永远是对的。

第二条，如果顾客有错，也请参照第一条。

沃尔玛放在第一位的是商品适销。这是公司在采购环节就反复强调的顾客观念。第二是保证供货。缺货不单给顾客带来不便，更令沃尔玛蒙受生意上的损失。第三是良好的购物环境。符合清洁、安全、方便的要求。第四是与众不同的员工。实行员工微笑服务。沃尔玛的服务准则是："三米"原则，即在三米以内要向顾客目光接触、点头、微笑、打招呼；保证顾客100%满意。

3.完备的商品物流和采购管理体系

沃尔玛实行进销分离的体制。总部采购部由20个人负责所有分店商品的采购，而分店是一个纯粹的卖场。沃尔玛已舍弃了系列化原则，发现各个商店80%的销售额通常由20%的商品创造，称之为"80/20"原则。采购员的任务之一就是经常分析这20%中的商品是什么，然后把它采购进来。新品购进后，采购员还要注意顾客及商店运营回应，根据不同情况增加有需求的品种，同时剔除行情不好的商品。如果说沃尔玛把处理好与顾客的关系放在第一位，那么，对供应商提供服务，这是沃尔玛要处理好的第二个外部关系。虽然在订单上尽量争取低价位，但强调与供应商共同发展。对员工，要求廉洁诚实。每位员工进入公司时都要签一份廉洁诚实声明，以后还要经常进行廉洁诚实培训。特别要求采购员一定要诚实。客户请吃、礼品、红包一概不能接受。内部设有调查员，专门调查采购员与供应商的关系。对采购员一般半年调换一下业务范围。

4.现代化的信息系统

沃尔玛在全球拥有3000多家商店、40多个配销中心、多个特别产品配销中心。它们分布在美国、法国、中国等多个国家。公司总部与全球各家分店和各个供应商通过共同的电脑系统进行联系，它们有相同的补货系统、相同的会员管理系统、相同的收银系统，这样的系统便于每一家商店了解全球商店的资料。电脑系统不仅方便了统一管理，也给采购员、商店员工以及供应商带来了很大的方便。

案例分析

沃尔玛不仅提供物美价廉的产品，其顾客服务也是世界一流的。沃尔玛著名的"两条原则"（第一条，顾客永远是对的。第二条，如果顾客有错，也请参照第一条）反映了它的经营哲学，即聚焦客户需求，坚持顾客至上，保证顾客满意。从科学合理的产品、渠道整合与价格促销，到完备的商品物流和采购管理体系，以及现代化的信息系统，目的都在于为顾客提供高效便捷、体验良好的服务，这些也使得沃尔玛在同业竞争中脱颖而出，持续保持市场竞争优势。

案例12-3　　"海底捞"的特色服务

随着中国社会主义新农村建设的兴起，城乡一体化工程气势磅礴，城市化进程进一步加快，一大批新的城市人口、流动人口出现为餐饮业产生了新的顾客，促使餐饮业必须快速发展。餐饮业在中国是一个充满活力的行业，很多人以不同的经营模式进军这一行业，不过，也由于入行者众多，造成这一行业竞争激烈。想在中国餐饮业站稳脚步，甚至进一步将品牌发扬光大，并不是一件简单的事件。

不过，四川火锅连锁店"海底捞"的品牌则成功地脱颖而出，成为中国一家以经营川味火锅为主、融汇各地火锅特色为一体的大型跨省直营餐饮品牌火锅店。目前除了在中国拥有70多家分店之后，"海底捞"的品牌也成功走出中国，到新加坡开设了第一家海外分店，与此同时，它正在美国和加拿大部署设立分店。

成立于1994年的四川海底捞餐饮股份有限公司，在董事长张勇确立的服务差异化战略指导下，使得该公司的品牌能够在19年内快速蹿红，在中国各省遍地开花，然后再立足中国大陆，放眼世界。在近几年，它更以一句"人类再也无法阻止海底捞了"风靡互联网，让海底捞的名声如雷贯耳。

该公司董事长张勇始终秉承"服务至上、顾客至上"的理念。他以创新为核心，改变传统的标准化、单一化的服务，提倡个性化的特色服务，将用心服务作为基本经营理念，致力于为顾客提供"贴心、温心、舒心"的服务。

在管理上，张勇倡导双手改变命运的价值观，为员工创建公平公正的工作环境，实施人性化和亲情化的管理模式，提升员工价值。十几年来，公司已在北京、上海、西安、郑州、天津、南京、青岛、杭州、无锡等全国15个城市拥有70多家直营店，有4个大型现代化物流配送基地和一个原料生产基地拥有员工14000多人。

张勇对海底捞的经营理念并非只是纸上谈兵而已，而是成功培训一批可以坐言起行的服务团队，所以，海底捞的服务团队为顾客的服务精神几乎没有其他餐厅可以匹敌。

如今海底捞的品牌之所以响彻云霄，主要是因为它无人可及的服务。该公司服务宗旨是"凡是顾客想到的，我们都想到了；顾客没想到的，我们也想到了"。海底捞的服务，就是把每个顾客当上帝般捧，让每一个顾客都称心如意地走出餐厅。

举个例子：有个人做了个手机应用，一直没有人下载，上不了下载排行榜。他郁闷地去吃海底捞，就这么随便地和服务员一说。结果海底捞动员所有员工去下载那个应用，然后它就上了榜单。一方面，你可以看到这是怎样"额外"的服务；另一方面，你也可以想见海底捞是有多少员工！

其实，在中国的分店里，诸如这一类的故事还有好多。当顾客习难说要打包西瓜的时候，海底捞送了一整个西瓜；当顾客说没有雪糕的时候，海底捞员工跑出去给他们买了。打个喷嚏会有人送上姜汤；卫生间里准备了牙膏、牙刷，甚至护肤品。

它让每位客人享受五星级酒店的服务，如免费停车、美甲、擦皮鞋、提供热毛巾、擦镜布等，如客人带了孩子，服务生还会帮孩子喂饭、陪孩子玩游戏。要是顾客提到熬夜，立刻就端上提神饮料。孕妇会得到海底捞的服务生特意赠送的泡菜，分量还不小。如果某位顾客特别喜欢店内的免费食物，服务生也会单独打包一份让其带走。

因此如果说"顾客是上帝"曾经只是一种比拟，那么在海底捞，这是一个真实的描述，而海底捞最大的王牌是一群快乐的服务团队。

一家餐馆提供如此贴心服务，虽然可以俘获不少顾客的心，但有人认为海底捞的服务是肉麻式服务或变态服务。但是被服务的客人喜欢把在这里用餐经历放在网上，吸引更多人的好奇，要来这里试验传闻是否属实，形成"经历式效应"。

海底捞的服务团队也让公司先后在四川、陕西、河南等省荣获"先进企业""消费者满意单位""名优火锅"等十几项称号和荣誉。它创新的特色服务赢得了"五星级"火锅店的美名，连续多年荣获大众点评网"最受欢迎10佳火锅店"，同时连续获得"中国餐饮百强企业"荣誉称号。

海底捞发展至今已成为海内外瞩目的品牌企业。中央电视台二套《财富故事会》和《商道》曾两次对"海底捞"进行专题报道；北京电视台、上海东方卫视、深圳卫视等电视媒体多次进行报道；也有美国、日本、韩国等多国媒体报道。

顾客不难发现海底捞虽然是一家火锅店，它的核心业务却不是餐饮，而是服务。在将员工的主观能动性发挥到极致的情况下，"海底捞特色"日益丰富。

其实，很多人出去吃饭都会遇到等位的现象，但是大都是干巴巴地在那里等，而海底捞却贴心地为顾客着想，把等待变成一种享受，这意味着海底捞改变了餐饮业的一些游戏规则，也就是为客户提供更多的价值。顾客最喜欢免费，所以，海底捞这么多免费项目一定不可以错过。这些免费的贴心的服务还是容易模仿的，可有些东西真的不容易模仿。

在海底捞，顾客能真正找到"上帝的感觉"，甚至会觉得"不好意思"，甚至有食客点评"现在都是平等社会了，让人很不习惯"。但不得不承认，海底捞服务已经征服了绝大多数的火锅爱好者，顾客会乐此不疲地将在海底捞的就餐经历和心情发布在网上，越来越多的人被吸引到海底捞。

案例分析

海底捞之所以出名，并不是因为它的产品多么的与众不同，而是因为它无人可及的服务。"凡是顾客想到的，我们都想到了；顾客没想到的，我们也想到了"。海底捞的服务，就是把每个顾客当上帝般捧，让每一个顾客都称心满意地走出餐厅。它让每位客人享受五星级酒店的服务，如免费停车、美甲、擦皮鞋，提供热毛巾、擦镜布等，如客人带了孩子，服务生还会帮孩子喂饭，陪孩子玩游戏。正是凭借优越的服务，让海底捞至今仍占据火锅品牌的绝对领先优势。

第二节 服务营销产生的背景

20世纪80年代以来，随着国际形势的变化，市场营销理论得到了进一步的发展，企业对顾客满意度的研究有了新的突破，出现了服务营销等新型营销观念。

这一时期，市场营销研究者发现，不同企业生产的同类产品，在品质、规格、功能、价格等方面都相差无几，顾客之所以购买某企业的产品，在一定程度上，取决于企业能否提供更优质的服务。

服务观念要求企业的全体员工首先要有整体的服务意识。企业的生产经营过程，就是满足顾客需要的过程，也就是为顾客提供服务的过程。企业只有真心实意地为顾客提供服务，顾客才能对企业和产品产生信赖，从而销售出更多的产品。企业应结合自身特点，采用不同的形式，更好地为顾客提供服务。

第三节　服务营销的基本内涵

一、服务营销的定义

服务营销是指企业在充分认识满足消费者需求的前提下，为充分满足消费需要在营销过程中所采取的一系列活动。

服务营销中的服务，与传统意义上的劳务有着本质区别。服务是一方能够向另一方提供的任何一项活动或利益，它是无形的，并且不产生对任何东西本质的所有权问题，它的生产可以与实际产品有关，也可能无关。服务是通过提供必要的手段和方法，满足接受服务之对象的需求的"过程"。即服务是一个过程。

服务具有以下四个特征：①无形性。顾客在购买服务之前既看不见也摸不着；②不可分性。服务与其来源是不可分的，不管这种来源是人还是机器；③易变性。服务取决于由谁在何时何地提供；④实效性。服务不能贮存。

服务的标准（SMARTS）：S——明确性（Specific）；M——可衡量性（Measurable）；A——可实现性（Achievable）；R——与客户需求一致（Relevant to customers）；T——及时性（Timely）；S——组织支持（Supported by the Organization）。

劳务是指通过一种体力或智力或其结合的方式达到或形成某种特定实物的过程。劳务的耗费就是劳动力成本。劳务大多属于个人行为。

劳务是在双方明确责任和义务的情况下，在一定时期内所从事的劳动。服务是通过一定的手段和方法满足客户或公众需求的过程，是有组织有目的的活动。

劳务是一种履行合同的行为。服务是一种经营和营销行为。

二、服务营销的特点

服务营销突出特点是以服务为中心，企业经营重点是提高服务质量和效率，让消费者通过享受优质服务实现销售产品的目的。

（1）供求分散性。服务营销活动中，服务产品的供求具有分散性。不仅供方覆盖了第三产业的各个部门和行业，企业提供的服务也广泛分散，而且需方更是涉及各种各类企业、社会团体和千家万户不同类型的消费者，由于服务企业一般占地小、资金少、经营灵活，往往分散在社会的各个角落；即使是大型的机械服务公司，也只能在有机械损坏或发生故障的地方提供服务。服务供求的分散性，要求服务网点要广泛而分散，尽可能地接近消费者。

（2）营销方式单一性。有形产品的营销方式有经销、代理和直销多种营销方式。有形产品在市场可以多次转手，经批发、零售多个环节才使产品到达消费者手中。服务营销则由于生产与消费的统一性，决定其只能采取直销方式，中间商的介入是不可能的，储存待售也不可能。服务营销方式的单一性、直接性，在一定程度上限制了服务市场规模的扩大，也限制了服务业在许多市场上出售自己的服务产品，这给服务产品的推销带来了困难。

（3）营销对象复杂多变。服务市场的购买者是多元的、广泛的、复杂的。购买服务的消费者的购买动机和目的各异，某一服务产品的购买者可能牵涉社会各界各业各种不同类型的家庭和不同身份的个人，即使购买同一服务产品，有的用于生活消费，有的却用于生产消费，如信息咨询、邮电通讯等。

（4）服务消费者需求弹性大。根据马斯洛需求层次原理，人们的基本物质需求是一种原发性需求，这类需求人们易产生共性，而人们对精神文化消费的需求属继发性需求，需求者会因各自所处的社会环境和各自具备的条件不同而形成较大的需求弹性。同时对服务的需求与对有形产品的需求在一定组织及总金额支出中相互牵制，也是形成需求弹性大的原因之一。同时，服务需求受外界条件影响大，如季节的变化、气候的变化科技发展的日新月异等对信息服务、环保服务、旅游服务、航运服务的需求造成重大影响。需求的弹性是服务业经营者最棘手的问题。

（5）服务人员的技术、技能、技艺要求高。服务者的技术、技能、技艺直接关系着服务质量。消费者对各种服务产品的质量要求也就是对服务人员的技术、技能、技艺的要求。服务者的服务质量不可能有唯一的、统一的衡量标准，而只能有相对的标准和凭购买者的感觉体会。

三、服务营销发展的七个阶段

发达国家成熟的服务企业的营销活动一般经历了七个阶段。

（1）销售阶段。竞争出现，销售能力逐步提高；重视销售计划而非利润；对员工进行销售技巧的培训；希望招徕更多的新顾客，而未考虑到让顾客满意。

（2）广告与传播阶段。着意增加广告投入；指定多个广告代理公司；推出宣传手册和销售点的各类资料；顾客随之提高了期望值，企业经常难以满足其期望；产出不易测量；竞争性模仿盛行。

（3）产品开发阶段。意识到新的顾客需要；引进许多新产品和服务，产品和服务得以扩散；强调新产品开发过程；市场细分，强大品牌的确立。

（4）差异化阶段。通过战略分析进行企业定位；寻找差异化，制定清晰的战略；更深层的市场细分；市场研究、营销策划、营销培训；强化品牌运作。

（5）顾客服务阶段。顾客服务培训；微笑运动；改善服务的外部促进行为；利润率受一定程度影响甚至无法持续；得不到过程和系统的支持。

（6）服务质量阶段。服务质量差距的确认；顾客来信分析、顾客行为研究；服务蓝图的设计；疏于保留老顾客。

（7）整合和关系营销阶段。经常地研究顾客和竞争对手；注重所有关键市场；严格分析和整合营销计划；数据基础的营销；平衡营销活动；改善程序和系统；改善措施保留老顾客。

到了20世纪90年代，关系营销成为营销企业关注的重点，把服务营销推向一个新的境界。

四、服务营销的原则

"服务营销"是一种通过关注顾客，进而提供服务，最终实现有利的交换的营销手段。企业必须坚定不移地树立服务客户的思想，以消费者的需求为最终的出发点和落脚点，从源头抓起，培育消费者满意度和忠诚度。坚持为他们提供一流的产品、一流的服务。

作为服务营销的重要环节，"顾客关注"工作质量的高低，将决定后续环节的成功与否，影响服务营销整体方案的效果。

"顾客关注"九项原则：

（1）获得一个新顾客比留住一个已有的顾客花费更大。企业在拓展市场、扩大市场份额的时候，往往会把更多精力放在发展新顾客上，但发展新的顾客和保留已有的顾客相比花费将更大。此外，根据国外调查资料显示，新顾客的期望值普遍高于老顾客。这使发展新顾客的成功率大受影响。不可否认，新顾客代表新的市场，不能忽视，但我们必须找到一个平衡点，而这个支点需要每家企业不断地摸索。

（2）除非你能很快弥补损失，否则失去的顾客将永远失去。每个企业对于各自的顾客群都有这样那样的划分，每个客户因而享受不同的客户政策。但企业必须清楚地认识到一点，即每个顾客都是我们的衣食父母，不管他们为公司所做的贡献是大或小，我们应该避免出现客户歧视政策，所以不要轻言放弃客户，退出市场。

（3）不满意的顾客比满意的顾客拥有更多的"朋友"。竞争对手会利用顾客不满情绪，逐步蚕食其忠诚度，同时在你的顾客群中扩大不良影响。这就是为什么不满意的顾客比满意的顾客拥有更多的"朋友"。

（4）畅通沟通渠道，欢迎投诉。有投诉才有对工作改进的动力，及时处理投诉能提高顾客的满意度，避免顾客忠诚度的下降。畅通沟通渠道，便于企业收集各方反馈信息，有利于市场营销工作的开展。

（5）顾客不总是对的，但怎样告诉他们是错的会产生不同的结果。顾客不总是对的。"顾客永远是对的"是留给顾客的，而不是企业的。企业必须及时发现并清楚了解顾客与自身所处立场有差异的原因，告知并引导他们。当然这要求一定营销艺术和技巧，不同的方法会产生不同的结果。

（6）顾客有充分的选择权力。不论什么行业和什么产品，即使是专卖，我们也不能忽略顾客的选择权。市场是需求的体现，顾客是需求的源泉。

（7）你必须倾听顾客的意见以了解他们的需求。为客户服务不能是盲目的，要有针对性。企业必须倾听顾客意见，了解他们的需求，并在此基础上为顾客服务，这样才能做到事半功倍，提高客户忠诚度。

（8）如果你不愿意相信，你怎么能希望你的顾客愿意相信？企业在向顾客推荐新产品或是要求顾客配合进行一项合作时，必须站在顾客的角度，设身处地考虑。如果自己觉得不合理，就绝对不要轻易尝试。你的强迫永远和顾客的抵触在一起。

（9）如果你不去照顾你的顾客，那么别人就会去照顾。市场竞争是激烈的，竞争对手对彼此的顾客都时刻关注。企业必须对自己的顾客定期沟通了解，解决顾客提出的问题。忽视你的顾客等于拱手将顾客送给竞争对手。

五、服务营销策略

（1）产品策略。服务产品所必须考虑的是提供服务的范围、服务质量和服务水准。同时还应注意的事项有品牌、保证以及售后服务等。

（2）价格策略。价格方面要考虑的包括：价格水平、折扣、折让和佣金、付款方式和信用。在区别一项服务和另一项服务时，价格是一种识别方式，因此顾客可从一项服务获得价值观。

（3）渠道策略。提供服务者的所在地以及其地缘的可达性在服务营销上都是重要因素，地缘的可达性不仅是指实物上的，还包括传到和接触的其他方式。

（4）促销策略。促销包括广告、人员推销、销售促进或其他宣传形式的各种市场沟通方式，以及一些间接的沟通方式。

（5）人员。第一，在服务业公司担任生产或操作性角色的人，在顾客眼中其实就是服务产品的一部分，其贡献也和其他销售人员相同。第二，对某些服务业而言，顾客与顾客间的关系也应重视。因为一位顾客对一项服务产品质量的认知，很可能是受到其他顾客的影响。

（6）有形展示。有形展示的部分会影响消费者和客户对于一家服务营销公司的评价。有形展示包括的要素有：实体环境（装潢、颜色、陈设、声音）以及服务提供时所需用的装备、实物（比如汽车租赁公司所需要的汽车），还有其他的实体性线索，如航空公司所使用标示或干洗店将洗好衣物加上的"包装"。

（7）过程。人的行为在服务业公司很重要，而过程也同样重要，即服务的递送过程。

六、服务营销的局限性

服务营销相较于产品营销是对消费者需求研究的一大跨越，但服务营销在实施过程中容易陷入一些瓶颈。具体表现为：

一是质量难以控制。服务在生产出来的同时就被消费了，最后的组装就是在产品的实时生产过程中发生的。这样，错误和缺点就很难掩盖，而服务人员和其他顾客的在场又引入了更大的可变性，这些因素使得服务性组织很难控制质量和提供始终如一的产品和服务。

二是顾客评价相对困难。大多数实体商品的识别性品质相对较高，如颜色、式样、形状、价格、合适度、感觉、硬度和气味，都是有助于顾客在购买产品前作出决定的因素。相反，其他一些商品和服务可能更强调经验性品质，只能在购买后或消费过程中才能识别质量，如口味、处理的容易程度、个人护理。最后，还有可信度品质，即那些顾客发现即使在消费之后也很难评价的特性，如外科手术、技术修理，它们是很难观察得到的。

三是对时间因素要求高。许多服务是实时传递的，顾客必须在场接受来自企业的服务。顾客愿意等待的时间也是有限度的，更进一步说，服务必须迅速传递，这样，顾客就不必花费过多的时间接受服务。

从服务营销具体实施的现状来看，目前服务营销还存在以下问题：

（1）服务营销理念不够深入，服务营销内涵认识不足。很多企业很重视服务，但他们并没有意识到，在为顾客提供服务时，服务始终是从属于产品的位置。由于传统的营销观念对企业仍有深刻的影响，他们对服务营销的理解还停留在表面，没有对服务进行系统化的规范和全面管理。

（2）服务管理水平低下，对服务特点认识不清，服务质量控制不严。在实施服务营销过程中，由于许多企业对服务特点模糊，认识不够，再加上服务管理水平低下，造成服务的效果不佳。由于服务质量评价标准难以度量，所以消费者所感知的服务质量就是企业成功的标准。但是企业并没有充分地理解和重视企业员工的情绪和感受，所以很容易使员工把对企业的不满情绪带到工作当中，严重影响其服务的质量，从而使企业无法达到消费者的满意度，引起消费者对企业的不满情绪，而最终导致企业的形象受损。再者，由于国内企业的服务人员普遍缺乏必要的培训，造成了企业服务不规范，质量水平不高，从而无法为消费者提供满意的服务，最终导致无法留住消费者。

（3）服务营销范围有限，服务营销缺乏创新。当前企业服务一般只跟产品交易有关，包括商品信息服务、包装服务、售后服务、人员服务等，而改善购物环境、双向沟通、便购服务、电子商务等先进的现代服务方式尚未普及，且不能创新服务，导致当前企业服务的同质化的现象严重。

第四节 营销阶段的递进

服务营销阶段，企业将重心从产品转移到服务，通过营销服务组合，为顾客提供优质服务，从而赢得客户信赖和认可，最终实现销售产品的目的，成为营销历史上的重大突破。

随着社会的不断发展，客户的消费需求也不断升级，不仅要体验企业的服务水平，对企业文化的体验需求也越发强烈。这就使得企业不仅要开展服务质量、服务效率方面的竞争，还要通过文化渗透影响消费者的购买决策，通过融入文化元素打动消费者，触动消费者的心灵，赢得消费者的心理认可和思想共鸣，从而增强客户的忠诚度。为满足消费者的需求变化，企业的营销也进入了一个比服务营销更为高级的营销阶段：文化营销阶段。

第十三章
文化营销

第一节 文化营销实践案例

案例13-1　　　　贝因美的"文化营销"

婴幼儿的健康关系到一个民族、一个国家的未来,所以它是一个特殊的朝阳产业,有着无穷的发展和开拓的潜力。无论是站在深远的人类发展的角度还是在纯粹商业的角度,对婴幼儿事业的关注、对婴幼儿产业的开发都有着极其重要的意义。由谢宏领导的贝因美集团敏感地意识到了这一点,从而果断地走进了婴幼儿产品市场。

早在20世纪80年代初期,外国的品牌已经开始对中国婴幼儿产品市场这块巨大的处女地垂涎,到80年代后期,外国的婴幼儿食品品牌已经成功抢滩中国市场,并曾一度在国内占据了极高的市场份额。作为本土企业,贝因美集团从诞生开始,就面临着国外品牌的压力。

但是,从另一个方面看,贝因美也发现了巨大的市场机会,通过认真的分析和研究,贝因美发现由于种族、地域等差异性,形成了不同的基因种群,不同种群构成,决定了人们从外界摄取营养元素的多样性和复杂性,并形成各自独具特色的种群和民族饮食文化。现代婴幼儿食品由于国外品牌的进入,导致产品质量同国外同类产品趋同,但作为婴幼儿食品的受体——婴幼儿本身并不存在同国外婴幼儿趋同之说。所以,适合国外婴幼儿的食品不一定就适合中国的婴儿。基于这样的认知，贝因美集团进行了更为深入的研究，发现市场上的一些米粉蛋白质含量只有5%，而且以动物蛋白为主，乳糖含量很高，而将近10%以上的中国婴幼儿对乳糖有不适应症，另外，中国婴儿容易患碘缺乏症，因而必须在辅食中补充。中国婴幼儿的特殊体质决定了他们需要的是含有碘的、蛋白质含量丰富又易于吸收的断奶期食品。若选用了不适合中国婴幼儿的食品，将在无形中影响到中国婴幼儿的健康成长，从而带来巨大的难以弥补的影响。

贝因美发现许多中国家长因为缺乏育儿知识方面的科学的指导，并不能真正地判断什么样的食品是自己的孩子所需要的，从而影响了孩子的成长。意识到这一点，贝因美集团既看到了机遇也感到了责任，如果能够生产出真正符合中国婴儿特质的产品，指导家长正确地养育自己的孩子，将为中国婴幼儿成长做一些实事，同时也将真正获得社会的认同，从而争取市场份额，有效地实现社会利益的同时也有效地实现企业利益。基于这样的定位，贝因美提出了"育婴工程"的概念，竭力完善这个概念的内涵和外延，并运用这个概念进行了有效的市场推广，从而在一个制高点上实现了社会利益和企业利益的统一，巧妙地避开了国外品牌以巨大资金为后盾的强大的广告攻势，在十几年的企业发展中不断在市场取得胜利。

案例分析

贝因美的成功，很大程度在于它善于将公益责任和社会利益的文化元素有机融入营销活动中。从一开始起步时，贝因美就看到了实现社会利益和企业效益双赢才是真正可行的发展道路，在这样的认识的基础上，贝因美从诞生开始就确定了走"公益文化"营销的道路，通过运用丰富的社会手段来发现、引导消费者的需求并予以满足，从立足人类发展、对社会负责、对健康负责的角度，关注婴幼儿事业，开发婴幼儿产业，聚焦婴幼儿市场，实现社会价值和市场价值之统一。这种营销活动不仅从意识理念上赢得企业的主动和市场的认同，引起消费者的共鸣，更为企业后续进行市场营销和产品推广提供良好的环境和契机。

案例13-2　　丰田公司（TOYOTA）借势环保主题成功营销

经过6个月的调查研究，丰田公司（TOYOTA）在美国推出了该公司历史上最大、最广泛的公司品牌推广活动，力图加强同美国消费者在情感上的联系。

这项名为"Why not?"（"为什么不？"）的整合营销活动，重点并没有放在丰田举世闻名的TPS系统管理（Toyota Production System），或是富于创意的生产设备，而是重点传达丰田对美国环境和社会的高度责任感，激发美国人对丰田的喜爱。其传播渠道包括电视、平面、CNN（美国有线电视新闻网）等大网站的嵌入广告、"Why not?"主页，丰田为此还特意赞助了PBS电视台的"自然"节目。

"Why not?"活动的主角之一，也是此次活动的揭幕者，是丰田的一款混合动力轿车Prius（普瑞斯），所谓混合动力，是指低速时由电动马达负责驱动，中高速时由汽油发动机介入驱动。

Prius第一代产品于1997年面市，当时只是一款具有试验性质的车系。由于90年代末全球油价一直在低位运行，Prius并不被看好，然而，在油价不断刷新纪录的当代，Prius却成了美国最畅销的品牌。丰田2007年销售计划中，Prius在北美的年销量至少要达175000辆，比2006年的109000辆有了大规模的上涨。Prius为丰田带来的不仅是突飞猛进的销量，还有保护环境的声誉，这与丰田试图通过情感路线俘获人心的策略不谋而合，因此Prius成为"Why not?"中当仁不让的汽车一号。

此次活动中，Prius的广告率先在丰田独家赞助的NBC（美国全国广播公司）当家节目"Brian Williams晚间新闻"播出，这个60秒的Prius广告由定时拍摄手法制作，通篇使用了比喻的手法，前半部分画面显示Prius完全由一些天然原材料，如树枝、树叶等搭建而成，接下来风吹雨打、无情的岁月渐渐剥蚀了Prius的光鲜和生命力，所有的原材料回归泥土，画面上留下一块干净的空地，令人不禁想起泰戈尔的"天空没有翅膀的痕迹，但鸟儿已飞过"。

随后是画外音，也是广告的点睛之笔："一家汽车公司可以在成长的同时与环境保持和谐吗？为什么不呢？（Why not?）在丰田，我们不仅致力于零排放，我们也致力于在任何时候都不制造垃圾；因为对环境最积极的影响就是尽量少地影响它。"

案例分析

针对汽车行业绕不开尾气排放的问题，丰田公司在市场营销中另辟蹊径，借助环保主题，把"致力于零排放、保护环境"等"环保文化"作为宣传企业品牌形象的核心，重点传达丰田对美国环境和社会的高度责任感，加强同美国消费者在情感上的联系，激发美国人对丰田的喜爱，从而影响美国人的购买决策和行为，实现销量的迅速提升。

案例13-3　"绿色营销"在各国企业的运用实践

日本一家超级市场要求顾客自备购物袋，以便减少使用塑料袋。超级市场发给每位顾客登记卡，自备购物袋的顾客，商店每次在登记卡上盖章，积累到一定数量后，商店免费赠送一定价值的商品。

英国恩斯伯里超级市场集团不仅声称自己是"最绿杂货店"，而且推出了一系列"护绿"家庭用取代化学清洁剂的植物制成品，从而使其营业额大幅度上升，取得了竞争优势。

2006年7月5日，格兰仕在北京推出"绿色回收废旧家电——光波

> 升级 以旧换新"活动，消费者手中任何品牌的废旧家电，均可折换30~100元，用于购买格兰仕部分型号微波炉和小家电的优惠，同时格兰仕联合专业环保公司对回收的废旧小家电进行环保处理，为绿色奥运做出自己的贡献。活动推出后，北京市场连续3日单日销售突破1000台，高端光波炉的销售同比增长69.6%。北京电视台、北京晚报、北京青年报、中国青年报、京华时报、北京娱乐信报、中国经营报等都对活动进行了追踪报道。随后活动向山东、福建、辽宁、云南、吉林、重庆等10多个城市蔓延。格兰仕"绿色回收废旧家电"的活动成为2006年淡季小家电市场一道靓丽的风景。
>
> 在港台地区、日本、美国，被人们称为"生态服装"的图案、色彩、文字极富特色与寓意：用珍稀动植物作图案，以花草树木为色调，甚至用简洁明了的文字写在服装上，如"我爱大自然""保护臭氧层"等直接来表达消费者的心声。因此，各种"绿色广告"应运而生，不少著名的跨国公司和大企业纷纷利用"绿色商品"大做"绿色广告"，不少新兴的中小企业也不断强化自己的"绿色企业"形象，以谋求飞跃发展。

案例分析

所谓"绿色文化营销"，是指社会和企业在充分意识到消费者日益提高的环保意识和由此产生的对清洁型无公害产品需要的基础上，发现、创造并选择市场机会，通过一系列理性化的文化营销手段来满足消费者以及社会生态环境发展的需要，实现可持续发展的过程。绿色文化营销的核心是按照环保与生态原则来选择和确定营销组合的策略，是建立在绿色技术、绿色市场和绿色经济基础上的、对人类的生态关注给予回应的一种经营方式。绿色文化营销不是一种诱导顾客消费的手段，也不是企业塑造公众形象的"美容法"，它是一个导向持续发展、永续经营的过程，其最终目的是在化解环境危机的过程中获得商业机会，在实现企业利润和消费者满意的同时，达成人与自然的和谐相处，共存共荣。

第二节　文化营销产生的背景

21世纪初，受到西方文化的强力影响，中国学术界开始讨论文化产业问题。后来，学术界的呼声被执政阶层认同，文化产业作为一种政治口号被提出来，从此开始波及社会领域的各个层面。当时，各种形态的文化传媒公司、文化出版集团如同雨后春笋不停出现，蔚为壮观。但是，当时从学术上对文化产业内涵布局的研究，从实际操作中文化产业的扩张存在一个致命的问题，就是文化产业始终作为一种独立的产业文化存在，并没有俯下身子和各类实体经济进行深度融合，各种实体经济和文化经济之间没有必然的相关性。这造成了文化产业发展的滞后以及公司文化、企业文化发展的口号化和模式化。

事实上，任何一种具有核心竞争的实体现象必然会成为一种文化现象，如苹果公司、黑莓公司以及近年来声誉日隆的华为集团，在这些公司的发展中，文化是一种很重要的内在推手。基于客户心理之上的文化营销容易将企业塑造成一个文化现象，文化现象有其滋生性和影响力，这就是文化软实力的核心价值所在。

未来的经济发展有个大的方向，就是用户的需求成为第一位。在这个方向的基础上，能够盈利的无疑分为两类，一类是技术创新对生活空白领域的弥补，比如各类疾病的特效药等等；一类是基于文化营销上的市场运作，也就是说你不再是为你自己打工，不是为你自己赚钱，你首先要提供一种独一无二的文化形态和服务，让更多的人记住你的产品。而未来的实体经济和互联网直销经济恰恰属于第二类范围。因此，未来的商业市场是具有挑战性的市场，不仅挑战你做产品的能力，更挑战你的知识储备和沟通能力，它需要你有多学科的知识背景和强大的语言交流能力，毕竟，你生产的东西是要卖出去的。

第三节　文化营销的基本内涵

一、文化营销的定义

文化营销是指把商品作为文化的载体，通过市场交换进入消费者的意识，它在一定程度上反映了消费者对物质和精神追求的各种文化要素。文化营销既包括浅层次的构思、设计、造型、装潢、包装、商标、广告、款式，又包含对营销活动的价值评判、审美评价和道德评价。

它包括三层含义：

（1）企业需借助于或适应于不同特色的环境文化开展营销活动；

（2）文化因素需渗透到市场营销组合中，综合运用文化因素，制定出有文化特色的市场营销组合；

（3）企业借助商品，将自身的企业文化推销给广大的消费者，使企业能够更好地被广大的消费者所接受。

二、文化营销的特点

文化营销观念是对市场营销观念的进一步完善发展。与市场营销观念相比，文化营销观念有以下特点：在继续坚持通过满足消费者和用户需求及欲望而获取利润的同时，从文化引领、文化渗透的更高层次，更加合理地兼顾消费者和用户的眼前利益与长远利益，更加周密地考虑如何解决满足消费者和用户需求与社会公众利益之间的矛盾。

实施文化营销的企业，其营销活动一般具有为以下特征：

（1）人性化。即符合、满足人的精神需求。

（2）个性化。即要有企业自己的声音。

（3）社会性。即充分挖掘社会文化资源并回归社会。

（4）生动性。即营销技术要灵活、创新、形象、易传播。

（5）公益性。即营销活动必须对社会公众有益。将文化有机融进营销，就像将钻石镶进白金戒指，形成1+1>2的社会价值。

文化营销的核心是以企业文化为中心，企业经营重点是在满足市场需求的基础上，通过文化引领和文化渗透，将企业效益、个人效益、社会效益、环保效益有机结合，在获取营销利润的同时，展现企业的社会责任担当。

文化营销往往以某个具有极度聚焦效应的社会事件为契机，因此它很多时候表现为事件行销，但是由于社会事件具有复杂多样性，所以从事件本身的性质来看，文化营销还表现为政治营销、体育营销、品牌营销等，而从穿透文化营销的层面，会发现企业在营销过程中仍然采用差异化营销、整合营销等理念。

因此，文化营销的操作应该吸取各种营销理念和手段的特点，创新观念，求变才能取得效果，当然，文化营销的对象范围更为广泛，面向社会大众，一方面，它具有传播效应，而另外一方面，如果在执行方面不够谨慎，它带给企业和品牌的将会是毁灭性的后果。

三、文化营销的营销要求

1.符合国家政策和社会公德

由于文化营销是以企业文化或相关社会主题进行的营销活动，因此它在受到高度关注的同时也具有很强的敏感性。过去，部分企业在进行文化营销的时候通过一些政策缺口进行实施，比如在SARS（严重急性呼吸综合症）肆虐期间，有些企业的行为不仅违反了国家相关政策，且在社会上造成了极其恶劣的影响。

这不仅违背了企业进行文化营销的社会本位出发点，其达到的短期利益更破坏了企业的社会形象和品牌形象。因此在进行文化营销的时候，要保持高度的社会责任感，在国家政策允许的范围内，实施对社会公众认同甚至是赞誉的营销活动，才能使活动顺利进行，并获得良好的效果。

2.结合企业长期战略，因时夺势

任何企业的营销战略都是在企业长期战略下进行的，是为企业长期战略服务的，因此，文化营销也要紧密结合企业文化和企业长期战略，成为其有机组成部分，只有那些有利于企业战略发展的事件才有必要成为企业实施文化营销的契机，那种凡是社会事件就进行掺和的企业，不仅在成本上要花费巨额投资，而且在效果上也达不到预期的效果，同时若借助事件进行营销，由于事件发展的不可预见性，企业要有很强的对事件策划的掌控能力，要注意找准切入时机。

3.围绕企业或品牌核心理念，找准契合点

文化营销的提升关键就在于是否能紧密地围绕企业文化或品牌核心理念，从而找到最适合的联结点。虽然在一个广泛关注的社会事件

中，公众会增多对媒体的热情，因此企业只要在这段时间内多投广告就能得到比平常更好的效果，但是这只是比较初浅的层次，如果能在企业文化或品牌的核心理念下，把事件和品牌结合起来，则不但能提升消费者对事件的关注，同时还能引导消费者把热情过渡到品牌上来，当然，如果硬要进行连接，造成连接过于牵强，反而会出现不良效果。

4. 优秀的公关能力和充分的公关准备

公关在现代的营销理论和实践中都因为其具有良好的营销效果而被广泛运用和发展，而文化营销作为以企业文化或社会主题为基础的营销，公关活动将具有更重要的作用。在文化营销中，巧妙地运用公关活动，不仅能更深入地和社会公众接触，并产生互动效果，同时也因为企业有实际的活动操作和执行而使公众更容易产生信任和好感，同时还能制造更为轰动的新闻效果。

由于事情的发生是不可预见的，同时企业还可能面临各种危机，因此企业要具备优秀的公关能力，而对于文化营销的组织和策划来说，在公关活动的组织上就显得尤其重要，因为企业文化和社会公益主题具有很高的关注度和很强的敏感性，无论是对于事件主办方（特别是政府部门）还是对于社会公众来说，企业的介入情况和方法都必须十分谨慎，因此只有做好充分的公关准备才可能实施活动，并取得较好的效果。

5. 广告载体和活动形式的创新注重与人民大众（消费者）沟通

在广告和促销形式多样而且纷繁复杂的今天，要想在轰轰烈烈的广告大战中脱颖而出，广告载体和活动形式的创新是重要而且有效的手段。由于文化营销所借助的事件或主题具有一定的特殊性，因此可以根据它们的特点进行相关创新，这样不仅可以节约费用，又可以取得更好的社会效应和品牌效应。

比如三月份的"两会"期间，媒体、广告公司和企业都在互动地忙碌着，在媒体方面，某些党报会出一些专刊，或者有一些专有的宣传载体；在活动方面，由于代表们从四面八方聚集北京参加会议，必然会有和会议相关的衣食住行方面的需求，伊兰特轿车、奇瑞轿车巧妙地借助人大代表试乘、"两会"指定专用车的名目就取得了较好的效果。

6. 强调社会公益性广告主题以企业或品牌形象为主

文化营销从目标受众的角度来看，主要是针对包括目标消费群在内的社会公众，因此其主要目的还在于推崇企业文化中关注社会价值方面，通过营销让公众了解企业，认可企业，从而树立企业的社会形象。因此从广告的角度来看，主要还是应该针对企业或品牌形象做形象广告，以借助强势媒体的力量展示企业的实力。因为文化营销的目标受众过于广泛，很难直接针对目标消费者，所以直接做产品推广不太恰当，在效果反馈上也比较难以评估，当然，对于新上市产品或者代表性产品通过一些使用赞助或其他公关活动有针对性地进行推广也能在专业产品形象上取得较好的效果。

7. 充分运用新闻媒体的力量，立体宣传

文化营销是为了树立企业形象，提升品牌知名度和美誉度，因此宣传是很重要的，只有通过多方面的传播手段才能够更有效地到达消费者。从传播阶段看，事前的预告宣传、事中的活动配合宣传以及事后的延续性宣传都不可缺少；从传播媒体看，要根据企业情况结合户外宣传海报、媒体新闻、电视广告、网络广告等多种途径，立体传达营销信息，形成良好的宣传效果；从营销手段看，要充分制造新闻，利用新闻媒体的力量，使消费者自觉接受，并对内容产生更大的信任感。

四、文化营销的策略

1. 品牌推广

品牌推广是需要长久持续推广的品牌营销方式。通常，制定品牌推广计划，必须遵循三个原则。

第一个原则是具体性。具体性是指整个计划实施的步骤是什么，计划过程会出现什么样的情况并如何处理，计划应该如何执行，计划最终实现的目标是什么等各方面的具体品牌内容。

第二个原则是合理性。计划是为了最终实现目标，计划并不是一纸空文，计划的目的是为了有结果，若计划设置目标太高又难以完成，这便失去了其原本的存在价值。但是计划目标又不能设置的过于低，计划必须具有挑战性，这样才能提起执行者拼搏的心。

第三个原则是时间限制性。时间限制性是给计划定出一个期限，将整个计划分成若干个步骤，合理安排时间去完成。

2. 推广目标

选择推广目标很重要，而且目标的选择必须具有针对性，也就是说目标是自身产品的最主要消费者。任何推广策略都有一定的成本，控制成本是企业制胜的关键，进行品牌推广也有其成本控制的范畴。若选择的目标过于庞大，那么其支出必然高，而且其支出有很大成分上是浪费在了没有消费潜力的客户上，如自身品牌是针对年轻人，若将老幼都考虑进去，那么必然会导致成本过高，而且没有好的成果。

3. 推广渠道

在当今社会，推广宣传传媒一般可分为三个。

第一个是电视及电台传媒。以往电视及电台传媒是最为有效的推广宣传传媒，但是由于现今电视频道及电台频道的日益增多，人们可选择的范围较广，故而一般的电视宣传就得不到企业想象中的成绩。若是投资热门的频道节目。这就需要考虑成本的问题了。

第二个传媒是报纸杂志。报纸杂志具有很强的人群针对性，不同的报纸杂志针对的人群不同，这便能实现推广成本价值的最大化。

第三个传媒是当今最为热火的网络媒体。网络在新生代中尤其明显，而且网络媒体具有人群基数大，推广模式便利，推广成本低，可持续推广的优点。

4.构思步骤

广义的文化指人类社会历史实践过程中所创造的物质和精神财富的总和。狭义的文化指社会意识形态和组织结构。作为营销学里的文化营销指的是企业（或组织）以文化为主体进行营销的行为方式。

文化营销强调企业中的社会文化与企业文化，而非产品与市场努力从文化的角度、人的地位来考虑和检验公司的经营方针。其构思运作步骤一般是：总览文化态势；观察文化变化；捕捉文化观念；创造文化趋势；扩展文化外延；形成文化创意。

五、文化营销的意义影响

1.焦点投放的性价比优势

企业从事文化营销的活动实际上是将商业运作模式放到公共或文化领域，虽然相对而言，公共或文化领域信息畅通具有一定落后性，但是文化营销的前提往往是借助重大的社会事件进行，这样的事件具有高度的聚焦力和关注度，因此对于这样的宣传题材，即使做简单的宣传，也是仍然能获得很好的信息达到效果。即使是企业自身进行的文化营销，虽然不以某些社会事件为契机，但是深谙文化营销的人士都会选择一些活动前提，比如具有时间性的某项公益主题（如世界爱眼日等）或者是长期以来始终被关注的永恒的公益概念（如健康或环保等），然后再通过科学的传播推广策略（主要通过社会新闻的方式），反而能以较少投入而获得较大的关注度。

在商业领域宣传推广的价格始终上浮、消费者对广告的认知已经越来越理性并进而产生自觉抵抗的情况下，纯粹的商业行为获得新闻关注度的难度大、成本高，因此，相对而言，文化营销能获得较好的性价比优势。

2.树立良好的企业形象（社会效应）

文化营销摆脱了商业宣传的模式，而倡导以社会本位为出发点，有效地创造社会价值，体现出企业的社会责任感，这不仅能使受众更容易接受，也能使广大的社会公众认同企业的社会价值观，同时，良好的文化营销借助社会关注的主题或事件，在谨慎科学的执行下能够创造出无限能量的社会效应，从而树立良好的企业形象。

3.提升品牌知名度和美誉度

强势品牌的塑造是企业永恒追求的目标，在文化营销的过程中，由于公众的关注度急剧上升，必然使品牌的出镜率大大提高，在公众的脑海中不断地追加记忆效果，从而提升了品牌的知名度。对于品牌调性而言，只有在深入了解消费者需求的情况下，只有在精神上引导消费者追随，在心理上冲破消费者的防御，并从心灵上引起消费者共鸣的品牌文化和品牌情感才能在消费者心中永驻。在社会责任普遍淡薄的今天，如果能够赋予品牌以良好的社会形象，则更能引起消费者认同，并提高品牌美誉度。

4.隐性打动消费者，促进企业发展

文化营销的商业气息淡薄，因此，社会公众的心理就不会自觉地构筑起坚固的防线，更有利于让受众接受企业的宣传信息，而在营销中体现出来的强烈的社会责任感和良好的社会形象能使公众对企业和品牌产生信赖感和好感，而且能够较长久地保持，从而使企业得到公众的认同和支持，潜移默化地打动消费者，使消费者在今后的购买行为中选择自身的产品，从而促进产品销售，为企业创造经济利润，因此也能够强化企业生存和发展能力，确保企业永续经营。

六、文化营销的局限性

文化营销不是喊口号不是玩花拳绣腿。它不只是一个形式的问题而更是一个内容的问题。内容决定形式，形式是内容的体现，二者辩证统一。企业在文化营销时往往只重视形式忽略了内容。有的企业只注重产品的包装不重视产品的质量；有的企业在文化建设中只提出一些口号实际中并不执行；有的企业只知道做广告做宣传，只重视企业视觉识别系统（VI设计），不强调企业理念（MI）和企业行为（BI）建设，造成了"金玉其外，败絮其中"的结果。

企业的文化营销是一个整体，一个有机的系统。它包括三个方面的含义，我们不能断章取义，只抓一点不及其余，而要把三者有机结合起来。企业文化建设是企业文化营销的前提和基础，企业没有良好的健康的全面的文化建设，文化营销就成了无源之水、无本之木。企业分析和识别不同环境的文化特点是文化营销的中间环节和纽带，在企业文化建设的基础上，只有对不同环境的文化进行分析才能制定出科学的文化营销组合策略；制定文化营销组合策略是前两者的必然结果。企业在进行文化营销时往往忽视了前两者，只重视了文化营销组合策略的运用，结果是收效甚微。

文化营销体现的是一种道德营销。但我们必须清楚，企业的经济属性才是生存和发展的基础，它的最终目的仍然是为了经济利益，社会效益只是一个目前逐渐发展起来的比较好用的手段而已。我们不能完全以道德的教育来促使企业放弃利益追求而去满足社会长远利益,而是要把企业自己的利益与消费者切身利益、社会长远利益结合起来,在敬畏生命、关注人类未来的前提下获得利润。

企业走文化营销之路,并非做亏本生意,而是有利可图的。利益驱动再加上消费者的成熟、法制规范是使企业走文化营销之路的前提条件。然而,培养消费者正确的消费观念,告别不科学、不文明、不合理、不适度的消费方式和消费行为是比较困难的,现实中有相当一部分人的消费观是不健康的。同时,当前的利益机制还不能完全促使企业树立文化营销的观念,为此还需通过严格的法制、政府的干预和调控,以及各种社会组织的监督和促进。

第四节 营销阶段的递进

文化营销是一种通过企业文化渗透、运用商业营销手段达到企业公益目的或者运用社会公益价值推广商业服务的解决方案。文化营销强调企业的理念、宗旨、目标、价值观、职员行为规范、经营管理制度、企业环境、组织力量、品牌个性等文化元素,关注人的社会性,给予产品、企业、品牌以丰富的个性化的文化内涵。企业文化、社会事件或公益主题一向是最吸引媒体和民众关注的目标,同时由于它具有广泛的社会性,很多企业把商业运营模式放到公共领域,以此来开展营销活动从而获得了良好的效果。

然而,企业的产品、服务、文化的传播光靠人工手段和传统媒体,在传播效率和传播效果方面往往难以较好地实现企业的预期目标。随着互联网等科技的进步,以及搜索引擎、博客、论坛、微博、微信等传播媒介和社交媒体的兴起，企业的营销载体、传播渠道和营销工具发生重大变化。只有搭乘互联网的快车，企业的产品、服务、文化宣传才能以快速有效、成本低廉的方式呈现在客户面前，扩大营销辐射面和受众人群，并实现企业与客户的双向互动，从而取得市场竞争的主动权。这样就进入到了一个新的市场营销阶段：网络营销阶段。

第十四章
网络营销

第一节 网络营销实践案例

案例14-1　　　　欧莱雅的网络营销

随着中国男士使用护肤品习惯的转变，男士美容市场的需求逐渐上升，整个中国男士护肤品市场也逐渐走向成熟，近两年的发展更是迅速，越来越多的中国年轻男士护肤已从基本清洁开始发展为护理，美容的成熟消费意识也逐渐开始形成。

2012年欧莱雅中国市场分析显示，男性消费者初次使用护肤品和个人护理品的年龄已经降到22岁，男士护肤品消费群区间已经获得较大扩张。虽然消费年龄层正在扩大，即使是在经济最发达的北京、上海、杭州、深圳等一线城市，男士护理用品销售额也只占整个化妆品市场的10%左右，全国的平均占比则远远低于这一水平。作为中国男士护肤品牌，欧莱雅男士对该市场的上升空间充满信心，期望进一步扩大在中国年轻男士群体的市场份额，巩固在中国男妆市场的地位。

一、营销目标

推出新品巴黎欧莱雅男士极速激活型肤露，即欧莱雅男士BB霜，品牌主希望迅速占领中国男士BB霜市场，树立该领域的品牌地位，并希望打造成为中国年轻男性心目中的人气最高的BB霜产品。

欧莱雅男士BB霜目标客户定位于18岁到25岁的人群，他们是一群热爱分享，热衷于社交媒体，并已有一定护肤习惯的男士群体。

二、执行方式

面对其他男妆品牌主要针对"功能性"诉求的网络传播，麦肯旗下的数字营销公司MRM携手欧莱雅男士将关注点放在中国年轻男性的情感需求上，了解到年轻男士的心态在于一个"先"字，他们想要领先一步，先同龄人一步。因此，设立了"我是先型者"的创意理念。

为了打造该产品的网络知名度，欧莱雅男士针对目标人群，同时开设了名为@型男成长营的微博和微信账号，开展一轮单纯依靠社交网络和在线电子零售平台的网络营销活动。

在新浪微博上引发了针对男生使用BB的接受度的讨论，发现男生以及女生对于男生使用BB的接受度都大大高于人们的想象，为传播活动率先奠定了舆论基础。

有了代言人阮经天的加入，发表属于他的先型者宣言："我负责有型俊朗，黑管BB负责击退油光、毛孔、痘印，我是先型者阮经天"，号召广大网民，通过微博申请试用活动，发表属于自己的先型者宣言。微博营销产生了巨大的参与效应，更将微博参与者转化为品牌的主动传播者。

在京东商城建立了欧莱雅男士BB霜首发专页，开展"占尽先机，万人先型"的首发抢购活动，设立了欧莱雅男士微博部长，为BB霜使用者提供一对一的专属定制服务。另外，特别开通的微信专属平台，每天即时将从新品上市到使用教程、前后对比等信息均通过微信推送给关注巴黎欧莱雅男士公众微信的每一位用户。

三、营销效果

该活动通过网络营销引发了在线热潮，两个月内，在没有任何传统电视广告投放的情况下，该活动覆盖人群达到3500万用户，共307107位用户参与互动，仅来自新浪微博的统计，微博阅读量即达到560万，在整个微博试用活动中，一周内即有超过69136男性用户申请了试用，在线的预估销售库存在一周内即被销售一空。

案例分析

欧莱雅公司在开展营销前，首先进行了BB霜目标客户定位——18岁到25岁的人群。根据他们热爱分享、热衷于社交媒体的群体特点，同时开设了名为@型男成长营的微博和微信账号，持续打造该产品的网络知名度，开展了一轮单纯依靠社交网络和在线电子零售平台的网络营销活动。这是一种通过网络营销引发在线热潮，广泛传播和推广营销产品和服务，实现快速低成本获客的典型案例。

案例14-2　　　凡客诚品的网络营销

创办于2007年的凡客诚品（VANCL），一直致力于打造"互联网快时尚品牌"，并逐步成为网民购买服装服饰的主要选择对象。在凡客诚品拓展市场过程中，网络营销是助其成功的重要方式。

一、网络病毒营销

互联网是消费者学习的最重要的渠道，在新品牌和新产品方面，互联网的重要性第一次排在电视广告前面。

凡客诚品采用广告联盟的方式，将广告遍布大大小小的网站，因为采用试用的策略，广告的点击率也是比较高，因为采用了大面积的网络营销，其综合营销成本也相对降低，并且营销效果和规模要远胜于传统媒体。

二、体验营销

一次良好的品牌体验（或一次糟糕的品牌体验）比正面或负面的

品牌形象要强有力得多。凡客诚品采用"VANCL试用啦啦队"，免费获新品BRA——魅力BRA试穿写体验活动的策略，用户只需要填写真实信息和邮寄地址，就可以拿到试用装。当消费者试用过凡客诚品产品后，那么就会对此评价，并且和其他潜在消费者交流，一般情况交流都是正面的（试用装很差估计牌子就砸掉了）。

三、口碑营销

消费者对潜在消费者的推荐或建议，往往能够促成潜在消费者的购买决策。铺天盖地的广告攻势，媒体逐渐有失公正的公关，已经让消费者对传统媒体广告信任度下降，口碑传播往往成为消费最有力的营销策略。

四、会员制体系

类似于贝塔斯曼书友会的模式，订购凡客诚品商品的同时自动就成为凡客诚品会员，无需缴纳任何入会费与年费。凡客诚品会员还可获赠相关杂志，成为凡客诚品与会员之间传递信息、双向沟通的纽带。采用会员制大大提高了凡客诚品消费者的归属感，拉近了凡客诚品与消费者之间的距离。

案例分析

综合来看，互联网对凡客诚品（VANCL）最大的促进有三方面：其一是降低了营销成本。其二是大幅度提高了品牌占有市场的速度。其三是消费者通过互联网对潜在消费者有效的口碑。对企业而言，从此数据和案例，可以引起很多的思考，一方面是传统企业如何针对消费者的心态，利用互联网新媒体工具进行有效的营销推广；另一方面是互联网时代口碑营销的效应被几何级放大，互联网对营销的渗透作用也将越发明显并变得越发重要。

案例14-3　　　　耐克的网络营销

作为全球著名的体育运动品牌，耐克（NIKE）公司也是网络营销的重要实践者和受益者。

一、耐克的网络营销渠道

1.订货功能。它为消费者提供产品信息，同时方便耐克获取消费者的需求信息，以求达到供求平衡。一个完善的订货系统，可以最大限度降低库存，减少销售费用。

2.结算功能。消费者在购买产品后，可以有多种方式方便地进行付款，因此耐克也有多种结算方式。目前在国内除了支付宝和财付通外，还有经历比较久的邮局汇款、货到付款、信用卡等。国外则有信用卡、电子货币、网上划款等。

3.配送功能。一般来说，产品分为有形产品和无形产品，对于无形产品如服务、软件、音乐等产品可以直接通过网上进行配送。对于有形产品的配送，则通过专业的配送公司保证配套服务。

二、耐克的网站建设与网站营销

1.网站的特点。一个好的网络营销离不开一个制作优秀的网站，耐克公司的网站则是商务网站中的佼佼者之一。耐克官方网站并不像传统网站一样直接出售和推销自己的商品，它是利用各种聊天室和论坛以及赛事介绍和运动装备介绍等方式建立出一种商业气氛较低的体育爱好者同盟会或者俱乐部。网站吸引了来自全球各地的球迷，给众多的爱好者一个聚集和发表看法的空间场所。在讨论比赛的同时注意到了耐克在运动中的一点一滴，深入人心，借此还能了解球迷所想要的产品，突出了体育的精神。让浏览者在看琳琅满目的商品时感受到刚刚结束的比赛中体会到耐克产品给他们带来的激情。

2.网站内容与构架。耐克的官方网站是由几个大的分类站点组成的,为产品更好地选择了受众群体,使得网站的内容更加紧凑,网站拥有良好的组织和设计信息环境。较大的版面为内容的更新得以迅速完成。

随实时体育大事的举办,耐克公司网站的背景不断变化,快速反应全球各大赛事,吸引青年和球迷。比如在足球分类上,采用正在举行的欧洲冠军杯赛赛场截图作为背景;篮球的分类上则使用NBA(美国男子职业篮球联赛)的球星作为背景,使网站的风格更良好地统一起来,让浏览者简单检索到所需要的信息。

3.顾客人群的定位。耐克的主要消费群体是14~30岁的青少年,而这部分年轻人大部分的时间则是消耗在互联网上的,耐克选择的网络营销渠道恰恰适应了年轻人所常常关注的焦点,"百度""腾讯"都是中国年轻人喜欢使用的网站,在百度搜索引擎中能搜索到4000多个网页。这样公司在他们主要的消费群体的曝光率大大增加,低廉的宣传成本带来高效的宣传,大大超过了户外广告。

三、耐克的网络营销竞争策略

1.发现消费者的需要。耐克公司采取消费者个性化产品生产营销模式,把企业的生产和消费者的需求结合起来,在企业和市场中建立良好的交流纽带。耐克为其客户建立数据库和个人信息的专用档案,把客户所需要的信息储存下来,为其更好地生产所需要的产品,也更好地追踪客户的动态,做好产品的售后服务,而这一切都来源于耐克的网站和数据库服务。耐克的官方网站提供了NIKEID的个性化定制服务,顾客可以根据自己的喜好和款式定制只属于自己的鞋子或者衣服,加上独一无二的自定义LOGO,给年轻人留下充分的想象空间。

2.明星效应。在各种杂志以及社交场合看见穿着耐克品牌衣服的各种明星早已不是什么新鲜的事情，耐克公司包装的体育明星早已为他们带来无比巨大的利润。从1984年开始，耐克公司开始包装乔丹，这个动作无疑是非常成功的。耐克把乔丹夺得总冠军的最后一扣做成了广告，成为了市场的领先者。

3.非奥运赞助商的耐克。作为世界级的体育用品商，奥运会是一个向世界展示自己的绝佳机会，没有花重金争夺奥运会赞助上的耐克并没有销声匿迹，而是将自己的王牌放在互联网上，巧妙地避开了阿迪达斯奥运会赞助商的争夺，借助拥有两亿网民的腾讯，刮起了网络奥运的暴风。与其在门户网站上弹出令人厌烦的弹窗广告不如利用腾讯网以及QQ和旗下各种产品为奥运冠名，利用腾讯网络直播的优势将耐克融入到消费者心中。耐克运用病毒式的网络营销手段以腾讯作为媒介，将自己的理念和品牌形象通过即时、互动的网络信息传输方式覆盖到了每一个网民，营销效果绝不亚于作为奥运赞助商的阿迪达斯。

4.耐克的网络广告战略。2009年中国网络广告市场规模突破200亿的大关，网络时代的网络广告成为众多商家的新宠，但是好的网络广告却是不可多得的。

耐克网络广告的特点是简洁、精炼。在短短几秒时间内将耐克勾标志重复呈现在用户眼中，使你难以忘记这个文化标志。而在广告中加入明星形象更能吸引上网者的关注，使其留下深刻的印象，而不是去屏蔽广告。

案例分析

耐克公司能切合中国的实际国情，参考中国人的生活和购物习惯，发现消费者的需要，注重抓住时事热点，紧贴时尚趋势，通过明星效应、病毒式网络营销、简洁的广告等方式开展网络营销。耐克公司的网络营销策略的目标是明确的，就如同上面所提到的，耐克公司在土豆网载入了植入性广告，土豆网的用户群体非常之广，公司可以借这个庞大的用户群，来提高自己产品的知名度，从而达到很好的营销效果。

第二节 网络营销产生的背景

20世纪90年代以来，随着互联网技术的不断发展，互联网对各行各业的深度融合与渗透日益普遍，对企业和消费者都带来重要影响。

从企业来看，互联网改变了渠道和传播方式。互联网最直接的作用，就是使得小企业也有渠道和平台展示自我和接触核心消费群。企业开始建立自己的网站，通过网络寻找自己的客户，寻找需要的产品，并演变成为企业的商务习惯。传统的媒体硬广、明星代言、渠道控制、终端活动、人海战术，逐步向搜索引擎营销、电子邮件营销、即时通讯营销、自媒体营销等互联网营销工具和传播渠道迁移转化。

从消费者来看，互联网使得消费者在渠道选择和媒体接触习惯方面也随之改变。互联网技术的兴起和发展，催生了大批互联网媒体和社交工具，也形成了数量可观的网民和互联网粉丝。根据《中国互联网发展报告2018》发布的数据，2017年，中国的网民数量达到7.72亿，网络购物用户规模达5.69亿，第三方互联网支付金额达到143.26万亿元。

总之，网络营销是信息化社会的必然产物。我国网络营销发展经历了五个阶段：2000年之前是萌芽阶段，2001~2004年是应用和发展阶段，2004~2009年是高速发展阶段，2010~2015年是社会化阶段，2016年以后是多元化生态体系阶段。

第三节 网络营销的基本内涵

一、网络营销的定义

网络营销是指基于互联网络及社会关系网络连接企业、用户及公众，向用户及公众传递有价值的信息和服务，为实现顾客价值及企业营销目标所进行的营销活动。

网络营销是传统营销理论在互联网环境中的应用和发展。网络营销不是网上销售，不等于网站推广，也不等于电子商务。从广义上来看，网络营销中的网络包括社会网络，计算机网络；企业内部网，行业系统专线网及互联网；有线网络，无线网络；有线通信网络与移动通信网络等。

二、网络营销的特点

网络营销突出特点是以创造顾客价值为中心，突出了人的核心地位，打造以顾客为核心的价值关系网络。网络营销活动一般具有以下特征：

（1）信息的交互性。互联性使信息的非对称性大大减少，消费者可以从网上搜索自己想要的任何信息。互联网通过展示商品图像、商品信息资料库提供有关的查询，产品测试与消费者满意调查等活动来实现供需互动和双向沟通。

（2）市场的全球性。国际互联网使得整个世界的经济活动和营销市场紧密联系在一起，覆盖全球市场，企业可以通过互联网超越时间约束、国界和空间限制，随时随地进行交易，方便快捷地进入任何一国市场。

（3）资源的整合性。互联网兼具渠道、促销、电子交易、互动顾客服务、市场信息分析与提供的多种功能，企业可以借助互联网将不同的传播营销活动进行统一设计规划和协调实施，以统一的传播资讯向消费者传达信息，避免不同传播中不一致性产生的消极影响。

（4）明显的经济性。网络营销无店面租金成本，且有实现产品直销功能，能帮助企业减轻库存压力，降低运营成本。

（5）边界的模糊性。互联网使许多人们习以为常的边界变得模糊，其中，最显著的是企业边界的模糊，生产者和消费者的模糊产品和服务的模糊。

三、网络营销的基本职能

（1）网络品牌。网络营销的重要任务之一就是在互联网上建立并推广企业的品牌，以及让企业的网下品牌在网上得以延伸和拓展。

（2）网站推广。网站推广是网络营销最基本的职能之一，是网络营销的基础工作。

（3）信息发布。网站是一种信息载体，通过网站发布信息是网络营销的主要方法之一，也是网络营销的基本职能。

（4）销售促进。大部分网络营销方法都与直接或间接促进销售有关，但促进销售并不限于促进网上销售，事实上，网络营销在很多情况下对于促进网下销售十分有价值。

（5）网上销售。网上销售渠道建设也不限于网站本身，还包括建立在综合电子商务平台上的网上商店，以及与其他电子商务网站不同形式的合作等。

（6）顾客服务。互联网提供了方便的在线顾客服务手段，从形式最简单的FAQ（常见的问题项目与对应问题的解答），到邮件列表等各种即时信息服务，顾客服务质量对于网络营销效果具有重要影响。

（7）顾客关系。良好的顾客关系是网络营销取得成效的必要条件，通过网站的交互性、顾客参与等方式在开展顾客服务的同时，也增进了顾客关系。

（8）网上调研。网上调研不仅为制定网络营销策略提供支持，也是整个市场研究活动的辅助手段之一。

四、网络营销的常见方式

（1）搜索引擎营销。即SEM（通常以PPC，即"点击付费广告"为代表）。通过开通搜索引擎竞价，让用户搜索相关关键词，并点击搜索引擎上的关键词创意链接进入网站（网页）进一步了解所需信息，然后通过拨打网站上的客服电话、与在线客服沟通或直接提交页面上的表单等来实现自己的目的。

（2）搜索引擎优化。即SEO。在了解搜索引擎自然排名机制的基础上，使用网站内及网站外的优化手段，使网站在搜索引擎的关键词排名提高，从而获得流量，进而产生直接销售或建立网络品牌。

（3）电子邮件营销。电子邮件营销是以订阅的方式将行业及产品信息通过电子邮件的方式提供给所需要的用户，以此建立与用户之间的信任与信赖关系。

（4）即时通讯营销。即时通讯营销是利用互联网即时聊天工具进行推广宣传的营销方式。

（5）病毒式营销。病毒营销模式来自网络营销，是一种利用用户口碑相传的原理，通过用户之间自发进行的、费用低的营销手段。

（6）BBS营销。BBS即电子布告栏系统，BBS营销的应用已经比较普遍，尤其是对于个人站长，大部分到门户站论坛灌水同时留下自己网站的链接，每天都能带来几百IP。

（7）博客营销。博客营销是建立企业博客或个人博客，用于企业与用户之间的互动交流以及企业文化的体现，一般以诸如行业评论、工作感想、心情随笔和专业技术等作为企业博客内容，使用户更加信赖企业深化品牌影响力。

（8）微博营销。微博营销是指通过微博平台为商家、个人等创造价值而执行的一种营销方式，也是指商家或个人通过微博平台发现并满足用户的各类需求的商业行为方式。

（9）微信营销。微信营销是网络经济时代企业营销模式的一种创新，是伴随着微信的火热而兴起的一种网络营销方式。微信不存在距离的限制，用户注册微信后，可与周围同样注册的"朋友"形成一种联系，用户订阅自己所需的信息，商家通过提供用户需要的信息，推广自己的产品，从而实现点对点的营销。

（10）视频营销。视频营销是以创意视频的方式，将产品信息移入视频短片中，被大众所吸收，不会造成太大的用户群体排斥性，也容易被用户群体所接受。

（11）软文营销。与硬广告相比，软文广告的精妙之处就在于一个"软"字，好似绵里藏针，收而不露，克敌于无形。它追求的是一种春风化雨、润物无声的传播效果。如果说硬广告是外家的少林功夫，那么，软文则是以柔克刚的武当拳法，软硬兼施、内外兼修，才是最有力的营销手段。

（12）体验式微营销。体验式微营销以用户体验为主，以移动互联网为主要沟通平台，配合传统网络媒体和大众媒体，通过有策略、可管理、持续性的线上线下互动沟通，建立和转化、强化顾客关系，实现客户价值的一系列过程。体验式微营销在消费者的感官、情感、思考、行动、关联五个方面，重新定义、设计营销的思考方式。

此种思考方式突破传统上"理性消费者"的假设，认为消费者消费时是理性与感性兼具的。体验式微营销以微博、微电影、微信、微视、微生活、微电子商务等为代表新媒体形式，为企业或个人达成传统广告推广形式之外的低成本传播提供了可能。

（13）O2O立体营销。O2O立体营销是基于线上（Online）、线下（Offline）全媒体深度整合营销，以提升品牌价值转化为导向，运用信息系统移动化，帮助品牌企业打造全方位渠道的立体营销网络，并根据市场大数据分析制定出一整套完善的多维度立体互动营销模式。针对受众需求进行多层次分类，选择性地运用报纸、杂志、广播、电视、音像、电影、出版、网络、移动在内的各类传播渠道，以文字、图片、声音、视频、触碰等多元化的形式进行深度互动融合，涵盖视、听、光、形象、触觉等人们接受资讯的全部感官，对受众进行全视角、立体式的营销覆盖，帮助企业打造多渠道、多层次、多元化、多维度、全方位的立体营销网络。

（14）自媒体营销。自媒体又称个人媒体或者公民媒体，自媒体平台包括个人博客、微博、微信、贴吧等。

（15）新媒体营销。新媒体营销是指利用新媒体平台进行营销的模式。在web2.0带来巨大革新的年代，营销思维也带来巨大改变，体验性、沟通性、差异性、创造性、关联性，互联网已经进入新媒体传播2.0时代。并且出现了网络杂志、博客、微博、微信、RSS（简易信息聚合）等新兴媒体。

五、网络营销的局限性

网络营销是典型的由内而外的传播路径，它不是先做知名度，而是先做口碑，由核心人群/种子用户带动大众人群，由个性形成影响，最终做成广泛的覆盖和影响力。网络营销在当今时代发展越来越快，但网络营销也存在一些局限性。突出表现为以下三个方面：

（1）缺乏真实感。网络购物可以节约消费者的时间和精力成本，但无法满足消费者的购物体验，尤其是对于喜欢享受购物过程的消费者更是如此。与传统营销通过全面刺激消费者的视觉、听觉、味觉、触觉和嗅觉等感官相比，网络营销通过各种文字、图片、视频等组成的符号刺激消费者的视觉和听觉，缺乏真实感。尤其是当前网络社会立法还不完善，容易存在欺骗消费者的行为。

（2）网络营销固有的局限性。网络营销的特征和营销方式决定了其存在的固有缺陷。其一是消费者群体的局限性。尽管网民的数量在迅速增加，但仍有不少消费者没有触网，且不接受网络营销的网民还占有不少比例。其二是产品的局限性。不同的产品实施网络营销所得到的效果有很大差异，比如社区的理发店和生产商生产的U盘。其三是传播方式的局限性。通过报纸、电视、广播、路牌、巴士广告等传统方式，可以将传播渗透到消费者的生活中去，而互联网传播只能通过电脑、手机等数码终端，传播有限。而且消费者在上网时对广告的点击率有限，也限制了互联网传播的有效性。

（3）网络营销的配套设施不完善。网络营销的配套实施不完善，直接影响网络营销的实际成效。其一是网络发展水平还不够高。我国的网络覆盖率还不够，特别是中西部地区和广大农村地区的网络基础设施和硬件环境亟待完善。其二是物流业发展还不成熟。与网络营销相配套的物流配送还需要持续加强，物流配送的安全性、成本、速度以及物流从业人员的综合素质距离消费者满意还有较大差距。物流行业的相关标准也有待于完善。其三是网络病毒的威胁。网上黑客、网络犯罪增加了网上交易的不安全性，增加了信息传播的风险。这些配套设施的不完善，也威胁着网络营销的健康发展。

第四节　营销阶段的递进

网络营销是随着互联网进入商业应用而产生的一种营销形态。它借助网络、通信和数字媒体技术实现企业的营销目标，是科技进步、顾客价值变革、市场竞争等综合因素促成的。作为企业整体营销战略的一个组成部分，网络营销凭借其独有的精准高效和传播优势，建立了企业与用户和公众的连接，呈现出信息化社会中传统营销无法企及的营销魅力。

然而，网络营销给消费者带来的是一种冷冰冰的印象和感受，消费者缺乏购物的过程体验和环境体验，缺少现场交流互动的感情色彩和真实存在感。与此同时,消费者的消费习惯呈现出场景化、碎片化的特点,消费者不仅希望获得好的产品和服务,同时希望通过好的场景、好的体验来打动他。因此,搭建消费场景和支付场景,提升客户的消费体验,成为企业抢夺消费者并最终让消费者买单的关键。这样企业也就进入到一个新的市场营销阶段:场景营销阶段。

第十五章
场景营销

第一节　场景营销实践案例

案例15-1　　地铁Wi-Fi场景营销

其实Wi-Fi场景营销并不是特别新的业务模式，多年以前国内外即有Boingo、迈外迪等公司开始从事有广告支持的Wi-Fi接入服务，但直到智能手机的充分普及并渗透我们的生活、移动互联网广告和O2O（线上到线下）兴起这一业务模式才焕发出神采。这些Wi-Fi服务看似简单，其实对用户的获取深度要超过我们的想象，一个基本的免费Wi-Fi服务通常能够：

（1）获得用户手机号码（有关部门要求实名验证备查），多数Wi-Fi服务商对此数据进行了存储；

（2）获得手机或PC的无线网卡MAC地址，通过Wi-Fi探针技术，不论你是否有完成手机验证，都能获得你的手机MAC地址，这个探针技术还能在你不知情的状态下纪录你每次路经这个Wi-Fi热点的时间；

（3）对手机或PC浏览器通过验证成功后的欢迎页种植cookie数据；

（4）引导用户安装与此Wi-Fi场景融洽的应用（例如购物中心、餐饮场所的专属APP），如果安装完成那么该用户手机的IDFA，

Android ID甚至IMEI等资料也会回流至Wi-Fi服务商；

（5）通过此Wi-Fi浏览的所有非https加密的网页内容和应用内容，据此可以构成对用户的"画像"；

（6）部分Wi-Fi服务商可能替换或改变用户的浏览的网页内容或者广告内容；

（7）可以收集用户的即时通讯ID，虽然即时通讯的内容通常是加密不能被简单破译的；

（8）用户的精确位置，Wi-Fi设备的覆盖面积通常很小；

（9）用户所在场所的属性（精确到什么类型的消费场所以及名称），这个不是技术挑战但却是用户行为特征的一个稀缺数据，其他的营销技术平台很难获得。

由于这些丰富的数据，基于商业Wi-Fi的营销服务价值显著。但是毕竟铺设商业Wi-Fi硬件是一个重资产和落地的模式，并非营销技术公司所擅长，将商业Wi-Fi产生的数据和移动广告网络、程序化广告结合可能是更有效的增值模式。

经观察，除了以铺设Wi-Fi硬件为主要拓展方式的公司之外，还有相对较为轻资产的模式，可以部分自建Wi-Fi硬件网络并通过合作获得其他Wi-Fi网络的广告资源和数据资源形成一个自有的、较大规模的场景营销广告网络和数据收集网络，并通过数据打通Wi-Fi用户和程序化广告资源的连接，光音网络、云联传媒等公司似乎采取的是这一类的策略。在保证覆盖面的同时又能平衡资产投入和拓展速度，并且为没有技术能力通过广告增值Wi-Fi网络的硬件铺设公司提供了变现渠道。

案例分析

通过Wi-Fi获得的数据与移动程序化广告购买有着良好的结合点。

套用程序化广告技术的思路来看,商业Wi-Fi服务公司实际上是同时做到了三件颇有难度的事情:搭建了一个私有的媒体网络,即Wi-Fi欢迎页资源,这部分资源通过局域网实现,外部无法分析;搭建了高效全面的DMP(数据管理平台),用户必须提供详细到手机号码和硬件ID的数据,用户画像能够覆盖在Wi-Fi上发生的每一个动作;如果同时使用了多个装置,例如笔记本+手机+Pad还实现了跨屏识别。Wi-Fi产生的稀缺数据和媒体将进步融入整个移动广告生态体系并且随着商业Wi-Fi公司之间的联合,在形成更大规模的网络效应之后将如同开辟了一个新的移动入口媒体,在这个领域由于没有形成大规模垄断的可能,合作共赢应该是主题。

案例15-2　　　罗辑思维的"混搭"场景模式

罗辑思维是一个自媒体,由罗振宇和申音一起创办。据说萌生这个念头也很偶然,在2012年12月21日这个传说中的世界末日,二人在一起聊天中突发奇想,假如世界真的就此毁灭了,我们应该做点啥?在此需求推动下,二人决定创办一个学习型的虚拟社区,最开始的想法很简单,就是利用各自领域的媒体优势,将之办成一个知识学习和分享的平台,网聚了大批爱好学习新知识的年轻粉丝,这就构成了场景营销所谓的"入口"。

如果仅仅是有一个免费的学习平台,这倒没什么稀奇,基本大多数社群都是如此,免费的谁不会?罗辑思维经过一年运营后,发现免费并不可靠,终究付出是要得到回报的,可如果立即收费就面临巨大的压力,收费后粉丝都跑了怎么办?

好奇害死猫,这两个创业者决定破釜沉舟测试下收费模式,于是史上惊人的事件发生了,第一次在5小时内售卖会员费160万元,第二次24小时售卖800万元。截至2013年1月，每期视频点击量超过100万，微信粉丝达到108万，有投资机构对这个学习型社区的估值约为1亿多元。

上述这些并不是其最大亮点。2014年，聚集了大量粉丝的罗辑思维在中秋节这天策划了一起卖月饼的线上活动堪称经典一战，事后分析归纳有如下几点值得总结。

（1）抓住场景关键核心点，以众筹方式完成相关价值点在此场景中的彼此连接和整合。在整个售卖月饼的价值链条中，有如下关键核心点：购买用户是谁？什么产品表现形式？如何来售卖和配送？如何能最大价值地彼此分享和传播？

罗辑思维在月饼操作起始阶段，即完成了两个众筹的准备，为后期项目的推进做好铺垫。

其一，众筹资本团队。罗辑思维发起合伙人入股的众筹模式，本金为1万元，使用周期3个月，年化收益率20%，即该理财产品每人收益最终为500元。最终有3000人报名，200人成为本次项目的资本合伙人。而最终罗辑思维为感谢自家会员的支持，额外发放特别红利500元，最后每位合伙人收益为1000元。

其二，众筹合作伙伴。在产品发售配送和产品形象设计环节并不是罗辑思维的长项，为此将之外包给专业的团队一起合作，通过众筹的模式完成了合作伙伴的选择。最好的配送服务公司和最好的设计师，做到每一个环节都是零瑕疵，让消费者无可挑剔，利于彼此间建立起充分的信任关系。

众筹的本意并不是非法集资或画饼忽悠，而是建立在互信基础上的一种凭借信用为基础的合作模式，这部分群体既是投资者，也是消费者，更是未来用户的意见领袖，大量的新用户将通过这部分原始的意见领袖的引导和推荐完成产品早期的破冰之旅。

（2）构建场景销售目标群体定位异常清晰，以"85后"年轻群体为主要消费群体，打通的是会员间的横向沟通交流，俗称"C2C之间的关系"。

针对年轻目标群体的消费心理和习性，所以该月饼比较另类，可以单人付费购买，单人代付购买，可以靠人品和人气而"多人代付"购买，甚至可以赤裸裸地宣称"求勾搭""撒欢打滚求月饼""哭泣着求月饼"等形式，这种极其热烈而新潮的表达方式让"60后"和"70后"觉得很丢脸，但"85后"和"90后"却很喜欢。

（3）场景的传播原始动力是"游戏和娱乐"，没有这些的场景毋宁死。在场景中，你是什么不重要，甚至一条狗也没关系，关键是要引起群体的关注和喜欢。游戏和娱乐是场景具有活性的催化剂和黏合剂，让消费群体亲自体验并在不知不觉中爱上并喜欢上这些内容，而且乐此不疲。

这些内容设置本身都是为了增加用户间的互动和交流，使得他们动起来，而不是处于静默状态。过去传统营销的单向传播，是大喇叭式的传播模式，而在这种场景的诱惑下，社群间的交流忽然变得有趣起来，我愿意参与，我愿意给你打赏，我愿意当一种大腕或大牛的感觉，没关系，只要你参与了，就会找到这个感觉。

（4）社群的商务力量是场景营销中虚实融合的基石。"物以类聚，人以群分"，因为共同爱好和兴趣的一群人自发地组织在一起，在互联网平台上纵横驰骋，彼此守望相助，从此人生都将大不同。在社群中社交需求和自我价值实现的需求是两个永恒的主题，所以营造归属感和价值分享的场景氛围就成为这个组织的关键。

> 粉丝的黏性决定了场景是否可持续，粉丝的口碑传播将成为这个社群能否长大的核心要素。所有的活动均围绕这两个核心指标展开，所以当罗胖策划月饼这个事件出现后，立即一呼百应。

案例分析

本案例中就场景营销的入口导流、价值连接、彼此关系、参与互动、娱乐风趣、口碑传播等几个核心要素做了阐述。场景的打造是消费者做出购买决策和购买行为的关键因素。场景无处不在，关键是在构建信任的基础上完成厂家与用户、用户与用户间的价值分享和交流，从这个角度上看，场景本身即为平台，是一个具有利他性的微生态体系。

案例15-3　三只松鼠的产品说话场景模式

产品永远是王道，是营销的子弹。在场景营销中产品的设计也非常重要，有人提出"产品极致化思维"和"工匠精神"，甚至上升到开发者或持有者的"情怀"等要素。这些内容都是吸引消费者的切入点，但仅从产品而言，做得极具特色的当数三只松鼠。

三只松鼠仅仅定位在"85后"年轻女性群体，面对这个群体"萌货、无节操"的调性，整个三只松鼠的品牌调性突出在为"主人"服务上，让客户满意。当然这种软性的服务固然很重要，但很多企业都可以通过针对性的培训来达到这点，所以此点并不能形成相对的差异化，很容易被竞争对手跟随。

为了有效地区别于其他休闲类坚果食品的品牌调性，三只松鼠在产品设计上重点聚焦消费者的痛点，将痛点转化成痒点，以此构建产品的独特场景，极具魅力。

痛点一：选择碧根果作为爆品，碧根果最大的痛点在于不好剥。

三只松鼠意识到当用户食用传统生产工艺加工的碧根果，最大的痛点在于果壳不好剥，为此很多厂家不惜成本，随产品赠送一个特定的铁钳子，以此来将果壳夹碎，方便食用。但这往往会带来两个问题：一个是夹得太碎，成了粉末状，无法食用；另外一个情况是四处飞溅，不卫生。为了解决此问题，三只松鼠利用膨胀冷缩的原理在加工环节重新调整了生产工艺，使得流水线上出来的产品膨化度大大提升，冷却后自然剥离，消费者只需轻轻一剥，果壳当即脱落，非常方便食用。很多用户为其起名称曰"手剥核桃"。

三只松鼠的另外一个产品夏威夷果在此点上可谓下尽了功夫，也非常不错。夏威夷果最大的痛点是必须用锤子去砸，而且未必砸得好，往往食用起来非常麻烦。三只松鼠将这个产品在生产环节增加一道工艺，将产品切割一道缝隙，同时在袋子中附赠一个小起子，用户只要拿出这个小起子，在那道缝隙中轻轻一撬动，立即裂开，非常方便食用。

痛点二：碧根果在食用过程中存在大量的杂质将手弄脏弄黑。

三只松鼠为了解决此问题，在每个包装袋中增加了湿纸巾，用户吃完后，只需要抽出湿纸巾将脏手擦干净即可。

痛点三：碧根果一袋为210克，吃不完，密封不好会导致产品受潮，往往会非常遗憾地扔掉。

为了解决此问题，三只松鼠早期采用的是条形夹，后来经过不断改良，产品升级迭代后采用扣嵌式封装袋，提升了食用方便性。

痛点四：碧根果的果壳处理难点。

在这点上，男人们食用是在哪里吃就放哪里，吃完后一起打扫，但总会留下些"余烬"残渣，形成事实上的环境污染。而女性群体大多会垫一张纸,但往往起身时也会不小心带动,果壳散向四周,很多女用户为此非常痛苦。

早期三只松鼠采用的是附赠航空垃圾袋,但航空垃圾袋最大的问题是使用过程中不方便,放置麻烦,还不如直接扔到垃圾桶里方便,但随后的产品改进就令人叹为观止了。经过巧妙的设计,采用硬卡纸,纸叠起来就是一张卡片,展开后就成了一个"水立方"体。这样,使得每次吃完的果壳可以轻松放到"水立方"垃圾小纸盒中,最后一起倒掉,最重要的是这个小纸盒可以反复使用,为此不知道有多少女性群体爱煞了它。

客观地说,一个小小窄众群体的休闲娱乐坚果类食品,能做到这么多小细节是非常难得的,背后代表的深刻含义是,企业在设计这个产品场景的时候,不是单纯以产品为核心构思如何精美,如何"高大上"的,而是重新回归到人的角度来思考和设计,以用户为中心,以人性为导向,重构产品这个场景的关键要素,使得用户在使用这个产品过程中,通过对这些细节的感受最终在心目中对这个产品刮目相看,继而加深印象并大加赞赏。

这个时候,产品本身并非静态,而是会说话的。会说话的产品可以和消费者进行无声的交流,间接会得到用户的拥趸和忠诚。

"产品极致化思维"是移动互联网的核心思想,这种极致不仅仅体现在产品本身上,而且包含在用户使用的每一个环节。

案例分析

或许有人说三只松鼠爆品选择碧根果并不赚钱,这种打法一般人玩不起。但当我们在思考场景营销的时候,不能忘记的一点是,你必须有一款产品形成销售规模,否则形不成规模优势,这是不经济的,最终也不能盈利。所以,爆品的选择关键是你成功了没?如果成功了,就构成了场景营销的价值循环链,即"造势爆品→拉粉聚客→口碑传播→多点围攻"的商业模式才能转动起来。没有粉丝就没有一切,粉丝对于产品这个场景的偏爱是最直指人心的营销策划活动。

第二节 场景营销产生的背景

大数据、云计算、移动设备、社交媒体、传感器、定位系统等技术的发展,将人类的一举一动、一言一行都记录、存储,使得企业对人类线下行为的定位、识别和追踪成为可能。得益于互联网场景的不断丰富和完善,移动互联网应用向用户各类生活需求深入渗透。产品服务销售渠道、购买行为、行业形态都正在经历场景化嬗变,场景营销应运而生。

与此同时,伴随着中产阶级的快速崛起,消费升级成为新的趋势,消费者的文化娱乐需求和消费增长也呈井喷之势,对营销的内容和形式提出了新要求。相对单一的广告内容和形式已经落伍,场景化营销内容备受欢迎。

此外,无论是互联网还是移动互联网,网民数量增速放缓,人口红利不再,获客成本提升,互联网流量的基本面发生变化,线上和线下的流量成本趋于一致,整个行业亟待挖掘新的流量,如何盘活存量市场成为关键。

大多数企业在完成用户增长的阶段性目标后,开始回归商业本质,寻求商业变现,将用户规模转化为营收规模。拥有丰富场景入口、用户数据和媒介资源的互联网企业将营销作为商业变现的突破口,场景营销成为最优选择。

第三节　场景营销的基本内涵

一、场景营销的定义

场景营销是指基于对用户数据的挖掘、追踪和分析，在由时间、地点、用户和关系构成的特定场景下，连接用户线上和线下行为，理解并判断用户情感、态度和需求，为用户提供实时、定向、创意的信息和内容服务，通过与用户的互动沟通，树立品牌形象或提升转化率，实现精准营销的营销行为。

二、场景营销的核心要素

1.场景

"场景"一词最早来源于影视概念，即在一个单独的地点拍摄的一组连续的镜头和画面。衣食住行等生活场景是目前场景营销中重点关注的细分场景，场景为营销信息和内容提供了新的触达环境。在传统营销视角下，消费是物品消费；在场景营销视角下，消费是场景消费。

按照用户、基础设施、线下商家三大要素的完善程度，可将细分场景分为三大类别：一是核心场、包括餐饮场景、购物场景、休闲场景等；二是外围场景、包括户外场景、游戏场景、体育场景等；三是边缘场景、包括教育场景、医疗场景、办公场景等。其中，核心场景中用户流量更加充足，基础设施较为完善，线下商家的营销意识也更强烈，场景营销将会沿着核心场景——外围场景——边缘场景的路径依次发展。

2.数据

场景背后是可量化的数据。数据包括场景数据和应用数据,在场景数据基础上,挖掘、追踪、记录和分析用户线下数据。通过对用户线下数据和线上数据的融合,实现对用户线上线下完整行为轨迹分析,完成对用户的多维、立体画像,为预测用户行为提供基础。

场景营销的数据来源可分为两大类别:一是线下来源,如通信运营商、Wi-Fi设施、iBeacon(低耗能蓝牙技术)设施和其他传感器等;二是线上来源,如智能设备、智能OS、人群画像、使用行为(含搜索)和各类APP(含娱乐、工具)等。

场景营销的数据维度,可分为六个类别:一是属性数据,包括性别、年龄、学历等;二是状态数据、包括婚恋、消费、居住等;三是设备数据、包括设备类型、设备型号、操作系统等;四是场景数据、包括时间、地点、LBS(基于位置服务)等;五是兴趣数据、包括品牌兴趣、体育兴趣、娱乐兴趣等;六是行为数据、包括浏览搜索、社交购物、线下活动等。

3.算法

数据是场景营销的基础,而让数据发挥价值依赖于高效的算法。算法基于大量数据的训练,为处理更大数据提供可能。算法和数据在场景营销中互为促进。目前场景营销中应用的主要算法有分类算法、推荐算法等。

场景营销发展的核心在于预测用户行为,用户每时每刻产生的数据,都将被场景营销产业链中各环节上的企业用于用户细分研究、用户行为研究、用户留存研究、用户媒介接触习惯研究等,更好地服务营销行为,提升营销效率。

4.体验

场景营销使营销内容全面立体地呈现在用户面前,成为伴随用户数字生活和现实生活的一部分。在场景应用下，体验决定了消费者的付费意愿，用户体验在场景营销中变得极为重要，这对营销内容、展现方式、用户互动等都提出了较高的要求，即如何达到营销效果和用户体验的平衡。

场景营销也是以体验为核心，通过场景形成一种情感的带入和情绪的共鸣，以心灵的对话和生活情景的体验来达到营销的目的。如，精准化定制信息推送，在消费者最想购买的时候"候着"，推送和呈上的都是消费者最想要的产品或服务，让用户在良好的购物体验中愉快地买单。

三、场景营销的特点

场景营销的本质是建立品牌与消费者生活的链接，让营销进入真实的环境。场景营销的特点，可从三个维度来分析：

（1）从空间维度来看，场景营销具有较强的位置移动性。即要让营销移动起来，因而地理位置的重要性不言而喻。在移动互联时代，我们主动使用电子导航、电子地图或者携带手机的同时，无形之中将自己的"位置"暴露无遗，同时也为企业的定位分析和需求挖掘提供了无限商机。

（2）从时间维度来看，场景营销具有明显的特殊节点性。在移动场景时代，人们的时间构成越来越碎片化，消费者可以随时随地用手机开展社交、玩游戏、看视频，甚至是工作。在这些时间片段中，企业要考虑的就是如何选择时间节点、把握时间点，找到相应的切入点进行恰逢其时的营销。

（3）从关系维度来看，场景营销具有更大的传播影响性。移动时代，购物不像在实体店那样固定和完整，也不像PC端购物那么正式和严肃。购物变成移动生活场景的一个碎片场景，简单、快速、冲动是新购物时代的主要特征。在此背景下，口碑或是友人的推荐效果大大高于以往，朋友的一句话，可能就是你点下"购买"键的直接原因。

四、场景营销的策略

移动互联网背景下，消费者的生活消费形式更加多元化，用户与外界信息交互的"情景变量"极为丰富，而且存在诸多变量指标，做好场景营销，不仅需要挖掘现有场景，还要善于创造新场景。可从以下方面着手：

（1）准确识别目标用户。任何一个场景都具有现实或潜在的消费需求和可能性，找对了场景，就找到了机会。场景营销的"场景"要素决定了定位技术在其中扮演的关键角色。不同技术的定位精度和应用范围有所不同。如果营销针对的区域较大，使用GPS技术即可。如果营销范围在一个购物中心，则需要使用Wi-Fi技术。如果营销活动要渗透在消费者的行为轨迹中，就要用到iBeacon（低耗能蓝牙技术）。

（2）精准推送品牌信息。通过消费者的生活场景来定位目标人群是场景营销的第一步，它为整个购买环节带来入口流量，而成功营销的关键是对消费者需求的深刻洞察及品牌信息的精准推送。洞察是发现消费者行为背后的深层次原因，这些原因又多与消费心理相关。因此，场景营销要善于挖掘消费者深层次的心理需求，抓住消费者的兴奋点或者痛点，从而精准推送相应的产品或服务。

（3）促成场景交易闭环。将潜在的消费者转化为现实的购买者，促成交易闭环是场景营销至关重要的最后环节。场景营销中，要合理引导消费，为消费者提供便利，引导促成消费者做出购买行为，从而完成交易闭环。

五、场景营销的局限性

场景营销通过走近消费者的生活场景，激发消费者与消费者、消费者与品牌的互动，使品牌通过社交关系网络形成病毒传播，产生持久影响，促成交易达成。

用户、基础设施、线下商家是影响场景营销发展前景的关键因素，受发展程度和其他条件的约束，这三个要素反过来也成为制约场景营销发展的因素。

从用户的角度看，用户的生活离不开线下，用户回归线下服务成为趋势，用户的变化带来流量的变化，流量积聚的地方更有营销价值，也更能将流量转化为消费。如何实现线上线下场景的完美融合、覆盖和渗透，获取场景流量入口，对场景营销的营销策划提出了新的挑战。

从基础设施的角度看，基础设施越完备，所能采集的场景数据将越丰富，对用户行为的判断和预测就越精准，这是场景营销发展的必要条件。当前，互联网巨头凭借完善的账号体系和全面的业务覆盖，拥有着最为丰富的线上数据，基础设施基础相对较弱的中小企业在开展场景营销过程中，需受制于互联网巨头的数据约束。

从线下商家的角度看，线下商家对数字化营销的需求是场景营销发展的核心内生动力，但是囿于线下商家对互联网的认知和使用能力都比较弱，自身条件的限制使其无法单纯依赖自己完成营销升级。这也直接影响场景营销的有效性。

第四节　营销阶段的递进

从网络营销到场景营销，是营销模式随着社会发展和科技创新的巨大进步。从整个营销市场上看，场景营销对原有营销市场有两种作用：优化作用和替代作用。对纸媒、广电、户外营销而言，场景营销既有替代作用，同时也起到了优化效果。从网络营销而言，场景营销更多的是优化作用。对PC（Personal Computer）营销而言，部分PC营销伴随着IP地址库的完善和跨屏技术的发展也将具有场景特色；对移动营销而言，未来大部分移动营销都将是场景营销；对OTT（Over The Top）营销而言，场景营销将是OTT营销的催化剂。

然而，营销无止境，特别是科技创新为企业带来了新的营销手段和营销模式。在互联网之后，随着大数据、云计算、区块链、人工智能、物联网等新技术的不断发展和进步，企业对客户的消费行为、心理特征、兴趣偏好等信息挖掘分析手段更加全面和多样，客户画像更加精准，企业营销的精准性、时效性、覆盖面也得到前所未有的提升。这样就进入到了一个新的市场营销阶段：创新营销阶段。

第十六章
创新营销

第一节　创新营销实践案例

案例16-1　　亚马逊的大数据行为分析

当今的商场上，通过对数据的充分使用和挖掘而在商战中获胜的，最典型的当属全球电子商务的创始者亚马逊。我们把亚马逊简单总结为四步。

第一步：收集用户行为数据

用户使用亚马逊网站上发生的所有行为都会被亚马逊记录，如搜索、浏览、打分、点评、购买、使用减价券和退货等。亚马逊根据这些数据，不断勾画出每个用户的特征轮廓和需求，并以此为依据进行精准营销。

第二步：整合用户行为数据

亚马逊强大之处还在于它可以整合用户行为数据和喜好，并挖掘用户的潜在需求，善于用各种形式的活动去获取用户的喜好和需求，比较典型的活动就是投票。一旦用户投票了，其观点、倾向或者兴趣爱好就暴露了，这个用户就被亚马逊打上了"标签"。

第三步：个性化推荐营销服务

通过对所获行为信息的分析和理解，亚马逊制定对客户的贴心服务及个性化推荐。这不仅可以提高客户购买的意愿，缩短购买的路径和时间,在恰当的时机捕获客户的最佳购买冲动,而且降低了传统营销方式对客户的无端骚扰。

第四步:统计用户行为数据

给目标用户发送邮件后,用户是否打开了邮件、是否点击了邮件中的链接浏览促销产品,这些行为都会被持续跟踪下来。对于整个促销推广活动而言,这样可以统计活动的效果,为下次评估类似促销的活动提供历史依据。

案例分析

亚马逊对用户行为的大数据分析是一个大数据营销的经典案例,通过大数据为消费者精准画像,从而看透消费者行为。以大数据为核心的个性化营销是帮助电商在红海大战中赢得战役的利剑。一旦进入大数据的世界,企业的手中将握有无限的可能。亚马逊通过"收集用户行为数据、整合用户行为数据、个性化推荐营销服务、统计用户行为数据"的营销四部曲,了解和发现并充分满足消费者需求,从而实现营销的精准性。

案例16-2　Eli Lilly and Company(礼来公司)——用云推动创新

创建于1876年的Eli Lilly and Company(礼来公司),现已发展成为全球十大制药企业之一,世界500强企业。宏观经济形势的恶化以及医药行业竞争不断激烈,销售收入呈现逐年递减的态势。为提升公司销售收入,需要开发更多的能够满足市场需求的新药品。为此,该公司近年来不断增加在新药研发方面的投入资金。

然而,药物从最初实验室研究阶段到最终摆放到药柜销售,平均需要花费12年的时间,总体花费3.59亿美元的费用,主要的时间和费用花费在药品临床试验、通过监管测试以及市场、销售方面。在实验室进行药品研发的初期阶段，大量的试验和计算需要强大的计算能力作为支撑，但为此大规模增加IT资源的投入将会挤占后期试验的资金，增加药品上市的难度和时间。礼来公司面对相对有限的研发费用，被迫削减在IT固定资产方面的支出，但迫切需要更加快速便捷的获取计算资源的能力。该公司认为其传统的IT固定资产和基础设施已经抑制了其业务的发展，为此开始实施策略转换，实现部分IT系统资源的费用支出从固定支出模式向浮动支出模式转变。

目前，礼来公司使用Google、Amazon等公司的解决方案实现快速安装、部署新的计算资源。通过转变和整合，礼来公司成倍减少了部署新计算资源的时间，能够让研发新药品项目的启动时间大幅度减少，从而减少新药品上市的时间：新服务器7.5周减少到3分钟；新的协同环境搭建从8周减少到5分钟；64节点Linux集群从12周减少到5分钟。

通过使用云计算，该公司显著减少了支出费用。Amazon的Elastic Compute Cloud（弹性计算云）为大型医药公司提供云计算服务，其云计算集群情况为：3809个计算单元，每个配备8核处理器，7GB内存，整个集群共有30472核处理器，26.7TB内存，2PB磁盘空间，能够为医药公司提供强大的计算能力。使用该集群的费用为每小时1279美元。若医药公司采用自行建设方式建设上述系统资源和基础设施，巨额的资金投入和耗时的建设周期是医药企业无法承受的，即使建成，也将面临资源浪费和闲置的问题。相比较之下，礼来公司运用云计算服务，从固定支出模式向浮动支出模式转变的策略，实现了削减IT固定资产和相关费用的目的，同时满足了及时获取强大计算能力的要求。

案例分析

药物研制企业最重要的是创新，需要及时的信息、广泛的信息共享、良好的协同工具支持、大量的计算和实验。除高昂的研发成本外，研发工作本身也具有极高的研发风险。面对大量的前期研发费用，医药企业通常陷入两难境地：为满足大量的计算能力需求而进行信息系统的建设将花费大量资金，而进行研发后发现该研发项目不具备良好的市场前景或开发价值，导致前期投资的损失，花大价钱建成了数据中心，将宝贵的资金变成了闲置的固定资产，资产规模虽然不断扩大但是销售收入、盈利能力却不断降低。鼓励创新，将引发较高的研发风险；规避研发风险则抑制创新。

相比之下，使用云计算服务，可以仅用少量的资金进行项目架构设计、研发和测试，随时对项目进行评估是否具有开发的价值，对于有良好前景的项目可继续追加投资进行更大规模的建设；对于没有开发价值、没有前途的项目即刻停止、取消，付出的成本相比之下微乎其微，可最大程度的降低研发风险。而更重要的是，云计算打破了过去公司内部信息流通的壁垒，研究人员通过使用协同通讯云服务可以在更大范围内共享信息，在频繁的交流、思想碰撞中找到创新的路子和方法。另一方面，通过使用开源开发的理念，扩大了公司人员对不同项目的参与度，极大地提高了研发的速度和质量。礼来公司通过云计算的应用，催生了研发源动力，鼓励、推动创新不断发展。

案例16-3　　人工智能技术的营销应用场景

人工智能作为一项新兴科技，从媒介、品牌到线上运营不同阶段，对企业营销都有不同的应用场景。比如以下三个方面的场景应用：

第一个是市场研究方面的应用。市场研究是常见的通过量化的方法解决决策的问题，传统的市场研究往往通过调研问卷、访谈，现在也有采用在线调研方式去完成的。但是在这个过程当中的效率有待提高。从问题提出，传统执行流程中大量的交互工作，然后产出报告，再给到决策层，决策层根据报告再给出反馈，整个过程是比较低效的。

事实上，只要直接连接数据，或者通过消费者行为的数据就能够帮助客户看到他们的产品该如何设计、如何生产。通过搭建整个企业的决策平台，类似于百度搜索的形式，对于每个产品型号或者每个产品型号的功能点，依照时间呈现的走势，以及产品是不是受欢迎，根据用户日常的投诉，发现产品使用过程当中，哪些是用户最不喜欢的点，利用数据协助产品的迭代。或者在消费者刚完成购买时，在线发送调研的问卷，让消费者及时给出产品、服务反馈。

第二个是营销推广方面的应用。自媒体已成为当今时代非常重要的媒介，那么企业应当如何去选择正确、合适的自媒体呢？营销决策人员需要根据消费者受众需求来选择哪些是他们的关键意见领袖（KOL）。企业可以结合自媒体本身的属性，以及之前与其他品牌的合作能力，比如短链接的点击情况、转发的情况等，来选择一个合适的KOL。

第三个是沟通方式方面的应用。to B的销售通过有经验的销售人员可以做到不同人说不同话，但是to C的软件很难做到一对一沟通。前期企业或许可以通过客服人员实现与消费者的细致沟通，但是当企业上升到一定规模的时候，是没办法再通过人工去解决这些问题的。因此企业可以和科大讯飞、三角兽等企业合作配置一些聊天问题，获取几个限定信息，比如家住哪儿，家有几口人，然后给消费者一个合适产品或者服务的推荐，留住新的访客。

案例分析

人工智能对营销具有非常大的影响。通过业务数据化，把数据解决方案抽象为几个各行业通用的场景，在这个过程当中实际上是不断把人、产品、营销内容，通过标签的方式去关联，最终构成一个图结构，把整个计算引擎采用图的计算框架，比如说通过计算用户的影响力，找到相似的受众，相关的人群聚类，从而对数据做更深层次的挖掘。人工智能的实时图计算有多方面作用，一方面可以满足实时过滤，另一方面可以满足实时推荐，从搜索到洞察结果，精准识别用户画像，从而增强营销成效。

案例16-4　　创新营销在商业银行的实践探讨
——以某大型国有商业银行某省分行四大渠道建设为例

近年来，某大型国有商业银行某省分行大力实施创新驱动战略，大力推进"物理、虚实结合、虚拟、云端"四大渠道转型升级，克服系统内没有先例可循、同业中没有案例可考等诸多困难，反复实践，不断试错，对内深挖潜力、对外互动融合，创新推动"线上+线下"协同发展，探索实践互联网金融下商业银行渠道建设之路并取得初步成效，全行渠道效能有效提升，客户体验明显改善，客户营销成绩斐然，核心竞争力持续增强，全面引领未来银行发展新潮流。

一、创新理念的提出

在新的宏观形势和发展趋势下，传统银行业面临新一轮行业洗牌和转型升级机遇。对该商业银行而言，至少面临创新管理的"三大转型动力"。具体表现为：

一是客户需求的升级态势。在"以脚投票"的时代背景下，客户对银行服务的质量和效率要求越来越高，服务体验需求越来越强烈。只有融入创新元素，才能满足客户不断升级的综合金融需求。

二是网点渠道的转型趋势。随着技术的不断进步和互联网的全面渗透，电子渠道对物理网点渠道替代率逐年升高，传统商业银行经营管理模式受到前所未有的冲击。唯有以变应变，创新求变，方能跟上时代发展步伐，引领发展潮流。

三是物理渠道的明显弱势。与省内其他同业相比，该国有商业银行在网点、人员等方面均处于明显弱势。要想在新一轮的市场竞争中取得胜利，必须依靠创新管理理念实现"弯道超车"，走轻型化银行发展之路。

在内部转型和外部竞争的背景下，该国有商业银行主要负责人深刻认识到，商业银行物理网点功能趋于弱化，高昂的网点成本投入将成为商业银行发展的巨大包袱，过去银行不计成本、单纯依托物理渠道拓展以追求规模扩张的时代将一去不复返，加速网点智能化、加快服务云端化将成为商业银行新一轮角逐的主战场。

二、创新营销实践

1.依托新设备、新流程，推进物理网点智能化升级

该行将智能化升级作为物理网点转型的突破口，通过智能化的手段提升客户体验，降低员工占用。从2015年起近两年，该行已建设完成122家试点智能化网点。通过增设体验PAD和手机、PC体验一体机等设备提供良好的线上产品的体验环境，全面打造智能化体验区。在全面推进网点服务销售流程优化的基础上，根据服务销售流程重新设计网点内部布局，形成与客户动线为依据的内部环境，使中高端客户与基础客户的服务环境分离，不同需求的客户便于分流到不同的处理区域提升效率。

2.针对低产低效机构，创新打造虚实结合网点

为解决低产低效网点的人力资源优化问题，保障客户体验不下降，促进资源优化配置，该行创新打造多个虚实结合网点。对全辖低产低效网点，根据其实际情况进行改造，通过加大投入自助设备的方式满足客户基础服务需求，使更多的员工投入到更需要的地方。与此

同时，积极组织全辖大堂人员参加自助渠道业务培训，全面提高网点人员使用自助设备的业务水平。

在打造虚实结合网点过程中，全辖每个网点均已配置至少一台自助发卡机，不断升级的自助设备功能已覆盖95%的业务，基本能够满足个人客户基础业务的办理，在简单业务的替代上产生了较好的效果。其核心价值在于替代柜面员工，从双手操作性劳动中解放出来充实营销力量，所以从投入产出比中，最大的收益部分应该是对员工人事费用的节省，以及人员投入营销岗位之后可能带来的收益提升。

3.创新研发CAM设备，加快虚拟银行平台布局

"对移动端的使用率提高"体现了当前客户交易行为从线下向线上迁移的特征。相比较银行的线上交易体验，第三方支付的跨平台、生活化特征成为了银行与C端客户的隔膜。"对网点的依赖性降低"，银行网点辐射的客户服务范围进一步缩小，个人客户的服务距离缩小到0.5公里。传统以"上规模"为目标的银行网点无法深入到客户周边，需要补充体量更小数量更多的线下网点类型。在这种情况下，虚拟银行就应运而生。

虚实银行的建设思路是"创新虚拟银行，深入生活场景，在迁移中实现获客"。为了深入客户生活场景，并提供高频的客户接触和服务产品，该行自主创新研发了CAM（对公业务自助机）设备，创新设立了虚拟银行（综合型和对私型），通过2~3名员工配置，不超过100平方米的建设面积，以及大量的体验服务设备（综合型配备CAM设备），可以深入到社区、厂区、园区等企业和个人客户密集区域，提供近场服务。同时，利用自助设备聚合客户的效果，培育客户使用该行线上产品，在电子渠道迁移的二次获客中抢占先机。

CAM设备是通过远程视频方式办理柜台对公业务的机电一体化设备。整个CAM设备系统包括三个模块：前端CAM硬件设备提供业务操

作界面；后端坐席提供体验很好的远程视频人机互动；管理系统提供业务和资料的存储、分发、派单、流程跟踪等各项自动功能。CAM设备改变了原有的对公客户服务模式，承担了将线下物理网点的客户体验向线上转移的重要职责，打破时间和空间的限制，将对公业务中效率与体验高度统一起来。

4.打造综合金融服务平台，加快云端银行批量获客

为推动网络金融业务发展，通过互联网金融产品提升客户差异化服务水平，提高客户黏性，通过移动互联网平台向客户提供金融和泛金融服务，助力全行业务发展，该行紧跟"互联网+"发展趋势，于2015年10月份成立了数字金融领导小组，对全行互联网金融业务发展进行统筹管理和专业决策，着力打造"云端银行"新渠道的战略构想并付诸实施。

经过一年多攻坚克难和反复测试，该行自主研发出以"易惠通"为品牌的手机综合应用平台，已开通"生活服务、金融服务、金融精准扶贫、授信服务、消费购物"五大主流类目，为客户提供开户、转账、投资理财、民生缴费、贷款、出国金融等服务，及信息通知、汽车消费分期、就医挂号、海淘购物、银行卡优惠精选等各类生活、健康、购物类服务，满足客户各方面需求，提升客户活跃度和忠诚度，打造互联网金融品牌，形成该行差异化竞争优势，提高核心竞争力。

与此同时，该行分别与省旅发委、省工信委等政府机构共同合作，联合推出了"易惠通"项目旅游通、中小通模块和"中银政银通"APP，有效巩固了政银企合作关系，开拓了合作深度和广度，有力传播了该行网络金融品牌。其中，"旅游通"是该行与省旅发委共同推出的全省首个旅游金融在线服务平台，是互联网时代"旅游+金融"的革命性产品，开创了国内银旅创新合作模式的先河。"旅游通"有效整合了全省旅游景点、线路、交通、气象、购物和住宿等信

息，为客户提供覆盖游前、游中、游后的一站式服务。下设"景点列表、订单查询、景区酒店、配套服务、长城旅游卡、地方特产、出行助手、特色餐饮"八大子模块，游客可根据自己的需求自由选择，智慧出行，同时还可尽享各类折扣优惠。

为推进金融精准扶贫，该行还自主研发了覆盖全省的"金融精准扶贫"模块，下设"个人扶贫贷""企业扶贫贷""旅游扶贫贷"和"扶贫商城"四个模块，不仅提供便捷的贷款渠道、优惠的贷款利率等融资服务，全省建档立卡的贫困户只要有一部智能手机，就可以在家里向该行申请5万~10万元的低息扶贫贷款"秒贷"服务；更提供帮助贫困户在线销售赣南脐橙、井冈蜜柚等土特产和农产品等融智服务，为贫困户提供了一条真正可以脱贫致富的奔小康之路。

三、创新营销取得的成效

该行在"四大渠道"方面的积极探索和创新管理极大地推动了业务发展，提升了市场攻击力。特别是该行基于互联网、大数据、云计算等先进技术，打造出的领先系统和同业的首个移动金融跨界产品——"易惠通"云端银行服务平台，从服务渠道、服务手段、服务质量、服务效率等方面，全面引领银行未来发展潮流。不仅极大压降了该行的网点综合成本，也实现了包括空白县域机构和农村地区的目标客户区域全覆盖，还实现了多领域客户拓展的目标客户领域全覆盖。在某物理网点空白乡镇试点推广过程中，该行以"易惠通"APP为主抓手，让农村地区客户"足不出户"便可享受优质高效的普惠金融服务。截至2018年6月，已为全省700余家中小微企业提供贷款支持超50亿元，累计发放线上扶贫贷款7000余万元，"扶贫商城"订单数量17000余笔，扶贫金额110万元。其营销成果令同业大为称奇。

同时，在拓宽服务渠道、批量营销拓客、增强客户黏性、降低交易成本、加快实现客户规模扩张方面，得益于"易惠通"APP的积极作用，2015年以来该行不仅存贷业务全面跑赢大市，资金成本也一度居于系统内最低水平。截至2018年6月，"易惠通"客户数已突破160万户，产品累计访问量达到1689万人次，日均访问量是全辖网点日均到访客户数的1.23倍。通过"易惠通"产品，综合带动手机银行客户新增66.9万户，客户存款日均余额257亿元、贷款余额330亿元，累计带来综合效益6.33亿元，取得了百万级拓客、千万级流量、百亿级金融资产沉淀及申贷投放的业绩，现已成为该行拓客、获客、黏客的服务利器。其中，仅"双十一"短短四个小时的"易惠通"中银E直播互动活动，就实现百万级的客户参与量。

该行创新研发的云端银行"易惠通"APP，是该行在金融科技创新领域的有益探索和尝试，不仅拓宽了银行服务渠道，拓展了互联网金融跨境、跨领域、跨行业的服务营销能力，而且提高了金融服务效率，有效落实了国家和总行战略，符合未来商业银行发展方向。

案例分析

1.在互联网发展、全球化加剧的伟大变革中，未来银行业的根本出路在于改革创新。该行不断强化"互联网+金融"跨界融合、线上线下协同发展，综合运用大数据、区块链、云计算、人工智能等新兴科技，不断探索新的商业模式和服务营销模式，通过"四大渠道"的有效整合，有效拓展了服务营销渠道，提高了服务营销效率，提升了客户服务体验，赢得了发展先机。

2.创新营销的出发点和落脚点是有效满足客户需求。该行创新推出的"易惠通"APP是以客户需求为导向打造的全新网络金融产品，通过云端服务千家万户，客户只需一部智能手机，就可以通过在"易惠通"APP实现从开户到办信用卡、从缴费订票到网购海淘、从理财到签证办理、从个人贷款到中小企业贷款申请等全方位智慧金融服务，满足了客户的个性化与差异化需求，从而便于该行加快实现客户规模的扩张。

3.实现经济效益与社会效益的有机统一是企业创新营销的不懈追求。该行依托大数据分析手段，通过资源整合和跨界撮合，重磅推出"金融精准扶贫"等金融扶贫创新产品，有效彰显了担当社会责任的国有大行形象和社会影响力，以品牌提升促业务发展。该行通过与合作伙伴构建共赢生态圈，致力于搭建开放的技术与业务平台，从而实现金融和相关产业的深度融合、协同发展，实现经济效益和社会效益的有机统一。

第二节 创新营销产生的背景

创新营销是西方创新说发展的产物，也是市场营销发展的必然，集技术创新、营销创新、管理创新于一体。彼得·德鲁克曾指出："一家企业只有两个基本职能：创新和营销。"创新和营销作为企业生存、发展的核心战略，是各个企业共同关注的课题。

企业的创新营销，很大程度上是随着科技的不断进步而不断迭代的，特别是随着移动互联、大数据、云计算、区块链、人工智能、量子技术等先进科技的迅猛发展，零边界成本社会的到来，以及人类从"智人"到"神人"的进化趋势，为创新营销提供了重要的实践土壤。

一、大数据对营销的变革

大数据作为一种巨量信息资产，具有五大特性：一是历史性。大数据表示的是过去，是历史数据的积累。二是全面性。大数据存在于各个方面。三是全球性。大数据存在于所有国家和所有地区。四是立体性。大数据是多维度的，包括二维数据、三维数据、四维数据，以及在宇宙太空中的立体多维数据。五是关联性。大数据中隐藏着社会和行业发展的规律，通过大数据分析能够有效地推动实践。

大数据的核心价值在于两个方面：一是发现业务运行规律，发现业务运行问题；二是提取数据深层信息，预测未来，促进决策。因此，大数据与营销的结合，即大数据营销是基于大数据分析的基础上，描绘、预测、分析、指引消费者行为，从而帮助企业制定有针对性的商业策略。大数据营销通过对市场数据、客户数据、同业数据的收集和分析，及时了解客户需求、市场动态和发展趋势，有效构建客户群"数据库"，实现精准营销和个性化营销，提高营销成效。

基于大数据技术衍生的营销方式还包括数字营销。数字营销是使用数字传播渠道来推广产品和服务的实践活动。数字营销不仅是一种技术手段的革命，而且包含了一种更深层的观念革命。它是目标营销、直接营销、分散营销、客户导向营销、双向互动营销、远程或全球营销、虚拟营销、无纸化交易、客户参与式营销的综合。

二、云计算对营销的变革

云计算是基于互联网的相关服务的增加、使用和交付模式，这种模式提供可用的、便捷的、按需的网络访问，进入可配置的计算资源共享池。云计算具有五大特性、八个常见特征。五大特性即：按需的自服务；普遍网络访问；共享的资源池；快速弹性能力；可度量的服务。八个常见特征即：大规模；虚拟化；永不停机；免费软件；地理分布；面向服务的软件；自动化管控；高级安全技术。

云计算的核心价值在于两个方面：一是提升运营效率；二是降低运

营成本。云计算能将大量灵活弹性的IT相关能力打包成服务提供给使用互联网技术的外部客户，使得企业能够像用电、水一样使用IT服务，实现数据中心的规模经济性。云计算已经渗透到各行各业、各级企业、各类业务。企业将逐步将数字化营销迁移到云端，从而基于运营效率的提升及快速发布能力来帮助降低企业成本。

三、区块链对营销的变革

区块链是分布式数据存储、点对点传输、共识机制、加密算法等计算机技术的新型应用模式，具有三大特性：一是分布式去中心化存储；二是信息高度透明、不可篡改；三是有效实现信用共享。区块链提供了一种全新的方式来追踪数据在网上的追踪方式。区块链使用的是分布式账本，一种透明但安全的交易日志以及共识算法。区块链技术的本质是增强协作，它革命性地改变了数据收集，同时为企业提供了使用消费者数据的新方法，同时确保消费者对他们的共享数据拥有更多的控制权。

区块链对数字营销带来重大影响，突出表现在五个方面：一是用于标记化营销内容的共享数据的更高控制。只有当消费者特别选择在某一特定类型的内容上看到广告时，才会呈现广告，从而帮助企业提高转化率，降低预算损失。二是减少广告行业的欺诈活动。通过区块链技术来运行数字广告，企业能够准确识别浏览人群，并在实际开始之前及时拦截任何欺诈行为。三是改进的SEO（搜索引擎优化）和增强跟踪能力。区块链技术可以通过确保高质量的入站流量直接影响企业搜索引擎优化，并追踪访客活动。四是在所有品牌和零售商的平台上优化数字广告。智能合约的使用将确保整个数字广告过程的透明度。五是提高客户忠诚度和发展客户营销。区块链这种先进的跟踪技术让企业更好地了解客户,更好地互动,并建立更深入、更信任的关系。

四、人工智能对营销的变革

人工智能是程序算法和大数据结合的产物,具有四大特征:一是智能终端和传感器无处不在,基于大数据的自我学习能力会让智能终端越来越聪明。二是人与智能终端的交互方式将更加自然,设备会越来越"懂你"。三是在人工智能+互联网的驱动下,各行各业将越来越"服务化"。四是在智能互联时代,更加呼唤开源开放的创新平台,实现依托产业链、生态圈的开放式创新。

人工智能的本质是增强个体,其核心价值体现在三个方面:一是弱人工智能的广泛普及。弱人工智能擅长于单个方面的人工智能,语音和图片识别达到前所未有的境界,即"看得见的都能分析""听得见的都听得懂"。二是强人工智能的代替效应。强人工智能是人类级别的人工智能。人工智能将会很快取代人类的大部分工作,降低企业人工成本。三是超人工智能的终极应用。超人工智能则可以帮助人类达到永生。人脸识别、人工智能平台等新技术的出现,为企业的智能营销、个性化营销创造了无限可能,并将继续引领企业营销变革方向。

五、物联网对营销的变革

物联网是互联网的应用拓展,其核心特征是"万物互联",即"物物互联""人物互联"。物联网产业链构成包含芯片提供商、传感器供应商、无限模组(含天线)厂商、网络运营商、平台服务商、系统及软件开发商、智能硬件厂商、系统集成及应用服务提供商八大环节。其中,芯片提供商是物联网的"大脑";传感器供应商塑造物联网的"五官";无限模组(含天线)厂商是实现联网和定位的"关键";网络运营商掌控物联网的"通道";平台服务商完善物联网的"有效管理";系统及软件开发商打造物联网的"动脉";智能硬件厂商提供物联网的"终端承载";系统集成及应用服务提供商是物联网应用落地的"实施者"。

围绕产业发展趋势,物联网的核心价值体现在四个方面:一是从感知层来看,物联网的价值将由服务来驱动,而硬件将逐渐变为服务的载体。二是从网络层来看,NB-IoT标准确立将带来运营商网络升级需求,未来60%的连接将通过广域低功耗蜂窝技术来实现。三是从平台层来看,物联网迎来全面应用新阶段,共性技术平台成发展热点。四是从应用层来看,物移融合不断加剧,消费性应用创新更为活跃。

应用创新是物联网发展的核心,以用户体验为核心的创新是物联网发展的灵魂。通过物联网产生、收集海量数据的数据存储于云平台,再通过大数据分析,甚至更高形式的人工智能为人类的生产活动、生活所需提供更好的服务。这将是第四次工业革命进化的方向,也将对企业营销变革带来不可估量的影响。

总之,随着社会的发展和科技的进步,企业的产品,今天是适应消费者需求的,明天也许就难以适应变化了的消费需求。停止创新,就意味着落伍,意味着被淘汰。任何一个企业,不仅要满足消费者的现实需求,还要考虑消费者的潜在需求,根据产品发展方向,力争做到"生产一代,改进一代,试制一代,研制一代"。

充满了竞争的市场经济要求企业家具有创新的能力,竞争一天不消失,企业家的创新思维就一天也不能停止。作为企业决策者,应具备强烈的创新内驱力,善于运用各种营销、管理组合要素,持续推动市场营销模式的迭代升级,从而不断引领和满足市场需求,在激烈市场竞争中立于不败之地。

第三节　创新营销的基本内涵

一、创新营销的定义

创新营销是指企业把新的营销要素（如新的营销观念、新的产品服务、新的营销技术、新的营销组织等）或要素组合引入企业营销系统，把产品创新、服务创新、技术创新和模式创新有机结合起来，通过业务数据化、数据业务化，形成完善的精准营销机制，以便实现有效营销目标的创新活动。

二、创新营销的特点

创新营销是根据营销环境的变化情况，并结合企业自身的资源条件和经营实力，寻求营销要素在某一方面或某一系列的突破或变革的过程。在这个过程中，并非要求一定要有创造发明，只要能够适应环境，赢得消费者的心理且不触犯法律、法规和通行惯例，同时能被企业所接受，那么这种营销创新即是成功的。

创新营销的突出特点是以创新为中心，企业经营重点是把握数字化营销、自动化营销等发展趋势，通过产品研发、营销模式、营销手段等创新，降低获客成本，提高黏客成效，保持企业市场竞争力。

三、创新营销的四大支点

1.树立正确的创新观念

观念作为人们对客观事物的看法，它虽无形、看不见，却直接影响着人们的行为。所谓创新观念，就是企业在不断变化的营销环境中，为了适应新的环境而形成的一种创新意识。它是创新营销的灵魂，指挥支配着创新形成的全过程，没有创新观念的指导，创新营销就会被忽视，仍然一味追求着传统的、已不适应新环境的模式。企业只有把创新这一指导思想提上日程，才能使企业在变化中成长，在竞争中生存，创新营销亦能更充分地发挥作用。

那么，如何树立起正确的营销创新观念呢？

首先，要有明确的市场意识或称市场营销观念。离开营销观念的指导，任何的创新活动都将失去它存在的意义。目前，我国许多企业还没有树立起明确、清晰的营销观念，尤其是中小企业。而在目前这种世界各大品牌纷纷上马中国市场的竞争现状下，企业须以创新求生存，以正确的营销观念为指导。

其次，要有竞争意识。这是创新营销的内在推动。在全球一体化的环境下，我国企业所面对的是与国际成熟大企业的竞争，所以有必要以危机感和使命感来警告、鞭策。

2.培养营销思维

思维是认识活动的高级阶段，是对事物一般属性和内在联系间接的、概括的反映。牛顿是从苹果落地开始研究万有引力的，而苹果落地这一普通的自然现象在我们生活中是常见的，还常常被人们感慨人生的对象，为什么有这样两种截然不同的结果呢？其实这根源就是思维。牛顿所有的是科学的思维，而那些感慨人生的人有的却是文学思维。正是这种科学思维使他发现了万有引力，且不断地发现科学领域的诸多奥秘。那么，企业要做好营销活动就必须具备营销思维。

事实上，创新营销的切入点就在生活中，或者说就在消费者身边，正是营销者所关注的对象。如果缺乏营销思维，就无法把握住这些切入点，创新营销也就成了无本之木。如某企业在做房地产项目营销策划时，在其项目推广造势阶段，将项目的地理位置与国家乒乓球训练基地要扩建的本无关联的两件事联系起来，使本无地理优势的项目，一时间变成了抢手货。

营销思维的培养要在营销人员的头脑中建立起一种营销意识也即工作状态。首先，要精通理论知识，运用这些知识去观察生活中的诸多事物，培养起在生活中运用营销的能力，自然能培养出营销意识；另外，做生活中的细心人，注意观察周围的事物、消费者行为，深度挖掘营销创新切入点。

3.要有坚韧不拔的精神

面对复杂多变的营销环境，尤其是中国这样一个有着广博精深的文化环境，创新营销的风险无时不在。要检验，可能会付出很大经济代价，因此，创新极容易受挫，或是被束之高阁，或是不敢执行，打击了创新营销的积极性和开拓精神。

所以，必须要有坚韧不拔的精神做支撑，确保创新的大厦不倒。关注体育的人都知道乒坛常青树瓦尔德内尔，他每次出现都变换新的打法，面孔虽是老的，但是打法却永远在创新，当然这种创新不一定成功，但是这种精神却是可贵的，也是创新营销所必要的精神。而事实上这种坚韧不拔的精神也源自自身的性格和生活的磨炼，作为营销人应该具备这种意志。

4.要有严格的制度保障

规章制度是使企业的各部门人员有章可循，形成一个组织严密的团队。如果没有制度保障，企业就完全丧失了凝聚力，也不可能形成良好的企业文化。要一种思想或文化在企业员工的思想中渗透，运用规章制度贯彻是非常必要的。要想将营销创新思想变为企业营销人员或其他员工的行动准则或深层次的文化核心，就必须有严格的制度来规范，保证其规范的运行。

当创新营销制度化后，使创新观念、思维和精神有了根本保障，从而充分调动了营销人员创新的积极性和主动性，促使企业在复杂多变的环境中有的放矢地进行营销活动，适应变化。其实，这正如管理学中的X理论、Y理论及Z理论所讲的那样，对人这个复杂的有机体必须用严格的制度管理，其效果也是不容置疑的。但是，要将一种思想制度化，甚至将这种思想提到企业文化的平台上，就很困难了。所以，使创新营销制度化，还要使用企业文化的魅力，才能使效果更好。猎头专家认为在创新营销的制度保障中，激励制度最有效的。只有制定适当的激励制度，营销人员的积极性和主动性才能够被调动起来。而企业制定的激励制度，须将创新营销成果与薪酬制度和晋升制度相联系，效果会更佳。

四、创新营销的注意问题

1. 要注意必须创造价值

这是创新营销是否有价值的最重要的评估标准，当然，这里的价值不仅包括经济价值，还包括顾客价值。不创造经济价值，对企业没有任何意义，而不创造顾客价值的创新营销，就无法获得经济价值。因此创造顾客价值是创新营销的关键。顾客价值不仅表现在产品功能上，还表现在顾客为购买而付的精力、体力、时间及货币都属于顾客价值范畴，甚至包括情感。所以在创新营销中，必须创造顾客价值，否则，难以提高企业的核心竞争力。

2. 要注意切实可行性

创新是在分析宏观、微观环境的基础上创造出来的，而非凭主观想象创造出来，要切实可行、易操作，尤其是要注意文化的影响。创新营销是就某时某地情况而进行的营销要素的排列的最佳组合，要注意文化的可控和不可控制性，还可能存在着入乡随俗和入乡不随俗的问题。最后，还要注意创新营销活动对社会的影响是否有负面影响。

3. 要注意创新营销组合

企业创新营销往往是一个营销环节的成功，这是令人欣慰的，但要注意营销组合。一方面或一个环节的创新要有其他营销组合要素的配合，否则这种营销成功就要大打折扣。2000年农夫山泉创新营销的案例就是缺少营销组合的最佳案例。那时，农夫山泉从4月的"小小科学家活动"到宣布纯净水无益身体健康，再到8月"农夫山泉，中国奥运代表专用水"的诉求呼应"纯净水是否有益人身健康"的话题暗示的创新营销企划，可谓是"天衣无缝"，但却因为渠道的问题没有配合好整个策划的执行，既损坏了品牌形象又损失利润。由此可见，创新营销的实质是创新的组合，企业的创新工作应与营销组合相互配合。

4. 要注意运用合力

在创新营销时要求运用团队的力量。日本企业就特别强调团队精神，因为团队的合力总要大于个体的力量。在创新营销方面，团队的力量就显得更为重要了，因为团队的创新较个人创新多些完整性和可行性，而且在执行过程中，对于整体的沟通与理解要强于个体，效果也自然出人预料。

另外，这种合力还需要有知识的整合。营销本身就与许多学科休戚相关，如经济学、哲学、数学、行为学和心理学等。没有这些学科的基础，创新营销就不能够尽善尽美。因此，迭代营销不仅要有人员组合，还要求有知识的整合。

创新营销是企业发展之源，也是目前中国企业遇到销售瓶颈问题时寻求突破的有效方法。

第三篇
人力篇

第十七章
人力资源管理概述

第一节 人力资源管理综述

一、人力资源的定义

世界上存在四种资源：物力资源、财力资源、信息资源和人力资源。其中，最核心的是人力资源，它是一种兼具社会属性和经济属性的具有关键性作用的特殊资源。一切物的因素只有通过人的作用才能加以开发利用。

所谓人力资源，是指能够推动组织进步和经济发展的具有智力劳动和体力劳动能力的人的总和，它包括数量和质量两个方面。这是人力资源的狭义定义。从广义上说，只要有工作能力或将会有工作能力的人都可视为人力资源。

人力资源具有区别于其他物质资源的鲜明特征：

（1）形成过程的时代性。一国的人力，其形成过程受到时代的制约。在社会上同时发挥作用的几代人，当时的社会发展水平从整体上决定了他们的素质，他们只能在时代条件下，努力发挥自己的作用。

（2）开发对象的能动性。人力资源的开发过程中是有意识、有目的的活动，可主动适应外部环境，具有能动性。

（3）使用过程的时效性。人力资源储而不用，才能就会荒废、退化。无论哪类人，其才能发挥都有最佳时期。当然，人的类别不同，发挥才能的最佳时期也不同。所以人力开发与使用必须及时。开发作用时间不一样，效果也不同。

（4）开发过程的持续性。人力资源使用过程的同时也是开发过程，具有持续性。人还可以不断学习，持续开发，提高自己的素质和能力。

（5）闲置过程的消耗性。人力资源若不使用，闲置时也必须消耗一定数量的其他自然资源，如粮食、食物、水、能源等等，才能维持本身的存在。

（6）组织过程的社会性。在社会化大生产条件下，个体要通过团体发挥作用。团体组织结构在很大程度上取决于社会环境，即社会的政治、经济、科技、教育体制等。社会环境直接或通过团体间接地影响人力资源的开发。

二、人力资源管理的内涵

人力资源管理即企业的人力资源管理，囊括了企业人力资源经济活动的全过程。它采用科学的方法，对与一定物力相结合的人力进行合理的培训、组织和调配，使人力物力经常保持合理比例，同时对企业员工的思想、心理和行为进行恰当诱导、控制和协调，充分发挥他们的主观能动性，使人尽其才、事得其人、人事相宜，从而最大限度地实现组织的目标。

任何创业和发展的前提条件是要有团队，如果没有团队，就没有办法实现所有的目标。而团队的初期，它的形式其实是一个组织的形式。先有组织，才有机会形成团队。但不是有组织就能够有团队，因为团队需要共同的目标、协同的行为、互补的技能，只有达到这个水平的时候才有团队，因此，我们开始构建创业企业的过程也是一个形成团队的过程。

组织是为完成具体目标而从事系统化努力的人的组合。组织首先可以是一个实体，通过权利、责任、目标这三项核心内容，把大家凝聚在一起，成为"正式组织"。另外一种形态的组织是"非正式组织"，非正式组织讲的是情感、兴趣、爱好，用这类因素将人组合在一起。在正式组织中，组织成员会感觉到压力。一个企业一定要尽力将自己变成一个正式组织。如果一个组织有压力，又尊重每一个员工，这就是一个非常好的组织；如果一个组织有压力，但并没有关注到每一个员工，这是一个正常的组织；而一个组织如果没有压力，都在关心员工，那么这个组织基本上会被市场淘汰。

组织的重点是人，但在组织之中，并没有真实的人，只有角色。在一个组织中，往往存在着各种各样的角色。组织不依赖于任何一个人，人可以调整，组织就可以一直存活下去。为了让组织不依赖于任何人，通过角色把公司的权力、责任和目标分解和分配，以保证这个组织是有效的。因此，组织的实质是分工。我们想成为组织中的一员，就要胜任我们的角色，当你胜任角色的时候，你与组织的关系就会处理得很好。组织的核心是目标，组织是为了目标而存在的，而不是为人存在的。只有在为目标服务的基础上，组织才有能力给员工提供机会，这是组织和其他概念不同的地方。

与组织关注"目标"不同的是，管理关注"人"。"管理"是通过人员和机构内外的资源而达到共同目标的工作过程。管理是一个工作过程，管理不是一个岗位，不是一种权力。因此，作为一个管理者，你就要告诉自己，必须工作，并要在工作中解决三个问题——找到人、找到资源、完成目标，只有这样才是真正从事管理的角色。

很多管理者存在着如下几种误区：第一，感觉自己说了算；第二，认为下面的人要听自己的；第三，交代下去的事情让对方自己做即可。而事实上，管理是共同工作的过程，管理其实是一种陪伴，即使讲授权也要陪同他把事情做完。

在管理的基本概念中,最重要的核心要素是人。因此,决策的制定者应该让人知道如何做事,让下属明白什么最重要。优秀的管理者最大的特征就是跟随他的人都能成长,这就是好的管理。好的管理者并不是取得绩效,那是好的组织成员而不是好的管理者。作为创业者,首先必须是一个好的管理者,因为只有把人培养起来,才可能会有可持续的发展。

三、人力资源管理的职能和活动

人力资源管理有以下五项职能,每项职能又有相应活动。

(1)获取。这一职能包括工作分析、人力资源规划、招聘、选拔与适用等活动。

①工作分析:是人力资源管理的基础性工作。在这个过程中,要对每一职务的任务、职责、环境及任职资格做出描述,编写出岗位说明书。

②人力资源规划:是将企业对人员数量和质量的需求与人力资源的有效供给相协调。需求源于组织工作的现状与对未来的预测,供给则涉及到内部与外部的有效人力资源。

③招聘与挑选:应根据对应聘人员的吸引程度选择最合适的招聘方式,如利用报纸广告、网上招聘、职业介绍等。挑选有多种方法,如利用求职申请表、面试、测试和评价中心等。

④适用:经过上岗培训,给合格的人安排工作。

(2)保持。这一职能包括两个方面的活动。一是保持员工的工作积极性,如公平的报酬、有效的沟通与参与、融洽的劳资关系等;二是保持健康安全的工作环境。

①报酬:制定公平合理的工资制度。

②沟通与参与:公平对待员工,疏通关系,沟通感情,参与管理等。

③劳资关系：处理劳资关系方面的纠纷和事务，促进劳资关系的改善。

（3）发展。这一职能包括员工培训、职业发展管理等。

①员工培训：根据个人、工作、企业的需要制定培训计划，选择培训的方式和方法，对培训效果进行评估。

②职业发展管理：帮助员工制定个人发展计划，使个人的发展与企业的发展相协调，满足个人成长的需要。

（4）评价。这一职能包括工作评价、绩效考核、满意度调查等。其中绩效考核是核心，它是奖惩、晋升等人力资源管理及其决策的依据。

（5）调整。这一职能包括人员调配系统、晋升系统等。

上述五项主要职能和活动共同构成人力资源管理系统。

人力资源的各项具体活动，是按一定程序展开的，各环节之间是关联的。没有工作分析，也就不可能有人力资源规划；没有人力资源规划，也就难以进行有针对性的招聘；在没有进行人员配置之前，不可能进行培训；不经过培训，难以保证上岗后胜任工作；不胜任工作，绩效评估或考核就没有意义。对于正在运行中的企业，人力资源管理可以从任何一个环节开始。但是，无论从哪个环节开始，都必须形成一个闭环系统，就是说要保证各个环节的连贯性。否则，人力资源管理就不可能有效地发挥作用。

四、人力资源管理的目的和意义

人力资源管理的目的有以下八点：①为满足企业任务需要和发展要求；②吸引潜在的合格的应聘者；③留住符合需要的员工；④激励员工更好地工作；⑤保证员工安全和健康；⑥提高员工素质、知识和技能；⑦发掘员工的潜能；⑧使员工得到个人成长空间。

上述人力资源管理目的的实现，对企业具有以下四方面重大意义：①提高生产率，即以一定的投入获得更多的产出；②提高工作生活质量，是指员工工作中产生良好的心理和生理健康感觉，如安全感、归属感、参与感、满意感、成就与发展感等；③提高经济效益，即获得更多的盈利；④符合法律条款，即遵守各项有关法律、法规。

人力资源管理的最终结果（或称底线），必然与企业生存、竞争力、发展、盈利、适应力有关。

五、人力资源管理的逻辑体系

内部环境因素主要有：①高层管理者的目标与价值观；②企业战略；③企业文化；④企业的技术实力；⑤企业的组织结构；⑥企业的规模等等。

外部环境因素主要有：①经济形势；②人才市场动态；③社会价值观；④国内和国际的竞争对手等等。

六、企业人力资源竞争力分析

迈克尔·波特竞争力三部曲——《竞争优势》《竞争战略》《国家的竞争优势》问世以来，关于竞争力的研究和著述层出不穷。从总体上看，对竞争力的研究集中在三个层面：国际竞争力、产业竞争力、企业竞争力。其中对于企业竞争力的研究，主要从以下几个角度进行：企业竞争力的概念界定、企业竞争力意义研究、企业竞争力形成机理研究、企业竞争力识别和构建方法研究、企业竞争力测量指标界定、企业竞争力测量方法研究等。在企业竞争力识别和构建方法的研究中比较流行的有：企业流程再造研究，ERP管理信息系统设计、导入、应用研究，全面质量管理研究，柔性生产研究，物流管理研究，供应链管理研究，组织理论研究（扁平化组织结构，虚拟组织结构，战略联盟，并购研究等），企业文化研究，以及人力资源竞争力研究等。

（一）企业竞争力理论概述

企业竞争力受到理论界、企业界、社会界等各个领域的关注，但是对于企业竞争力的概念尚没有统一认识。随着企业战略研究学派对于竞争战略地不断深入研究，企业竞争力的研究也愈加深入。战略规划学派认为，战略规划过程产生于企业资源的优化配置过程，市场机遇与内部资源的匹配过程，企业竞争力被视为产生于企业占有基本生产要素方面所拥有的比较优势。1970年以来，环境变化以突发性为特点，以奎因、德鲁克等为代表的环境适应学派认为，对环境的快速适应性能够带来竞争优势。而以哈默尔和普拉哈拉德为代表的学者认为企业的竞争力来源于由企业具有的有形的或者无形的资源转化来的独特的能力，这种能力不可复制、不能流动，等等。

可见，环境、资源以及能力成为企业竞争力研究的三个关键点，而企业竞争力就来源于这三个方面的协调和整合。因此，本文需要界定企业资源、企业能力以及企业环境。

本书所指的企业资源是企业拥有的内部以及外部资源。内部资源有人力资源、财力资源、物力资源以及信息资源；外部资源有社会关系资源、外部人力资源（以项目合作形式雇用的人力资源，当项目完成，项目团队人员解散或者以合作形式存在的企业非正式员工）、社会服务系统等。这一系列资源本身是静态的而非动态的，是有可能变成竞争优势、可以被利用的有形或者无形的物品，它不仅包括对资源本身的利用这一环节。也就是说，企业资源构成了企业运作的硬件基础，而不涵盖软件部分。

企业环境是指企业所处产业结构、在此行业中所处地位、行业竞争态势、人文环境、政治环境、技术环境、自然环境以及相关产业结构等。

企业能力是指企业拥有的对内外部资源以及企业所处环境的整合能力。这种能力可以使环境的劣势变为优势，使威胁变为机会，利用外部的环境因素以及资源发挥协同效应。如果把企业比作电脑的话，企业的资源就如同电脑的硬件，企业能力就像电脑系统，而企业环境则是适合电脑正常运转的外部因素（温度、湿度、电源等）。

企业竞争力模型如下图所示：

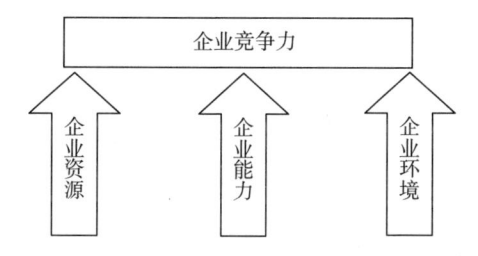

```
          企业竞争力
         ↑    ↑    ↑
       企业  企业  企业
       资源  能力  环境
```

企业竞争力是协调企业内外部环境因素以及内外部资源，以比竞争对手更有效地满足目标客户群体需求的能力。企业竞争力的达成需要依靠一定数量和素质的人才，亦即企业人力资源才是真正托起企业竞争力的支点，企业竞争力取决于人力资源竞争力。

（二）企业人力资源竞争力概述

1.企业人力资源竞争力的界定

从企业人力资源竞争力体现的最终结果来看，较高的人力资源竞争力能够使企业在组织绩效上得到良好的成绩从而获得顾客、股东、社会以及其他利益相关者的支持，获得长期盈利的能力也就是获得了竞争优势。

从企业人力资源竞争力的财务表现来看，企业人力资本能够比竞争对手更有效地得到增值，即对于人力资源的投资收益率高于同业竞争对手，可以成为价值创造的环节，而不仅仅是企业的辅助环节。

从企业人力资源竞争力的组织表现来看，企业拥有良好的企业组织架构以及合理的岗位设置；企业员工满意度以及离职率保持在健康的水平上；人力资源战略能够积极配合企业战略实施；经过培训的员工知识储备能够支持企业战略；沟通顺畅；激励公平合理。

企业人力资源竞争力是提高企业组织绩效的根源、培育企业竞争力的主体、企业竞争优势的维系者。通过提高企业人力资源竞争力，企业能够提升整合内外部资源的能力，对环境因势利导地分析，作出合理的战略决策，高效、准确和灵活地执行战略规划，从而促进企业竞争力的形成，最终持续稳定地提升企业组织绩效。而人力资源竞争力的提升进而形成企业竞争力，具有较强的历史路径依赖性。即这种能力是无法在企业间流通、购买和全盘照搬的，企业只有通过长时间的实践、总结、反馈、修改、更新和积累，才能获得适合的人力资源管理模式，进而构造人力资源竞争力并最终培育企业竞争力。

综上所述，企业人力资源竞争力，是一种基于有效的人力资源运作系统，培育使企业组织绩效持续稳定提升的企业竞争优势，并具有较强的历史路径依赖性的能力。

企业人力资源竞争力模型如图所示：

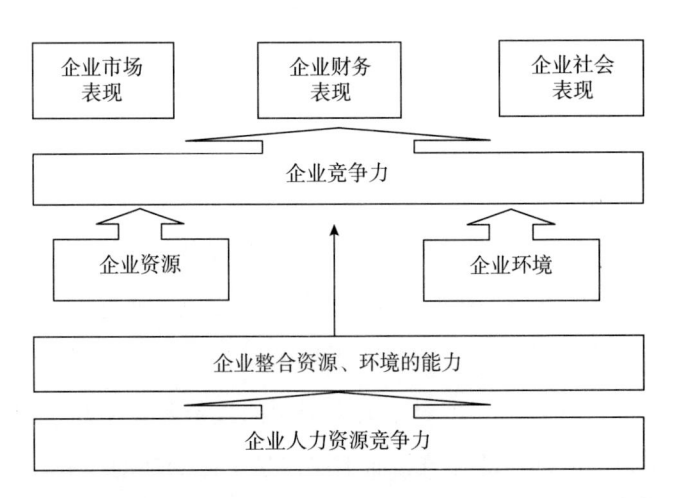

```
┌──────────┐  ┌──────────┐  ┌──────────┐
│企业市场  │  │企业财务  │  │企业社会  │
│表现      │  │表现      │  │表现      │
└──────────┘  └──────────┘  └──────────┘
       ↖         ↑         ↗
    ┌─────────────────────────────┐
    │        企业竞争力           │
    └─────────────────────────────┘
         ↑         ↑         ↑
    ┌──────────┐       ┌──────────┐
    │企业资源  │       │企业环境  │
    └──────────┘       └──────────┘
         ↖       ↑       ↗
    ┌─────────────────────────────┐
    │  企业整合资源、环境的能力   │
    └─────────────────────────────┘
                 ↑
    ┌─────────────────────────────┐
    │    企业人力资源竞争力       │
    └─────────────────────────────┘
```

企业竞争力的最终结果可以从三个维度来阐述：企业市场表现、企业财务表现和企业社会表现。企业市场表现是指市场占有率，顾客满意度等；企业财务表现是指企业利益相关者因为与企业之间的利益交换而获得的价值增值；企业社会表现是指企业作为一个有着社会责任的社会人的社会道德行为。而这一切需要有效的人力资源管理系统运作才能最终实现。

因此，人力资源竞争力理论来源于企业竞争力理论，人力资源竞争力在构筑企业竞争力、获得企业竞争优势中起着关键作用。以人力资本增值为目标的人力资源管理，已成为企业管理核心模块中的重要组成部分，并成为企业竞争力的源泉。如何实现人力资本增值，构筑企业人力资源竞争力，形成基于人力资源竞争力的企业持久竞争优势，将成为企业关注的热点问题。

2.企业人力资源竞争力结构

企业人力资源竞争力是一个整体，其与企业竞争力乃至企业竞争优势之间具有因果关系。这仅仅是把人力资源竞争力当作黑匣子来看待，还无法展示其内部的组织结构。为了探究如何才能构筑人力资源竞争力，必须进行人力资源竞争力组成结构的探讨。

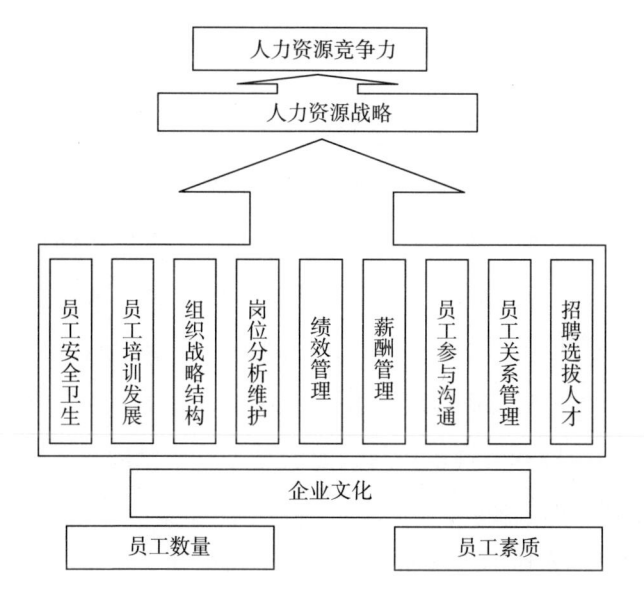

根据国内学者对企业人力资源竞争力的研究，结合笔者的观点构造企业人力资源竞争力结构，如上图所示，企业人力资源竞争力包含四个层次。

（1）一定数量和素质的人员。企业人力资源管理系统正常发挥其应有的效能，必须保证一定数量和素质的人员；企业同时也需要一支具有梯度的人才队伍。只有根据岗位分析以及人力资源规划选聘人才，才能充分利用人力资源和节省人力资源成本。这是企业人力资源竞争力形成的基础和根基。

（2）企业文化。企业文化是企业进行价值选择的依据，是企业通过长期实践积累的隐性共同知识。企业文化受到企业高层领导者领导风格、核心员工价值取向以及企业历史的深度影响。同时，企业文化也影响企业现有员工的价值选择和企业战略制定。最关键的是企业文化在很大程度上会作用于人力资源管理系统的设计、成形、运作过程以及最终效果。而人力资源管理系统是依据自上而下共同制定实施的一套行为准则、要求以及奖惩规则，通过不断试错形成的，有着较强的历史路径依赖性。

（3）人力资源管理系统。企业需要一套科学合理的人力资源管理系统，这一系统包括九个职能：招聘与选拔人才、员工关系管理、员工安全卫生管理、员工参与沟通、薪酬管理、绩效管理、岗位研究与维护、组织战略与结构设计、员工培训与发展。这九个职能之间任何两个都不是互相割裂、互不相关的，而是紧密联系在一起，互为基础、共同配合，以最大限度地培育企业竞争力，帮助企业获得竞争优势。

（4）人力资源战略。它给出了人力资源管理所有作业的根本性方向，是确保人力资源管理模块与企业的总体战略保持高度一致，从而促进企业竞争优势的彰显。

一定数量和素质的人员是一个肌体的血肉和骨骼；人力资源管理系

统是肌体的神经系统；企业文化是肌体的思想和灵魂；人力资源战略是这一肌体希望通过一系列行动达成的结果。只有用积极、健康的思想方式进行支配，神经系统协调运作支配骨骼和肌肉运动，最终达到人力资源战略这一行动计划要求的结果，完成人力资源竞争力运行的整个过程。

虽然人力资源竞争力结构本身并没有明确指出企业竞争力提升的途径，但是这种思路和方法能够在某种程度上使企业人力资源竞争力的概念、结构以及机理相对清晰，能够为今后有的放矢奠定基础。

（三）企业人力测评指标体系

企业人力资源竞争力以及其内部结构梳理清晰之后，企业才能识别自身以及竞争对手的人力资源是否具有较强的竞争力，并了解自身人力资源竞争力存在的薄弱环节，等等。以下将初步设计企业人力资源竞争力测评指标体系：

```
┌─────────────┐  ┌─────────────┐  ┌─────────────┐
│ 结果为导向的 │  │ 过程为导向的 │  │ 未来为导向的 │
│  测评指标   │  │  测评指标   │  │  测评指标   │
└──────┬──────┘  └──────┬──────┘  └──────┬──────┘
       ▼                ▼                ▼
┌─────────────────────────────────────────────┐
│         人力资源竞争力测评指标体系          │
└─────────────────────────────────────────────┘
```

企业人力资源竞争力体系中包含了关注企业过去的组织绩效、现在的运行状态和未来的增长潜力的因素，可以从三个维度对人力资源竞争力进行测评。

1. 以结果为导向的测评

即通过企业的市场表现、财务表现和社会表现这一过去行为的结果测评人力资源竞争力状况。这是人力资源竞争力的最终表现形态，但这并不是说企业组织绩效于人力资源竞争力是一荣俱荣的关系。企业组织绩效受到多方的因素影响，这也就加大了测度人力资源竞争力在其中的贡献度或者由于在何种程度上归咎于人力资源竞争力不够强的难度。完全量化各种因素对结果的影响是不现实的，但是完全不量化的粗放型发展模式也是万万不可取的。有的学者将企业的市场表现与人力资源投资成本之间进行比较，从而获得较有意义的统计指标。仅仅关注企业的市场表现和财务表现还是不够的，企业的社会表现也应逐渐进入人们关注的视野。

2. 以过程为导向的测评

即通过对当前的企业运行状态给予确切地评价，以实现企业对战略实施进行实时监控。这一过程的测评旨在发现隐患，未雨绸缪，把问题扼杀在萌芽状态中，而人力资源运行系统的效率成为这一测评的重点。以过程为导向的测评关注点集中在运行中的人力资源流程环节的效率测评上，例如：人员招聘考核成本收益比率、培训成本收益比率、员工满意度、员工离职率等等。虽然针对人力资源管理的各个关键环节设定指标进行测评，可以确保人力资本增值的效果，然而，对于这一导向测评指标的选定也存在大量的困难，例如：如何量化人力资源管理各环节的投资收益回报成为让人头痛的现实问题；有部分投资收益是无形的，其表现形式不容易被观察到；由于人力资源风险的存在导致收益的不确定性等。

3. 以未来为导向的测评

即通过对历史数据、相关行业从业者的研究获得统计信息，基于这部分信息提供的参考指标，预测未来企业的发展潜力。而企业未来的发展潜力在人力资源竞争力结构上的表现特征主要是通过人力资源数量、人力资源素质、人力资源管理系统中的培训发展、岗位分析、组织架构、薪酬管理、人力资源战略等几个方面进行测度。其中人力资源战略是这一导向测评关注的重点，而对于人力资源战略与企业战略的关联度分析是重中之重。

上述人力资源竞争力指标体系无疑具有三大优点：①能够连接企业组织绩效与人力资源管理活动，这无疑可以使人力资源管理的重心由传统的内部效率管理转移到以结果为导向的效果管理；②能够促进企业内部人力资本增值的进程；③能够促使企业内部人力资源管理关注企业未来的发展，为企业未来的潜力培养与释放提供人力支持和制度支持，最终完成对企业竞争优势的维系和创新，从而使企业回归理想的组织绩效。

4.结论

在企业管理实践中，对于企业人力资源竞争力的探究，应是致力于实现提升企业组织绩效和培育企业竞争力。为了实现该目标，应注意以下问题：

（1）人力资源竞争力系统并非一蹴而就的，而是需要经过漫长的企业历程，通过其学习力总结吸纳经验教训。即这一体系是企业用自己的"血"写就的，它只适用于企业自身，是企业最宝贵的财富，也是企业价值环节增值的源泉。那么有意识的积累，从中学习便是达成这一目的的唯一途径。诸如有的企业急于求成，寻求外界的帮助，或者照搬其他企业的管理系统，这种嫁接风险性很大，成功率低，难以含有企业自身的"基因"。

（2）人力资源竞争力是以系统的形式运作的，单独注重其中的某一个方面或某几个方面无疑会产生"短板"效应，从而无法发挥协同效应。

（3）人力资源管理系统之间的各个环节、各个阶层有一个引爆点，亦即只要改善这一环节就可以带动整个人力资源系统的改善。而这一引爆点受到多种因素的影响，包括：领导者风格、企业核心员工团队价值观、企业历史、外部环境、竞争对手等等不一而足。寻找并且确定这一引爆点并引爆之，牵引整个人力资源竞争力系统的变革，将会构筑更合理的人力资源管理体系。

（4）在人力资源竞争力评价体系中，三个指标体系也是互相交叉的。为了能够引导人力资源管理资源的正确投入，从而获得理想的效率和效果，企业应根据自身特点有侧重地制定评价指标体系。人力资源管理不仅需要科学管理，同时也要注重经验管理，尽可能发挥企业内部隐性知识，也就是"只可意会，不可言传"的那部分知识的利用。

（5）人力资源竞争力具有明显的历史路径依赖性，这种历史路径依赖性导致人力资源竞争力的不可模仿性和不可流通性。不同的企业拥有不同的从创业、发展到目前水平的历史路径，没有任何两家企业拥有完全相同的历史经历，这就注定人力资源竞争力的异质性，而企业独特的竞争优势正是基于这种独特的企业资源。

如何通过企业的学习力培养孕育企业人力资源竞争力，进而形成企业竞争力，最终获得竞争优势，也必将成为企业管理的重要课题。

第二节　人力资源管理学派的分类

人力资源管理形成于20世纪初，是随着企业管理理论的发展而逐步形成的。期间涌现出一批人力资源管理方面的专家学者，典型代表有：

罗伯特·欧文

罗伯特·欧文被称为"现代人事管理之父"。欧文的管理思想基于"人是环境的产物"这一法国唯物主义学者的观点，他在新拉纳克所进行的一切实验都是为了证明："用优良的环境代替不良的环境，是否可以使人由此洗心革面，清除邪恶，变成明智的、有理性的、善良的人；从出生到死亡，始终苦难重重，是否能够使其一生仅为善良和优良的环境所包围，从而把苦难变成幸福的优越生活。"正是基于这样一个充满希望和想象的伟大理念，才形成了他超越当时现实生活的管理思想。

欧文在新拉纳克的管理独具特色。首先，他在工厂内推行了一种新的管理制度，其核心是废除惩罚，强调人性化管理。欧文根据工人在工厂的表现，将工人的品行分为恶劣、怠惰、良好和优质四个等级，用一个木块的四面涂上黑、蓝、黄、白四色分别表示。每个工人的前面都有一块，部门主管根据工人的表现进行考核，厂长再根据部门主管的表现对部门主管进行考核。考核结果摆放在工厂里的显眼位置上，所属的员工一眼就可以看到各人木块的不同颜色。这样，每人目光一扫，就可以知道对应的员工表现如何。刚开始实行这项制度的时候，工人表现恶劣的很多，而表现良好的却很少。但是，在众人目光的注视中和自尊心理的驱使下，表现恶劣的次数和人数逐渐减少，而表现良好的工人却不断地增多。为了保证这种考核的公正，欧文还规定，无论是谁认为考核不公，都可以直接向他进行申诉。这种无惩罚的人性化管理，在当时几乎是一个奇迹。

欧文认为，好的环境可以使人形成良好的品行，坏的环境则使人形成不好的品行。他对当时很多资本家过分注重机器而轻视人的做法提出了强烈批评，并采用多种办法致力于改善工人的工作环境和生活环境。在工厂里，欧文通过改善工厂设备的摆设和搞好清洁卫生等方法，为工人创造出一个在当时看来尽可能舒适的工作场所。他还主动把工人的工作时间从13～14小时缩短到10.5小时。在新拉纳克厂区，人们看到的是一排排整齐的工人宿舍，每个家庭为两居室。欧文很注重绿化环境，在工人住宅的周围，树木成荫，花草成行，这对工人的身心健康有着十分积极的效应。为了使工人的闲暇时间有正当向上的娱乐和学习，消除酗酒斗殴等不良风气，欧文还专门为工人建造了供他们娱乐的地方——晚间文娱中心。这种娱乐中心，就是现在俱乐部、夜总会的雏形。

欧文开创了"部门主管考核员工，经理考核部门主管"的层级管理的先河，也有利于劳资双方的平等沟通和矛盾化解，为人力劳动管理向人力关系管理过渡创造了良好基础。

彼得·德鲁克

彼得·德鲁克是"人力资源"概念提出者，也是"现代管理学之父"。德鲁克提出"要将人力资源看成是人而不是物"，同时认为，管理是一门科学，这首先就意味着，管理人员付诸实践的是管理学而不是经济学，不是计量方法，不是行为科学。无论是经济学、计量方法还是行为科学都只是管理人员的工具。德鲁克认为，管理在不同的组织里会有一些差异。因为使命决定远景，远景决定结构。管理沃尔玛和管理罗马天主教堂当然有所不同，其差异在于，各组织所使用的名词（语言）有所不同。其他的差异主要是在应用上而不是在原则上。所有组织的管理者，都要面对决策，要做人事决策，而人的问题几乎是一样的。所有组织的管理者都面对沟通问题，管理者要花大量的时间与上司和下属进行沟通。在所有组织中，90%左右的问题是共同的，不同的只有10%。只有这10%需要适应这个组织特定的使命、特定的文化和特定语言。换言之，一个成功的企业领导人同样能领导好一家非营利机构，反之亦然。

德鲁克认为：经理人是企业中最昂贵的资源，而且也是折旧最快、最需要经常补充的一种资源。建立一支管理队伍需要多年的时间和极大的投入，但彻底搞垮它可能不用费多大劲儿。21世纪，经理人的人数必将不断增加；培养一位经理人所需的投资也必将不断增加。与此同时，企业对其经理人的要求也将不断提高。

同时，企业的目标能否达到，取决于经理人管理的好坏，也取决于如何管理经理人。而且，企业对其员工的管理如何，对其工作的管理如何，主要也取决于经理人的管理及如何管理经理人。企业员工的态度所反映的，首先是其管理层的态度。企业员工的态度，正是管理层的能力与结构的一面镜子。员工的工作是否有成效，在很大程度上取决于他被管理的方式。

德鲁克认为：组织的目的是使平凡的人做出不平凡的事。组织不能依赖于天才。因为天才稀少如凤毛麟角。考察一个组织是否优秀，要看其能否使平常人取得比他们看来所能取得的更好的绩效，能否使其成员的长处都发挥出来，并利用每个人的长处来帮助其他人取得绩效。组织的任务还在于使其成员的缺点相抵消。

西奥多·W.舒尔茨

西奥多·W.舒尔茨被誉为"人力资本之父"。舒尔茨的主要贡献在两个方面：一是在农业经济学领域。他提出了一个著名的观点：传统农业贫穷但还是有效率的。要想转变传统农业，就必须向农业提供现代投入品，对农民进行人力资本投资。二是在教育经济学和人力资本理论方面。他在1960年就提出了人力资本投资理论，认为人力资本投资是促进经济增长的关键因素。

舒尔茨著有《由教育形成的资本》《人力资本投资》《人力资本投资》《恢复经济均衡——经济现代化中的人力资本》等多项著作，是人力资本研究的先驱，并将人力资本分为"医疗保健、在职培训、正规教育、成人学习项目、不相容迁移"五大类，认为人力资本是经济增长的主要源泉。

约翰·卡纳斯.加尔布雷斯

约翰·卡纳斯·加尔布雷斯是美国经济学家,于1969年首次提出"智力资本"概念。"智力资本"的英文表述是Intellectual capital,国内也有人将其翻译成"知识资本"或"智慧资本"。加尔布雷斯认为智力资本中的智力不再是作为纯粹智力的含义,而应体现为一种相应的智力性活动,智力资本在本质上不仅仅是一种静态的无形资产,而是一种思想形态的过程,是一种达到目的的方法。但是,当时他没有给出智力资本的一个完整定义,也没有对智力资本的内容给予界定。

知识经济时代,智力资本是相对于传统的物质资本而言的,它是一种潜在的、动态的、能够带来企业长期价值增值的无形的资产。智力资本概念的出现及相应理论的形成,是知识在经济发展中的重要性不断提高的结果。随着知识经济的到来,人们对企业核心资源的认识发生了剧烈的变化,企业需要适应从有形资本积累为核心向智力资本积累为核心的深刻转变。利用智力资本获得真正的竞争优势正成为一种全新的管理理念。

加里·德斯勒

加里·德斯勒是美国佛罗里达国际大学管理学教授,国际著名的人力资源管理和组织管理专家。其撰写的《人力资源管理》,自1978年问世以来,一直受到美国及国际管理教育界的关注和好评,在世界最大教育图书出版商Prentice Hall出版公司全球畅销书排行榜上,该书一直名列前茅,并被翻译成10多种语言在多个国家和地区出版。由中国人民大学出版社和Prentice Hall出版公司合作出版的《人力资源管理》(第六版),多年来被用作本科生及硕士研究生学习教材及硕士研究生入学考试指定教材。

迈克尔·波特

迈克尔·波特是"人力资源竞争力"提出者。迈克尔·波特在对当今国际经济和贸易格局进行研究后,发展出了国家竞争优势理论(又称菱形理论、钻石理论,即钻石模型),这个钻石模型主要用于分析一个国家某种产业为什么会在国际上有较强的竞争力。

迈克尔·波特认为,决定一个国家的某种产业竞争力有四个因素:①生产要素——包括人力资源、天然资源、知识资源、资本资源、基础设施;②需求条件——主要是本国市场的需求;③相关产业和支持产业的表现——这些产业和相关上游产业是否有国际竞争力;④企业的战略、结构、竞争对手的表现。这四个要素具有双向作用,形成钻石体系。

彼得·圣吉

彼得·圣吉被誉为"学习型组织之父"。1978年获得博士学位后,彼得·圣吉一直致力于发展出一种人类梦寐以求的组织蓝图——在其中,人们得以由工作中得出生命的意义、实现共同愿望。他将系统动力学与组织学习、创造原理、认知科学、群体深度对话与模拟演练游戏融合,透彻领悟了导师深奥理论的要义,同时着力使系统动力学的要领简单化、通俗化和可操作化,从而发展出了影响世界的"学习型组织"理论。

学习型组织理论认为,企业持续发展的源泉是提高企业的整体竞争优势,提高整体竞争能力。未来真正出色的企业是使全体员工全心投入并善于学习、持续学习的组织——学习型组织。通过酿造学习型组织的工作氛围和企业文化,引领不断学习,不断进步,不断调整的新观念,从而使组织更具有长盛不衰的生命力。

彼得·圣吉在1990年出版了他的《第五项修炼——学习型组织的艺术与实践》一书，推动人们刻苦修炼，学习和掌握新的系统思维方法。此书一出，反响强烈，连续3年荣登全美最畅销书榜首，被《哈佛商业评论》评为过去二十年来五本最有影响的管理书籍之一，《第五项修炼》被誉为"21世纪的管理圣经"。他本人也被称为继彼得·德鲁克之后最具影响力的管理大师。

《第五项修炼》的意义与贡献在于：它帮助人们重建一种新的看问题的方式，从习惯看世界、看环境、看别人，改变到向里看、看自己、看自己的内心；从看局部，到看全局、看系统。从而能看到存在于内的智障，寻求到克服它们的可能。《第五项修炼》的成功和杰出之处不仅在于它的理论，而在于它的可操作性和对实践的有效指导性。它可能帮助你在弄清为什么的前提下，懂得如何提升自己的能力；自我开发、自我超越的能力；改善心智、提高认知的能力；团队学习和团队建设的能力；系统思考、掌握未来的能力。

《第五项修炼》顺应了信息化时代大潮，是知识经济的产物，完全符合中国创建学习型社会、学习型城市、学习型社区、学习型企业和学习型家庭的发展目标。

彼得·圣吉在研究中发现，要使企业茁壮成长，必须建立学习型组织，即将企业变成一种学习型的组织，并使得组织内的人员全心投入学习，提升能力，在本职岗位上获得成功。因此，《第五项修炼》不仅从事管理工作的人员需要研读，只要是从事传授知识、创造知识和创造财富的人都应该了解和深入研读。《第五项修炼》的五项修炼概括地说就是：自我超越、改善心智模式、建立共同愿景、团队学习、系统思考。

第三节 人力资源管理的阶层划分

进入21世纪，需求侧对高端人才的迫切要求，倒逼我们在供给侧必须改善人力资源，提高对高端人才的供给质量。根据时代发展和科技进步等综合因素，人力管理可以分为"人力劳动管理、人力关系管理、人力潜能管理、人力资产管理、人力资本管理、人力战略管理、人力价值管理"七个阶层。

第一阶层：人力劳动管理

人力劳动管理是指企业从提高经济效益和工作效率出发，总结和运用历史上的人事管理经验，解决劳动和劳动管理中的问题的一种管理活动。其突出特点是将人视为"经济人"，员工劳动所得被认为是企业成本。人力部门仅仅是一个琐碎次要部门，工作内容包括员工迁调、日常考勤、工资发放、办理退休等手续。

第二阶层：人力关系管理

人力关系管理是指企业为提高员工满意度和工作积极性，通过拟订和实施各项人力资源政策和管理行为，以及其他的管理沟通手段调节企业和员工、员工与员工之间的相互联系和影响的管理活动。其突出特点是将人视为"社会人"，重视组织中人与人之间的关系。人力管理领域除了研究人员的选用、迁调、待遇、考核、退休外，还注意对人的动机、行为目的进行研究。

第三阶层：人力潜能管理

人力潜能管理是指根据企业发展战略的要求，有计划地对人力资源进行合理配置，通过对企业中员工的招聘、培训、使用、考核、激励、调整等一系列过程，调动员工的积极性，发挥员工的潜能，为企业创造价值，给企业带来效益的管理行为。其突出特点是将人视为"潜能人"，企业开始从消极压缩成本转变为积极开发人的潜能。人力资源管理各个模块开始建立，例如：招聘、培训、薪酬、绩效等，但各个模块相互独立。

第四阶层：人力资产管理

人力资产管理是指企业对影响人才这一企业宝贵资产发挥作用的内在因素和外在因素进行计划、组织、协调和控制的一系列活动。其突出特点是将人视为"资产人"，员工被视为一种企业的人才资产和宝贵财富，人力部门业务重心转向吸引、招募、发展、管理和留任人才，实现企业发展过程中持续的人才供应。

第五阶层：人力资本管理

人力资本管理是指企业将人作为资本来进行投资与管理，并根据不断变化的人力资本市场情况和投资收益率等信息，及时调整管理措施，从而获得长期的价值回报的管理行为。其突出特点是将人视为"资本人"，更加关注人的可持续发展，重视通过培训和激励并重等多种"投资"手段来提高人的价值。人力部门业务重心转向对体力资本、智力资本特别是精神资本的培养开发。

第六阶层：人力战略管理

人力战略管理是指企业为实现目标所进行和采取的一系列有计划、具有战略性意义的人力资源部署和管理行为。在此过程中，企业系统地将人与组织联系起来，进行统一性和适应性相结合的人力管理。其突出特点是将人视为"战略人"，企业开始从全局战略层面谋划人员管理以支持企业实现战略目标。人力部门逐渐成为业务部门的战略合作伙伴。

第七阶层：人力价值管理

人力价值管理是指企业充分尊重员工的个性化需求，根据员工的能力、特长、兴趣、心理状况等个性特点，着眼于帮助员工实现个人价值，对每个员工实行具体的针对性极强的管理举措的一种管理行为。其突出特点是将人视为"价值人",从人性和个性化角度出发来分析考虑问题。人力部门的业务重心是根据员工的能力、特长、兴趣、心理状况等个性特点来培养开发和使用,实现员工个人价值与企业价值的有机统一。

人力管理的七个阶层,经历了从只管人到管理人与人的关系,人与工作的关系,工作与工作的关系,从咨询到决策等转变。每一个阶层的进阶升级,都是对人性认识、人力潜能和人才价值的探索进步。

第十八章

人力劳动管理

第一节 人力劳动管理实践案例

案例18-1　　　卡特洗衣店的劳动用工管理

詹妮弗·卡特于1984年6月毕业于州立大学，在对几种可能的工作机会进行考虑之后，她决定从事自己一直计划去做的事情——进入她的父亲杰克·卡特（Jack Carter）的企业。

杰克·卡特分别于1970年和1972年开了自己的第一和第二家洗衣店。对他来说，这些自动洗衣店的主要吸引力在于它们是资本密集型的而不是劳动密集型的，这样，一旦对机器的投资已经做出，洗衣店靠一个没有什么技术的看管员就足可以维持了，而平常在零售服务业中所常见的那些人事问题就不会出现了。

尽管靠一名无技术的劳动力就能维持运转是卡特开洗衣店的主要原因，但是到1974年，他还是决定扩大服务内容，在各洗衣店中增加干洗和衣物熨烫服务。换句话说，他增加此项服务所依据的战略是相关多角化经营战略，即增加与现有的自动洗衣业务有关联的那些服务项目。他增加这些新服务项目的一部分原因是：他所租用的场地当时尚未得到充分的利用，因此，他希望能够更为充分地把场地利用起来；另一方面，正如他所说的："我已经厌烦了把我们自动洗衣店顾客的衣物送到五英里以外的干洗店去干洗和熨烫，而且还让它们拿走了本属于我们的大多数利润。"为了反映出服务内容的扩展，卡特将他的两家洗衣店更名为"卡特洗衣中心"，由于对两家洗衣中心的成果极其满意，所以他决定在今后的5年中再开4家类似的洗衣中心。这样，平均每家洗衣中心都需要有1名现场管理人员以及7名左右的雇员，年收入大约为30万美元。詹妮弗·卡特从州立大学毕业后所要加入的正是这样一个由六家铺面组成的连锁洗衣服务中心。

她同父亲之间所达成的共识是，她将成为替老卡特解决问题的人或顾问，她的目标有两个：①学习经营业务；②引进新的管理观念和管理技术来解决经营中的问题，从而促进这个小企业的发展。

詹妮弗根据自己对洗衣店的逐项了解所得出的结论是，她所要做的第一件事就是为洗衣店管理人员编写职位说明书。

詹妮弗说，她在大学所学的一般管理课程和人事管理课程都强调了职位说明书的重要性，但在学习时，她一直不相信职位说明书在一家企业的顺利运行中会有如此重要的作用。然而在她上班的最初几周内，她多次发现每当她问及洗衣店的管理人员为什么违反既定的公司政策和办事程序时，这些人总是回答："因为我不知道这是我的工作内容"或"因为我不知道应该这么做"。詹妮弗这时才知道，只有花大力气编写职位说明书并制定一整套标准和程序来告诉大家应该做些什么以及如何去做，才能使这一类的问题得到缓解。

从总体上说，洗衣店的管理人员负责指挥店里的所有活动，其目标包括：生产服务质量的监督、顾客关系的维护、营业额的增长，以及通过有效地控制劳动力、物资、能源等方面的成本实现利润的最大化等。

在完成这些总体目标的同时，洗衣店管理人员的任务和职责还包括：质量控制、店铺的外观和清洁、顾客关系、账簿和现金管理、成本控制和生产率、事故控制、价格掌握、库存管理、机器维修、衣物的接收与清洗、雇员安全、人力资源管理、不良事件控制等。

案例分析

在洗衣店发展壮大过程中，编写洗衣店管理人员的职位说明书并制定一整套标准和程序来告诉大家应该做些什么以及如何去做，并通过有效地控制劳动力、物资、能源等方面的成本实现利润的最大化，这些都是立足"经济人"假设，对企业职工进行基本的劳动用工管理工作。

案例18-2　　　　　　　工资方案的制定

某物业公司既无正式的工资结构体系，也没有制定工资率系列或使用报酬因素。工资水平同周围社会的平均水平大体持平，企业主还试图保持职责不同的职位表面上的平等。

毋庸赘言，该公司负责人在制定工资制度时，并未进行任何正式的薪水调查。他几乎每天都阅读求职广告，并通过他在当地物业和清洁工协会的朋友进行非正式的薪水调查。他采用对号入座的方法确定雇员的工资水平，他的薪水表中有几条制定报酬政策的基本原则。他的一些同行坚持仅支付最低水平的工资的政策，而他一直按高于平均水平10%的标准支付工资。他执行的政策有助于加强雇员的忠诚感，从而减少劳动力的流动。

他的薪水政策中这样的条款：从事同样工作的男性的工资比女性高20%。他对此的解释是："男性身体更好，可以工作更长的时间，而且他们都要维持一家的生活。"

案例分析

员工进入企业之后，首要关心的就是企业的工资发放问题。该公司为加强雇员的忠诚感，从而减少劳动力的流动，按高于平均水平10%的标准支付，并根据员工对象和岗位特点，实行男女差别工资制。对于传统的人事管理而言，已经算是相对合理的工资体系。

第二节 人力劳动管理产生的背景

18世纪出现的产业革命促成了工厂系统，不仅提供了众多的就业机会，也为工厂主提供了选择劳动力的机会。这样，就需要专门部门来考虑人员组织利用以提高劳动生产率。在此背景下，人事部门开始正式出现，开始了人力劳动管理的最初探索和实践。

除了社会经济发展的历史背景，人事管理的发展与人类思想史上对人性的研究也是分不开的。人力资源管理作为一门科学，起源于美国。人力资源管理的理念基础即为人性假设。人力劳动管理的理念即为经济人假设。

经济人假设起源于享乐主义哲学和亚当·斯密关于劳动交换的经济理论，18世纪亚当·斯密在《国富论》中首次描述经济人的含义以后，约翰·穆勒依据亚当·斯密对经济人的描述和西尼尔提出的个人经济利益最大化公理，提炼出经济人假设。

麦格雷戈在《在企业中的人性方面》一书中将这种人性假设概括为X理论。经济人假设认为：人是由经济诱因引发工作动机的；人总是被动地在组织的操纵、激励和控制下从事工作；人总是企图用最小投入取得满意的报酬；大多数的人缺乏理性，不能克制自己，很容易受别人影响，组织必须设法控制个人的感情。

泰勒就是"经济人"假设的典型代表，他建议采用"胡萝卜加大棒"的管理方法。在"经济人"假设理念的影响下，人力劳动管理成为人类资源管理的最初始阶段的管理方式。

第三节 人力劳动管理的基本内涵

1.人力劳动管理的定义

人力劳动管理是指企业从提高经济效益和工作效率出发，总结和运用历史上的人事管理经验，解决劳动和劳动管理中的问题的一种管理活动。

2.人力劳动管理的特点

人力劳动管理的突出特点是将人视为"经济人"，员工劳动所得被认为是企业成本。人力部门仅仅是一个琐碎次要部门，工作内容都是一些基础性、事务性工作，包括员工迁调、日常考勤、工资发放、办理退休等手续。

受泰勒制的理念影响，由于人力劳动管理的出发点是"经济人"假设，其在实施人力管理活动中一般具有以下特征：

（1）倡导劳资双方"合作"。劳资双方为分配而争吵，造成敌对和冲突，只要友好合作，就能提高劳动效率，获得收益，避免为分配而争吵。

（2）倡导管理人员和工人合理分摊工作和责任。

（3）使用工作定额原理。先通过工作研究制定标准的操作方法，然后对全体工人进行训练，让他们掌握，再据此制定工作定额。

（4）实行有差别的、有刺激作用的计件工资制度，鼓励工人完成较高的工作定额。

3.人力劳动管理的局限性

人力劳动管理在管理形式上是一种静态管理，也就是说，当一名员工进入一个单位，人事部门安排到一个岗位，完全由员工被动的工作，自然发展。

基于"经济人"假设前提下的人力劳动惯例，在管理方式上主要采取制度控制和物质刺激手段，对员工的自身需求和人际关系关注不够；在管理策略上侧重于近期或当前人事工作，就事论事，只顾眼前，缺乏长远；在管理技术上照章办事，机械呆板；在管理体制上多为被动反应型，按部就班，强调按领导意图办事；管理手段单一，以人工为主，日常的信息检索、报表制作、统计分析多为人工进行，很难保证及时、准确，并浪费人力、物力、财力。同时，人事管理部门往往只是上级的执行部门，很少参与决策，人力资源管理的职能得不到较好发挥。

第四节 人力管理阶层的递进

人力劳动管理是人力资源管理的原始阶段和管理雏形，其一系列管理制度和方法奠定了人事管理的基础。但是基于"经济人"假设理念指引下的人力劳动管理，在管理方式、管理策略、管理技术、管理体制、管理手段等方面的局限性，与企业的人力资源管理预期存在越来越明显的矛盾和冲突。

20世纪30年代，埃尔顿·梅奥通过著名的"霍桑试验"发掘了人的社会性需求，并开创了"社会人"假设理论。"社会人"不仅有追求收入的动机和需求，他在生活工作中还需要得到友谊、安全、尊重和归属等。"社会人"假设认为管理人员不能只注意指挥、监督、计划、控制和组织等，而更应重视职工之间的关系，培养和形成职工的归属感和整体感。

　　"社会人"假设理念的提出，进一步促进了人际关系学说和行为科学理论的发展，企业的人力资源管理逐渐开始关注员工的劳动积极性问题，探索发现影响人力资源管理效果的其他因素。这样，人力管理就上升到一个新的阶层：人力关系管理。

第十九章
人力关系管理

第一节　人力关系管理实践案例

案例19-1　"日耳曼战车"的启示

德国足球队是世界上最优秀的足球队之一，被誉为"日耳曼战车"，然而令人惊讶的是，在这样一支传统的优秀球队里，却极少有个人技术超群的球星。和意大利、英国、巴西等国家的球队相比，德国的球员都显得平凡而默默无闻，有些德国国家队的球员竟然还不是职业运动员！

然而，这并不影响"日耳曼战车"的威力。他们频频在世界级的比赛中问鼎冠军，把意大利、巴西、英国、荷兰等足球强队撞翻，谁也不敢轻视"日耳曼战车"的威力。

原因在哪呢？一位世界著名的教练说："在所有的队伍当中，德国队是出错最少的，或者说，他们从来不会因为个人而出差错。从单个的球员来看，德国队是脆弱的，可是他们11个人就好像是由一只大脑控制的，在足球场上，不是11个人在踢足球，而是一个巨人在踢，作为对手而言那是非常可怕的。"

在足球队团结协作的背后，是球队管理中对球员之间人际关系的重视和妥善处理。从日常训练到球员生活，德国足球队通过多种方式促进球员之间的了解，增进球员之间的共识，增强球员之间的深厚友谊，努力营造一个和谐融洽的团队氛围，让全队不知不觉间拧成一股绳，从而发挥出团队的最大力量。这就是德国队的秘诀！

案例分析

足球队的胜利要靠球员之间的配合，球员之间的配合背后则是球员关系管理的成功。球队如此，企业也是一样。衡量一个企业是否有竞争力，是否能够永续发展，其决定因素不是理念有多先进，资金有多雄厚，技术有多过硬，而是企业是否能妥善处理好各种关系，是否拥有团队合作精神。

案例19-2　　　　澳柯玛集团管理的人情味

澳柯玛集团公司特别注重通过多种方式处理企业与员工、员工与员工之间的关系。从为职工解决住房、进行技术培训、开展困难救助到改善工作环境、开通班车，凡是职工在工作、学习、生活中有要求的，公司都努力去做到。

公司职工中农民工大约占到一半以上。为处理和平衡好农民工与城镇职工之间的关系，公司在细微之处体现出的人情味特别让人感动。从1995年以来，澳柯玛共拿出了1.7亿元来解决职工住房问题。公司不仅在各项待遇上对农民工和城镇职工保持一视同仁，还通过学习技术培训和业务培训等，尽快提高农民工的素质和技能，并对有能力的农民工委以重任。一位在公司担任部门经理的农民工说："我的所有本领都是来到公司后学习的。"这种柔性管理不仅较好地处理了员工之间的关系，也打造了忠诚员工。忠诚员工则成就了企业的高速发展。

案例分析

古人云："聚人而成家，聚家而成国。"没有比员工对企业充满信心和爱更重要的事情。在工业社会，主要财富来源于资产，而知识经济时代的主要财富来源于知识。要让员工自觉、自愿地将自己的知识、思想奉献给企业，实现知识共享，只能通过柔性管理处理好企业与员工、员工与员工之间的关系来完成。

案例19-3　永辉超市依托合伙人制度构建新型用工关系

整个超市业的一大问题是，一线员工干着最脏、最累的活，却拿着最低微的薪水，整个行业员工的流动性更是高得要命。

永辉超市董事长张轩松曾在一次进店调研中发现，当一名一线员工每个月只有2000多元的收入时，他们可能刚刚温饱，根本就没有什么干劲，每天上班事实上就是"当一天和尚敲一天钟"而已。

顾客几乎很难从他们的脸上看到笑容，这对于网络冲击下的实体零售业来说，更是一个巨大的问题。

如果一线员工是一种"当一天和尚敲一天钟"的状态的话，在他们码放果蔬的时候就会出现"往这一丢""往那一砸"的现象，反正卖多少都和我没关系、超市损失多少果蔬也和我没关系。

受过撞击的果蔬通常几个小时就会变黑，这样就无法吸引消费者走进购买，进而对整个超市造成影响。

超市员工怠工原因

激烈的市场竞争让零售企业更多地关注于如何获取外部客户，既包括维系老顾客，又包含吸引新的客户。但是过度的竞争却也让企业忘了它的"内部客户"，也就是员工，尤其是一线员工。

尽管内部客户给企业带来的是"间接受益"，但他们对消费者的购买行为有着不小的影响：如果非要按照数据来折算的话，那么内部员工的意义是，他们到底是让80%客户能多买一点，还是让80%客户少买一点。

可问题在于，直接提升一线员工收入的情况也不现实。

（1）单纯增加员工薪资，就会增加企业成本负担，影响超市盈利；

（2）加多少合适，加多了老板不愿意，加少了激励性弱，效果短暂。

比如永辉超市在全国有6万多名员工，假如每人每月增加100元的收入，永辉一年就要多付出7200多万元的薪水——大概10%的净利润。

况且100元对于员工的激励是极小的，效果更是短暂，总不能每隔几个月就全员提薪100元吧。

为此，既为了增加员工的薪酬，也为了节约成本（果蔬的损耗）以及提升营运收入（吸引更多消费者的购买），永辉超市开始了运营机制的革命，即对一线员工实行"合伙人制"。

永辉采用的合伙人制度

最早的合伙人诞生于10世纪前后的意大利、英国等国。当时海上贸易很赚钱，有人说，我想做这事，但我不懂航海，我可以出钱；另有人说，我懂航海，但我钱不多，我可以出力。

于是，两者展开了合作，利润各半。自然而然地，这就逐步形成了资源互补下的利益共同体。

现在基本上可以认为市面流行有三种合伙人模式：

（1）合伙人就是名义股东（即股份），也有的将实际股东称为合伙人，这只是名称上的转变。

（2）由于公司治理结构的需要，注册有限合伙企业作为持股平台，在合伙企业中有两种角色，一个普通合伙人（GP，公司创办人或控制人），一种是有限合伙人（LP，投资人）。这里的LP都是投资人，没有决策权和代表权，分享的投资收益（即收益权）。

（3）以打造团队经营者为核心的增值合伙人（OP），OP出钱出力、做增量价值、分享增值收益。

永辉采用的即是【OP合伙人模式】

（1）不承担企业风险，但担当经营责任；

（2）根据价值进行多次利益分配；

（3）灵活退出、晋级制度；

（4）通常与法律风险无关；

（5）关注团队与个人的价值贡献；

（6）注重自身价值、人脉、资源。

永辉合伙人制度细节

永辉在品类、柜台、部门达到基础设定的毛利额或利润额后，由企业和员工进行收益分成。

其中，对于一些店铺（主要是精品店），甚至可能出现无基础消费额的要求。"在分成比例方面，都是可以沟通、讨论的，在我们的实施过程中，五五开、四六开，甚至三七开都有过。"

例如：卖场店A店第一季度，全店销售达成100.1%，利润总额达成106%，利润超额33万，门店合伙人奖金包10万。以下为各部门人数、达成情况：

部门	店长级人数	经理级人数	课长级人数	员工级人数	销售达成率	利润总额达成率	毛利达成额	毛利达成率	毛利排名	对应分配系数	超额利润总数	门店合伙人奖金包
全店	1	10	24	136	100.1%	106%					33万	10万
生鲜	/	2	7	60	100.6%			107.0%	第1名	1.5		
食品用品	/	2	7	15	101.0%			103.0%	第2名	1.3		
服装	/	1	6	12	93.4%			90.0%	第3名	1.2		
加工	/	1	/	1	91.5%			87.0%	第4名	1.1		
后勤	/	4	4	48						1		

这样一来，员工会发现自己的收入和品类或部门、科目、柜台等的收入时挂钩的，只有自己提供更出色的服务，才能得到更多的回报，因此合伙制对于员工来说就是一种在收入方面的额"开源"。

另外，鉴于不少员工组和企业的协定是利润或毛利分成，那么员工还会注意尽量避免不必要的成本浪费，以果蔬为例，员工至少在码放时就会轻拿轻放，并注意保鲜程序，这样一来节省的成本就是所谓的"节流"，这也就解释了在国内整个果蔬部门损耗率超过30%的情况下，永辉超市只有4%～5%损耗率的原因。

合伙人奖金包：

门店奖金包=门店利润总额超额/减亏部分×30%

门店利润总额超额/减亏部分=实际值-目标值

门店奖金上限：门店奖金包≥30万时，奖金包按30万元发放

职级	各职级奖金包分配
店长、店助	门店奖金包×8%
经理级	门店奖金包×9%
课长级	门店奖金包×13%
员工级	门店奖金包×70%

在合伙制下，永辉的放权还不止这些，对于部门、柜台、品类等的人员招聘、解雇都是由员工组的所有成员决定的——你当然可以招聘10名员工，但是所有的收益大家是共同分享的。这也就避免了有人无事可干，也有人累死的情况。最终，这一切都将永辉的一线员工绑在了一起，大家是一个共同的团体，而不是一个个单独的个体，极大地降低了企业的管理成本不说，员工的流失率也有了显著的降低。

OP合伙人收益分配

合伙人获得收益的方式：一是出钱——投资：保底收益、投资收益、投资份数、预设价值；二是出力——贡献：增值分配、价值衡

量、二次分配、贡献价值。

合伙人收益规则：第一部分，贡献收益60%；第二部分，投资收益30%；第三部分，二次分配10%。

将管理层区分类型、层次，设定对应的预设价值分，以倍数确立基础资格分。

以贡献价值作为分配依据：若实际增量值为利润250万元，每份实际可得分红为5000元。每份平均分红率=83.33%。但实际分配时，以价值分为依据。

KSF考核评价法

类别	考核项目	科目定义	年度平衡点分配值	年度平衡点	年度奖扣分细则			
					每增加	奖励	每减少	减扣
经营目标类（60%）	K1-利润额	销售额-成本-费用（不含公司折旧和董事会特别费用）	12	2600	17	0.5	17	0.5
	K2-营业额	以出货销售为准	6	15300	191	0.5	191	0.5
内部管控类（30%）	K3-辅料成本率	辅料成本/入库产值辅助材料	6	6.82%	0.06%	0.5	0.06%	0.5
	K4-可控费用率	可控变动费用/出货销售额	3	3.07%	0.03%	0.5	0.03%	0.5
管理价值类（10%）	K5-核心人才流失	班组长以上级管理人员、核心技术人员	3	3	1	1	1	1
	其他项目	公司统一规定的奖扣分规则	0	0				
		小计	30					

例如：第一轮合伙人的总分值为400分，总经理个人的价值分为90分，而人事经理的价值分为13分。

总经理实际分红=750000/400×90=168750元

个人收益率=168750/（18x6000）=156.25%

人事经理实际分红=750000/400x13=24375元

个人收益率=16250/（6x6000）=67.71%

设定特别加分项、扣分项，必须属于公共分值，对企业发展具有重大意义，以强化对合伙人的价值挖掘及相关约束。

中途有合伙人退出或进入怎么办？

按协议规定退回合伙金，给予利息补偿；

考虑新的合伙人加入给予补充；

无论是退出合伙人的份数，还是预留未分配出去的份数，其收益最终归公司所有；

中途新进入的合伙人，根据加入时间核算个人合伙分红。

永辉合伙人的显著成果

2014中国版财富500强榜单中，零售企业共有31家，其中永辉超市以营收305.43亿元领衔超市业态。数据显示，近3年来，永辉超市在这一榜单中的排名一直在大踏步前进，从2012年的224名，到2013年的197名，其营收增长率超过20%，利润率也从2013年的2%提升到2014年的2.3%，在整个超市行业净利率仅不足1%的困局之下，永辉超市的利润率几乎可以领跑整个行业。

案例分析

永辉超市合伙人的成功，具有很强的代表性。这种在业界看来很不可思议的增长都是和永辉超市塑造企业与员工的新型劳动关系分不开的，体现了永辉超市对员工这一"内部客户"的激励机制和满足，事实上这才是永辉超市高速发展的关键原因。经济形势所逼，稳定员工队伍，激发员工积极性，把薪酬和绩效挂钩，把企业与员工的关系紧密相连，把门店的利益和个人目标一致化，老板想干的，也是职工想干的。企业业绩增长，员工也能得到加薪。这就是OP合伙人的魅力所在。

第二节　人力关系管理产生的背景

随着社会经济的发展，以及梅奥及其人际关系学说的兴起，"社会人"假设开始流行，并成为人力关系管理的理念基础。梅奥于1927～1932年在美国的西方电器公司进行了著名的"霍桑试验"，主要包括"照明实验""福利实验""群体实验""谈话实验"，并于1933年发表著作《工业文明的人类问题》，首次提出"社会人"假设理论。

梅奥认为：工人不是像古典管理科学假设的那种只追求金钱收入的"经济人"，而是社会人，对工人劳动积极性的影响，金钱不是唯一的因素，人们的社会需要是否得到满足对工人积极性的影响也很大。生产率的高低主要取决于员工的士气，而员工的士气受企业内部人际关系及员工的家庭和社会生活影响。企业中存在着非正式组织，非正式组织的社会影响比正式组织的经济诱因对员工有更大的影响力。员工最强烈的期望在于领导者能承认并满足他们的社会需要。所以，要调动员工的工作积极性，提高生产效率，必须使员工的社会和心理需求得到满足，在组织中保持一种良好的人际关系。

在梅奥人际关系学说的基础上，马斯洛、赫茨伯格、麦格雷戈等人进一步发展了行为科学理论，进一步强化了"社会人"假设的理论基础，人力关系管理逐步成为企业新的人力管理方式。

第三节　人力关系管理的基本内涵

一、人力关系管理的定义

人力关系管理是指企业为提高员工满意度和工作积极性，通过拟订和实施各项人力资源政策和管理行为，以及其他的管理沟通手段调节企业和员工、员工与员工之间的相互联系和影响的管理活动。

二、人力关系管理的特点

人力关系管理的突出特点是将人视为"社会人"，重视组织中人与人之间的关系。人力关系管理在人力劳动管理基础上，提出了新的人事管理措施：

（1）管理人员不能只重视指挥、监督、计划、控制和组织，而更应重视员工之间的关系，培养员工的归属感和整体感。

（2）管理人员不应只注意完成生产任务，而应把注意力放在关心人、满足人的需要上。

（3）实行奖励时，提倡集体奖励，而不主张个人奖励。

（4）管理人员的职能之一是进行员工与上级管理者之间的沟通，提倡在不同程度上让员工和下级参与企业决策和管理工作的研究与讨论。

人力关系管理极大地丰富了人事管理的内容，主要表现为人事管理领域的扩大。除了对工作人员的选用、迁调、待遇、考核、退休等进行研究之外，还注意对人的动机、行为目的加以研究，力求了解工作人员的心理，激发他们的工作意愿，充分发挥他们的潜力。

人力关系管理使得人事管理由静态逐渐发展为动态管理。由以往重视制度管理以求人事稳定、规章细密以求面面俱到，逐步发展到既注意规章制度严格，又注意规章制度的伸缩性，以适应管理对象的复杂多样。通过合理地配置，最大限度地激发工作人员的劳动积极性，提高工作质量和效率。

在人力关系管理中，企业的沟通管理更多采用柔性的、激励性的、非强制的手段，协调员工与管理者、员工与员工之间的关系，引导建立积极向上的工作环境，从而支持组织其他管理目标的实现。

三、人力关系管理的局限性

人力关系管理是对人力劳动管理的一次理念和管理上的跨越，这一转变能够而且确实对员工满意和生产率、管理绩效以及人才挽留作出了突出贡献。尤其当遇到组织动荡、裁员或其他难以应付的问题时，人力关系管理更承担着不可替代的作用，甚至成为挽救公司的最后防线。

然而，在企业人力关系管理中，由于各种主客观因素制约，不可避免出现一些问题，主要包括：

1.缺乏共同的愿景，导致人力关系管理的起点不清晰

企业共同愿景首先必须是企业利益相关者的共同追求，由此，人力关系管理的起点是让员工认同企业的愿景。没有共同的愿景，缺乏共同的信念，就没有利益相关的前提。据估计，中国年度营业收入规模在2亿以上的企业存在清晰战略愿景的不到20%，很多企业也提出了远大的目标，但是目标的制定缺乏员工的参与，员工对于愿景的不认同也就在所难免。

2.对短期利益的过度追逐，冲淡了企业内部人力关系管理的是非标准

企业的价值观规定了人们的基本思维模式和行为模式，是企业的伦理基准，是员工对事物共同的判定标准和行为准则，企业核心理念的深入人心必须通过制度去体现，价值观只有反复强化才会得到员工认同。中国很多行业的集中度都不高，企业面临着激烈竞争，他们经常在短期利益和长期利益之间摇摆不定。例如，诚信固然重要，但不诚信的却能带来良好的业绩行为而得到褒奖，导致评判人力关系管理的是非标准模糊不清。

3.缺乏完善的激励约束机制，导致人力关系管理重要一环的缺失

人力关系管理的重要一环是内部公平。调查显示，员工离职的第一原因不是薪酬水平低，而是员工内部的不公平感。内部不公平体现在激励、职业发展、授权等方面。从程序看，过程的不公平比结果的不公平更加突出。所以如何完善激励约束机制，建立科学合理的薪酬制度和晋升机制成为人力关系管理的重要发力点。

4.人力关系管理的主体不清晰，直线经理作为人力关系管理的首要责任人的理念没有得到广泛确认

人力资源部是企业人力关系管理的组织部门，广大的直线经理是人力关系管理的首要负责人，他们相互支持和配合，从而保证企业目标的实现。企业内部员工关系或者人力资源管理的最大责任者是董事长或者总经理，但是这一观点在很多企业得不到确认，导致企业人力关系管理水平和效果得不到有效的体现。

5.员工需求的实现程度不高，作为人力关系管理核心的心理契约总体失效

企业对于合同、协议等契约比较重视，却普遍忽视了心理契约，企业没有清楚地了解每个员工的需求和发展愿望，并尽量予以满足；也没有对员工的需求进行适当的引导，导致员工需求期望的实现程度不高；老板和员工心理定位差距较大，双方的满意度都较低。因此，企业应从员工需求、企业激励方式、员工自我定位以及相应的工作行为四个方面的循环来加以完善。

第四节 人力管理阶层的递进

人力关系管理克服了人力劳动管理的不足,在人力管理理念上实现了从"经济人"假设向"社会人"假设的理念转变,为人力管理思想的发展开辟了新的领域。

在"人——生产力——产品"这个链条中,管理者以往习惯于通过合理地使用机器来降低成本,人力关系管理虽然也积极尝试在员工与管理者、员工与员工之间做好关系协调和沟通管理,但由于缺乏绩效考核等激励约束机制,忽视了对人力资源的培养开发,人力的作用发挥不够,最终对企业的经济效益和管理效能提升有限。

企业管理者后来发现,改革人力资源的管理方式,开发人的潜在能力,充分发挥人的主观能动性更为重要。随着企业的不断探索实践,企业开始将重点转移到对人力潜能的开发上,人力管理逐步上升到一个新的阶层:人力潜能管理。

第二十章
人力潜能管理

第一节 人力潜能管理实践案例

案例20-1　　价值2000万的华为薪酬管理体系

早在20世纪90年代,很多人还没怎么听说人力资源管理的时候,任正非就拍板花2000万元请咨询公司给华为做薪酬架构梳理和重塑人力资源管理体系。

1.华为的薪酬构成

华为将报酬分为两大类,即外在激励和内在激励。

外在激励主要由基本工资、固定奖金、现金津贴、浮动收入、长期激励和福利待遇共同组成的以金钱形式给予报酬的全面薪酬;

内在激励体现在工作内容、文化氛围和工作生活平衡度上的精神方面的感知。具体就是工作内容的挑战、培训发展的机会、文化氛围的和谐、公平透明的机制、同事的互助友爱等等一系列非物质方面的因素。

当然,对保留员工影响最大的薪酬组成项属于长期激励,即股票认购。在每个财年开始之际,华为各个部门的高层管理人员开始确定新的年度符合认购股票资格的员工名单。

需要确定标准的维度是员工的入职时间、总工作年限、现岗位工作时间、岗位级别、上年度业绩表现、团队合作度和员工总评价,最终会得出确定符合条件的员工可以购买的股票性质以及股权数。

新进员工（需要一定的级别），即入职必须满一年的员工即可享有华为的内部职工股权，员工可以根据自己的意愿进行购买、套现或者放弃这三种形式的选择。

华为提供内部股的多种购买形式，除了可以使用手上的现金购买，这种内部股还可以用奖金认购，也可从公司无息贷款，三者选其一。

对于工作年限比较久并且业绩比较好的员工，奖金和股票分红收入相比较一般员工而言会比较高。5年以上干得好的，年终奖（一般第二年年中发）可以达到10万+，股票收入也能达到10万+。近几年的分红能达到30%+左右。

华为内部股的发放配额并非是固定不变的，通常会实时根据"能力、责任心、付出、工作积极主动性、风险担当"等因素作定期动态调整。

在华为的股本结构中：30%的优秀员工可享有集体控股，40%的骨干员工按照一定的比例控股，10%~20%的低级别员工和新入职员工只能视具体情况而定适当参股。

2.华为的薪酬定位

目前市场超过百分之五十的企业都会把薪酬组成定位在中位置上，百分之三十左右的企业会定位在中位置到七十五分位值之间，这是企业用来招聘和留任员工的比较好的操作实践。

华为目前的薪酬定位是高于七十五分位的，验证了任正非的"重赏之下，必有勇夫"薪酬策略，这也确实为华为招揽了不少优秀人才。

在按照不同级别对薪酬定位时，市场上的普遍操作是中级管理层（包括中级管理层）以下的定位在中位置，中级管理层（包括中级管理层）以上的定位在中位置到七十五分位值之间。

华为目前是将中级管理层（包括中级管理层）以上的定位在七十五分位值以上，其余级别定位在中位置到七十五分位值之间。

华为这种明显高端与市场普遍定位的操作，是要跟企业的经营战略和价值观相符合的，即应对华为"高质量、高压力、高效率"的组织文化。

3.华为的薪酬一致性

薪酬一致性，就是说对所有部门和级别是采用一套架构体系还是区别对待。通常市场上会按照四种评判标准来决定是否有必要采用多套：

①按照运营类型来看，生产类型部门和非生产类型部门之间是否存在比较大的薪酬给予标准和管理方式；

②按照部门来看，是否要实施不同的标准，即生产、销售、研发和后勤行政，是否一致对待；

③按照城市或者国家划分，针对当地的政策或者环境，是否要区别对待；

④按照级别，管理层是否要比非管理层享受到更好待遇。

华为在按照部门划分和级别划分上，实施了不同的薪酬体系：

①市场定位不同，华为在市场定位上对管理层和非管理层是不同的，决定了薪酬的不一致性；

②对于华为来说，研发部门是最为重要的，因此在研发部门上也体现出不同于其他部门的薪酬结构设计。

4.华为的薪酬公平性

在薪酬公平上，到底内部公平和外部竞争哪个更重要？即当双方产生矛盾时，哪方面会优先考虑？重视任何一方面都是有利有弊。

华为在处理公平上，大原则是尽量平衡双方面的考虑，如果出现矛盾时，会优先考虑外部竞争。

而在内部公平方面，华为的薪酬分配根据员工个人能力和对组织贡献，激励奖金的多少要看个人和团队的绩效评估。

华为在薪资分配上坚定不移地向优秀员工倾斜，每个华为的员工通过努力奋斗，以及在工作中积累的经验和增长的才干，都有机会获得职务或任职资格的晋升。并且同时施行职位的公开公平竞争机制，所有管理岗位晋升降职条件明确。

5.华为的薪酬机制

华为的薪酬机制明确定岗定责、定人定酬。

华为对员工岗位的分配是严格按照岗位说明书进行的，以确保人岗匹配；

工资分配采用基于能力的职能工资制，对岗不对人，支付与员工岗位价值相当的薪水；

奖金的发放分配与部门和个人的绩效改进挂钩，多劳多得，以此来调动员工的积极性和主动性。

6.华为的薪酬支付

目前市场上薪酬支付通常有两种比较合适的方式，按岗定薪和按人定薪。

按岗定薪的特点主要在于：

①通过提高薪酬成本的可预测性而提供成本控制的有效性；

②相同或者性质类似的岗位的薪酬可以互相参考；

③为了让员工的薪酬有明显的增长，必须晋升员工的级别或者转岗；

④管理方式比较传统。

相比较而言，按人定薪更加适合现代化企业的应用，它的优点在于：

①能够最大程度的激励员工获取更多的技能、承担更多的职责；

②需要实行以技能、宽带为基础的薪酬和绩效管理与之相匹配；

③管理方式相当灵活。

华为目前的薪酬支付将两种结合在一起进行管理，对于公司来说不会起决定性作用的岗位会采用比较简单的按岗定薪，对于研发岗位和销售岗位会稍微偏向按人定薪。

另外，华为对于具体报酬不同形式的分配是有规律的，按照级别来制定薪酬结构，即：从大的层面来看，公司共分为四个级别，即操作人员、专业技术人员、中层管理人员和高级管理人员。这四个级别的薪酬项的配比是：

操作人员的固定收入是占年总收入的90%，无股金；

专业技术人员的固定收入占年总收入的60%，浮动收入占25%，股金控制在15%；

中层管理人员的固定收入为年总收入的50%，浮动收入为30%，股金为20%；

高层管理人员的固定收入占总收入的40%，浮动收入为20%，股金为40%。

经实践证明，这种分配比例是比较科学合理的，既能够用灵活的长期激励机制留住高层管理人员，同时短期激励对于新员工有很大的鼓励作用，最大程度地调动了全体员工的积极性。

7.华为的业绩目标

在业绩指标考核上，主要分为强调公司/团队的业绩和强调个人绩效。华为在操作上也是将两者结合起来，充分调动员工的积极性。

8.华为的考核方式

华为考核方式主要采用PBC方式。

核心圈绕"力争取胜、快速执行、团队精神"的价值观制定各自的"个人业务承诺"（PBC，Personal Business Commitment）。

三个一切：

一切以解决问题为原则。

一切以实际行动为出发。

一切以团队利益为导向。

（1）PBC规则

①每个员工都要在年初制定自己的PBC，并列举出在来年中为了实现这3个方面的目标所需采取的行动，相当于立下了一个一年期的"军令状"。

②制订PBC时，需要个人与其直属经理共同进行商讨，这样可以使个人计划与整个部门计划相融合，以保证其切实可行。

③PBC的考察主要从业绩完成情况、执行力度和团队精神这三个方面进行．每个季度经理会协助员工对PBC的完成情况进行考察，到了年末直属经理会给下属的PBC打分，下属也会对直属经理的PBC打分。

要想在PBC上取得高分，就必须确实了解自己部门的运作目标，掌握工作重点，发挥最佳团队精神，并彻底执行。

每一名员工工资的涨幅，都会以PBC的实现情况为关键的参考指标。

（2）PBC与个人的关系

①PBC考核是一种全新绩效工资制度，是一种浮动工资，一切以员工的绩效为准，而不论员工的忠诚度或资历如何。

②四方绩效工资制的最大特点就是差别化，完全根据市场的变化与员工各自的工作绩效而确定。

③以绩效和个人贡献为基础，员工得到的奖金也是灵活而不是固

定的。

④与之相适应，四方将贡献作为激励员工的重要手段。

⑤在福利上，通过浮动工资计划、认购公司计划、建立在绩效基础上的加薪计划、福利计划等一系列科学的工资激励手段。

9.华为的薪酬浮动

薪酬浮动主要在于看是强调固定薪酬还是强调浮动薪酬。强调固定薪酬的特点在于：

①基于绩效的薪酬激励较少；

②提供员工更多的安全感和薪酬的可预见性；

③可能成为公司长期的财务负担。

强调浮动薪酬的特点在于：

①可以更好地根据公司盈利情况调整薪酬成本；

②只给部分员工提供了薪酬的安全感和可预见性；

③员工在公司经营好的时候期待很好的报酬，但在公司经营不佳的时候却难以接受下降的薪酬。

10.华为的薪酬时间范围

华为在薪酬时间范围的界定上，对待不同职位进行相应的合理考量，比如在高管职位和研发人员比较注重强调未来的薪酬，对于销售和后勤部门主要强调当前的薪酬给予。

11.华为的薪酬政策

在薪酬政策上，通常有三种代表方式，全年领先市场水平，前半年领先市场水平并且后半年滞后市场，全年滞后市场水平。这一点是看公司具体的经营战略和价值观，量力而行，华为秉承着一贯的重金聘用的原则，在调薪时完全领先于市场水平。

任正非说："我们在报酬方面从不羞羞答答，坚决向华为优秀员工倾斜。"

第二十章 人力潜能管理

> 12.华为的薪酬沟通
>
> 在薪酬沟通上,要明确是应该积极地和员工进行普及和互动还是消极被动的回答员工问题,如果需要对员工进行有选择性的沟通,要明确信息公开沟通的程度。
>
> 作为一个科学的薪酬管理体系,要随着公司的内部需求和外部环境不断更新换代,华为在与员工的沟通上能够做到定时定期定点,按照马斯洛模型对员工进行需求挖掘。
>
> 年度薪酬沟通中,向员工收集需要的方法也要根据不同的人群采用不同的方式,大致可以分为以下三种:
>
> ①潜在员工:为什么他们要申请我们公司的职位?为什么他们拒绝了我们的offer?为什么他们接受我们的Offer?
>
> ②在职员工:员工敬业度调研,分组的员工的信息收集,员工建议箱;
>
> ③离职员工:员工离职面谈。

案例分析

华为的薪酬体系,是华为开发人力潜能的重要配套举措和组成部分。在薪酬定位、薪酬构成、薪酬机制、薪酬支付、薪酬政策等各方面,都是从传统人事管理向现代人力潜能管理转变的典范。其薪酬策略制定的方法和框架可以借鉴并且使用,但由于不同企业所处的发展阶段不同,因此在人力潜能管理具体实施方面要因地制宜,根据公司目前的经营状况综合考虑。

案例20-2　　　　阿里巴巴的培训体系

在阿里巴巴集团,人被视为最宝贵的资源。如何开发这些资源,提升全体阿里人能力,是阿里巴巴集团在人力资源管理方面的基本出发点。因此，与阿里成长历程伴生的，是一个坚持"知行合一"的学习体系。阿里巴巴集团学习体系分为四个部分：新人系、专业系、管理系以及在线学习平台。

1.新人培训——"百年阿里"面向全集团所有新进员工

从看、信、行动（探寻求证）、思考、分享五步骤，动、静结合地去体验五天之旅。以"客户第一"为线索，还原阿里的核心价值理念，有机连接新员工与客户的关系；通过与8年以上员工经验的分享、高管面对面，来传递阿里人的精神与秉持，建立新员工与组织历史、文化的连接。

2.专业培训——运营大学、产品大学、技术大学及罗汉堂

（1）运营大学：基于运营专业岗位的胜任力模型和公司战略方向，为全集团的运营人员提供学习内容和环境。

纯自主研发适合阿里巴巴集团业务情境的100门专业课程，涵盖四大运营领域岗位，针对不同人群提供精细化的学习方案。例如，保证新人快速胜任岗位的脱产学习、提供进阶技能的岗中学习、以主题沙龙形式进行的专业视野开拓以及促进高潜力员工交流成长的运营委员会等。

（2）产品大学：基于互联网产品经理的能力图谱，自主研发了接近100门课程，以业务方向为导向，采用多元化形式，提供综合培养手段。

"PD新人特训营"针对入职3个月内的产品经理，通过全脱产的系统性培训学习，加速员工认知集团产品架构，加深对产品经理岗位认知，快速胜任岗位；"产品大讲堂"，除了提供进阶课程，更解剖实战案例，线下交流线上沉淀；面向各个垂直领域高潜员工的产品经理委员会，则通过定期、不定期的产品论剑、产品体验、游学交流等活动，实现沉淀专业知识，解决业务疑难问题。

（3）技术大学：面向阿里巴巴集团技术专业领域人才的成长培养，近3年的统计中已开发课程400余门，培养内部讲师近800人，参与培训人数50000余人次。

在专业课与公开课的基础之上，建立ATA技术沙龙，形成开放的技术人员交流平台，旨在挖掘好的、值得推广的思想、理念、技术等；同时根据公司重点发展的技术领域，邀请外部嘉宾，引入优质内容及分享议题，引导相关领域人员学习了解前沿技术，拓宽眼界，促进内部人员思考成长。

（4）罗汉堂：面向阿里巴巴集团一线、且入职在3年以内员工的通用能力培养基地。

完全自主研发5门课程："情绪管理""沟通，其实很简单""在合作中成长""组织高效会议"以及"结构化思维与表达"。课程内容深度内化，贴合阿里工作情境，具备浓郁的阿里味道。所有课程植入互动体验式模块，以启发个体思考、创造行动改变。

3.管理者学习——行动学习"管理三板斧""侠客行"及"湖畔大学"

（1）管理三板斧：突破管理层级的集体行动学习。

"管理三板斧"包含管理人员的三项基础能力要求：《Get Result》《Team Building》和《Hire&Fire》。以全景实战的方式，在真实的业务背景中，通过推动集体思考的方式，去提升团队的整体业务能力，以及团队管理能力，也是组织能力、组织文化传递强化落地的实战场。

（2）侠客行：面向阿里一线管理者的培养。

分别以业务线和层级进阶推进管理学习的覆盖，培养了近百名内部管理者讲师。

根据阿里巴巴集团"管理能力图谱"，自主研发了管理者的进阶课程体系，辅以部分引进课程；通过"课上真实案例演练+课后真实作业练习+课后管理沙龙"的不间断学习方式，保证持续对焦管理者在"角色与职责"上的统一认知；根据不同管理场景与复杂度，输出完整的领导力提升方法论和应用技巧；并在侠客行"管理沙龙"形成"良师"（资深阿里管理者）"益友"（同期管理者）之间共同的语言、心力和能量场。

（3）湖畔大学：面向阿里高阶管理人员的成长培养。

在湖畔大学，以学习的参与者为中心，建立平等、开放的学习体验，通过不同背景、经历的高阶管理者之间的分享交流，解决高阶管理者的融入、战略的对焦、领导力的修炼以及文化的传承。

在常规的学习安排之外，也设置了不定期的"湖畔大讲堂"，引入国内外杰出学者、业界领袖的分享，提高眼界和视野，通过"业务沙龙"促进协同，建立全局观，提升整合能力；通过"文化沙龙"，挖掘管理背后的问题，传承阿里文化。

4.阿里学习平台：为全体阿里人提供内部学习交流平台

在这里，所有阿里人可以自由报名参加线下培训；查阅过往学习沉淀的视频、文档；可以创建学习计划，监测管理学习的进度；通过即时问答系统得到答疑解惑。

阿里巴巴集团学习、培训体系的特点：知识都是有情境的，没有情境、背景的知识只是信息。因此，学习内容无论是专业或是管理，无论是技巧、工具或是理念、文化，都已浸透阿里巴巴集团业务场景和组织历史。

阿里专业和管理学习中所沉淀的相应能力图谱和知识体系的价值是：课程只是学习的形式之一，绝不等于学习；每一位员工的发展图谱比任何一种或多种课程都要重要得多。

案例分析

科学系统的培训体系，是开发人力资源、发掘人力潜能的关键举措和重要路径。通过积极开发人力资源，注重从培训、工作设计与工作协调等方面开发人的潜能，是阿里巴巴集团人力资源管理的重要特点。这些人力资源管理举措的实施，也为阿里巴巴集团持续保持市场竞争力提供了必要的智力支撑。

案例20-3　　京东的人力潜能开发实践

如何科学合理地开发企业内部人力潜能，从而构建一个永续发展的员工和干部结构，确保企业发展后继有人，是每个企业都非常重视和关注的课题。为确保企业人力资源实现全流程开发使用，拥有13万名员工的京东集团，在《京东人事和组织效率铁律十四条》中明确提出两条原则：

（1）"back原则"。要求所有总监级及以上管理者入职一年内要找到至少在三年内可以继任其岗位的候选人。

（2）"七上八下"原则。针对价值观良好，能力达到目标管理岗位任职资格要求70%以上的内部员工，尤其是年轻员工，大胆地予以提拔和任用；同时针对成熟业务及体系的经理级及以上的管理岗位空缺，坚持内部优先的原则，要求80%以上通过内部提拔，给予内部员工更多的平台、土壤和资源，来培养京东自己的核心管理队伍。

管理者的内向生长体制，形成三个京东内部管理者的共性特征：

（1）年轻化。80后的管理者占比73%，85后的管理者占比33%。

（2）七分熟。根据"七上八下"原则，70%胜任能力的人才即可提拔为目标管理者。对于只有七分熟的管理者而言，面对闪电般的角色转换时，会遇到哪些管理挑战？又该如何解决？这意味着需要找到一种方法，加速管理者成长，保证越来越多的管理者能够为各层级岗位做好准备,并且胜任这个岗位。

（3）差异大。从基层主管到VP,从完全内升式提拔到各路"空降兵",各层级管理者面对的管理挑战不同,各事业部发展成熟度的不同,这意味着同一职级的管理者的能力差异较大,管理能力的提升发展各有不同。比如：同一职级上的管理者,因业务差异化,团队管幅最少有10多人,最多者可能至上百人。

此外,京东推进组织向授权式管理变革,创新性地提出"授权、赋能、激活、找边界"的组织管理机制。为让一线业务团队更敏捷、更快速地适应瞬息万变的市场,大尺度授权一线管理者更多参与决策的权力,实现决策的决断,促进效益提升。

因此,京东内部很多业务管理者,财权、人事权和决策权及业务授权范围非常大。掌控千万至上亿级的业务决策权,在京东的高级经理和总监层级是非常普遍的现象。

案例分析

充分开发人的潜能,需要从多方面进行科学系统设计,从内部晋升、梯队建设、人才储备等方面明确人力资源开发基本原则和相关要求,是现代人力资源管理的重要内容。同时,京东在授权管理方面,授权一线管理者更多参与决策的权力,实现决策的决断,促进效益提升,也是扩大人力资源管理权限、发挥人力潜能管理职能作用的重要实践。

第二节 人力潜能管理产生的背景

人力潜能管理是传统人事管理与现代人力管理在人力管理发展史上的分水岭,也是企业在人力管理过程中从"只见事不见人"到"着眼于人"理念的大转折。

人力潜能与人力资源是相伴相随、相互融合的，人力潜能管理的基础即为开发人的潜能。因此，研究人力潜能，可从研究人力资源的概念着手。"人力资源"这一概念曾先后于1919年和1921年在约翰·R.康芒斯的两本著作《产业信誉》《产业政府》中使用过，康芒斯也被认为是第一个使用"人力资源"一词的，他所指的人力资源与我们所理解的人力资源相差甚远，只不过使用了同一个词而已。

人力潜能管理是一门新兴的学科，问世于20世纪70年代末。从时间上看，从18世纪末开始的工业革命，一直到20世纪70年代，这一时期的人力管理被称为传统的人事管理阶段。从20世纪70年代末以来，人事管理让位于人力潜能管理，进入真正意义上的人力资源管理时代。

第三节 人力潜能管理的基本内涵

一、人力潜能管理的定义

人力潜能管理是指根据企业发展战略的要求，有计划地对人力资源进行合理配置，通过对企业中员工的招聘、培训、使用、考核、激励、调整等一系列过程，调动员工的积极性，发挥员工的潜能，为企业创造价值，给企业带来效益的管理行为。

二、人力潜能管理的特点

从人事管理向人力潜能管理的过渡，是一个历史演变过程。与传统人事管理相比，人力潜能管理具有如下特点。

1. 人力潜能管理的视野更宽阔

传统的人事管理考虑的是员工的录取、使用、考核、报酬、晋升、调动、退休等；人力潜能管理打破工人、职员的界线，统一考虑企业所有体力、脑力劳动者的管理，各个模块开始建立，例如：招聘、培训、薪酬、绩效等，但各个模块相互独立。

2. 人力潜能管理内容更为丰富

传统人事管理部门是招募新人，填补空缺，即所谓"给适当的人找适当的事，为适当的事找适当的人"。人力潜能管理不仅具有这种功能，还要担负工作、规划工作流程、协调工作关系的任务。

3. 人力潜能管理更加注重开发人的潜能

传统的人事管理以降低成本为宗旨，主要关心如何少雇人、多出活。而人力潜能管理则首先把人看作是可以开发的资源，认为通过管理，可以创造出更大的甚至意想不到的价值。其次，它非常关心如何从培训、工作设计与工作协调等方面开发人的潜能。

人力潜能管理的突出特点是将人视为"潜能人"，企业开始从消极压缩成本转变为积极开发人力潜能。与此同时，随着人力资源管理地位的提高，人力资源管理部门上升为具有决策职能的部门。

三、人力潜能管理的局限性

人力潜能管理实现了传统人事管理向现代人力管理的重大转变，对人力资源管理发展具有重大意义。然而，在实践过程中，我国企业的人力潜能管理仍然存在一些问题。

1. 人力潜能开发与管理理念落后

长期以来，受计划经济体制的影响，国有企业受国家宏观调控，只重视解决企业内部的物质、资金、技术等问题而忽视企业的人力资源，把人力资源紧紧看作是需要时才发挥作用，视人为固有劳动力，只重拥有和使用，不重视开发和流动，造成人才闲置、压制、浪费现象。

2.人力开发投资不足

人力开发投资是企业通过对人进行一定的资本投入，增加或提高了人的智能或体能，这种劳动力的提高最终反映在劳动产出增加上的一种投资。我国企业管理人员较为缺乏人力开发的投资意识，关心眼前的人员补充较多，不敢轻易培训员工，只怕"为他人作嫁衣"。很少作长期的人力资源预测、规划和开发，这样就使一些渴望学习新技能、新知识的优秀员工得不到培训的机会。一些企业培训制度的不健全和不透明也助长了某些有关系的人抢占这些机会，而且有些培训流于形式，内容枯燥，考核脱离实际，并没有达到培训开发的目的。

3.管理模式单一造成职能分散

一些企业机构庞大，各部门、各行业不能根据各自业务规则的性质、难易程度等特点，分门别类，灵活有效，有针对性地管理干部，造成责权分离，管人管事脱节，进而导致人与事的脱节。

第四节 人力管理阶层的递进

从人力劳动管理、人力关系管理到人力潜能管理，是传统人事管理向现代人力管理转型过渡的重要阶段。企业在整个战略的实现过程中，要获取战略上成功的各种要素，如研发能力、营销能力、生产能力、财务管理能力等，最终都要落实到具体的人力潜能开发上。

然而，在人力潜能管理这一管理阶层，企业对人力的理解和认识仅停留在"潜能人"的层面,即把人力资源定位为存在于人体内可以通过开发潜能创造价值的组织资源,主要指人们的劳动能力,即具备开发潜能的劳动力。通过劳动能力为企业创造价值,并通过人力潜能开发提高员工劳动能力。

随着人才管理理念的普及,企业在人力资源管理实践中越发感觉优秀人才对企业发展的极端重要性。因此,企业的人力管理不仅要开发人力潜能,更要把人作为企业的人才资产和宝贵财富,把一般性的劳动力培养开发成为优秀人才,并积极吸引优秀人才,留住优秀人才,从而维持和培育企业的核心竞争力。这样,人力管理便进入到一个更高阶层:人力资产管理。

第二十一章
人力资产管理

第一节　人力资产管理实践案例

案例21-1　　　　识才爱才的唐太宗

唐太宗时期之所以会出现人才数量上的高峰,关键是有唐太宗这个伯乐识得千里马,善于发掘和使用其内部人才。登基伊始,整个朝廷结构都处于初建与调整之中,如何安置和使用这些储备多时的人才,把人才放在合适的位置上,以组成一个最合理、最有效的组织结构呢?唐太宗为此曾寝食难安。经过一番观察和思考,他最终作出了如下的人才安排。

魏征是个争辩型人才,凡事好与人争辩一番,常把谏诤之事放于心中。根据这一特点,唐太宗就任命他为谏议大夫,其具体职责就是专门向皇帝提意见。

房玄龄是个谋臣型人才,做事孜孜不倦,知道了就会立刻去办。根据这一特点,唐太宗就任命他为中书令,其具体职责是掌管国家的军令、政令,阐明帝事;入宫票告皇帝,出宫侍奉皇帝,管理万邦,处理百事,辅佐天子而执大政。

李靖是个文武兼备型人才,外出能带兵,入朝能为相,于是唐太宗就任命他为刑部尚书兼检校中书令,具体职责是掌管全国的刑法和徒隶、勾覆、关禁的政令。这些都有利于李靖才能的发挥。

由此，魏征、房玄龄、李靖三人共同主持朝政，相互取长补短，发挥各自优势，共同构建起了唐王朝的上层组织机构。

除此之外，唐太宗把房玄龄和杜如晦进行合理搭配，组成了一个名扬千古的谋略班子"房谋杜断"。名相房玄龄辅佐唐太宗31年，是贞观时期的第一名相，但在史书上却几乎看不到记录他政绩的文字。原因是房玄龄属于"谋臣型"。在唐太宗的人才库中，他精于谋略，但总是低头默默行事，从不会主动张扬自己的功劳，甚至连进谏时也要与人谦让一番，把自己所有的功劳全部归于皇帝。

房玄龄尽管思辨过人，但在拿主意时常常犹豫不决，针对房玄龄这种个性，唐太宗就找来另一位名相杜如晦与他做搭档。杜如晦虽不善于思考问题，但善于对别人提出的意见进行周密的分析，精于决断。最终，"房谋杜断"成为唐朝繁荣关键中的关键。

案例分析

人才管理不仅要看到单个人才的能力和作用，更重要的是要组织一个结构合理的团队，将不同类型的人才进行合理的搭配。并把他们放在最合适的位置上，相互启发，相互协作，形成一个有机整体。通过优势组合结构来弥补单个人才的不足之处，以求达到最佳效能的有效发挥。

案例21-2 宁可卖掉飞机也不愿裁减雇员的西南航空公司

美国西南航空公司的创始人赫布·凯莱赫的管理信条是："更好的服务+较低的价格+雇员的精神状态=不可战胜"。西南航空公司的发展并不是一帆风顺的，公司成立不久，就遇到财政困难。

当时，凯莱特面临两个选择：要么卖掉飞机，要么裁减雇员。在这种情况下整个公司人心惶惶。公司只有4架飞机，这可是公司的全部经济来源所在啊！但是赫布·凯莱赫的做法是出人意料的，也让所有员工大为感动：他决定卖掉这4架飞机中的一架。

"虽然解雇员工短时间内我们会获得更多的利润，但我不会选择这样做。"他说，"激励员工努力工作的最重要的方法之一，就是让所有员工感到前途安全。任何时候，我都会将员工放在第一位，这是我管理法典中一个最重要的原则。"

善待员工自然能激发员工对工作的热爱。公司要求雇员在15分钟内准备好一架飞机，员工都很乐意遵守，没有一个有怨言。在西南航空公司，雇员的流动率仅为7%，是国内同行业中最低的。凯莱赫对此感到非常自豪。

在短短三十多年内，西南航空公司从成立之初的4架飞机、70多名员工，已发展到如今拥有近380余架飞机、3.5万余名员工、年销售额近60亿美元的规模，成为美国第四大航空公司。

案例分析

左右企业命运的不是企业家本人，而是企业是否拥有足够的人才。雄厚的人才储备是企业持续发展的关键，人才能给企业带来源源不断的生命力。人才是公司最大的财产。只要人才不失，再大的困难都能扛过去。如果企业轻易裁员，不注重人才的培养和储备，就有可能使企业陷入无人可用的尴尬境地。西南航空公司短期迅速崛起的原因与其对人才资源的重视是分不开的。

案例21-3　　钢铁大王卡内基的用人之道

钢铁大王卡内基的墓志铭是："一位知道选用比他本人能力更强的人来为他工作的人安息在这里。"

任用齐瓦勃就是一个典型事件。

> 齐瓦勃是一名很优秀的人才，他本来只是卡内基钢铁公司下属的布拉德钢铁厂的一名工程师。后来，当卡内基知道齐瓦勃有超人的工作热情和杰出的管理才能后，马上就提拔他当上了布拉德钢铁厂的厂长。在厂长的位置上，齐瓦勃充分发挥了自己的学识和才干，带领布拉德钢铁厂走向了辉煌，以至于卡内基为布拉德钢铁厂而放言："什么时候我想占领市场，什么时候市场就是我的。因为我能造出又便宜又好的钢材"。
>
> 几年后，表现出众的齐瓦勃又被任命为卡内基钢铁公司的董事长，成了卡内基钢铁公司的灵魂人物。就在齐瓦勃担任董事长的第七年，当时控制着美国铁路命脉的大财阀摩根提出要参与卡内基联合经营钢铁，并放话说，如果卡内基拒绝，他就找当时位居美国钢铁业第二位的贝司列赫姆钢铁公司合作。
>
> 面对这样的压力，卡内基要求齐瓦勃按一份清单上的条件去与摩根谈联合的事宜。齐瓦勃看过清单后，果断地对卡内基说："按这些条件去谈，摩根肯定乐于接受，但你将损失一大笔钱，看来你对这件事没我调查得详细。"经过齐瓦勃的分析，卡内基承认自己过高估计了摩根，于是全权委托齐瓦勃与摩根谈判。结果，谈判取得了对卡内基有绝对优势的联合条件。

案例分析

一个成功的企业家就要善于寻找比自己更强的人才来为自己服务。管理者最重要的责任是善于用人，而不是和下属比能耐。招募到比自己强的人，实际上已经显示了管理者的高超本领。卡内基是公司最大的股东，但他并不担任董事长、总经理之类的职务。他要做的就是发现并任用一批懂技术、懂管理的杰出人才为他工作，最终实现企业的战略目标。

第二节 人力资产管理产生的背景

人力资产即通常说的"人才",人才管理这一概念出现于90年代。21世纪是人才的世纪,21世纪的主流经济模式是人才密集型和智力密集型的经济。拥有杰出的人才可以改变一家企业、一种产品、一个市场甚至一个产业的面貌。对于21世纪的企业管理者而言,人才甚至比企业战略本身更为重要。因为有了杰出的人才,企业才能在市场上有所作为,管理者才能真正拥有一个管理者应有的价值。没有人才的支持,无论怎样宏伟的蓝图,无论怎样引人注目的企业战略,都无法得以真正实施,无法取得最终的成功。

随着人力资源管理的持续实践和探索,不少大型企业集团的企业家坚信:"得人才者得市场,得天下"。因为企业家的智慧在于创造财富,培养更多的具有智慧的人才,使企业更具有竞争力。而能够"以一当十""以一当百"的小老板,终究会发现自己不可能"以一当千"。"英雄老板"只能成就小企业,只有"智慧团队"才能成就大企业。因此,培养部下,带出一支人才队伍,留住这些人才,是比发挥老板个人才干更重要的。

因此,人力管理也从人力战略管理进一步过渡到人力资产管理,即将员工视为企业的人才资产和宝贵财富,通过"选用、育、留"一体化举措,吸收、聚集和管理优秀人才,获得竞争的主动权。

第三节 人力资产管理的基本内涵

一、人力资产管理的定义

人力资产管理是指企业对影响人才这一企业宝贵资产发挥作用的内

在因素和外在因素进行计划、组织、协调和控制的一系列活动。人力资产管理的目的是创造人才发展的良好外部环境，调动人才的内在因素，最大限度地发挥人的才能，充分开发人才的潜在能力，力求使"人尽其才，才尽其用"。

二、人力资产管理的特点

人力资产管理是企业建立了基础的人力资源体系后，必然进入的一个新的阶段。从开发"潜能"到定位"资产"，人力资产管理是人力资源管理按其自身逻辑进一步发展的必然结果。

（1）从关注点来看，人力资产管理强调的是对人才的关注。对人才的关注如吸引、聘用、安置、发展和保留人才，同时将"核心"与"非核心"员工的需要视作是不同的，并开始关注不同群体里个人的不同要求。

（2）从职责来看，人力资产管理是HR部门与高层管理者共同的责任。人力资产管理的责任往往下放至业务主管，而人力资源部门负责设计与宣传系统，并检验结果。很明显，培养人才的职责更多是管理者职责，而非HR的职责。

（3）从出发点来看，人力资产管理的出发点是"人"与"人才"。在人力资产管理中，管理功能围绕着人才紧密耦合，其终极结果是充分利用企业的人才资产，实现连续的人才供应。

总之，人力资产管理的突出特点是将人视为"资产人"，员工被视为一种企业的人才资产和宝贵财富，人力部门业务重心转向吸引、招募、发展、管理和留任人才，实现企业发展过程中持续的人才供应。

三、人力资产管理的配套机制建设

（一）建立企业人力资源成长机制

企业人才是员工中最先进、最精华的那一部分，是企业最受重视的宝贵财富。企业要想人才辈出必须要创造一种良好的环境，因为创造性的、世界一流人才的成长，既靠自我努力，又靠环境支撑。人才的成长，关键在于创造一个能够掌握自己的命运、有利于人才成长和施展才能的环境与运行机制。

（1）建立和完善人才市场，通过市场实现人才资源的优化配置。当务之急是进行企业制度创新，营造市场主体，使企业有用人自主权，职工有择业自主权。

（2）营造温馨、融洽、和谐的人文氛围。人才智能的发挥与所在组织的人文环境密切相关。通过大量的实践可以得出，职工智能发挥的程度=（生理天赋+后天智慧）×环境。这里的环境，包括市场环境和人文环境。

（3）人才竞争、流动和提升必须公平、公正与透明。企业的大量人才除去市场招聘与引进外，更多的是来自企业内部。标准明确、程序规范、竞争公平、防范人为因素的不必要干扰，都是形成人才成长机制所必不可少的环境条件。

（二）建立企业高素质人才资源开发机制

1.建立以职业技能开发为起点、以创造力开发为目标的高素质人才资源开发机制

知识经济时代的来临，使得企业经营环境更加复杂和多变，这就要求企业员工具有复合型知识、技能结构，更要求企业加强对全体员工的创造力开发，不断进行管理创新、技术创新及其扩散的多重效应，这也正是知识经济发展的根本动力。企业人才资源必须适应这一发展方向，并以职业技能开发为起点，以创造力开发为目标。

因此，企业应从以下四个方面开展工作：①提倡以使用技术为目标的创新和开发，坚持以顾客为中心。②实行"创造性借鉴"战略，即要从其他企业的成败中吸取经验教训，做一个坚定的模仿者、改进者。因为，对现有产品作一些改革或对现有服务加一些内容，比起从头开始进行整个系统的设计，可以大大缩短创新过程。③重视员工合理化建议活动。要通过合理化建议月、专题建议（如质量管理、市场营销）、日常建议和由企业或部门组织的座谈会等形式，鼓励员工提建议，为员工发挥聪明才智、参与企业经营管理创造机会。领导对创新的重视不能停留在口头上，要在日常事务中，使自己成为创新活动的象征，要提供足够的时间和资源，推动成功的创新。④为创新确立定量目标，要实实在在地统计合理化建议的数量和企业的创新率，并作出信息反馈。还要通过考核，使人们理解组织对创新重视程度，让人们看到在一定时间内创新方面所取得的进展。

2. 进行知识管理，建立潜在人才资源开发机制

高科技企业的兴衰史表明，拥有大量聪明人才的公司也很容易退化为一个由傲慢、极端独立的个人或小团体组成的混乱集体，他们不分享知识，不吸取经验教训，妄自尊大，不研究同行业竞争，不倾听消费者的意见，这时的人才、奇才可能会变成庸才、蠢材。因此，必须以知识管理为契机，开发现有的和潜在的人力资源。知识管理，即通过影响企业员工的工作态度和行为，建立起开放和信任的企业内部环境，从而激发员工资源合作，并共享和开发知识资源去完成更艰难的任务，以达到更高的目标和产生更好的效益。知识管理的对象是人，而且更着重于员工的内在需要和内在动力的激发。每位员工无论其能力大小、贡献大小、职位高低，都希望被认为是真正有思想有价值的人，而非仅仅是一种劳动力或是一种活性资产，都希望自己的意见和需要能得到尊重和重视，都希望成为管理的主体而非客体。

四、人力资产管理的局限性

企业进入到人力资产管理阶层，对企业发展而言是莫大的理念进步。但是从我国人力资产管理现状来看，还存在不少值得关注的问题。

从国有企业来看，不少国企基本依靠垄断地位或者国家的特殊扶植政策才得以发展，在人力管理中一直都充斥着走后门、任人唯亲等风气，人力资产管理尚未得到真正的重视和实践。如果将这些国企拿掉所有条件，赤裸裸的放到市场中参与市场竞争，生存和发展都存在较大问题。

从家族企业来看，不少家族企业排外问题严重，难以吸收和留住人才。企业重要位置长期被家族成员占领，外人无论多么有能力，多么努力工作，多么忠心，也难以得到家族的真正认同。特别是高级科技人员和管理人才，他们在私营企业得不到应有的地位和尊重，因而也不关心企业的发展，一有其他更好的机会，就会"跳槽"。原有的人才都难以留住，吸收外部人才就更难，即使吸引进来也待不长久，企业更高阶层的发展受到限制。

第四节 人力管理阶层的递进

人力资产管理将人视为企业的人才资产和宝贵财富，在帮助企业快速实现效益提升中发挥了重要作用。然而，企业在实施人力资产管理过程中，对人才的激励培养主要以物质奖励和职位晋升引领为主，对精神层面的关注和激励不够。长此以往，在物质奖励和职位晋升达到一定阶段后，此类激励对企业的人才激励效果将呈现边际递减效应，最终也将影响企业的人力管理效果。

20世纪60年代，舒尔茨和贝克创立了人力资本理论。人力资本理论突破了传统理论中的资本只是物质资本的束缚，将资本划分为人力资本和物质资本。相对于资源和资产，企业大多考虑寻求与拥有；而对于资本而言，企业会更多地考虑如何使其增值生利。

将人力资源从"资产"上升到"资本"层面，人力资本其实是企业对人力资源投资所形成的凝结在劳动者身上的潜在价值总量。这种潜在的价值总量与未来直接相连，只有在未来才能予以表现。因此，着眼于关注人的可持续发展，关注和发掘人才背后的更多支撑，人力管理也从人力资产管理进入到一个新的阶层：人力资本管理。

第二十二章 人力资本管理

第一节 人力资本管理实践案例

案例22-1　　中美两国的人力资本投资回报

据美国经济学家测算：1900~1957年美国物质资本投资增加4.5倍，利润增加3.55倍；而人力资本投资增加3.5倍，利润却增加17.55倍，1919~1957年的38年期间，美国国民生产总值增长额中有49%是人力资本的结果。可见人力资本在知识经济时代的贡献率远远大于物质资本。

我国人力资本在1953~1990年间年平均增长速度为13.43%，1990年（按1952年不变价计算）人力资本存量积累达到15861亿元，人力资本与物质资本之比约为44∶56。因此，重视人力资本对经济发展的重要意义，在我国来说，尤为迫切。在这样的社会经济背景下，企业必须进行人力资本管理，增强企业的竞争和发展实力。

案例分析

经济增长的源泉不能只靠增加劳动力的物质投入，更主要的是靠人的能力的提高。相对于物质资本形态，人力资本形态即凝结在人体中的能够使价值迅速增值的知识、体力和能力的总和，同样是引起经济发展和进步的重要的资本投入。

案例22-2　　心理激励带来的改变

有位销售公司的老板对手下那些销售高手的激励就非常的独特。他深知，对于这些人来说，物质奖励都算不了什么，最重要的是要让他们在心理上感受到一种荣誉。

于是，他一方面为他们进行宣传造势，又是安排杂志、电视等媒体采访，又是联系出书，同时，为了满足他们的荣誉感，特意安排了许多虚位，例如业务副经理、业务总监、业务副总等，每人一间独立的办公室，办公室门口安排一位秘书，充分满足了那些销售高手的荣誉感和虚荣心，而且他们不用去管理别人，只需把自己的业绩做好就能拿到提成。

如此一来，这些人铆足了劲，做出了惊人的业绩。

案例分析

相对于发给他们的巨额奖金，公司这样的安排根本花费不了多少钱，但这种精神激励的效果却远远高于前者。每个人心中都有一扇虚掩的"荣誉之门"，都渴望被"肯定之手"推开。这是人心理层面上渴望得到尊重和肯定的人性作用使然。优秀的领导应该是解读人性的高手，这样才能看透员工心灵深处的需求，灵活地运用物质和精神激励法，就能起到以小博大、四两拨千斤之效，把员工的心牢牢抓在手中，让团队紧跟着自己的步伐前进。

案例22-3　　发掘员工的精神资本

微软公司创始人比尔·盖茨非常注重通过多种方式，挖掘员工的精神资本。虽然在有些讨论会上他会像孩子一样大喊大叫，不停地晃动身体，挥舞手臂，甚至会说："这是我听到的最愚蠢的事情！"但是微软员工都知道，对付他的最好办法是对他吼回去，针尖对麦芒式的争论往往能激发双方的思维，说不定他最后会露出欣赏和赞许的笑容。对真正的好创意和产品，比尔·盖茨从不吝啬自己的赞美之词，整个微软公司也有一套完善的精神奖励制度。从一定意义上来，这种激励制度也是让年轻人对微软心有所属的原因所在。

微软（中国）是怎么做的呢？在满足物质需求的同时，人们还需要满足精神需求。微软每年都会在全球的5万名员工中评选出30～40名杰出贡献奖，这个奖项对于每一个普通员工来说都是平等的。微软（中国）公司相对于总部又增设了三个奖项：总裁奖，由总裁评选；年度杰出贡献奖，由整个管理团队选出；优秀员工奖，由所有员工无记名投票评选。每半年评一次，每次大约评出15名。

令人惊讶的是，最受欢迎和最被看重的不是总裁奖，也不是年度杰出贡献奖，而是优秀员工奖。获奖者中既有做事很公正、很关心下属的副总经理，也有做出了工作成绩、又很乐于无私帮助同事的一般员工。因为前两个奖纯粹根据销售业绩或者其他的贡献而评出，是大家有目共睹的，事先对结果多少都能感觉到；而后者必须要得到公司上下的一致认可，的确很不容易，也很难预测，所以大家都将之视为至高无上的荣誉。

唐骏本人在微软工作了10年，3次被授予微软公司的最高奖项——比尔·盖茨总裁杰出奖和杰出管理奖。2004年2月8日，唐骏辞去了微软（中国）公司总裁的职位，加盟盛大网络公司，微软同样授予他"名誉总裁"的称号。

而对于好员工这个公司的关键人力资本群体，比尔·盖茨总是真心挽留，让他们在同事面前获得了一份尊严。

比如，微软公司在阿尔伯克基时，曾经雇请过一名秘书——米丽亚姆·卢宝。1978年，比尔·盖茨决定把公司迁回老家西雅图，大部分员工都随比尔·盖茨去了新址，卢宝却没有去。虽然她舍不得这个公司，但是她丈夫的工作在阿尔伯克基，她无法离开自己的家。临别时，比尔·盖茨希望她能尽快去西雅图，并且对她说："我知道你最终还会回来。只要你回来，这里永远会有你的位置"。

1980年冬天，卢宝果然来到西雅图，又回到了微软公司。不久，她把她的家也搬来了。她眷恋微软公司，她告诉人们："只要你同比尔·盖茨密切合作过，就不可能离开他这样的人太久。他有一种力量，叫人受到鼓舞，能使人奋发向上。"她重新在微软公司投入到紧张的工作中去。

案例分析

人不是仅仅围绕物质利益生活，每个人都有精神需求，有情感上的需要。通过物质奖励和精神奖励的双管齐下，平衡了付出和回报的关系，让员工感觉到自己所得到的各方面待遇都是公平的，达到了最起码的满意状态。而且，注重精神激励，往往会取得物质激励难以达到的效果。关注员工的精神需求，挖掘出员工的精神资本，将会得到员工对企业更强烈、更深沉的热爱。

第二节 人力资本管理产生的背景

人力资本理论最早起源于经济学研究。20世纪60年代，美国经济学家舒尔茨和贝克尔创立人力资本理论，开辟了关于人类生产能力的崭新思路。该理论认为物质资本指现有物质产品上的资本，包括厂房、机器、设备、原材料、土地、货币和其他有价证券等；而人力资本则是体现在人身上的资本，即对生产者进行教育、职业培训等支出及其在接受教育时的机会成本等的总和，表现为蕴含于人身上的各种生产知识、劳动与管理技能以及健康素质的存量总和。

人力资本管理不是一个全新的系统，而是建立在人力资源管理的基础之上，综合了"人"的管理与经济学的"资本投资回报"两大分析维度，将企业中的人作为资本来进行投资与管理，并根据不断变化的人力资本市场情况和投资收益率等信息，及时调整管理措施，从而获得长期的价值回报。传统人力资源管理不仅没有过时，而且是人力资本管理的技术基础。人力资本管理正是通过整合人力资源管理的各种手段，而获得更高水平的价值实现。人力资本管理注重投资与回报之间的互动关系，并结合市场分析制定投资计划，因而相对来说更为理性，对市场变化更为敏感，侧重点和衡量尺度更为明确，还可结合经济学分析模型进行更长远的预测，前瞻性地采取行动。

第三节　人力资本管理的基本内涵

一、人力资本管理的定义

人力资本管理是指企业将人作为资本来进行投资与管理，并根据不断变化的人力资本市场情况和投资收益率等信息，及时调整管理措施，从而获得长期的价值回报的管理行为。人力资本管理是企业管理系统下属的一个子系统。它存在的前提，一是组织系统的发展战略及其供给条件；二是人力资本管理运作的结果，必须实现组织和员工个人同时得到发展的两大目标。

二、人力资本管理的特点

人力资本管理是建立在人员和企业价值共同最大化的目标和基础上的。人力资本管理与人力资源、人力资产管理相比,其先进点在于人力资本管理更偏重关注人的可持续发展,重视通过培训和激励并重等多种"投资"手段来提高人的价值。而人力资源、人力资产管理往往立足于人的现有状况来挖掘潜力,偏重于激励手段和方式的进步。

人力资本管理的突出特点是将人视为"资本人",更加关注人的可持续发展,重视通过培训和激励并重等多种"投资"手段来提高人的价值。人力部门业务重心转向对体力资本、智力资本特别是精神资本的培养开发。

三、人力资本管理模型

管理学家彼得·德鲁克说:"手工工作者是一种资源成本,而知识工作者则是一种资本,这种资本就是通常所说的人力资本。"人力资本管理模型研究的重心是人的智力承载,也称智力资本。人的智力财富怎么衡量,如何表达呢?

人力资本管理模型把抽象的智力承载分为四个要素:

第一个要素是"背景条件",就是我们常说的显性信息,也叫客观条件,档案信息,简历信息等,英文原版定义是Fact and Data,就是所有既已发生的事实和数据。

第二个要素是"知识技能"(Knowledge and Skill Set),特指通过学习、培训、练习能够掌握并提升的能力,它的培养形式包括信息、培训课、书籍、练习场等,其实,我们不难理解,所有的教育历程大多在培养知识技能。

第三个要素是"行为指针",这个字眼各位可能有点陌生,就是我们平常挂在嘴上的素质、能力、综合素质、综合能力之类的表达,这个翻译更贴近原文,Anchored Behavior,因为人力资本管理关注的是麦克里兰冰山模型水面下面的部分,这些部分是非显性的。怎么去管理呢?基于一个重要的假设,即人们的行为是自我认知与内在心理的表达,通俗一点说,就是人们所有的内在特征最终会通过行为表达出来;所以既然隐形的看不见,我们就关注看得见的行为好了,那些表现出来的行为如果跟某个特征关联,我们就管这个行为叫作这个特征的"行为指针"。很形象,比如,如果我们有个集体共识认为"克服一切困难按时完成工作是有责任心的表现",那么"总是按时完成工作"就是一条行为指针,对应这个人的责任心可能比较强。

第四个要素是个变量。人是一个有主观能动性的主体,做事情的投入程度和努力程度源于内在的动机和自我认知预期,这就是内驱力(Self-driven / Engagement),内驱力跟很多要素有关,环境、个人健康、危机感等。这四个要素中,最稳定的,最难改变的是行为指针,其他几个要素都是变量。

四、人力资本管理对人力资本的分类

人力资本管理抓住管理对象的本质差异,将企业人力资本分成四大类:

(1)核心人力资本。高管是企业人力资本的直接规划控制者,同时也是企业中处于核心地位的人力资本。高管自始至终处于企业价值创造的核心地位,对企业人力资本管理策略的制定起着关键乃至决定性作用。

(2)关键人力资本,即关键岗位上的关键人员。企业价值流程中的关键环节，对企业的物质资本投资回报率有着重大影响。真正产生价值的，是关键环节岗位上的关键人员。关键人力资本不是一成不变的。行业不同，关键人力资本会有所差异。例如：高级技术研发人才是高科技企业的关键人力资本，但在房地产开发企业中却不一定有自己的位置。企业发展阶段特点不同，关键人力资本也会有所变化。同样以房地产开发企业为例：在资金高度紧缺的阶段，融资人才自然是企业的关键人力资本；到了资金相对充裕的阶段，优秀的投资策划和营销策划人才，代之而成为关键人力资本。

（3）潜力人力资本，即具有投资潜力的人力资本。目前还不是关键人力资本，但具有很强的培养潜力或在企业未来发展中起重要作用的人才。例如：高潜质的领导后备人才，知识型企业潜力领域的研发人才，未来热点市场的专业人才等。

（4）基础人力资本，即确保企业基本运作与基本价值回归的人员。这是企业的大多数，也是企业平稳前进的基础。这类人员面对变化较为被动，对新的工作技能的要求较难适应，会出现转型就业难、人员高流动、就业恐慌等问题。

各类人力资本之间并非泾渭分明，相互之间可能发生转化，如潜力人力资本上升为关键人力资本，关键人力资本上升为核心人力资本。各类人力资本转化的条件与时机，往往是人力资本管理的重点所在。人力资本发生了转化，人才管理策略也应随之变化。

五、人力资本管理策略

与企业人力资本的分类相对应，人力资本管理采取不同管理策略，发挥各类人力资本效用。

（1）核心人力资本。对于核心人力资本来说，最关键的策略就是发挥其在企业人力资本的规划与控制的作用。一方面，确保参与核心人力资本管理政策的制定过程，充分表达对于企业核心资本投资政策的意见；另一方面，确保在其他各类人力资本管理制定过程中，起到决定性作用。高层的有力介入，极大改善企业资源的使用效率，释放企业的潜能。否则，人力资本的超额剩余价值只是一种潜在的可能。因此，保证高层的参与介入，就是对核心资本的最大投资。

（2）关键人力资本。关键人力资本拥有知识、技能、经验的优势，市场价格往往较高，而且行业内的需求较为强烈，因而在招聘、激励和培养等方面的投入相对较大。很多企业对此付出望而却步，但从资本投资回报的角度来看，对关键资本的高投入是很划算的，因为所带来的回报（尤其中长期回报）会远超出最初的投资；而且，通过有效的知识管理，可以将个人的知识、能力、经验转化为企业的知识财富积累，用于提高整体人力资本水平，产生内部增值效应。

在人力管理的各个操作环节中，人力资本管理也积极发挥自身特性，实现对企业人力资本管理的无缝嵌入。

（1）招聘甄选。从人力资本管理角度，招聘甄选就是确定投资的对象，选"合适的人"做"合适的事"。人力资本管理更强调人和岗位的双向匹配，既考虑人是否适合岗位的需求，也考虑现有工作岗位和发展前景是否能够满足人的需求。只有这样，才能使员工产生较高的工作满意度，避免职业枯竭和高流失率，充分发挥员工积极性和主动性，最大化地实现价值创造。同时，从人力资本管理角度，招聘甄选除重视投资对象现有的知识技能之外，更注重其增值潜力和附加值。需要分析和判断：是否具备良好的学习能力，知识技能是否具备增长潜力，是否能通过培训使原有经验获得增值，以及是否能给企业带来其他附加价值，比如良好的工作作风。这就给招聘甄选赋予了新的内涵。

（2）教育培训。人力资本的特性之一，就是可以不断通过人的知识技能的提高获得增值。因此，企业对所拥有的人力资本进行投资的主要方式，就是对各类人力资本进行适合的教育培训，提高必要的知识、技能和技巧，赋予更高的价值创造能力，从而获得更多的投资回报。根据不同类人力资本的特性，培训侧重点应有所不同。如对基础人力资本，培训重点在于与实际工作联系紧密的技能型、知识性培训；对于关键人力资本，培训内容则应具备一定的前瞻性。此外，对于不同类别的人力资本，企业在培训上的投入上也有差别，向能带来更大增值的人力资本倾斜。以人均培训投入而言，大致是核心人力资本最大，基础人力资本最小。

（3）绩效管理。从人力资本管理角度，绩效管理更侧重于激励而不是惩罚。同时，绩效结果作为投资效率的一个回馈指标，通过持续定期的分析，不断调整人力资本投资策略。因此，在制定绩效指标和考核方式时，要考虑员工人力资本的类型以及企业对其投资的状况，有所侧重地制定考核标准。例如，对于刚参加完职业技能培训的员工，在业绩产出和工作效率的指标上，就要提出相对更高的要求，既牵引员工应用培训内容，又能最终衡量培训的效果。

（4）激励回馈。与物质资本不同，人力资本的载体是人，这决定了人力资本的发挥与人本身的特性密切相关——人需要物质激励和精神激励，需要对环境的归属感，需要他人或组织的认可，需要自我实现与发展。因此，一方面，人力资本管理以人为本，尊重人、信任人，致力于建设人尽其才的组织氛围；另一方面，对于不同类型的人力资本，进行有针对性的管理、激励与开发，最大程度地提升投资回报率。例如潜力人力资本，重点在于为其提供良好的发展空间；而关键人力资本，重点在于确保其获取有竞争性和吸引力的回报。

五、人力资本管理之激励员工的108种方法

1.榜样激励

为员工树立一根行为标杆。在任何一个组织里，管理者都是下属的镜子。可以说，只要看一看这个组织的管理者是如何对待工作的，就可以了解整个组织成员的工作态度。"表不正，不可求直影。"要让员工充满激情地去工作，管理者就先要做出一个样子来。

（1）领导是员工们的模仿对象。

（2）激励别人之前，先要激励自己。

（3）要让下属高效，自己不能低效。

（4）塑造起自己精明强干的形象。

（5）做到一马当先、身先士卒。

（6）用自己的热情引燃员工的热情。

（7）你们干不了的，让我来。

（8）把手"弄脏"，可以激励每一个员工。

（9）在员工当中树立起榜样人物。

2.目标激励

激发员工不断前进的欲望。人的行为都是由动机引起的，并且都是指向一定的目标的。这种动机是行为的一种诱因，是行动的内驱力，对人的活动起着强烈的激励作用。管理者通过设置适当的目标，可以有效诱发、导向和激励员工的行为，调动员工的积极性。

（10）让员工对企业前途充满信心。

（11）用共同目标引领全体员工。

（12）把握"跳一跳，够得着"的原则。

（13）制定目标时要做到具体而清晰。

（14）要规划出目标的实施步骤。

（15）平衡长期目标和短期任务。

（16）从个人目标上升到共同目标。

（17）让下属参与目标的制定工作。

（18）避免"目标置换"现象的发生。

3.授权激励

重任在肩的人更有积极性。有效授权是一项重要的管理技巧。不管多能干的领导，也不可能把工作全部承揽过来，这样做只能使管理效率降低，下属成长过慢。通过授权，管理者可以提升自己及下属的工作能力，更可以极大地激发起下属的积极性和主人翁精神。

（19）不要成为公司里的"管家婆"。

（20）权力握在手中只是一件死物。

（21）用"地位感"调动员工的积极性。

（22）"重要任务"更能激发起工作热情。

（23）准备充分是有效授权的前提。

（24）在授权的对象上要精挑细选。

（25）看准授权时机，选择授权方法。

（26）确保权与责的平衡与对等。

（27）有效授权与合理控制相结合。

4.尊重激励

给人尊严远胜过给人金钱。尊重是一种最人性化、最有效的激励手段之一。以尊重、重视自己的员工的方式来激励他们，其效果远比物质上的激励要来得更持久、更有效。可以说，尊重是激励员工的法宝，其成本之低，成效之卓，是其他激励手段都难以企及的。

（28）尊重是有效的零成本激励。

（29）懂得尊重可得"圣贤归"。

（30）对有真本事的大贤更要尊崇。

（31）责难下属时要懂得留点面子。

（32）尊重每个人，即使他地位卑微。

（33）不妨用请求的语气下命令。

（34）越是地位高，越是不能狂傲自大。

（35）不要叱责，也不要质问。

（36）不要总是端着一副官架子。

（37）尊重个性即是保护创造性。

（38）尊重下属的个人爱好和兴趣。

5.沟通激励

下属的干劲是"谈"出来的。管理者与下属保持良好的关系，对于调动下属的热情，激励他们为企业积极工作有着特别的作用。而建立这种良好的上下级关系的前提，也是最重要的一点，就是有效的沟通。可以说，沟通之于管理者，就像水之于游鱼，大气之于飞鸟。

（39）沟通是激励员工热情的法宝。

（40）沟通带来理解，理解带来合作。

（41）建立完善的内部沟通机制。

（42）消除沟通障碍，确保信息共享。

（43）善于寻找沟通的"切入点"。

（44）与员工顺畅沟通的七个步骤。

（45）与下属谈话要注意先"暖身"。

（46）沟通的重点不是说，而是听。

（47）正确对待并妥善处理抱怨。

（48）引导部属之间展开充分沟通。

6.信任激励

诱导他人意志行为的良方。领导与员工之间应该要肝胆相照。你在哪个方面信任他，实际上也就是在哪个方面为他勾画了其意志行为的方向和轨迹。因而，信任也就成为了激励诱导他人意志行为的一种重要途径。而管理不就是要激励诱导他人的意志行为吗？

（49）信任是启动积极性的引擎。

（50）用人不疑是驭人的基本方法。

（51）对业务骨干更要充分信赖。

（52）信任年轻人，开辟新天地。

（53）切断自己怀疑下属的后路。

（54）向下属表达信任的 14 种方法。

（55）用人不疑也可以做点表面文章。

（56）既要信任，也要激起其自信。

7.宽容激励

胸怀宽广会让人甘心效力。宽容是一种管理艺术，也是激励员工的一种有效方式。管理者的宽容品质不仅能使员工感到亲切、温暖和友好，获得安全感，更能化为启动员工积极性的钥匙，激励员工自省、自律、自强，让他们在感动之中甘心情愿地为企业效力。

（57）宽宏大量是做领导的前提。

（58）宽容是一种重要的激励方式。

（59）原谅别人就是在为自己铺路。

（60）给犯错误的下属一个改正的机会。

（61）得理而饶人更易征服下属。

（62）对下属的冒犯不妨装装"糊涂"。

（63）善待"异己"可迅速"收拢"人心。

（64）容许失败就等于鼓励创新。

（65）要能容人之短、用人所长。

（66）敢于容人之长更显得自己高明。

8.赞美激励

效果奇特的零成本激励法。人都有做个"重要"人物的欲望,都渴望得到别人的赞美和肯定。赞美是一种非常有效而且不可思议的推动力量,它能赋予人一种积极向上的力量,能够极大地激发人对事物的热情。用赞美的方式激励员工,管理者所能得到的将会远远地大于付出。

(67)最让人心动的激励是赞美。

(68)"高帽子"即使不真也照样塑造人。

(69)用欣赏的眼光寻找下属的闪光点。

(70)懂得感恩才能在小事上发现美。

(71)摆脱偏见,使称赞公平公正。

(72)赞美到点上才会有良好的效果。

(73)当众赞美下属时要注意方式。

(74)对新老员工的赞美要有区别。

9.情感激励

让下属在感动中奋力打拼。一个领导能否成功,不在于有没有人为你打拼,而在于有没有人心甘情愿地为你打拼。须知,让人生死相许的不是金钱和地位,而是一个情字。一个关切的举动,几句动情的话语,几滴伤心的眼泪,比高官厚禄的作用还要大上千百倍。

(75)感情如柔水,却能无坚不摧。

(76)征服了"心"就能控制住"身"。

(77)你要"够意思",别人才能"够意思"。

(78)"知遇之恩"也是可以制造的。

(79)替下属撑腰,他就会更加忠心。

(80)不可放过雪中送炭的机会。

(81)乐于主动提携"看好"的下属。

(82)付出一点感情,注意一些小事。

（83）将关爱之情带到下属的家中。

10.竞争激励

增强组织活力的无形按钮。人都有争强好胜的心理。在企业内部建立良性的竞争机制，是一种积极的、健康的、向上的引导和激励。管理者摆一个擂台，让下属分别上台较量，能充分调动员工的积极性、主动性、创造性和争先创优意识，全面地提高组织活力。

（84）竞争能快速高效地激发士气。

（85）不妨偶尔在工作中打个赌。

（86）让员工永远处于竞争状态。

（87）建立竞争机制的3个关键点。

（88）活力与创造力是淘汰出来的。

（89）用"鲇鱼式"人物制造危机感。

（90）用"危机"激活团队的潜力。

（91）引导良性竞争，避免恶性竞争。

11.文化激励

用企业文化熏陶出好员工。企业文化是推动企业发展的原动力。它对企业发展的目标、行为有导向功能，能有效地提高企业生产效率，对企业的个体也有强大的凝聚功能。优秀的企业文化可以改善员工的精神状态，熏陶出更多的具有自豪感和荣誉感的优秀员工。

（92）企业文化具有明确的激励指向。

（93）企业文化是长久而深层次的激励。

（94）企业文化也是员工的一种待遇。

（95）用正确的企业文化提升战斗力。

（96）用企业价值观同化全体员工。

（97）激励型组织文化应具备的特点。

（98）强有力的领导培育强有力的文化。

（99）用良好的环境体现企业文化。

12.惩戒激励

不得不为的反面激励方式。惩戒的作用不仅在于教育其本人，更重要的是让其他人引以为戒，通过适度的外在压力使他们产生趋避意识。惩戒虽然是一种反面的激励，但却不得不为之。因为，"怀柔"并不能解决所有的问题。

（100）没有规矩也就不会成方圆。

（101）随和并非任何时候都有意义。

（102）适时责惩以表明原则立场。

（103）坚持"诛罚不避亲戚"的原则。

（104）对于奸邪者要做到除恶必尽。

（105）实施惩罚时不要打击面过大。

（106）惩罚要把握时机、注意方式。

（107）惩罚与"怀柔"相结合更具激励效果。

（108）少一点惩罚，多一些鼓励。

六、人力资本管理的局限性

人力资本解开了现代经济增长中的不解之谜，引起了社会的广泛重视。人们认识到人力资本的经济属性，发现了它对经济的促进作用，懂得了人力资本也必须通过投资才能形成，而且投资会带来收益，甚至远远超过物质资本带来的收益，并且其投资风险还没有物质资本大。于是人们追逐人力资本管理，重视对人力资本的投资。人力资本管理一时也成为企业管理理论的"红人"。

人力资本管理认为教育投资是人力资本形成的核心。然而，人力资本管理纯粹地从经济角度来看待对人的投资，把教育也当成一种单纯的经济行为和生产性投资，过分强调教育的经济功能，而弱化了教育的教化功能，舍本逐末，也必然扭曲教育的性质，导致教育的迷失，从而从走向了另一个极端。尤其20世纪70年代开始，教育投资并没有收到预期效果，过度教育收益不大，反而引起了许多社会问题。

第四节 人力管理阶层的递进

在人类所拥有的一切资源中，人力资源是第一宝贵的，自然成了现代人力管理的核心。不断提高人力资源开发与管理的水平，不仅是当前发展经济、提高市场竞争力的需要，也是一个国家、一个民族、一个地区、一个企业长期兴旺发达的重要保证。

从"潜能人"到"资产人"再到"资本人"的定位转变，人力管理虽然将重心从"事"转移到"人"这个根本，但由于人力管理各个模块相对独立，尚未成系统和体系，战略规划不够，整体的协同效应不够理想。而且人力管理对人力资源开发存在的短期性思维，也容易导致在人力资源开发方面，仅仅停留在针对某个特定岗位所需的知识与技能掌握程度上，无法解决员工的长远发展和激励问题。这就需要从战略层面谋划人力管理工作，即将人力管理上升到一个新的阶层：人力战略管理。

第二十三章
人力战略管理

第一节 人力战略管理实践案例

案例23-1　　人力部门改名背后的理念升级

不知道大家有没有注意到一个现象：谷歌的人力资源部门并不叫HR，而是叫People Operations，翻译成中文叫"人力运营部"。

如果你再把视野扩大到更多的一些顶尖科技公司，你会发现这种对人力部门命名的创新并不仅限于谷歌。

比如：

优步（Uber）也叫人力部门为People Operations；

脸书（Facebook）把人力部门叫作People；

爱彼迎（Airbnb）叫Employee Experience（员工体验部）；

Salesforce公司叫Employee Success（员工成功部）；

奈飞（Netflix）则把人力部门叫作Talent（人才部），等等。

这些领先的科技公司把传统的人力资源部改头换面，到底是为了噱头还是背后有其他的原因？

仔细分析这些新部门名称，发现它们大概可分作两大类：

一类叫人力运营（People Operations），它强调的是人力资源也应该像业务部门一样运作，也就是市场主导、数据驱动、盈利为先，等等。

还有一类叫Employee（员工）或Talent（人才），这一类更多强调的是员工在组织整个就业生命周期里所能够享受的全过程体验。借用Netflix公司对自家人才文化的一个定义来解释就是："我们的核心理念是人员高于流程。特别地，我们希望所有优秀的人才可以一起工作，组成一个梦之队。通过这种方式，我们希望组织更加灵活、有趣、更富有激励和创新性，并能获得成功。"员工如果体验不佳，处处倍感公司流程、文化的制约，又谈何创新呢？

无论采用哪种名称，这些领先的公司都希望自己的人力部门在以下方面和传统人力资源部门做得不一样。

1.从战术到战略

优秀的人力团队不光要在战术层面解决业务部门的日常问题，而且还应在战略层面真正成为业务部门的合作伙伴。科技行业一日千里，固步自封、只看眼前的人力部门最终只能沦为组织内部一个简单的任务执行部门。

2.从局部到整体

传统的人力资源部门设置突出专业性和模块化，招聘、培训、薪酬和HRBP等分门别类，界限清晰。新组织形式更强调员工个体端到端的体验，从入职开始一直到离职为止，如何确保员工全周期内都拥有良好的个人体验。

3.从被动到主动

传统的人力部门被动接受来自业务部门的指令，新组织形式下更强调人力要主动积极地前瞻性地看问题，并积极拿出有效的解决办法。

以奈飞为例，招人从来不是为了当下的某个坑而招人，而是一步看到至少6个月以后，前瞻组织未来需要什么样的人才，并为组织的未来而招人。

案例分析

从战术到战略，从局部到整体，从被动到主动，强调人力资源也应该像业务部门一样运作，注重从整体全局性考虑问题，主动积极地前瞻性地看问题，这些人力管理理念转换的背后，实际上是人力部门从人力资源管理上升到人力战略管理的管理方式转型。这种管理理念和管理方式的转换，也是一个企业人力管理水平提升的重要标志。

案例23-2　　核心员工的重要性

2018年5月18日，百度的总裁陆奇离职，此时距离他在百度任职仅有16个月左右……

2018年4月18日，担任副总裁职务的李叫兽宣布辞职，此时他在百度任职了16个月左右……

2010年1月18日，百度宣布CTO李一男离职，此时他在百度任职16个月左右……

三个重要的职业经理人，在百度停留时间都只有16个月左右。他们的离职原因，或许存在个人因素，但这一现象对企业如何留住核心员工和战略性人才，一时间引发不少热议。

随着公司的壮大，人力资源部门一定要帮助公司领导清晰地找到那10%的核心员工。

曾在苹果、SGL、微软和谷歌等多家IT公司担当要职的李开复说，在国外有一个说法，如果你的公司碰到了难题，大船可能要沉了，但你能支配的资金已经很少了，此时只能交给整个公司中10%甚至5%的人让他们去探明方向。

这个时候你就必须清楚这10%的人是谁，一旦确定下来，要对他们有相当程度的认可，给他们很好的待遇，了解他们想要什么，放权于他们。

李开复曾在1998年说过，我们进入了信息社会，这个社会跟工业社会不一样的地方在于顶尖人才和普通人才的差异化不再是20%、30%了，而是5倍、10倍甚至是100倍的差距。那么，顶尖人才有多厉害呢？李开复以他在硅谷见到的人才为例。

第一位顶尖人才：马克·安德森（Marc Andreessen）

马克·安德森做了第一个浏览器，而且在云计算没有出来之前率先做起了云计算，另外，他还开创了现在硅谷最火的VC公司。"很多人问我们创新工场的模式像谁，是VC吗？我觉得我们更多的是像他。"李开复说。因为VC对科技有更多的掌控和趋势的了解，而且他对投资的项目有非常深的投后服务和帮助。

试问，这样一个人，如果能挖到你的公司来，你是给他0.1%的股份，还是30%的股份？我们可能要好好思考一下人才对我们的重要性了。

第二位：Avie

看过《乔布斯》的电影的人可能还记得乔布斯说过的一句话，这句话是他当时被苹果赶出去之后说的。他说："等Avie写好了操作系统，苹果就必须把我买回去了。"

这句话是什么意思？说明乔布斯这个人很牛，但他能写操作系统吗？他不能。但Avie可以。后来，Avie和乔布斯就成了苹果旗下的两个最重要的人物，也是他们推动了苹果的崛起。

今天我们用的苹果电脑，里面的软件就是Avie一个人带着团队重写的，那么，他对苹果的价值是多少？给他20%的股份合理吗？答案是肯定的。

因此，企业要找到这样的顶尖人才，一定要给出巨大的奖励，用最伟大的文化，给他们放权，用最高的经济利益，让这种牛人能够加入。

案例分析

企业的人力资源有很多种，但战略性人力资源的重要性与日俱增。任何企业要持续发展壮大，都需要充分发掘和留住一个特定的核心员工群体，他们是企业的战略性人力资源。他们的去留非常关键，甚至可能会因为他们的流失，给企业带来不可挽回的损失。相反，因为他们的存在，企业或许能够成就一番伟大的事业。

案例23-3　　中美集团的战略性人力资源管理模式

中美集团是中国最大的民营医疗企业之一，是一家集医疗、科研、制药、生物工程技术和中医中药研究开发为一体的大型医疗企业。

经过持续的高速发展，中美集团员工队伍不断壮大，拥有一批比较优秀的经营管理和技术人才。但是，在经历了一段高速增长后，中美集团出现了企业成长期常见的人力资源约束，突出表现为集团内部中高层管理人才的短缺问题。仅在2003年，中美集团就采用收购、托管、自建等方式经营了多家中美医院，规模迅速扩大。而要采用市场化运作模式管理各个医院，无法再依靠初创期一主多辅的家长式领导来实现，必须依靠善于管理的专家型团队进行科学决策，同时变跟随型管理团队为知识型管理团队，从而提高中间管理层的执行能力，因此对既懂管理又有医学背景的管理人才的需求量激增。

与此同时，与集团的飞速发展相比，内部的管理水平却相对滞后。初创期人力资源投入相对不足，使得人力资源管理机制尚未健全，出现了一系列与集团的发展阶段和经营战略要求不相匹配的状况，在一定程度上制约了集团可持续发展。

针对这一问题，中美集团高层决定进行人力资源管理变革，以突破中高层人才瓶颈为切入点，构建基于战略的人力资源管理体系，探索出适应企业成长期发展要求的战略性人力资源管理模式。

一、制定人力资源战略

根据中美集团成长阶段的经营发展战略,在集团人力资源整体工作定位的指导下,制定了成长期人力资源战略的三阶段规划。

第一阶段:搭建体系性架构,夯实管理基础

重点构建战略性人力资源管理体系,夯实人力资源基础工作,初步将各项制度、机制融入到人力资源管理体系中来,引进现代人力资源管理制度和机制,有针对性地开展当前紧迫的工作,着重突破企业成长期人才瓶颈。

第二阶段:系统规划,综合提升

全面推进人力资源管理体系的构建,真正实现对全集团公司的人力资源工作进行综合统筹、分级管理,在整个集团公司内充分形成互动,提升人力资源管理体系的整体运作效果,培养和开发大批核心员工。

第三阶段:完善升级,实施前瞻性管理

根据内外环境变化对人力资源管理体系进行升级、维护,在此基础上,前瞻性地开展人力资源战略管理,形成一批能够管理重量级医疗企业的人才团队,使人力资源成为中美集团的核心竞争力之一,充分发挥人力资源对集团公司整体工作的牵引作用。

二、开展人力资源规划

根据集团经营发展战略与指示精神,集团人力资源部重点进行了以下几个方面的规划。

(1)根据集团的经营发展战略,确定核心岗位的职责及其要求,并确定公司未来的人才需求趋势;

(2)通过研究现有人力资源的配置和利用状况以及工作岗位对人力资源的知识、技能需求的预期变化,制定未来人力资源配置计划;

(3)根据盘点现状以及市场调查情况进行人力资源配备情况分析,在集团内部进行人力资源的优化配置;

（4）经过内外分析，中美集团将成长期人力资源管理的重点管理对象确定为经营管理班子成员、高级管理人才、高级技术人才以及其他掌握企业关键资源的核心员工；

（5）根据以上内容，配合经营战略规划和人力资源战略，制定人力资源获取、开发、保留、激励等具体计划。

三、完善人力资源基础管理平台

（一）搭建招聘体系

目前，集团公司统分结合的人力资源招聘体系已经初步形成，搭建了基于校园、猎头、网络和报刊等多渠道的招聘平台，初步建立了以集团公司人力资源统一调配和储备为主，支持、指导各企业自主招聘为辅的人员招聘制度，完善了高级专业技术人才和高级管理人才的引进机制。

（二）短期项目考核

针对当前人才市场中符合集团所需的中高层管理人才供给不足的问题，中美集团探索出"短期项目考核"的管理措施，即每当在成功收购或托管一家医院之后，便成立项目小组，由中美集团多年培养起来的经营院长做组长，带领一批新加入集团的医院院长或运营总监深入这家医院，以较为成熟的市场化医院经营管理标准对该医院的管理状况、医疗水平、服务水平和市场开发状况等运营情况进行系统诊断，并提出相应的解决方案。

这样做的目的，一方面是为了让刚刚加入中美集团的医院管理者和运营总监们迅速了解集团的市场化经营管理模式和医院的实际情况，起到熟悉企业情况和培训的作用；另一方面，则是在组织诊断的过程中对每一名员工加以短期考察，在一种真实的经营管理情境中对员工的管理能力和综合素质进行全面考察，如果员工在这个项目组中表现突出，便会成为集团的核心人力储备和重点培养对象，跟进相应的人力资源管理和开发措施。

（三）长期培养开发

为了结合中美集团实际情况培养具备医学背景的管理人才，集团着力开展了员工的长期培养开发计划，逐步建立了包括新员工入职培训、专业知识、管理技能、企业文化等在内的综合培训体系。集团人力资源部于2003年完成了《中美集团医院经营管理培训资料库》的编辑工作。该培训资料库由近20个集团培训专题报告组成，为各中美医院的员工培训提供了集团原创的经营管理教材，收到良好效果。

员工的长期培养开发既需要集团自上而下的推进，更需要来自于基层单位领导干部的重视。中美集团要求各医院每年初把培训计划报集团人力资源部备案，在组织员工接受集团的培训项目之外，还要根据员工实际情况组织各种形式的培训学习，并保证培训成果有效转化，以员工的工作行为改变、思想观念转变和绩效改进作为衡量培训效果的重要依据。

另外，为了满足医疗业长远发展的人力资源需求，中美集团还开始探索与国内MBA教育联手培养医疗业高级职业经理人的人才培养模式，主动为MBA院校提供医疗业案例教学基地，为更多的中高层管理人才进入医疗业提供便利的实践条件。

四、建立战略性激励机制

中美集团认为，提高员工的工作效率和工作积极性是提高医疗企业竞争力的核心，因此，基于战略的激励机制必须有效评估人力资源价值，并建立价值分配机制，以最大限度地激发人的内在潜能，依靠发挥人的潜能来支撑企业的使命追求与战略实现。

中美集团将激励机制的指导原则确定为"效率优先、规范管理"，主要通过以下几个方面进行。

（一）建立分层、分类、分步骤的绩效评价体系

中美集团采取了分层、分类、分步骤的管理措施。首先，在核心员工范围内建立了以KPI评估为核心的绩效评估体系，将集团的战略分解至核心员工层面。通过客观、科学的绩效评估，将核心员工的工作行为和工作结果约束到集团的发展战略与公司利益上，牢牢把握住创造集团80%核心竞争力的核心员工。第二步，建立基于岗位层级的绩效评估机制，将全员的业绩评估纳入集团的整体人力资源战略，将集团的战略目标进一步分解到每一个岗位和每一名员工。通过建立这种绩效评估体系将每个人的工作结果的完成情况与企业的发展结合起来，将集团的经济效益和成长发展与员工个人的发展和收入结合起来，同时将企业承受的巨大市场压力充分地分解到每一名员工身上并使之转化成动力，将绩效评估从约束机制转变为激励机制，从而进一步激发员工的工作潜力。

在具体的考核方法上，对高层的考核更强调结果指标和长期指标，对中层管理者的考核主要关注其行为过程，而对医生、护士等医疗专业技术类员工则强调量化的结果指标和患者的满意度。

（二）建立价值分享的薪酬激励体系

薪酬激励体系着力解决的是人力资源价值链中的价值分配问题，如果处理不好，很容易导致整个激励体系的坍塌。中美集团步入成长期后认识到，单纯依靠创业初期的激情和发展愿景是无法实现对员工的长期激励的，建立价值分享的薪酬激励机制成为中美集团构建战略性人力资源管理体系必须解决的问题。

为此，中美集团将薪资结构转变为"基本工资+岗位工资+绩效工资+社会保险+年终奖金+股票期权"的形式，不仅承认员工的个人利益，还努力寻找企业和员工利益的共同点，主动与员工分享企业发展的成果，通过建立价值分享体系来支撑企业战略目标的实现。

此外，集团还根据近几年发展的实际情况，补充制定具有本集团特色的企业福利制度，如建立企业年金等，将之作为一种激励员工和增强企业凝聚力的手段，进一步完善薪酬激励体系。

（三）重视建立非物质激励体系

非物质激励属于内在激励，往往更能激发起员工的工作热情和职业自豪感。中美集团的非物质激励体系主要包括职业晋升机制、精神激励机制和员工参与管理的分权管理机制等几部分，并注重将非物质激励与企业文化结合起来。

职业晋升机制：各中美医院员工已经具有一定的职业发展和职务升迁的机会，但显得较为零散并欠缺公平。2004年起，中美集团内部设置了不同的职业发展道路，即经营管理与技术专家两大职业发展体系和若干职业发展分支，使得下属各中美医院内部无论是经营管理人才还是技术专家人才，都能够在职业发展与社会认可上获得较大程度的满足，从而填补物质激励的不足，加大对人才吸引力度并保留优秀人才。

精神激励机制：根据企业发展的实际情况和企业使命的要求，设置各种精神激励奖项，如特殊待遇、特殊称号等，从精神上激励员工，满足员工尊重层面的需求。

员工参与管理的分权机制：设立如建议、提案等制度，鼓励员工参与企业的管理与建设，特别鼓励核心员工关心企业的发展，为企业发展献计献策，赋予员工更多的工作自主性和工作权限。同时，在这一过程中也发现了一些具有管理潜质的医生、护士，充实了集团的人才储备，进一步缓解了人才瓶颈。

五、企业文化导航

中美集团自成立之日起便十分重视企业文化的建设。经过多次研究，针对各中美医院成长期存在的实际问题，中美集团将"实现自我价值、造福大众健康"作为首先要确立的企业使命,将之与企业的发展有机联系。在将医院当作企业来经营管理的同时,还注意医疗业自身的特殊性,注重在企业文化中明确中美集团的社会取向和价值取向,主动承担医疗业特有的企业责任,致力于为患者提供高超的医疗水平和优良的医疗服务,造福大众健康。

为了更加详尽准确阐释中美企业文化的基本观念,集团文化部组织编写了《中美集团企业文化手册》,对中美集团企业文化进行了详细论证,从企业理念入手积极进行制度体制层面建设,利用各种形式使企业文化深深植入每一名员工的观念之中。

案例分析

中美集团是实行战略性人力资源管理的典型案例。

1.该公司发现在经营管理中出现了一系列与集团的发展阶段和经营战略要求不相匹配的状况,在一定程度上制约了集团的可持续发展。将企业发展的瓶颈归因到对人力资源的投入不足,这已经把人力资源作为企业最重要的战略资源。

2.该公司将人力资源变革作为企业变革的推动力,而不是被动地接受因为企业战略调整而进行的人事调整,可见人力资源的变革完全上升到了企业战略的高度,而人力资源变革的成败,也直接决定这企业未来的发展方向和前景。

3.从该公司实行的人力资源战略三个阶段来看:

第一阶段,搭建体系性架构,夯实管理基础。用人力资源的框架来支撑企业的战略,从源头开始,人力资源工作就渗透到了企业战略的实施中。

第二阶段,系统规划,综合提升。人力资源管理体系筹到公司系统中去,重视整体效果,而不是从其他部门剥离出来,更加强调公司横向契合。

第三阶段，完善升级，实施前瞻性管理。前瞻性地开展人力资源开发工作，为企业战略的实施提供充足的人才储备，与企业战略实现完美纵向契合。

4.该公司将人力资源规划与企业发展战略统筹规划，对公司发展将出现的人力资源知识、技能需求的变化进行预期，使人力资源工作具有战略性。

5.为了更好地提升员工的业绩和组织绩效，该公司的人力资源部门将关注的重点转移到企业文化建设、员工职业生涯规划、薪酬体系与激励制度、人力资源开发等方面的工作上，不再把员工看作是成本，而是最关键的资源，不断投资、开发、培训，这样不仅能够牢牢地留住员工，而且也形成了强大的执行力，贯彻公司战略的实施。

第二节 人力战略管理产生的背景

20世纪90年代以来，现代企业人力战略管理的实践有了新的进展，其中最突出的转变是把公司的经营发展战略与人力资源的系统政策紧密结合起来，其工作的范畴和复杂性正在日益增加。企业人力战略管理是管理理论和内容发展的必然结果，也是建立现代企业制度的要求。

第一，人力战略管理是企业战略管理的重要内容，也是建立现代企业制度的必然要求。人力战略管理是人力资源配置方式转变的要求。在市场经济条件下，人力资源配置也相应地从行政调配为主转向以市场为基础。企业人力资源问题也应该是"不找市长找市场"，即要从"坐商"变"行商"。"人无远虑，必有近忧"，企业没有人力资源的管理方略,"临渴掘井",怎能不受制于人!

第二,"隐性失业危机"的存在要求企业实施人力战略管理。经济增长方式从粗放型转为集约型,企业内外活动的投入相对减少,员工技能素质水平高低与就业市场竞争胜负成正比,企业不可能把所有富余人员都推向社会,只有实施战略管理,不断改善素质结构,提高人力资源总体能级,帮助岗位竞争暂时失利人员取得竞争的优势和主动权,才有利于企业战略的实现。

第三,在市场经济规律作用的竞争经济条件下,要保证企业的可持续发展,必须要有面向未来的人力战略管理和规划。市场经济是在价值规律支配下的竞争经济。市场竞争,从根本上说,是人的智力和才能的综合竞争。一个企业在它的人力资源总量中没有相应的精英群,是很难大有作为的,而真正的精英一般要靠企业开发、培育、集聚和吸纳,这也有赖于人力战略管理的实施。

现代人力资源管理最突出的特点在于人力资源管理的系统性,它并不仅仅关注如何根据组织目标来使用人,而是把组织的整体目标与组织员工的个人目标结合起来,实现组织整体和组织员工的共同发展。它强调的不仅是对人力资源进行开发利用,还有人力资源体系的相互依赖原则。

组织的人力资源的系统性表现在对外部环境的适应性和自身的动态性。人力资源管理外界环境的变化会引起人力资源管理系统特性的改变,相应地引起系统内各部分相互关系和功能的变化。为了保持和恢复系统原有特性及不断发展的潜力,系统必须具有对环境的适应能力。否则就会造成一定的损失和危害,形成组织管理中的风险。

以上这些,都需要人力资源管理从事务操作型上升到战略规划型。因此,为培育企业核心竞争力,不少管理者都将主要精力集中在如何实现企业战略与人力资源相匹配这一关键性问题上。随着知识经济的发展和人力资源管理的探索实践不断深化，如何更好地发挥人力资源的作用，从而实现企业战略目标，成为21世纪企业管理者研究的头等课题。

第三节 人力战略管理的基本内涵

一、人力战略管理的定义

人力战略管理是指企业为实现目标所进行和采取的一系列有计划、具有战略性意义的人力资源部署和管理行为。在此过程中，企业系统地将人与组织联系起来，进行统一性和适应性相结合的人力管理。

二、人力战略管理的特点

人力战略管理具有四个基本特征：

（1）人力资源的战略性。企业拥有这些人力资源是企业获得竞争优势的源泉。战略人力资源是指在企业的人力资源系统中，具有某些或某种特别知识（能力和技能），或者拥有某些核心知识或关键知识，处于企业经营管理系统的重要或关键岗位上的那些人力资源。相对于一般性人力资源而言，这些被称为战略性的人力资源具有某种程度的专用性和不可替代性。

（2）人力资源管理的系统性。企业为了获得可持续竞争优势而部署的人力资源管理政策、实践、方法以及手段等构成一种战略系统。

（3）人力管理的战略性，也即"契合性"。包括"纵向契合"，即人力资源管理必须与企业的发展战略契合；"横向契合"，即整个人力资源管理系统各组成部分或要素相互之间的契合。

（4）人力资源管理的目标导向性。人力战略管理通过组织建构，将人力资源管理置于组织经营系统，促进组织绩效最大化。

人力战略管理的突出特点是将人视为"战略人"，企业开始从全局战略层面谋划人员管理，以支持企业实现战略目标。人力部门逐渐成为业务部门的战略合作伙伴。

三、人力战略管理的实施要点

如何实现人力战略管理，结合企业人力资源管理特征，实现真正意义上的人力资源管理，是企业人力资源管理变革的重要课题。

1. 调整与完善人力资源管理体制和制度，明晰人力资源工作流程

调整人力资源管理体制的核心是理顺人力资源管理部门和用人单位在人力资源管理上的权责分工，发挥用人单位管理者的人力资源管理作用，明确用人单位管理者在各项人员管理事项中的管理责任和权限，逐步实施放权、分层管理。

在人员管理方面，要实现从"主要依靠人力资源管理部门"到"调动人力资源管理部门和用人单位两方面的积极性"的转变。

在工作分工方面，人力资源部主要负责政策制定和对政策执行情况进行监督和检查，人力资源政策的具体执行应更多地转移至各用人单位管理者手中。各用人单位管理者有责任也有权利根据集团公司人力资源管理政策，在人力资源部的指导和监督下，记录、指导、激励与合理评价下属人员的工作，负有指导下属制定职业生涯发展规划、帮助下属成长的责任。

在考核控制方面，考核要进一步分级、分类进行，考核办法和考核要素的设计要依据人员的层次、类别有所区别和侧重，要进一步明确用人单位管理者对下属的绩效管理职责。培养下属、发挥下属才干、举荐人才，应作为决定各级干部职位升迁及获得各种待遇的重要因素。

在业务素质方面，为提高人力资源管理质量和管理效率，要加强对从事人力资源管理工作人员的业务培训和业务管理，并对各成员企业的管理者进行有针对性的人力资源管理知识和技能培训。

2. 变"战术性"人力资源管理为"战略性"人力资源管理

长期以来，企业人力资源一直是"战术性"管理，其工作主要围绕着具体的事务转，如何将人力资源管理视点转移到与企业发展战略相结合，变人力资源的"战术性"管理为"战略性"管理，是人力资源管理的一个重要课题。

人力战略管理就是系统地将企业人力资源管理同企业发展战略目标相联系，围绕企业战略目标和发展规划制定人力资源发展规划，通过有计划的人力资源开发、培养和使用，而不是被动地适应，使企业的人力资源成为企业真正的核心资源。其次，要根据企业发展的不同时期，构建不同层次的人力资源发展规划。

战略层次：此层次人力资源相关活动是根据企业总体发展规划，制定企业人力资源战略规划。焦点是企业与外部环境，关注的是长期问题，追求的是企业整体利益。

管理层次：该层次的重点是依据人力资源战略思想和方针制定运营性人力资源规划，将人力资源战略规划和方针细化为具体的人力资源活动方案。

操作层次：该层次涉及人力资源政策在生产或服务一线的具体实施，人力资源部在指导帮助成员企业根据人力资源规划，结合行业、岗位特点制订具体实施方案的同时，主要对实施过程进行控制、监督、分析、考核评估，及时发现不足给予适时适当调整，在保证人力资源政策顺利实施的基础上，确保企业战略目标的实现。

3.加强绩效考核管理，有效实施激励体系

推行绩效考核管理，首先是要在制定科学合理的考核标准的前提下，建立有效的绩效评估系统，逐步实现从"终点式考核模式"向"动态绩效管理模式"的转变。考核不仅仅是在年终最后时点进行，而是一个动态的、持续的、上级与下属互动的绩效管理过程，这就要求：

考核要素设计着重从"业绩、能力、态度"三个角度入手。"业绩"的考核标准要与每个员工在考核期间的工作职责、工作任务和工作目标紧密结合起来，侧重在关键绩效指标（KPI）的改进上，宜细不宜粗；"能力"的考核标准要与员工岗位工作所要求的核心任职能力联系起来；"态度"的考核标准要与企业的核心价值观和不同岗位对任职者要求的不同心理特征联系起来。能力和态度的考核侧重在长期表现上，宜粗不宜细。

考核要进一步分级、分类进行。在确定业绩、能力、态度三个考核要素的权重和各要素的具体考核指标时，应根据不同成员企业的行业特点、人员的不同层次有所区别和侧重。

要实现"管、考"统一的原则。在岗位说明书中要进一步明确用人部门管理者对下属的绩效管理职责，做到"谁管理，谁考核"。

4.加强培训开发，提高人力资源管理素质

从事人力资源管理的工作人员，必须掌握有关人力资源管理各方面的理论和方法，其中包括招聘、培训与开发、考核评估、奖励、组织管理、协调与沟通等。与此同时，还要学习和掌握企业相关行业生产经营方面的知识。只有这样，才能使人力资源管理与企业的经营管理结合起来，有力支撑企业的发展。为此要加强培训，并通过实际工作的锻炼不断提高人力资源管理人员的素质，使人力资源部门成为冶炼专业管理人才的熔炉，练就出企业人力资源管理专业风范。

四、人力战略管理的局限性

人力战略管理体现企业全员参与人力管理的特色，因为人力资源工作要想切实有效，没有各职能部门的执行、配合是不可能实现的。对决策层而言，所有的管理最终都会落实到人，只有管理好"人"的资源，才能抓住管理的精髓。对于HR工作者而言，只有企业全员参与人力资源工作，才能真正体现自己的价值，才能上升到战略伙伴。对直线经理而言，参与到企业人力资源工作，不仅能确保部门任务的顺利完成，而且可以使部门员工及自己得到调动与晋升的机会与空间。对员工而言，更好地领会企业战略，根据部门目标结合自己的发展计划，才能科学、合理地安排自己的工作与学习，实现自己的理想职业规划。

所有这些，都对各层级员工的能力素质和协作精神提出了较高要求。而人力战略管理价值的体现，正是通过提升员工能力和组织绩效来实现的，其对战略性人力资源的依赖，既是它的重要特征，也是它在具体管理实施中的局限。

此外，人力战略管理在评估组织的人力资源现状、掌握分析人力资源信息、制定人力资源规划时，核心和落脚点还在于能够留住人才，而如何留住人才，特别是战略性人才，成为人力战略管理需要重点突破的内容。

第四节 人力管理阶层的递进

人力战略管理立足于企业发展战略目标，从战略层面对人进行培训培养、绩效考核和分工协作等统筹管理，从而促成企业整体战略目标和发展愿景的达成。

然而，由于不同人的性格、知识、能力不同，不同岗位的职责、要求不同，作为人力战略的管理对象——处于不同岗位有"个性"的人，其特点自然也有很大差异。要获取战略上成功的各种要素，一定要针对管理对象的特性，采取有区别的管理方案，使个人价值得到最大发挥，使组织效能得到最大释放，从而支持组织战略目标的实现。

而且，人力战略管理毕竟是从组织安排层面实施的人力管理。根据马斯洛提出的"需求层次理论"，在满足了生理需求、安全需求、社交需求、尊重需求之后，人的最高层次需求是自我实现的需求。这也是企业人力管理的最高境界，即通过发掘和满足员工自我价值实现的深层次需求，让员工为了实现自身价值，发自内心、自动自发地工作。这样，人力管理也就从人力战略管理进入到一个新的阶层：人力价值管理。

第二十四章
人力价值管理

第一节 人力价值管理实践案例

案例24-1　　Sun公司给予员工的自由与空间

1990年，Sun公司的软件工程师格罗夫·阿诺德对工作感到厌倦，对Sun公司的开发环境感到不满，决定离开Sun公司去别的公司工作。他向约翰递交了辞呈。

本来对于Sun这样一个人才济济的公司而言，走一两个人是无足轻重的，但是约翰敏感地意识到了公司内部可能存在着某种隐患。于是他请求格罗夫写出他对公司不满的原因，并提出解决办法。当时，格罗夫抱着"反正我要走了，无所谓"的想法，大胆地指出Sun公司的不足之处。他认为Sun公司的长处是它的开发能力，公司应该以技术取胜，并建议Sun在技术领域锐意进取，应该使当时一百多人的Windows系统小组中的大多数人解脱出来。这封信在Sun公司内引起了很大的反响。约翰通过电子邮件将这封信发送给了许多Sun的顶层软件工程师，很快格罗夫的电子信箱就塞满了回信，这些信件都来自于支持他关于公司现状的详述的同事。

在格罗夫即将离开Sun公司的那一天，约翰向他提出了一个更具诱惑力的条件，即成立一个由高级软件开发人员组成的小组，给予该小组充分的自主权，让他们做自己想做的事情，只有一个要求：一定要有惊世之作。于是就诞生了一个代号为"绿色"的小组，这个小组的方向是开发一种新的代号为"橡树"的编程语言，该语言基本上根植于C++之上，但是被简化得异常小巧，以适用于具有不同内存的各种机器。

后来，Sun将"绿色"小组转变为一个完全自主的公司。经过调查研究，公司决定角逐似乎正在脱颖而出的交互电视市场，但是这次努力却以失败告终。面对失败，约翰不是解散公司，而是鼓励他们继续完善这种语言，他坚信这种语言一定会不同凡响。于是，Internet发展史上的里程碑，富于传奇色彩的Java就这样诞生了。它成了约翰的最新法宝。

案例分析

管理者在给下属制定较高工作标准和工作效率的同时，也要给他们提供足够的空间。每一个员工都是有很大才能、潜力和创造性的，但大多数都处于休眠状态。当领导者为了使人们为完成共同目标而进行协作时，个人意图的任务与组织的任务交织在一起。当这些任务重叠时，就创造出伟大的战略。当员工摆脱了对其潜能和创造力的束缚，而去做必要的、符合原则的事情时，就会产生巨大的能量，可以在服务顾客或股东时实现其自身的理想、价值和任务。

案例24-2　　　　玫琳凯成人终成己

2005年底，《财富》（中文版）"卓越雇主——中国最适宜工作的10家公司"第二次评选结果揭晓，玫琳凯（中国）再度上榜。而在美国，这个以粉红色为LOGO主色调的化妆品直销企业从1984年起已经3次被《财富》杂志列为"全美100家最值得员工工作的公司"，也是唯一一家上榜的化妆品公司，它还是美国最适宜妇女工作的十家公司之一。另外，国际妇女论坛也表扬玫琳凯公司对女性地位的平等及提升有特殊的贡献。

玫琳凯能获得这些殊荣，与它全心进行为公司员工（99％是女性）的成功提供良好工作氛围的经营方式，实现员工的价值梦想密不可分。从创建伊始，玫琳凯就把自己的目标确定为为广大女性提供收入、事业发展机会及个人抱负等方面的个人发展机会，帮助她们了解自身价值并实现梦想。"我的兴趣在于将玫琳凯公司办成一个其他地方所没有的专门向妇女提供发展事业机会的公司。"其创始人玫琳凯·艾施如是说。而在为员工圆梦的同时，玫琳凯也放飞了自己的"粉红色梦想"。

一、理念：只有员工全面发展，公司才能全面发展

当你走进玫琳凯公司在美国达拉斯的总部大厅时，迎面而来的不是油画、雕塑或产品，而是一幅幅比真人还大的首席美容顾问写真照。亲眼目睹这一别有创意的设置，人们就会更加真切地体会到玫琳凯"我们是一家以人为主的公司"的深刻内涵。

员工是公司最重要的资产——只有员工满意，才会有顾客的满意；而顾客满意了，企业才能获得利润并持续运行。正是基于这一认识，玫琳凯·艾施说，"一旦有人才加入我们公司，我们就会千方百计地使其安心在公司工作。如果他们不能在某一部门发挥出自己的才干，我们会尽量为他们调换合适的岗位。"她相信，每个人都有自己的专长，无论员工在哪个部门，都必须花时间使他们感到自己的重要性。

玫琳凯大中国区总裁麦予甫也说过，员工是公司使命的一部分，员工的全面发展就是公司的目标之一；只有员工全面发展，公司才能全面发展。因此玫琳凯有专门为员工制定的"关爱计划"和完善的职业培训和发展计划，帮助员工的职业发展。麦予甫认为，当公司

把员工当成目标来经营时，员工的忠诚度会非常高，他们会创造非凡的财富。

在玫琳凯的企业哲学中，处处流露出这种以人为本的思想。玫琳凯以"丰富女性人生"为己任，致力于创建一个"全球女性共享的事业"，并开宗明义地公开承诺——"赚钱并不是我们的唯一目的，我们的终极目标是：给广大女性一个比化妆更美丽的改变、一个比成功更精彩的创造、一个比自信更丰富的提升。"在这一理念指引下，玫琳凯公司主动出击，以不断的鼓励及物质报酬来提升员工的自尊和自信，指导着数以万计的女性改善形象、发展个性、实现自我。

与许多企业要求员工把事业摆在第一位不同，玫琳凯公司反其道而行之，大力倡导"信念第一，家庭第二，事业第三"生活优先次序。因为只有这样，员工才能真心实意地在团队中工作、贡献，才能自觉自愿地把个人成功与公司发展有机结合起来，哪怕对于那些超出本职的工作也乐于承担。也只有这样，才能在员工取得持续成功的同时，实现直销企业的可持续发展。

公司经营得好坏最终取决于该公司的人，卓越的公司必有优秀的人才。现今公司间的并购中，买方常常坚持要求卖方公司的经理人们留下一段时间，并常常用条件优厚的协议鼓励这些经验丰富的经理人继续工作以增加营业额和利润；而创业的公司，首先也是要招聘人才，甚至不惜重金聘请高级人才。可以说，人才已成为企业最宝贵的财富。对于那些追求长远的公司，应该培养员工是第一营销对象的意识，大力推行内部营销，让员工充分理解和接受企业的价值理念、管理方式以及发展策略等，这样有助于鼓舞员工士气，协调内部关系，从而为顾客创造更大的价值。斯莱沃斯基说过，"你在内部营销上花的每一个美元和每一个小时，对你的外部关系都会产生倍增的价值。"因此，让员工满意和让顾客满意一样，成了每一个企业管理者面临的责任和任务。

二、激励：大黄蜂引发的思考

曾经有人问玫琳凯·艾施成功的秘诀，她说了这样一段令人深思的话："从空气动力学的角度看，大黄蜂是无论如何也不会飞的，因为它身体沉重，而翅膀又太脆弱，可是大黄蜂不知道自己不能飞，它拍着拍着翅膀居然就飞起来了。女性也是如此——虽然身背家庭的各种负担，但只要给她们以机会、鼓励和荣誉，她们就能展翅高飞。"

在玫琳凯·艾施看来，努力发挥自己的潜力，不去想太多，只要独立前行、方法得当，就会有出乎意料的结果。所以，玫琳凯公司总是设法激励员工去发现自己的价值，其中赞美是最重要的激励手段，公司的整个行销计划都以此为基础。在各种场合中，公司总是不吝惜地给予赞美——包括物质、精神两方面。

1.物质赞美

（1）粉红色轿车的赞美。这是对美容顾问的最高奖励，从1969年开始，每年年底，玫琳凯都会送出一批粉红色轿车给业绩前5名的美容顾问（美国是粉红色卡迪拉克，中国还有粉红色别克、桑塔纳等）。这种"带轮子的奖杯"，不仅让金牌美容顾问自豪不已，而且成为玫琳凯公关宣传的流动载体。

（2）豪华游的赞美。业绩一流的销售主任，每年可以携带家眷到香港、曼谷、伦敦、巴黎、日内瓦、雅典等地进行"海外豪华游"；年度竞赛的优胜者，会被盛情邀请参加"达拉斯之旅"，到玫琳凯总部去"朝圣"。

2.精神赞美

（1）例会上的赞美。玫琳凯各地区分公司每周的例会上，都会有这周销售最佳人员成功经验的叙述和分享，这是一种别样的赞美。

主持人在介绍最佳销售员的时，每一个美容顾问都会毫不吝啬自己的掌声。

（2）缎带的赞美。每位美容顾问在第一次卖出100美元产品时，就会获得一条缎带，卖出200美元时再得一条，并以此类推。这种仅需要0.4美元的精神鼓励，远比100美元的物质刺激有效。

（3）别针的赞美。玫琳凯最经典的奖品，这些别针在美国达拉斯设计制造，然后用飞机运到世界各地，用以奖励在销售产品时有优异销售业绩的美容顾问。在每一个不同的阶段，当你有了一些进步和改善的时候，玫琳凯都会奖给你各种不同意义的别针，玫琳凯公司每一位美容顾问都会以佩戴各种各样形式各异的别针为荣。

（4）红地毯的赞美。销售业绩超群的美容顾问，公司会用红地毯欢迎他们返回总部，"每一个人都像对待皇亲国戚一般高看他们"。

（5）红马甲的赞美。每年在总部召开的年度讨论会上，一流的美容顾问会身穿红马甲登台演讲，并接受台下同事的掌声鼓励。

（6）《喝采》杂志的赞美。作为公司内部发行刊物，其发行量和许多全国性的杂志不相上下。这本杂志的最主要目的就是给予赞美，它的上面刊登每月世界各地最优秀的美容顾问名录、各种竞赛活动及其获奖情况，详细介绍一流美容顾问的推销业绩和推销技巧，还刊登这些优秀女性的成功经验及成长体会。这个杂志每月一期，以不同的国家为单位发行，使玫琳凯美容顾问在公开赞美中分享经验。

一位首席美容顾问这样描绘自己对玫琳凯的感受，"在玫琳凯，到处都洋溢着帮助的热情，到处都能听到真心的赞美与鼓励。从我们进入的第一刻起，玫琳凯就告诉我们，玫琳凯是给女人搭建的舞台，她的文化就是为女人不断喝彩。"总之，美容顾问每取得一点进步，她就会得到充分的认可，并获得继续发展的指导和训练，使她不断提高自己的奋斗目标并脚踏实地地去行动。在她个人成长的每个阶段，玫琳凯都会给予不同的奖励。

没有不喜欢被赞美的人，女性同样需要被认可，无论是在家中或是社会里。所以玫琳凯一直用"你能做到"的精神来激励广大女性加入自己的事业，并从物质刺激与精神鼓励两方面给予员工一个全方位的认可，帮助员工相信自我、挑战自我和成就自我，从而使员工更加明白，努力工作是没有付诸东流的。

作为实现员工满意最重要的手段，激励所产生的能量常常是惊人的。作为管理者，如果你也认为如此，那就应该经常表达你对员工们的欣赏。当然，仅仅认识到激励的作用还远远不够，实践中不乏误用激励的例子，结果费力不讨好。真正有效的激励是能满足员工需求和潜在需求的激励。人有很多需求，生存，尊重，认同，自我价值实现，不同的员工就像不同的顾客，各种需求也是不同的。有些人看重物质，有些人看重精神，更有些根本不是为了你工作，而是为了自我价值的实现。了解了这些并有的放矢，你的激励才能发挥出最大的效用。

三、沟通：上下级对话的艺术

从诞生之日起，玫琳凯公司就确立了这样一条管理原则——"公司中的每一个人都将得到平等的待遇，都将受到最大的尊重，在公司中的升迁要以每个人的条件为基础。"并创造出一种"直接沟通"的管理新法，"上下级的直接沟通，可以使管理者更加了解下属的需要和疑惑，及时找出公司运作中的不足和缺陷，最终形成上下同心的最大合力。"直接沟通包括以下几条要诀：

1. 让下属感到自己的重要性

玫琳凯认为每个人都有能力完成某些重要的事情，因此每个人都是重要的。管理者必须花时间让下属感到自己在企业中的这种重要性，以激发他们的责任心与主人翁意识。首先管理者要放低姿态，充分倾听下属的意见和建议，以显示尊重下属的想法，平心静气让下属无话不谈。其次管理者要学会放权，既要让下属对自己的行为负责，又要授予下属一定的权力，光有责任没有权力会挫伤下属的自尊心。然后管理者要善于表扬，在恰当的时间和场合，以恰当的口吻赞赏下属，激发下属"百尺竿头，更进一步"的斗志。

2.多听少说

玫琳凯公司把"听意见"当作一件重要的大事来抓。管理者被要求努力掌握听意见的技巧，这是因为聪明的管理者都是多听少说的。管理者要全神贯注地听取对方的意见，决不可心不在焉。如果不约束自己，不集中注意力，听着听着脑子走神了，这对提意见者是极不尊重的。另外，当谈话中断时，管理者不能因为心急而随便插嘴，而应大度地保持沉默，以便让下属畅所欲言。如果光听还不够，需要来点询问，这时一定要掌握好分寸，不能让下属感觉干涉了自己的私事。

3.批评是为了解决问题

在对待不称职下属时，管理者一定要明白不能为批评而批评，批评是为了让下属知道自己的不足，从而解决问题。所以必须掌握批评的方法，否则就可能出现适得其反的结果。第一，管理者要与不称职下属交心商谈，告诉对方哪里做错了，而不要直指错者是谁，以免打击其自信心；第二，管理者要想法设法创造一个非常利于沟通的气氛，和下属面对面平等地交流，让不称职下属体会到"批评是爱护，放纵是坑害"的良苦用心；第三，管理者应避免在第三者面前公开批评，当着别人的面被批评是一件极不光彩的事，这样不仅会引起被批评者的难堪，同时在场的每一个人也会感到不好意思和有不安全的感觉，最后导致生产力降低；第四，管理者在批评前或批评后要适时肯定一番不称职下属，让其重拾信心。

4.唤起每个人的热情

合格的管理者应该千方百计唤起下属的工作热情。热情是一个人非常宝贵的品质，不管此人干什么工作，"一个能激起热情的非凡主张比一个不能激起热情的非凡高见好得多"。首先管理者自己要对工作满腔热情，一帆风顺时热情高涨，逆水行舟时热情不减，情绪不高时要强迫自己保持热情，这时必须更加努力地工作，因为管理者的工作态度会影响下属的热情。为防止某些下属的自尊心受挫，从而产生消极的情绪，管理者还应鼓励下属积极进行创造性劳动，因为人人都会支持自己参与的工作。这是玫琳凯激励员工工作热情的又一方法。如果你希望下属全然支持你，你就必须让他们参与，而且愈早愈好。在玫琳凯公司的发展过程中，员工提出的设想和改进方案曾起过巨大的作用。公司开发的成百上千的新品种，最初的信息和设想都来自美容顾问的建议。

5.沟通是关键

沟通是取悦员工的又一种重要手段。在我们的企业内部，有多少误会和摩擦是因为缺乏沟通引起的呢？管理者如果经常走到员工中去，鼓励下属反映意见，帮他们解决实际问题，员工感到自己被尊重，他们的责任心和积极性就会大大增强，整个企业就更容易形成一股合力，从而避免一些无谓的内耗。而且在直接沟通中，无论是上情下达，还是下情上达，信息可以在最大程度上保持原貌，也减少了因片面理解而给决策和执行造成的隐患。开明的管理者还善于引导员工参与决策，一方面集思广益，另一方面也起到了鼓舞士气的作用，使得决策更容易被落实。

四、培训：美容顾问成长的阶梯

玫琳凯秉承"丰富女性人生"的使命，承诺给广大女性"一个比化妆更美丽的改变"。为实践这一诺言，玫琳凯在每一个阶梯上都为美容顾问精心安排了培训计划，以帮助她们提高。这些女性通过从事玫琳凯美容顾问的工作，学到许多职业技能，从一个普普通通的妇女变成一个美丽、自信、自强、自立的职业女性，或成为拥有自己事业的独立经营者。

刚进入玫琳凯的员工，都要接受3天的入职培训，分公司、部门、个人三个层面进行。第一天，新员工会得到一块镌刻有公司黄金法则的大理石："你希望别人怎么待你，你就怎样待别人"，这是美容顾问培训的第一课——首先了解玫琳凯的价值观。另外，第一天的培训内容还包括对玫琳凯历史、使命、远景以及公司发展策略的介绍。玫琳凯认为，"在入职培训时反复强调公司的远景和策略，就是希望新员工能更好地体会公司的各项战略。明白公司的方向，对公司各项举措就能理解。"

在第二天的培训中，部门总监会将每个部门的职责、目标、远景、策略向新员工做介绍，使新人对公司业务流程有初步了解。清楚了各部门的职责，明白公司业务流程，更容易进入角色。在"沟通和认可"的培训中，除了彩妆、护肤的知识外，还讲授办公室礼仪和出席重大仪式的社交礼仪，非常实用。

第三天的培训叫作"事业有成"。"事业有成"培训的是有关个人职业生涯发展的内容，给员工指明方向，帮助他们对自己使命有更清楚的认识，对自己在公司的定位更清晰，"目的是告诉新员工，该如何把个人工作和公司远景联系起来。"

培训结束后，培训负责人将对新员工进行跟进与评估。用专门设计的问卷，了解新员工在企业的工作情况，和主管及同事相处情况，工作压力大不大，对公司价值观是否认可。3个月的试用期满，主管会对新员工作评估。培训后，人力资源部对新员工的表现也会及时跟进，在他入职2个月后，人力资源经理会做面谈。

对于那些老员工，玫琳凯也会不定期进行针对性的培训，介绍一些高级销售技巧和初级培训服务技巧。通过这些课程的学习，帮助美容顾问成为一个善于与人沟通的人。如果美容顾问晋升到经销商级别，玫琳凯则会教授一些关于如何发展自己业务的知识及基本的管理知识，取得该课程的培训证书后，意味着员工已从普通的推销员成长为一名管理人员。

玫琳凯给员工提供的全方位培训，让美容顾问们不但学会怎样化妆、怎样保养，而且提高了她们的沟通能力、语言技巧、培训能力、演说技巧以及柔韧度；同时，这些女性被教给时间管理、档案管理和金钱管理等一整套行之有效的管理方法，学会了怎样管理自己。这种种的改变，进而对员工的工作和生活产生了深远的影响。

对员工的培训投资，被实践证明是提高员工满意度的一种有效途径。培训不仅是帮助员工进步，也是为了增进员工对公司的归属感和忠诚度，它已成为吸引和挽留高级人才的需要。对企业来讲，新员工未来选择如何在企业中表现、决定自己是否在企业长期发展，很大程度上取决于在最初进入企业的一段时间内的经历和感受。在此期间，新员工感受到的企业价值理念、管理方式将会直接影响其在工作中的态度、绩效和行为，而这些因素和新员工入职培训的效果关系密切。对于那些有一定资历的员工来说，培训被许多企业当作一种福利，定期或不定期地给他们提供学习、提高的机会，使得员工能适应发展的要求，同时也带动企业一起进步。

案例分析

克里斯蒂安·格朗路斯认为，"员工的满足程度越高，越有可能建成一个以顾客和市场为导向的公司"。而菲利浦·科特勒在《营销管理》中也明确指出，"没有满意的员工就没有满意的顾客"。员工满意是顾客满意的必要前提，是企业成功经营的先决条件。而要达到让员工满意的目标，管理者就得从激励、沟通、培训等方方面面下功夫，为员工提供他们需要的服务，使员工认同企业的理念和策略，使员工的个人进步与企业发展紧密结合起来。这方面，玫琳凯给我们树立了很好的榜样，它帮助员工实现梦想，实现价值，同时也成就了自己的"粉红色梦想"。

案例24-3　　　　零工经济时代的灵活用工

汽车共享公司Zipcar创始人罗宾·蔡斯（Robin Chase）说过，"我的父亲一生只做了一份工作，我的一生将做六份工作，而我的孩子们将同时做六份工作。"

不满足于单一职业，追求多元职业和多重身份的"斜杠青年"正成为年轻人热衷的生活方式。德勤2018年度《全球人力资本趋势报告》调查显示，50%的受访者表示他们的劳动力队伍当中存在大量合同工；23%的受访者表示存在大量自由职业者，13%的受访者表示有大量零工。这些数据指向一个方向：当今社会劳动力结构正在发生变化，传统雇佣关系正在被改变。

在传统雇佣制度下，人生最好的岁月的一大部分在企业里度过，个人的命运和企业的命运紧密相连。但是根据企业的标准普尔500指数，1960年代大企业的最长平均寿命为61年，到2017年只有25年。由于使企业寿命缩短的环境要素未来也将逐渐扩大，企业寿命可能会越来越短。另一方面，人类的寿命越来越长。如果职业寿命为50年，企业寿命为25年，企业将面临的竞争越来越严峻，需要雇佣的全职员工也越来越少。

如何才能让员工在工作中投入激情？这是管理者最关心的问题。世界最大的职业社交网站LinkedIn领英创始人里德·霍夫曼提出了一

> 种新型的雇佣关系理念——联盟。在联盟这种关系下，企业对员工的界定从"拥有"转变为"使用"，停滞的人才池变成了流动的人才河流，这让管理者和员工都有了更灵活的选择。
>
> 　　灵活用工已经极大改变了未来的工作世界，其意义在于将关注点真正转移到人才本身，让个人的工作时间不断得以解放，工作技能不断得到提升，聚焦于人才的工作满意度和幸福感，这或是灵活工作者追求的价值所在。

案例分析

　　科技的发展改变了商业环境，而商业环境的变化进一步影响了职业种类和用工模式。人们过去所追捧的"铁饭碗"被打破，越来越多的年轻人不愿意受雇于一家公司，也不愿意只是为了生存而工作，新生代员工更加期望在工作中获得金钱之外的精神满足。在零工经济大潮下，企业开始采用全新的劳动力模式，个人也拥有多元化的职业选择，雇佣关系将重新被定义和诠释。

第二节　人力价值管理产生的背景

一、"自我实现人"假设的理念基础

　　人力价值管理的理念基础来自于"自我实现人"假设，也称自动人假设。"自我实现人"假设起源于20世纪50年代末，麦格雷戈总结了马斯洛的"需要层次理论"中最高一级的自我实现需要和阿吉里斯的"不成熟——成熟理论"中的所谓成熟个性，也就是自我实现人，将之概况

为"Y"理论。

"自我实现人"假设认为：人一直是勤奋的；人能够自我管理，自我控制；在适当的条件下能将自己的目标与组织的目标统一起来；人是有责任感的；人具备创造力和想象力，在现代企业条件下人的能力只是部分得到发挥。"自我实现人"假设认为管理者应把管理的重点从重视人的因素，转移到创造良好的工作环境，使得员工能力得到最充分的发挥。

二、知识型员工管理的必然要求

当今时代作为信息经济时代，是一个崇尚知识的时代，员工的聪明才智比以往体现出更高的价值，知识员工成为企业的主要资源，他们的创造力是公司价值增值的源泉，生产工具开始转移到了知识型员工的手中，因为知识型员工的生产工具是存在其大脑中的知识。所以，企业的管理也应做出一些变革和调整。

1.员工独立自主性的需求

由于知识型员工具有独立自主性特征，企业应更加重视发挥员工对工作自主性和创新方面的授权。通过授权为团队提供其创新活动所需要的资源，包括资金、物质上的支持，也包括对人员调用，并利用信息技术来制订他们认为是最好的工作方法，建立自我管理正式组织及非正式组织。自我管理式团队的形式也符合企业信息化的要求，能使信息快速传递和决策快速执行，提高企业的市场快速反应能力和管理效率，并且也能满足知识型员工工作自主和创新的需求。知识型员工更多地从事思维性工作，固定的工作场所和工作时间对他们没有多大的意义，而知识型员工也更喜欢独自工作的自由和刺激，以及更具张力的工作安排。为了鼓励知识型员工进行创新性活动，企业应该建立一种宽松的工作环境，使他们能够在既定的组织目标和自我考核的体系框架下，自主地完成任务。

2.员工与产品平等对话的需求

在工业时代的公司中，社会分工明确，大多数工作的定义方式使得员工和管理者很难看到完整的过程。工业时代的工作并没有给人们一个对于产品属性的清楚的认识，过程中重要的部分和产品被锁定在一个黑箱中，作为个人的贡献者看不到，员工对自己的工作在整个产品生产过程中的地位缺乏认识，他们只是被期望去适应一个大过程中的一个小部分。人们被培训去做某件事，而且被告知不能偏离固定的程序，员工的想象被认为是不重要的甚至是碍事的，员工的知识几乎没有真正的价值。于是，员工通常对过程和产品容易采取一种目光短浅的做法。在信息时代，工作所包含的不仅仅是一个过程和一个产品，而是一个生产许多产品和对这些产品进行改造的过程。在生产某种产品时，并不是孤立地看待过程和产品，而是把它们放在员工的想象和知识的更大的视野中。员工对过程和最终产品的掌握，激励他们去使用其技能、想象和知识，通过技术的变革来产生产品的变化。这样的过程有如员工与产品之间的相互交流与对话。由于员工掌握了过程，他们发现自己的想象空间得到了拓展，并会因受到鼓励而更大胆地去想象，去发明，去创造。

3.员工参与企业管理的需求

由于与一般性人才不同，知识型员工一般来说不习惯于受指挥、操纵和控制，他们往往追求较强的自主性，所以，在企业的人力资源管理中要照应到这一特点，给予知识型员工以一定的权力，参与企业的发展决策和各级管理工作的研究和讨论。处于平等的地位商讨组织中的重大问题，可使员工感到上级主管的信任，从而体现到自己的利益与组织发展密切相关并因此产生强烈的责任感。同时，主管人员与部属们商讨组织问题，对双方来说都提供了一个取得别人重视的机会，从而给人以一种成就感。根据日本公司和美国公司的统计，实施参与式管理可以大大提高企业经济效益，一般都可以提高50%以上，有的甚至可以提高一倍至几倍。

4.对良好软环境的需求

良好的软环境即注重人情味和感情投入，给予员工家庭式的情感抚慰。索尼公司董事长盛田昭夫认为，"一个日本公司最主要的使命，是培养它同雇员之间的关系，在公司创造一种家庭式情感，即经理人员和所有雇员同甘苦、共命运的情感"。《财富》杂志评出的最受欢迎的100家最佳公司中的几十家慷慨地为员工提供"软福利"——即那种能够进一步协调工作与生活之间关系的各种便利，诸如在公司内部提供理发和修鞋等多项生活服务，以及免费早餐等看起来不起眼的福利，这为员工提供了极大的方便。这类福利使公司表现出富有人情味，接受调查的员工都说他们非常珍视这一点。目前，许多企业都定期举办各种宴会、联欢会、生日庆祝会、舞会等，通过这些活动，不但可以加强人与人之间的联系，管理者还可以倾听职工对企业的各种意见和建议。总之，知识型员工要求获得尊重的需求非常强烈，管理者应经常深入下属，平等对话，并经常组织集体活动，加强人际沟通。把企业建成一个充满亲情的大家庭，使得员工有明显的归属感，而不是成为组织的边缘人。

5.对正确激励的需求

激励活动是由谁激励、激励谁和怎样激励这三个主要要素构成。正确的激励是人力资源管理的关键之所在，正如美国哈佛大学管理学教授詹姆斯所说：如果没有激励，一个人的能力发挥不过20%~30%；如果施以激励，一个人的能力则可以发挥到80%~90%。激励是一种特殊的社会活动，它自身是有规可循的。具有普遍意义的激励活动规律主要表现在以下几个方面：第一，激励必须考虑人的需求（依据马斯洛的需要层次理论）。第二，激励必须制度化、规则化，且具有相对稳定性。第三，激励具有全员性，即必须针对全体员工，这样才能起示范作用。第四，激励应当公开、公平、公正。美国的知识管理专家玛汉·坦姆仆经过大量实证研究证明：激励知识型员工的四个因素依次为个体成长、工作自主、业务成就和金钱财富。知识型员工由于其文化水平较高，更多的是考虑其发展潜能和成就感，并获得与其贡献相匹配的合理公正的报酬。所以，企业在进行激励选择和设定应针对性地满足知识型员工的需要，从而激发其工作的积极性。当然，还应该注意对工作进行设计，因为，对于知识型员工而言，有意义的工作本身就是一种享受、一种激励因素。

6.对员工培训与教育的需求

由于科技发展高速化、多元化，大部分知识型员工发现，知识与财富成正比例增长，知识很快过时，需要不断地学习新知识，只有不断更新自己的知识才可能获得预期的收入。因此，他们非常看重企业是否能提供知识增长的机会。如果一个企业只给其使用知识的机会，而不给其增长知识的机会，企业不可能保证员工永远就业，当然也就不能指望员工对企业永远忠诚。同时，大多数高素质的员工在一个企业工作，并不仅仅是为了通过工作挣钱，而是更希望通过工作能得到发展、得到提高。而企业举办的各类培训，则能在一定程度上满足知识员工的这一需求。在信息经济时代，人才的竞争将更加激烈，企业必须吸引和留住优秀人才，因此，在知识型员工更加注重个人成长的需要前提下，企业应该注重对员工的人力资本投入，健全人才培养培训机制，为知识型员工提供受教育和不断提高自身技能的学习机会，从而具备一种终身就业的能力。

7.对个体发展空间的需求

知识型员工对知识、个体和事业的成长的不懈追求，某种程度上超过了他对组织目标实现的追求，当员工感到自己仅仅是企业的一个"高级打工仔"时，就很难对企业绝对忠诚。因此，企业不仅仅要为员工提供一份与其贡献相称的报酬，使其分享到自己所创造的财富，而且要充分了解员工的个人需求和职业发展意愿，为其提供适合其要求的上升道路，给员工创造个体的发展空间，给员工更大的权利和责任，只有当员工能够清楚地看到自己在组织中的发展前途时，他才有更大动力为企业尽心尽力地贡献自己的力量，建立与组织结成长期合作、荣辱与共的伙伴关系。所以，企业必须根据自己的职位资源，为知识型员工提供足够大的成就实现机会空间。当然企业还可通过其他方式加强员工与企业的关系，如：目前已经出现的股权激励就是对知识型员工的管理策略的一种尝试。股权使得员工把自己的创新活动看成是一笔可观的投资，因而更能激发其全心全意地投入自己的精力，实现组织目标与个人目标的一致趋向。股权激励是一种可行的激励方式，体现风险分担，利益共享，员工的收益与企业的发展前景紧紧捆绑在一起。

8.管理方式分散化趋势

知识型员工具有较强的获取知识、信息的能力以及处理、应用知识和信息的能力，这些能力提高了他们的主观能动性，因而常常不按常规处理日常事情。和这些人员进行交往时，传统的官僚管理作风只会碰壁，因此需对知识型员工实行特殊的宽松管理，尊重人格，激励其主动献身与创新的精神，而不应使其处于规章制度束缚之下被动地工作，导致员工知识创新激情的消失。应该建立一种善于倾听而不是充满说教的组织氛围，使信息能够真正有效地得到多渠道沟通，也使员工能够积极地参与决策，而非被动地接受指令。这就需要一种新的管理方式如分散化管理，在信息经济时代，分散化管理已经成为一种必要管理趋势。在组织中拥有较高职位的管理人员并不一定拥有较多的信息，电脑网络的存在使我们们进入了一个平行的世界，知识型员工也由于自己的专长而自负，对权威的顶礼膜拜已经成为历史的陈迹。为谋求决策的科学性，更重要的是求得知识型员工对决策的理解，定期与雇员进行事业的评价与探讨，吸收他们的意见和建议，施以"分散化管理"，应是信息经济时代管理的一种趋势。

总之，以往人力管理基本上以统一的管理方式为主，其利益立足点是企业，通过发挥人的价值实现企业效益最大化。而信息经济时代，随着信息传播速度的加快，知识更新节奏频率的提高，行业人才竞争的加剧，人才自我实现需求的不断升级，特别是青年一代员工的个性特征越发明显，自我实现需求更加旺盛，企业的利益立足点在很大程度上首先是员工，充分尊重员工的个性需求，根据员工的个性特点采取管理举措，稳定知识型员工队伍，提高知识型员工的工作积极性，帮助员工实现自身价值与企业价值的有机统一。

第三节 人力价值管理的基本内涵

一、人力价值管理的定义

人力价值管理是指企业充分尊重员工的个性化需求，根据员工的能力、特长、兴趣、心理状况等个性特点，着眼于帮助员工实现个人价值，对每个员工实行具体的针对性极强的管理举措的一种管理行为。

二、人力价值管理的特点

人力价值管理认为，人与人之间在个性方面存在着本质的差异，不同个性的人对同一事物的反应不一；人的行为取决于需求，人的需求只有在可能被满足的情况下才会产生行动的动机。

在管理举措方面，人力价值管理一般具有以下特点。

1. 使用非传统雇用合同

与传统的雇用合同相比较，新型的雇用合同将更兼顾企业与员工的需要，而不只是满足企业降低成本、灵活用工等短期需要。在娱乐业，许多文艺团体的正式员工，又是其他文艺团体的兼职员工或临时性员工。他们经常参加不同剧组的演出，有时只为某个剧组工作几个小时。

人口老龄化是非传统雇用合同继续迅速增加的一个重要原因。专业技能和管理能力最强的老年人往往会参加旅游和休闲娱乐活动，而不愿从事全日制工作。希望利用这类老年人智力资源的企业设计的雇用合同应兼顾他们的工作兴趣和其他兴趣。

2.采取双向选择的员工选聘方式

企业的员工招聘制度会极大地决定员工适应工作环境的程度。在传统的招聘过程中，企业单方面评估应聘人员是否符合某类职务的要求。近年来，国内外许多研究结果表明，如果应聘人员能获得客观、详细的信息，了解他们应聘的职务，他们就更可能对自己选择的职位感到满意，更愿长期安心工作。

管理人员在员工招聘工作中预先向应聘人员说明企业对员工的要求，有两个明显的优点。

（1）员工明确了解企业的要求，对自己的工作岗位形成比较明确的期望，就不大会在今后的工作中产生失望情绪。

（2）应聘人员了解企业的要求，就更能正确判断自己是否应接受某个职位。这类双向选择过程既有助于应聘人员在企业招聘工作中发挥更积极的作用，也有助于企业选聘适合的员工。近年来，国内外许多企业采用各种方式，让应聘人员了解工作岗位。不少企业通过短期试用，让应聘人员通过实际工作判断自己能否胜任工作任务。

3.提供多样化的职业发展道路

企业采用多样化的职业发展模式取代传统的员工职业发展模式，由员工确定自己职业发展方向，不断地增强自己的能力，以便员工适应工作环境不断变化的需要。

（1）为员工创造不同的职业发展阶梯。在企业管理实践中，不少企业高层管理人员已意识到不同的员工追求不同的职业发展前途。例如，不少智力密集型企业的高层管理人员已为专业技术人员和管理人员提供两类不同的职业发展阶梯。这些企业根据专业技术人员的专业技术能力与他们对企业的贡献，提高他们的待遇和地位，而不是迫使专业技术人员为了晋升而承担管理工作职务。在这类企业里，"晋升"包括"纵向晋升"和"横向晋升"两种可能性。同一等级的专业技术人员与管理人员的工资待遇基本对等。

（2）为员工提供自我管理职业发展道路的权力。不少企业创造公开的内部劳动力市场，以便员工控制自己的职业发展道路。例如，惠普公司建立了内部电子招聘系统，公布该公司空缺的岗位，以便世界各地任何一位符合招聘条件的员工应聘。此外，该公司还在因特网上为员工提供技能和需要自评工具，帮助员工制定详细的职业发展计划。这是该公司员工流失率远远低于其主要竞争对手的一个重要原因。惠普公司的内部招聘制度还可促使各级管理人员提高领导能力，因为在这类企业内部环境中，如果管理人员不能做好员工培养工作，员工就必然不愿为他们工作。

在不少企业里，有些员工希望利用自己的新点子，创办自己的企业。管理人员不仅不会与这类员工争论谁拥有新点子的知识产权，而且会为他们提供风险投资资金，鼓励员工创办子公司。

4.创新工作职务设计

工作职务设计是许多企业管理人员非常重视的一项人力管理措施。人力个性惯例要求企业不再只根据工作任务说明选聘胜任的员工，而是根据员工的才能改变工作任务、项目目的和团队结构。随着企业组织的临时性智力型项目小组不断增加，更多企业会根据员工的能力设计工作任务。

在激烈的人才竞争中，为了吸引留住优秀的人才，不少企业改变传统的工作任务设计方法，采用职务雕塑技巧让员工根据自己追求的生活乐趣，设计自己的工作职务，以便留住优秀的员工。例如，在微软等高科技企业里，不少四十岁左右的优秀员工相当富有。他们往往会提前退休。为了留住这些优秀的员工，微软公司允许他们自己设计工作职务，让他们从事自己感兴趣的工作，有效地防止了智力资产的流失。

5.采用分类管理的领导方式

信息技术的发展对企业管理人员的领导能力提出了新的挑战。管理人员根据员工的工作成果，而不是根据员工的工作程序，管理工作地点高度分散的员工。这必然要求管理人员改变工作现场面对面管理方式，采用新的领导方式，并提高沟通、培训、督导、激励等能力。此外，员工自我管理小组和职务雕塑艺术的日益推广也要求管理人员采用多样化领导方式。今后，管理人员很难采用某种单一的领导方式做好整个企业的管理工作。管理人员不仅需考虑员工的文化和心理差别，而且需考虑组织设计与高新技术对员工工作环境的影响，以便根据不同的员工小组和不同的工作环境，采用不同的领导方式。

总之，人力价值管理的突出特点是将人视为"价值人"，从人性和个性化角度出发来分析考虑问题。人力部门的业务重心是根据员工的能力、特长、兴趣、心理状况等个性特点来培养开发和使用，实现个人价值和企业价值的有机统一。

三、人力价值管理面临的挑战和应对举措

1.对企业的管理水平要求极高

有很多企业缺乏实施这种管理所需的高级管理人才，于是企业常常借助于专业咨询公司或者人力资源专家来协助处理个性化管理所面对的

问题。但是对于企业来说，人力资源专家可能暂时解决问题，但并没有改善企业处理相关问题的能力。这样其他的管理问题依旧发生，企业被迫如同以前一样依靠人力资源专家，而以前求助外面的专家获得成功的事实使企业更倾向于求助专家。一段时间以后，企业的管理会对外界产生不可抗拒的依赖性，轻则企业本身管理水平下降，个性化人力资源管理不能得以正常实施，重则企业会因逐步丧失自己的核心竞争力而破产。

对此，我们认为短时间内企业对外寻求帮助是可以的或者说是必要的，但从企业的长远角度考虑，企业必须培养出一批属于自己的高级管理人才。只有这样，才能一方面提高企业的核心竞争力，另一方面又大大降低本来就居高不下的个性化人力资源管理成本。如果说企业确实不具备比较高的管理水平，可以暂缓实施个性化的人力资源管理方法，否则很有可能会得不偿失。

2. 缺乏配套改革

实施这种管理方法的企业中，员工的自主权得到了很好的尊重，同时意味着企业的部分决策已经转移到员工身上，而如果企业不对原来的组织机构进行适当改革的话，很可能会有相当一部分机构的人员要么属于"架空"的状态，要么就出来管"闲事"（对有了相当自主权的员工来说，有些事情已经可以不再对上司负责，只要对自己负责就行）。这势必会影响企业的经营效率。

所以对于企业来说，实施人力价值管理必须改变原来的组织结构。比如说尽量使组织结构扁平化，企业围绕着工作流程而非部门职能来管理，使以前的登记管理结构蜕变成为一种辅助结构，一般只是在突发事件中加以干预。这样，传统管理人员的功能也有所改变，他们不再是发号施令，而是致力于扫除障碍、加快信息搜集与研究，充当员工顾问的角色。

3.可能带来消极效果

人力价值管理的实施有可能产生员工之间缺乏亲和力，工作团队缺乏协作精神等消极结果。对于处于这种管理方法中的企业员工来讲，其自身的需求在很大程度上得到了尊重和满足，自己又有充分的时间和工作自主权，这往往会使其将业余精力或者只放在自己感兴趣的工作上，或者是将多余的精力和时间放在自己的家庭及对生活的享受上。当然，这些都很有利于员工个人的发展，可是也在一定程度上使企业内部员工之间的交流日益减少。相互了解的程度会逐渐下降，这必然会使员工之间的亲和力下降，极大地影响了团队的协作精神，不利于企业文化的建立和发展，并最终会影响企业核心竞争力的正常发挥。

为了避免这种情况的出现，企业应该定期举办各种形式的交流座谈会。在这一点上企业应该多向日本的企业借鉴经验，因为日本在员工的沟通方面做得比较成功。同时，通过定期举办交流座谈会还会有另一个积极效果，那就是可以让员工的工作成果共享，员工在相互了解的基础上会彼此产生一定程度的认同感，进而增强员工之间的亲和力，促进团队协作精神的培养。

4.缺乏对员工的有效监督

人力价值管理的一个核心特点就是尊重员工的个性，使企业的发展建立在首先是员工个人发展的基础之上；同时这种管理方法面对的主要是知识型员工，这些都使企业很难对员工实施有效的监督。当然，企业对员工的监督并非是出于对员工的不信任，这首先是一个团队健康发展的机制保障。其次，这也是对员工的一种保护，通过监督使他们少犯错误，不至于在犯错误之后而追悔莫及，尤其在知识经济背景下企业的相当一部分核心竞争力存在于员工头脑之中，很有可能使某些员工的无心之举而使企业蒙受不必要的损失。

为此，企业必须在实践过程中摸索建立起一套有效的监督体制。

比如说，可以在思想上通过提高员工的觉悟和职业素养来使其对自身管理，可以在关系到企业生存与发展的一些相关事项上建立明确的奖惩规则。当然也很有必要与一些核心员工签订相应的法律合同，通过法律来约束一些员工的道德规范，防止职务侵权和商业受贿罪等不利于企业事情的发生。

5.缺乏有效的实施结果的成本——效益分析

这里所说的成本，是指广义的机会成本，而不是会计成本。当然，仅仅从会计成本上看，企业的管理成本也会比以前大为提高，再加上额外花费的时间和精力，机会成本的增加就更大了。在这种情况下，如果企业的效益并没有明显提高的话，就说明企业实施这种人力资源管理方法实际上是失败的。同样道理，这里的效益不能单单指一段时间内企业的利润，它还应包括企业的核心竞争力增强、企业员工的工作热情提高、企业员工离职率下降等一系列相关的积极效果。这样使得对实施结果的评估很难量化，增大了评估难度，也使企业对实施这种管理方法到底是否更有效心存疑问。

针对这个问题，我们认为比较行得通的方法是一方面可以聘请人力资源专家来进行评估；另一方面可以先以企业的某个相对独立的经营部门进行试点，在实验过程中尽量使所有问题细化，这样可以为企业实施这种管理方法提供参考性较强的资料，能够避免企业全面实施这种人力价值管理所带来的消极后果。

四、零工经济时代的到来与人力资源管理的趋势

随着开放式创新和互联网技术的快速发展，全球市场涌现了大批直接连接客户和服务提供商的新型企业。这些新的科技公司运用互联网技术动态匹配顾客（问题发布方）和提供解决方案的个体或团体，建立能

够让供需双方直接对接的在线平台。由于互联网技术的动态平衡能力非常强,算法日趋成熟,自由职业者大量涌现,这种新的商业模式就是我们所说的零工经济。

利用这些平台,企业可以找到更有创意、更有灵活性的研究者,科研工作者或者创新者可以非常方便地帮助有需求的企业进行创新。目前,零工经济在第三产业中已经展现出巨大的商业潜力,如在城市交通、家庭用餐服务、电器维修、旅行、私人教练、家庭辅导、洗衣服务、家政服务等等行业。未来,零工经济还将在高科技领域展现出巨大潜力。我们相信,未来,零工经济将是非常新兴的经济类型。

零工经济对人力资源的管理带来的冲击在于,由于零工经济实现了人力资源共享,使得人力资源的匹配效果比传统的劳动力市场高得多,使得人力资源的开发和利用不仅仅局限于企业内部,而是逐步向外部渗透,显现出外部化特征。今后,人力资源要更多去管理公司的外部人力资源,因为外部的人力资源可能达到几百万。这对公司人力资源的管理提出一个很大的挑战,就是如何利用好外部专家。

如美的在这方面做得比较成功。美的近年来一直在从事人才更新的工作。目前,他们科技人才的比例达到了70%,博士数量从20个增加到500个,但是美的外部研发人员已经有几千个,同步实现了内部人才和外部人才的同时更新,内部走向高端化,外部走向虚拟化和灵活化。

在这个过程中,人力资源管理理论也发生了变革。人性需求的发展带来了管理思想的变革,就是从传统的"经济人",到"社会人",再到"价值人"。"价值人"很重要的一点是,他的能力是不一样的,拥有更高的思想觉悟和更好的知识能力,所以对知识人的管理不应该是非常严格的管控,而是要给他工作的自由,给他一定的区间,让他拥有自由的工作时间,这样他才能更好地工作。所以在未来,放松对员工的管控,增加对员工知识能力的提升,提升员工工作的自由性和灵活性非常重要。特别是对于90后和00后的年轻一代，他们有很高的智力能力，他们希望自我管理而不是被动管理，所以自我管理会越来越重要。

传统员工是为了生计赚钱，为了生计赚钱的人不可能做创新。真正的创新是为了实现自我价值，有意义的工作才能产生有意义的创新，真正的创新是自我驱动的。这也符合国内企业家的认同：只有追求自我实现的员工才能搞好创新。

在开放式创新下，对人力资源的管理方式也提出比较大的挑战。现在，人力资源管理的重要话题就是要忘记KPI，KPI对员工管制太强，不利于创新。下一步，企业对内部人力资源管理的重点是要给予员工自由度的同时，给予他们更多的成长机会，当然工作的成就感也非常重要，然后再考虑金钱，金钱不是最重要的。

对于中国的企业而言，如何在零工经济时代利用新的技术和开放创新的思想去更多改变、打破企业的边界，用新兴的平台整合外部的专家资源，最后实现人力资源的变革，这个过程非常重要。

总体来说，开放式创新对人力资源管理带来的影响包括：

（1）组织边界日益模糊化，传统的组织职能也进一步弱化，强调各组织和部门之间的资源整合和职能互补。

（2）企业需要员工与客户跨界，即员工也是客户，鼓励员工从客户角度来了解和开发产品，促进员工与产品的联系。

（3）客户也是员工，通过对产品忠实用户的关怀，企业可以有效满足客户的个性化需求。

（4）企业为了更好、更快地应对外部市场的变化和需求，更需要跨越传统组织边界与外界和社会进行交换。

（5）通过垂直、水平、内部、外部边界的跨界，可以更好地建设开放、共享、平等、协作的平台。

得益于开放式创新的理念，知识工作者的素质和能力增强，零工经济的趋势不能避免。人力资源的管理由过去的仅仅进行内部管理逐步拓展到对外部优秀人力资源的挖掘、开发和管理。在这种形势下,下一步如何进行人力资源的改革和发展,以适应企业在新形势下的人力资源管理的变革非常重要。

21世纪企业将面临"非连贯性"的新竞争环境,包括锐不可当的经济全球化趋势、飞速发展的技术变革和创新,以及迅速变化的差异化顾客需求。世界在变,人力部门本身也要随时准备像业务部门打破常规、革新自己。借用一句达尔文的话:"能够生存下来的物种,并不是那些最强壮的,也不是那些最聪明的,而是那些对变化做出最快速反应的。"

参考文献

[1] 门丹尼尔·A.霄恩.管理思想的演变[M].北京：中国社会科学出版社，2000

[2] 周三多等.管理学[M].上海：复旦大学出版社，1999

[3] WJ.邓肯.伟大的管理思想[M].贵阳：贵州人民出版社，1999

[4] S.B Redding.海外华人企业家的管理思想：文化背景与风格[M].北京：三联书店，1993

[5] 文化：中国与社会编委会.文化：中国与社会（第一卷）[M].北京：三联书店，1987

[6] E·T·霍尔.超越文化[M].重庆：重庆出版社，1990

[7] 乐黛云，李比雄.跨文化对话（1.2）[M].上海：上海文化出版社，1998

[8] 张强.自家人、自己人和外人——中国家族企业的用人模式[J].社会学研究，2003（1）

[9] 泰勒.科学管理[M].北京：中国社会科学出版社，1998：36

[10] 亨利·法约尔.工业管理与一般管理[M].北京：机械工业出版社，2007

[11] （德）韦伯著.康乐，简惠美译.马克斯·韦伯作品集[M].桂林：广西师范大学出版社，2010

[12] （加）H.明茨伯格（Henry Mintzberg）著.经理工作的性质[M].北京：团结出版社，1999

[13] （美）彼得·德鲁克（Peter F. Drucker）.刘勃译.当代管理学圣经[M].北京：华夏出版社，2008

[14] （美）威廉·大内（William G. Ouchi）著.Z理论（珍藏版）[M].北京：机械工业出版社，2013

[15] （美）西蒙（H.A. Simon）著.李柱流等译.管理决策新科学[M].北京：中国社会科学出版社，1982

[16] 乔治·埃尔顿·梅奥.工业文明的社会问题[M].机械工业出版社，2016

[17] （美）亚伯拉罕马斯洛（Abraham H. Maslow）等著.马斯洛论管理（珍藏版）[M].北京：机械工业出版社，2013

[18] （美）弗雷德里克·赫茨伯格等著.赫茨伯格的双因素理论（修订版）[M].北京：中国人民大学出版社，2016

[19] （美）道格拉斯·麦格雷戈著.企业的人性面[M].北京：中国人民大学出版社，2008

[20] 姜英来. 一次读完30部管理学经典. 哈尔滨：哈尔滨出版社，2008

[21] 黎红雷著. 中国管理智慧教程. 北京：人民出版社，2006

[22] （日）大前研一. 专业主义［M］. 北京：中信出版社，2006

[23] Fore Peters_Liberation Management. New York：Knopf，1 992

[24] Stuait crainer. The Management CenmrySan Francisco：Jossey—Bass，2000

[25] 查尔斯·汉迪. 非理性的时代：掌握未来的组织. 北京：华夏出版社，2000

[26] 彼得-圣吉. 第五项修炼. 上海：上海三联出版社，1998

[27] 陈佳贵主编. 企业管理学大辞典. 北京：经济科学出版社，2000

[28] 孙耀君主编. 西方管理思想史. 太原：山西经济出版社，1987

[29] 张东向著. 3M理论与实践研究. 北京：中国财政经济出版社，2009

[30] 张平. 基于企业发展阶段的家长式领导行为研究［J］. 软科学，2008（01）

[31] 任洪升. 华人组织家长式领导的请托约束研究［J］. 中国电力教育，2007，S4

[32] 周浩. 恩威并施，以德服人——家长领导研究述评［J］. 心理科学进展，2005（02）

[33] 吴敏. 交易型领导、变革型领导与家长式领导行为的比较研究［J］. 科研管理，2007（05）

[34] 周井娟. 关系取向与私营企业的家长式领导［J］. 企业经济，2006（05）

[35] 陈云卿. 领导与下属人员的家长式关系和伙伴关系［J］. 管理科学文摘，1997（05）

[36] 于海波. 如何领导组织学习：家长式领导与组织学习的关系［J］. 科研管理，2008（05）

[37] 李超平. 变革型领导、家长式领导、PM理论与领导有效性关系的比较研究［J］心理科学，2007（06）

[38] 周浩. 家长式领导与组织公正感的关系［J］. 心理学报，2007（05）

[39] 刘善仕. 家长式领导与员工价值取向关系实证研究［J］. 心理科学，2004（03）

[40] 杨宝民，朱一宁. 分布式虚拟现实技术及其应用［M］. 北京：科学出版社，1999

[41] 汪成为，祁颂平. 灵境漫话——虚拟技术演义［M］. 北京：清华大学出版社，1996

[42] 张茂军. 虚拟现实系统［M］. 北京：科学出版社，2001

[43] 常修泽等. 现代企业创新论［M］. 天津：天津人民出版社，1994

[44] 金枝. 虚拟生存［M］. 天津：天津人民出版社，1997

[45] 李如鹏. 关于熊彼特的经济创新理论［J］. 经济研究参考，2002（37）

[46] （美）熊彼特. 资本主义、社会主义和民主主义［M］. 北京：商务印书馆，1979

[47] （美）熊彼特. 经济发展理论［M］. 北京：商务印书馆，1990

[48] 许庆瑞. 研究、发展与技术创新管理［M］. 北京：高等教育出版社，2000

[49] 崔相宝，苗建军. 对创新理论的再认识［J］. 科学管理研究，2005（2）

[50] 傅家骥. 技术经济学前沿问题［M］. 北京：经济科学出版社，2003

[51] 朱海就.区域创新能力评估的指标体系研究［J］.科研管理，2004（3）

[52] 陈问安.创新工程学［M］.上海：立信会计出版社，2000

[53] 王辑慈.创新的空间［M］.北京：北京大学出版社，2003

[54] 侯先荣.企业创新管理理论与实践［M］.北京：电子工业出版社，2003

[55] 姜彦福.企业技术创新管理［M］.北京：企业管理出版社，1996

[56] 何瑛.《虚拟团队管理理论基础、运行机制与实证研究》.北京：经济管理出版社，2003

[57] 吴晓波.大败局.杭州：浙江人民出版社，2007

[58] 何志毅.中国管理创新.北京：.北京大学出版社，2007

[59] 李国荣.民营企业管理创新探索.上海：上海财经大学出版社，2008

[60] 詹森（Janszen，F）著.雷华，马乐为译.管理创新：公司发展的全面解决方案.昆明：云南大学出版社，2002

[61] 哈格（Haag，S.）等著，严建援等译.信息时代的管理信息系统.北京：机械工业出版社，2007

[62] 约翰·纳斯比特著.大趋势——改变我们生活的十个新方向.北京：中国社会科学出版社，1984年中译本

[63] 陈佳贵.现代企业管理理论与实践的新发展.北京：经济管理出版社，1998

[64] 孟庆国著.云上贵州—贵州省大数据发展探索与实践.北京：清华大学出版社，2016

[65] 菲利普·科特勒著.市场营销管理.北京：中国人民大学出版社，2003

[66] 菲利普·科特勒、加里·阿姆斯特朗著.市场营销-原理与实践（第16版）.北京：中国人民大学出版社，2015

[67] 泽丝曼尔等著.服务营销（原书第6版）.北京：机械工业出版社，2015

[68] 利昂·希夫曼著.《消费者行为学》.北京：中国人民大学出版社，2015

[69] 罗伯特·西奥迪尼著，闾佳译.影响力（经典版）.沈阳：万卷出版公司，2010

[70] 加里·德斯勒著.人力资源管理（第14版）.北京：中国人民大学出版社，2014

[71] 张明辉著.人力资源管理从入门到精通.北京：清华大学出版社，2015

[72] 圣吉著，张成林译.第五项修炼：学习型组织的艺术与实践.北京：中信出版社，2009

[73] （以色列）尤瓦尔·赫拉利（Yuval Noah Harari）著.林俊宏译.未来简史：从智人到神人[M].北京：中信出版集团，2017

[74] Jack Zigon, How to measure the results of work teams, Zigon Performance Group, Wallingford, 1995

[75] Galvin, John E, The effect of trust, experience, and communication media use on an individual'S cooperation with virtual teams: A disposition and situaional view, The FloridaState University, 2000

[76] Hugli, Wilbur George, Teams, training and trust in the Virtual environment, The UniversityofWest Florida, 2000

[77] Knoll, Kathleen Elizabeth, Communication and cohesiveness in global vitual teams, TheUniversity of Texas at Austin, 2000

[78] Switzer, Jamie Sneideg Virtual teams: Profiles of successful leaders, Pepperdine Unversity, 2000

[79] Andrea Steil, Ricardo Barcia and Robe~o Pacheco, An Approach to Learning in VirtualOrganizations, Federal University of Santa Cataring, Brazil

[80] Lisa Kimball, Managing Virtual Teams, Text of speech for Team Strategies Conferencesponsored by Federated Press, Toronto, Canada, 1 997

[81] Susan Cohen&Cristina Gibson, Mutual Understanding, Integration, and Trust: CreatinConditions for Virtual Team Effectiveress, Center for Effective Organizations, Mrdy 2000

[82] Nemiro, Creativity in Virtual Teams, Claremont Graduate School, 1998

[83] Davidow&Malon, The virtual Corporatin, Edward Burlingame Books / HarperBusiness, 1 992

[84] Andrea Steil, Ricardo Barcia and Roberto Pacheco, An Approach to Learning in VirtualOrganizations, Federal University of Santa Cataring, Brazil

[85] LeMay, Elaine Ann, Virtual teams: Work processes, communication, and team development, Colorado State University, 2000

[86] Kostner, Virtual Leadership: Secrets form the round table for the multi-site manage~WarnerBooks, 1994

[87] Jarrverpaa&Knoll&Leidner, Is anybody out there?Antecedents of trust in global virtualteams, Journal ofManagement Information Systems, 1998, 14（2）

[88] Timothy Kayworth&Dorothy Leidner, The Global Virtual Manager: A Prescription ofSuccess, European Management Journal V01.1 8 No.2, April 2000

[89] Deborah L.Duarte&Nancy Tennant Snyder, Mastering virtual teams, John wiley&Sons, Inc—2001

[90] He chuanqi.N~ional Knowledge Iinnovation System: Structure, Func2 tion and Indicators.Wu Shuyao.P Papon.Edited.Proceedings of Sino—French Workshop on S&T Policy.CHEP Springer.1 998: 1 8-26

[91] Deborah L.Duarte, Mastering Virtual Teams, 2nd Edition, Revised and Expanded, WileyProfessional, December 200 1

[92] Kimball Fisher&Mareen Fisher, The Distance Manger: A Hands on Grude to Managing off—Site Employees and Virtual Teams, McGraw—Hill Companies, 2000

[93] Jessica Lipnack&Jeffrery Stamps, Virtual Teams: Reaching Across Space, Time, andOrganizations

With Technology, John Wiley&Sons, Inc, 1 997

[94] Carol O'connor, Building the Virtual Team, Accountancy Ireland, 2000, 10

[95] Charles Handy, Trust and the virtual organization, Harvard Business Review, May 1 995

[96] Raymond Grenier Ray Grenier, Going Virtual: Moving Your Organization into the 2 1 stCentury, Prentice Hall PTR, 1 995

[97] Morton M.S.Scott, Successful Team Management, Thomson Learning UK, 1 997

[98] Eorge Milkovich, John Boundreau: Human Resource Management, Times Mirror HigherEducation Group, Inc.Company 1 997.

[99] Barney&Hansen, Trustworthing as a source of competitive advantage, StrategicManagement Journal, 1 994, 1 5

[100] Moshe Rubinstein&Iris Firstenberg, The Minding Organization: Bring the future to thepresent and turn creative ideas into business solutions, John Wiley&Sons, Inc., 2000.

[后 记]

本书试图通过三个方面来阐述企业成功的重要因素：3M即管理（Management）、营销（Marketing）、人力（Man）。因为管理、营销和人力贯彻于企业发展过程的始终，三者具有十分重要的密不可分的关系，并构成企业成功的关键要素。

管理是有阶梯的，在书中把企业的管理分为七个阶梯，即：第一阶梯为早期管理，第二阶梯为家长式管理，第三阶梯为经验式管理，第四阶梯为科学化管理，第五阶梯为现代化管理，第六阶梯为虚拟化管理，第七阶梯为创新管理。因为企业发展到不同阶段，即应处于相应的管理阶梯。管理也是发展的，不会永远停留在一个水平上。

营销是有阶段的，而且是随着企业的发展而变化，管理层的水平高低，直接影响企业的营销水平能否达到某个阶段。营销也分为七个阶段，即：第一阶段为生产营销，第二阶段为产品营销，第三阶段为服务营销，第四阶段为文化营销，第五阶段为网络营销，第六阶段为场景营销，第七阶段为创新营销。营销的各阶段，也是随着社会经济的发展状况的变化不断改进和提高的。营销在企业发展中起着非常重要的作用，直接影响企业的生存与发展。

人力管理也是有阶层的。人力管理阶层的高低，直接影响人力管理的效能。人力管理可分为七个阶层，即：第一阶层为人力劳动管理，第二阶层为人力关系管理,第三阶层为人力潜能管理,第四阶层为人力资产管理,第五阶层为人力资本管理,第六阶层为人力战略管理,第七阶层为人力价值管理。人力管理的各个阶层,是随着社会经济发展和人员需求变化而变化的。

　　管理、营销、人力是企业发展的三驾马车,缺一不可。管理决定效率,营销决定效益,人力决定效果,对它们的成功运作是企业发展的保证,三者是企业的核心。管理、营销、人力不匹配,就会产生不良效果。

　　营销是一个企业取得利润的重要手段,也是市场竞争力等企业多重能力、素质的全面反映。营销工作做得好,企业的产品都能卖出去,企业就会收获利润,达到预期目标;如果营销做不好,产品卖不出去甚至不足以支付成本,企业终究会走向失败。管理做得好,就会促进企业发展,为营销工作提供重要的保障。两者必须很好地结合起来。管理能力强、营销能力弱,企业虽然显得井井有条,但不会有活力,更不会有很强的盈利能力,因此也难有很好的发展前景。营销能力强、管理能力弱,企业虽然会呈现一时的繁荣和兴盛,但企业的资源得不到很好的管理使用,营销得到的利益并不能转化成为企业发展的动力,缺乏发展的后劲,甚至有可能因为管理中存在的漏洞,使一个貌似很强大的企业在快速发展中轰然倒下。而人力是管理和营销的执行者,没有高素质的人才来执行,企业管理和营销都无从谈起。

　　因此说,管理、营销和人力是企业成功的三个关键要素。成功的营销必须依赖于有效的管理,管理必须要以促进营销能力的提高为主要目标,两者必须同时由人力来执行,三者缺一不可,相互作用,相互影响。

　　管理、营销和人力方面成功的理论众多,本书只是从企业成功关键要素的角度,在理论和实践方面进行了分析和研究,并提出了"管理的七个阶梯、营销的七个阶段、人力管理的七个阶层"等一些新的思路和创新理念,且本人通过数十年的国内外实践也证明了该理论的有效性和实用性。本书在管理、营销和人力方面仅仅做了初级的研究和探讨，如有不当之处，还请广大读者提出批评指正。在完成本书过程中，也得到了我同事和家人的很多帮助，在材料准备、文字校对等方面他们都付出了辛勤的劳动，同时本书也参考了大量文献材料，由于参考资料太多，故不再一一罗列，在此对诸多学者一并表示由衷的感谢。

作者

2018年9月